MARTIN STANGL'S

GROSSER GARTEN RATGEBER

**Planung, Anlage, Geräte,
Blumen, Gehölze, Obst, Gemüse,
Düngung, Pflanzenschutz**

BLV

Der Traum vom Garten...

... ist so alt wie die Menschheit. Seit Adam und Eva aus dem biblischen Garten Eden vertrieben wurden, besteht die Sehnsucht nach einem paradiesischen Fleckchen Erde. Wir sehnen uns nach Bäumen, die Schatten spenden und Früchte tragen, nach quellendem Wasser, das den Durst stillt und erfrischt ... träumen von Stille und Beschaulichkeit. Wir genießen heute mehr Freiheit als in früheren Zeiten, sehnen uns aber nach Geborgenheit und Heimat, sehnen uns nach Überschaubarem, nach Vertrautem, wie wir es in einem Garten finden können.

In der Hektik der heutigen Zeit, unüberschaubarer Informationsflut, wirtschaftlichen Konkurrenzkämpfen und zunehmender beruflicher Spezialisierung erscheint der Garten als eine der letzten Oasen, in denen der Mensch zu sich selbst finden und neue Kraft schöpfen kann.

Im Garten geht alles gemächlich seinen Gang. Ein Gärtner muß Geduld haben, muß warten können bis aus dem Samenkorn eine Pflanze heranwächst, die Ernte heranreift. Der Garten ist aber auch ein Refugium, in das wir uns zurückziehen können, wenn sich an Wochenenden und in der Ferienzeit auf Straßen und Autobahnen die langen Kolonnen nur noch im Schrittempo vorwärtsbewegen oder gar der Verkehr stillsteht. Und glücklich die Kinder, die mit einem Garten großwerden, die das Wachsen und Gedeihen mit den Händen »begreifen« können.

Der Garten bietet darüber hinaus vielen Tieren einen idealen Lebensraum. Da gibt es eine Hecke für den Igel, eine Steinmauer auf der sich Eidechsen sonnen, einen Sommerfliederstrauch für die Schmetterlinge und einen kleinen Teich für Kröten, Frösche und Libellen. In kleinen naturnahen Gartenecken lassen sich zudem unterschiedliche Pflanzengemeinschaften ansiedeln, die weiteren Kleintieren Unterschlupf und Nahrung bieten.

Ich liebe seit jeher den »Garten der ordentlichen Unordnung«, gestaltet mit einfachen, schlichten Mitteln, fern von allem Sterilen und Steifen, einen Garten, in dem der »Staubsauger« nichts zu suchen hat. Das heißt aber nicht, daß alles wild durcheinanderwächst, daß brusthohe Brennesseln und breitausufernde, alles verdrängende Gehölze die Fläche bedecken. Wer solch eine Wildnis liebt, in der Meinung, dies sei ein »moderner« Öko- oder Biogarten, für den sind die folgenden Seiten nicht gedacht. Der »Garten der ordentlichen Unordnung« bedarf vielmehr der Pflege, aber so, daß die menschliche Hand kaum zu spüren ist, daß der Eindruck entsteht, als wäre dieses Paradies von selbst entstanden und würde sich ohne unser Zutun von selbst erhalten.

Nutzen Sie also die schöpferischen Möglichkeiten, die sich bei der Anlage und Pflege eines Gartens bieten, dann wird es »Ihr« Garten werden, unverwechselbar, mit persönlicher Note.

Dazu viel Freude und Fantasie

Inhalt

Vom Nichts zum grünen Paradies

Der Gartenfreund steht meist buchstäblich vor dem Nichts, wenn er mit der Gestaltung des Grundstücks beginnt. Es ist wie zu Beginn der Schöpfung: »...und die Erde war wüst und leer!«
Je nach Temperament ist für den einen aller Anfang schwer, während der andere gleich voller Übereifer blindlings zu wühlen beginnt. Das aber würde er später bereuen.

Am Anfang steht die Idee

Wir müssen uns zuerst darüber klarwerden, wie unser Garten später einmal aussehen soll. Wollen wir in unserem Garten Blumen pflücken, Gemüse ernten oder Obstbäume ziehen? Ist es der verträumte Garten, der Garten der »ordentlichen Unordnung«, in dem wir uns wohl fühlen könnten? Wollen wir uns im Sommer von einem Meer von Rosen verzaubern lassen, sollen Blütenstauden und -sträucher überwiegen, oder schwebt uns vielleicht der »Garten des Faulenzers« vor, mit einer Blumenwiese und wenigen Gehölzen darin?
Uns schwirrt der Kopf! Ganz gleich, ob wir mit einem neuen Garten beginnen oder einen bereits vorhandenen übernehmen und diesen umgestalten wollen, wir müssen uns zuerst über die große Linie klarwerden.
Ein Vorschlag: Besuchen wir doch an einem Wochenende bereits eingewachsene Gärten in unserer Umgebung! Je nachdem, ob wir einen Garten zum freistehenden Eigenheim, Reihenhaus oder aber einen Kleingarten anlegen wollen, werden wir unsere Spaziergänge in Wohngebiete mit größeren Gärten, in Reihenhausgebiete oder in moderne Kleingartenanlagen machen. Ein Blick über den Zaun wird uns viele Anregungen bieten! Wir werden vorbildliche Lösungen entdecken, aber ebenso auch Fehler, die wir im eigenen Garten von Anfang an vermeiden sollten. Entdecken wir auf solchen Streifzügen dann gar einen oder mehrere Gärten, die unseren Vorstellungen vom grünen Paradies nahekommen, so sollten wir nicht zögern, auf die Klingel zu drücken. Gartenfreunde sind meist recht umgängliche Menschen, sie freuen sich über den Besuch Gleichgesinnter, und durch das grüne Hobby ist rasch eine Brücke zueinander geschlagen. Ein freundlicher Gartenbesitzer wird auch nichts dagegen haben, wenn wir mit dem Meterstab einige Maße abnehmen, und er wird mit uns gerne über seine Erfahrungen bei der Anlage des Gartens plaudern. Das Notizbuch heraus und gleich aufschreiben, was wir über Rosensorten, Gehölze, Stauden usw. hören, denn merken können wir uns so viele Dinge bestimmt nicht auf einmal. Vielleicht bekommen wir bei einem solchen Gespräch auch Tips über günstige Bezugsquellen.
Besonders wertvoll ist natürlich die Beratung durch einen erfahrenen Fachmann, wenn wir es nicht überhaupt vorziehen, die Anlage des Gartens einer Gartengestaltungsfirma zu übergeben. Aber auch dann sollten wir uns mit den Möglichkeiten auseinandersetzen, denn es soll »unser« Garten werden.
In manchen Orten gibt es Gartenbauvereine, die Interessenten unterstützen, oder wir können uns Rat bei einem hauptamtlichen Gartenbauberater (Gartenbauamt, Landratsamt) holen. Für Kleingärtner tut dies der örtliche Verband ebenfalls unentgeltlich. Nach diesen Vorarbeiten kann dann der Familienrat zusammentreten, denn schließlich sollten alle Familienmitglieder hierzu gehört werden. Um so größer ist dann später auch einmal das Interesse. Der Mann denkt beim Stichwort »Garten« vielleicht zuerst an Obstbäumchen und neue duftende Rosensorten, die Hausfrau an einen Arbeitsplatz im Freien, der günstig zur Küche liegt und gegen fremden Einblick abgeschirmt ist, an Schnittlauch, Petersilie, frischen Kopfsalat und einen Platz zum Wäscheaufhängen. Und die Kinder? Nun, die wünschen je nach Alter einen Sandkasten, dichte Bäume, die sich zum Klettern und Verstecken eignen, und eine Schaukel, kombiniert mit Reck, und vor allem viel, viel Rasen, auf dem gespielt und nach Herzenslust herumgetollt werden kann. Alle diese Wünsche unter einen Hut zu bringen, ist oft nicht ganz einfach. Schließlich schält sich aber dann doch die konkrete Vorstellung vom eigenen Garten heraus. Die Idee ist geboren!
Nun geht es ans Planen. Im Maßstab 1 : 100 zeichnen wir unsere Wünsche auf Millimeterpapier. 1 cm auf dem Papier entspricht dann 1 m in unserem Garten. Dadurch wird das Rechnen leicht. Wollen wir die Einzelheiten noch stärker vergrößert vor uns haben, so müßte der Maßstab 1 : 50 verwendet werden.

Garten an einem Einfamilienhaus

1 3 Kolkwitzien *Kolkwitzia amabilis)*
2 Tamariske *(Tamarix parviflora)*
3 *Clematis* 'Lasurstern'
4 Samt-Hortensie *(Hydrangea sargentiana)*
5 Chinesischer Sommerflieder *(Buddleja alternifolia)*
6 6 Serbische Fichten *(Picea omorika),* 5–8 m hoch, beim Bau bereits vorhanden
7 2 Deutzien *(Deutzia* 'Mont Rose')
8 Weigelie *(Weigelia* 'Eva Rathke')
9 Chinesischer Blütenhartriegel *(Cornus kousa chinensis)*
10 Spierstrauch *(Spiraea vanhouttei)*
11 Immergrüner Schneeball *(Viburnum rhytiodophyllum)*
12 Roter Hartriegel *(Cornus sanguinea)*
13 Esche, 6 m hoch, bereits vorhanden
14 Gelber Hartriegel *(Cornus stolonifera* 'Flaviramea')
15 Purpur-Hartriegel *(Cornus alba* 'Sibirica')
16 Bergahorn, 8 m hoch, beim Bau bereits vorhanden
17 Hasel *(Corylus avellana)*
18 Rispen-Hortensie *(Hydrangea paniculata* 'Grandiflora')
19 2 Fichten, 1,50 m hoch, beim Bau bereits vorhanden
20 Hemlockstanne *(Tsuga canadensis)* + karminrote *Clematis* 'Ville de Lyon'
21 Gold-Waldrebe *(Clematis tangutica)*
22 Immergrünes Jelängerjelieber *(Lonicera henryi)*
23 Roter Fächerahorn *(Acer palmatum* 'Atropurpureum')
24 Gartenbambus *(Sinarundinaria murielae)*
25 Efeu
26 Hainbuchenwäldchen, 6–8 m hoch, beim Bau bereits vorhanden
27 Großfrüchtiges Pfaffenhütchen *(Euonymus planipes)*
28 Zaubernuß *(Hamamelis mollis)*
29 Felsenbirne *(Amelanchier laevis)*
30 Strauchrose 'Frühlingsgold'
31 2 Strauchrosen 'Frühlingsmorgen'
32 Japanischer Schneeball *(Viburnum plicatum* 'Mariesii')
33 Zierkirsche *(Prunus sargentii* 'Accolade'), darunter befinden sich 5 rosa Zwergspieren *(Spiraea japonica* 'Little Princess')
34 Feuerdorn *(Pyracantha* 'Orange Glow')

A Staudenpflanzung, vorwiegend Hemerocallis, Storchschnabel, Gräser, Bodendecker u. a.
B Halbschattenstauden wie Waldgeißbart, Fingerhut, Akelei, Gräser u. a.
C Obere Stützmauer aus Bahnschwellen, 75 cm hoch, untere Stützmauer 85 cm hoch; davorliegende Flächen bepflanzt mit Stauden für Halbschatten wie Primeln, Lungenkraut, Astilben, Bergenien, Anemonen, Silberkerzen, Schaumblüte, Farne, Schaublatt u. a.
D Staudenpflanzung für sonnige Stellen, vorwiegend Iris, Gräser, Lein u. a.
E Wasserbecken, umpflanzt mit Stauden wie Schaublatt, Schildblatt, Gräser, Iris, Dreimasterblume, Weidenröschen, Trollblume, Pfennigkraut u. a.
F Staudenpflanzung für Halbschatten mit Kaukasus-Vergißmeinnicht, Frühlingsgedenkemein, Astilben, Farnen, Primeln u. a.
G Hainbuchenwäldchen, 6–8 m hoch, beim Bau bereits vorhanden, unterpflanzt mit Maiglöckchen, Leberblümchen, Buschwindröschen; Weg aus Rindenmulch

H Walderdbeeren
I Wildnarzissen
K 12 Rosen 'Centenaire de Lourdes' mit Begleitstauden wie Salbei *(Salvia nemorosa* 'Ostfriesland'), Lavendel, Heiligenkraut *(Santolina),* Feinstrahl *(Erigeron),* Polsternelken, Riesenpfeifengras u. a. Gräser
L 13 Beetrosen 'Sarabande' mit Begleitstauden wie Margeriten, Salbei, Katzenminze, Mädchenauge, Blaustrahlhafer u. a. Gräser; an der Ecke als Solitär ein Silberfahnengras
M Quadratisches Beet rechts vom Hauseingang: vor Feuerdorn u. a. Kleingehölzen als Bodendecker graufilziger Beifuß *(Artemisia schmidtiana* 'Nana'), im Frühjahr Wildkrokusse, Wildtulpen u. ä.

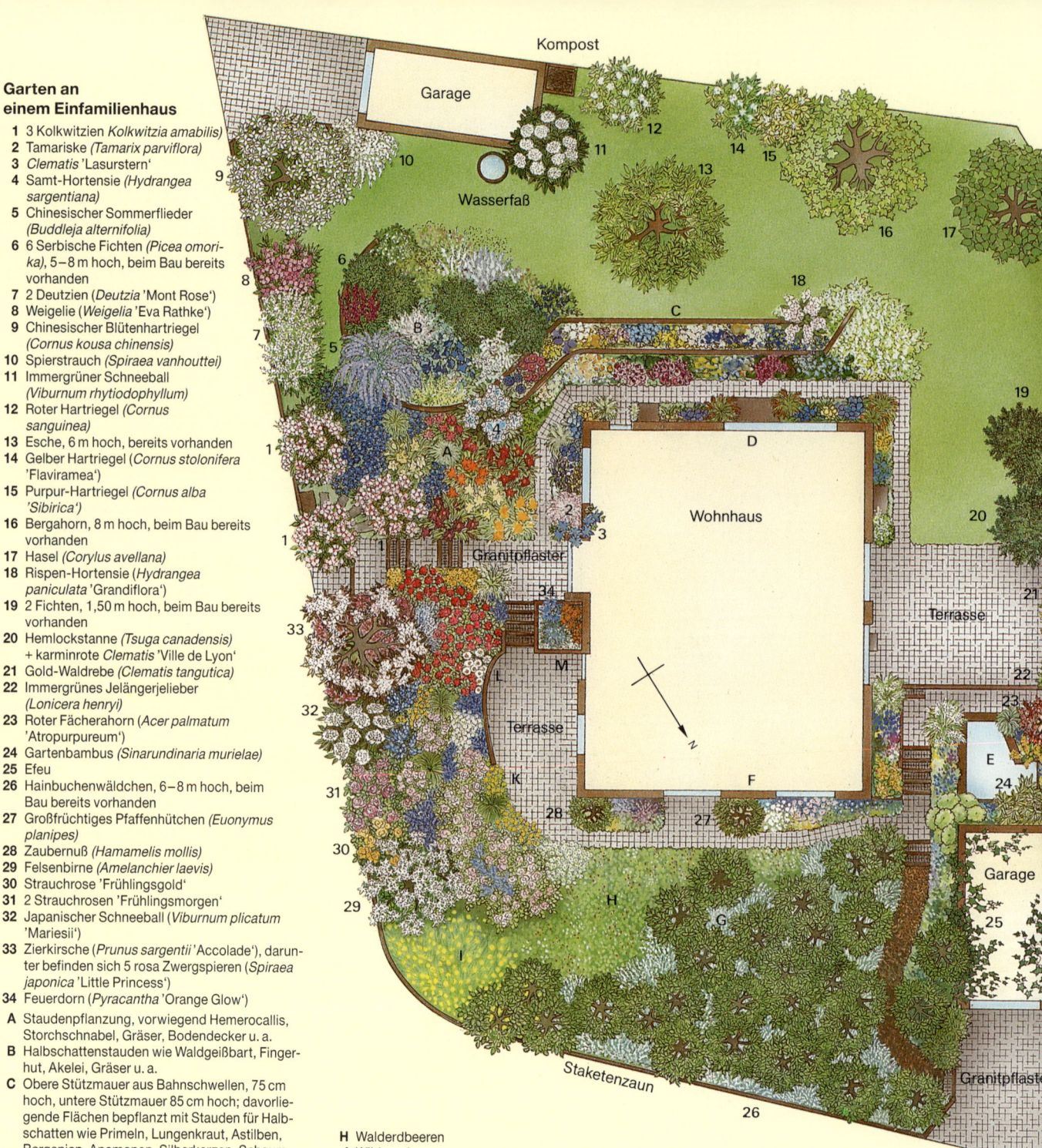

Kompost
Garage
Wasserfaß
Wohnhaus
Granitpflaster
Terrasse
Terrasse
Garage
Staketenzaun
Granitpflaster

0   10 m

Dieser Garten liegt an einem leicht hängigen Gelände. Die erforderlichen Stützmauern wurden aus Bahnschwellen gebaut. Vorhandene Gehölze, vor allem ein kleines Hainbuchenwäldchen, blieben weitgehend erhalten und wurden in die Gestaltung mit einbezogen.

Als erstes übertragen wir auf den Plan die bereits festliegenden Maße von Wohnhaus oder Gartenlaube, Eingang, Wasserstelle, bereits vorhandenen Bäumen u.ä. Diese Maße lassen sich dem Eingabeplan oder – bei Kleingärten – einem ausgehändigten Musterplan entnehmen. Ein Vermessen erübrigt sich also, es sei denn, auf dem Grundstück befinden sich bereits Bäume.

Jetzt erst kann die eigentliche schöpferische Tätigkeit beginnen. Was ganz allgemein zu beachten ist, sei hier gesagt; die Besonderheiten werden dagegen bei den einzelnen Gartentypen (ab S. 12) besprochen. Vor allem müssen die Wege und die Terrasse im Plan festgelegt werden. Hüten wir uns aber vor einem Zuviel. Wege sind nur an Stellen sinnvoll, die wirklich viel begangen werden. Die beigefügten Pläne sollen hierzu Anregungen geben.

Dann werden Ziergehölze eingeplant und im Nutzgartenteil Obstbäumchen, Beerensträucher und Gemüsebeete von 1–1,20 m Breite. Für die Trittwege dazwischen sehen wir 30 cm vor. Die zweckmäßigen Pflanz- und Grenzabstände für Ziergehölze, Obstbäume und Beerensträucher sind in den einschlägigen Abschnitten dieses Buches besprochen.

In den Nutzgartenteil gehört vor allem auch ein Wasserbehälter, z. B. ein Betonring von 1,20 m Durchmesser mit einbetoniertem Boden. Bei dieser Größe hat nicht nur reichlich Gießwasser Platz, sondern wir können an heißen Sommertagen auch einmal kurz untertauchen, und unsere Kinder werden sich über diesen Ersatz für ein Badebecken freuen. Außerdem darf im Nutzgarten der Kompostplatz nicht fehlen.

Immer mehr füllt sich der Gartenplan. Bald werden wir merken, daß die vorhandene Fläche einfach zu klein ist, um all unsere Wünsche aufnehmen zu können. Im Zweifelsfalle ist es besser, auf dem Plan das eine oder andere auszuradieren, als den Garten vollzustopfen. Auch hier gilt: In der Beschränkung zeigt sich erst der Meister! Es ist leichter, einen Garten von 1000 m² Größe zu gestalten, als einen von nur 300 m²!

Wenn der Gesamtplan nach vielerlei Überlegungen und Korrekturen fertiggestellt ist, geht es an die Einzelheiten. Für die Staudenpflanzung, die Terrasse, das Wasserbecken, das Rankgerüst u.ä. fertigen wir Zeichnungen im Maßstab 1 : 10 bzw. 1 : 20 an (1 cm auf dem Plan = 10 bzw. 20 cm im Garten). In diesem Maß-

stab können wir alle Feinheiten zu Papier bringen. Dadurch erleichtern wir uns bzw. dem Handwerker die Arbeit.

Damit der Garten in kurzer Zeit eingegrünt ist, werden Bäume und Sträucher vielfach zu dicht gepflanzt. Bereits nach wenigen Jahren müßte »Luft« geschaffen werden, doch den meisten fällt dies schwer. Deshalb auf dem Plan die künftigen Größen möglichst genau einzeichnen und die Zwischenräume mit billigen, raschwüchsigen Gehölzen füllen, die in wenigen Jahren nach und nach entfernt werden. Auf diese Weise können sich die wertvollen Arten später zur vollen Schönheit entwickeln.

Hier läßt sich's gut sein: Schlicht gestaltete Terrasse, umgeben von einer sommerlich bunten Pflanzung aus winterharten Blütenstauden und Rosen. Ausschnitt aus nebenstehendem Plan.

Der Haus- und Wohngarten

Der Garten ist immer das Spiegelbild seiner Zeit. Als noch der Vatermörder und die steife Hemdbrust Mode waren, herrschten auch im Garten steife Kieswege und strenge Formen vor. Heute ist der Durchbruch zu einem freieren Leben erfolgt, und der Gartenstil hat sich diesem Wandel angepaßt. Der Garten soll zwar gefallen und Besucher zu »Aaaah«-Rufen veranlassen, aber einen Nur-Repräsentationsgarten wünscht sich wohl kaum ein Leser dieser Zeilen. Im Garten von heute spielt sich das tägliche Leben ab. Er soll gleichermaßen der körperlichen Betätigung, also unserer Gesundheit, dem Spiel, aber auch der Muße dienen. Bei der Planung sollten wir vor allem darauf achten, daß die Gartenpflege nicht sehr bald in lästige Arbeit ausartet, vor allem bei größeren Gärten von über 800 oder gar 1000 m² und mehr.

Hier nur einige Tips für die Gestaltung eines »normalen« Haus- und Wohngartens: Bereits vor dem Bau des Hauses sollten wir zusammen mit dem Architekten im Rahmen der gegebenen Möglichkeiten die Stellung des Hauses so wählen, daß sich aus dem künftigen Garten möglichst viel »herausholen« läßt.

Die größere Gartenfläche soll zusammenhängend in Verbindung mit der Terrasse an der Südseite des Hauses liegen. Zwischen Haus und Straße wollen wir dagegen mit Platz geizen, so gut dies eben auf Grund der Vorschriften möglich ist. Auch sollen die Flächen links und rechts des Hauses nicht gleich groß sein. Es ist besser, wenn wir zugunsten einer Seite auf der anderen nur den vorgeschriebenen Mindestabstand zum Nachbarn hin einhalten. Dies kommt der Gesamtgestaltung des Gartens zugute.

Neuangelegter Garten »von der Stange«, wie man ihn häufig zu sehen bekommt. Alles wirkt ein bißchen nüchtern, steril. »Kuschelige« Ecken, in denen man sich geborgen fühlt, fehlen. Eine individuelle Lösung verlangt mehr Überlegung.

Vor Baubeginn besonders wichtig

Bevor mit dem Aushub der Baugrube begonnen wird, lassen wir den Mutterboden, also die obere 20–30 cm starke Schicht, auf 2 oder 3 große Haufen am Rande des Grundstücks zusammenschieben. Wenn wir das Glück haben, daß sich auf dem Grundstück bereits ältere Bäume befinden, so beziehen wir diese unbedingt in unsere Gartenplanung mit ein, es sei denn, sie stehen zu dicht. Vor allem, wenn nur ein wertvolles Einzelgehölz vorhanden ist, muß versucht werden, das Haus so zu stellen, daß dieser Baum erhalten bleibt. Vielleicht ist es bei überlegter Planung sogar möglich, daß dieser später den attraktiven Eckpunkt der Terrasse bildet. Die Stämme vorhandener Bäume werden mit Brettern, Schilfmatten u. ä. Materialien gegen Beschädigungen während des Baues geschützt. Auch die Wurzeln müssen weitgehend erhalten bleiben.

Noch etwas: Im Bauplan sehen wir möglichst 2 Wasserzapfstellen an gegenüberliegenden Außenseiten des Hauses vor. So ersparen wir uns später lange Schläuche und haben immer Wasser zur Hand.

Auch an genügend Steckdosen im Außenbereich sollten wir denken, damit später einmal ein elektrischer Rasenmäher oder Lampen angeschlossen werden können. Vor oder bei Baubeginn können solche Wünsche noch ohne Schwierigkeiten berücksichtigt werden.

Ist dann das Haus fertig, werden die Grundmauern mit Kies, Bauschutt oder anderem möglichst grobem Material hinterfüllt. Dieses Material muß im Bereich der künftigen Terrasse und der Wege gut befestigt werden, damit es sich nicht im Laufe der Jahre setzt, weil dann die Platten neu verlegt werden müßten.

Sehr wichtig: Den Untergrund der gesamten Gartenfläche – jedoch möglichst ohne Terrasse und Wege – von einer Raupe oder einem Unimog mit entsprechenden Zusatzgeräten aufreißen lassen, d. h. der durch Baufahrzeuge verdichtete Untergrund muß gründlich gelockert werden. Erst dann wird mit einer Raupe der auf Haufen liegende Mutterboden nach Bedarf verteilt.

Bei dieser Arbeit sollten erwünschte Geländebewegungen bereits berücksichtigt werden, damit nicht später die Erde mit der Schubkarre in mühseliger Arbeit an andere Stellen transportiert werden muß.

Wege und Terrasse

Der Weg vom Gartentürchen zum Hauseingang wird in einer Breite von mindestens 1,20 m vorgesehen, damit 2 Personen bequem nebeneinander gehen können. Wenn die Garageneinfahrt gleich daneben liegt – und dies ist meist der Fall –, so sollten wir zwischen dieser und dem Fußweg einen Pflanzstreifen von etwa 80 cm Breite vorsehen. Würde nämlich die gesamte Fläche ohne grüne bzw. blühende Unterbrechung mit Platten belegt, so ergäbe dies einen recht unschönen »Plattensee«.

Eine andere gute Lösung: Bei der Garageneinfahrt wird nur die Fahrspur mit Platten belegt und dazwischen Rasen angesät. Plattenwege, die wir vom Hauseingang hin zur Terrasse oder von dort zum Nutzgarten führen wollen, sollten nicht breiter als 80 cm sein, in kleineren Gärten genügt oft schon eine Breite von 60 cm. Bei der Terrasse wollen wir jedoch nicht geizen. An die 20 m² müßte sie mindestens groß sein, damit wir bequem dort sitzen und liegen können. Sicher bekommen wir hin und wieder Besuch,

und auch die Kinder brauchen Platz zum Spielen. Sicht- und Windschutz an der Terrasse siehe S. 41.

Niemals sollte ein Weg unmittelbar am Haus entlang verlegt werden: Wir würden uns beim Gehen durch die dicht anliegende Hausmauer beengt fühlen, und außerdem ist es für das Auge höchst unschön, wenn an die Hausmauer gleich wieder Steine bzw. Platten anschließen. Reizvoll sieht dagegen solch ein Weg aus, wenn wir zwischen diesem und der Hauswand eine Pflanzfläche von mindestens 70 cm Breite vorsehen. Dadurch wird eine wohltuende blühende Unterbrechung erzielt, denn entlang des Hauses lassen sich hübsche Stauden, Rosen oder Einjahrsblumen unterbringen. Durch den Plattenweg sind sie vom Rasen getrennt und deshalb leicht zu pflegen.

Wichtige Gartenbereiche

Ein Zweitsitzplatz Vielleicht können wir uns außer der Terrasse noch einen zweiten Sitzplatz leisten. Er kann sich beispielsweise unter einer Pergola befinden, damit er an heißen Sommertagen ersehnten Schatten spendet. Reizvoll ist es, wenn solch ein Zweitsitzplatz dem Haus gegenüberliegt, also in die Randbepflanzung des Grundstücks mit einbezogen wird – vielleicht in Verbindung mit einem kleinen Wasserpflanzbecken oder einem gemauerten Gartengrill. In diesem Falle haben wir die Möglichkeit, das Haus und auch den gesamten Garten aus einem ganz anderen Blickwinkel zu sehen.

Der grüne Rahmen Die Einfriedung unseres Grundstücks gestalten wir überwiegend aus Ziersträuchern, aus denen je nach Gartengröße einige mehr oder weniger hohe Gehölze herausragen sollten, damit sich ein lebendiges Bild ergibt. In größeren Gärten können auch einige Nadelgehölze vorgesehen werden, damit auch den Winter über verschiedene Grüntöne vorhanden sind. Vorwiegend wollen wir aber laubabwerfende Gehölze verwenden, an denen wir den Wechsel der Jahreszeiten erleben können. Wer seinen Garten naturnah gestalten will, findet auf S. 131 Vorschläge für Gehölze, die nicht nur Sichtschutz, sondern auch Nistgelegenheiten und Nahrung für Vögel bieten. An diese Rahmenpflanzung, die in kleineren Gärten

auch aus einer Hecke bestehen kann, schließt sich meist die Rasenfläche, manchmal auch eine Rosen- oder Staudenpflanzung an.

Wäscheplatz und »Innenhof« Auch an einen Platz zum Wäscheaufhängen für die Hausfrau muß bei der Planung und Anlage des Gartens gedacht werden. Wir sehen ihn möglichst im Bereich des Nutzgartens vor. Wenn aber diese Stelle zu »künstlich« eingeplant und für die Hausfrau nicht bequem genug erreichbar ist, werden die Windeln bald lustig quer durch den Wohngarten flattern. Doch was macht's, schließlich gehört auch das zum Leben!

Turnstange oder Schaukel für die Kinder kommen nicht gerade vor die Terrasse, sondern etwas abseits. Der Sandkasten für Kleinkinder soll vom Küchenfenster aus zu sehen sein, aber nicht in voller

An solch einem romantischen Zweitsitzplatz (Garten des Verfassers) hält man sich gerne auf. Im Hintergrund der mächtige Federmohn (*Macleaya cordata*), Bodenbelag aus alten hartgebrannten Ziegeln, schlichte Gartenmöbel . . . links anschließend der Gemüsegarten . . .

Sonne liegen. Kinder wollen gerne in einer kuscheligen Umgebung, also etwas abgedeckt durch Strauchwerk, spielen. Noch etwas sollten wir unbedingt vorsehen, wenn es sich räumlich einigermaßen machen läßt. Die Hausfrau wird in jedem Fall begeistert sein, wenn wir ihr einen bescheidenen »Innenhof« schaffen, der von der Küche aus bequem er-

einer Kletterpflanze eingesponnen und so das ganze Haus in den Garten förmlich mit einbezogen wird. Nachdem Hauseingänge meist an der Nord- und Ostseite liegen, machen sich hier eine Pfeifenwinde, ein winterhartes Geißblatt (*Lonicera henryi*), die im Mai blühende Waldrebe (*Clematis montana* 'Rubens') ein Efeu, oder aber eine malerische Solitärstaude mit dekorativen Blättern wie etwa der auf S. 20 abgebildete Federmohn *(Macleaya cordata)* besonders gut.

Schlichter »Innenhof« aus dem Garten des Verfassers.

Ein Vorgarten mit »Pfiff«. Zwischen Bahnschwellen und Granitpflaster blühen Königskerzen, Lavendel, Schleierkraut und Nachtkerzen.

Der Atriumgarten

Das Atrium war beim römischen Haus der für Sonneneinstrahlung offene Innenraum, um den sich die Wohnräume gruppierten. Heute gibt es das Atrium bei Wohnhäusern in Flachbauweise. Als erweiterter Wohnraum ist der Atriumgarten ein besonders intensiv genutzter Gartenraum.

Manches von dem, was bereits gesagt wurde, gilt auch hier. Doch ist der Platz wesentlich beschränkter. Wir werden deshalb auf eine Rasenfläche und eine grüne Rahmenbepflanzung verzichten und die überwiegende Fläche pflastern bzw. mit Platten belegen.

Gut eignen sich hierfür Granit-Kleinpflaster, Verbundsteine, hartgebrannte Ziegel oder aber ein Bretterbelag ähnlich einem Bootssteg, auf dem Kinder bereits im Februar und noch im November bei Sonnenschein sitzen und spielen kön-

reichbar ist. Er kann von einer Mauer, einer Hecke oder von Ziersträuchern umgeben sein. Der Boden wird mit Platten belegt. Außerdem müssen ein Wasserhahn mit kleinem Wasserbecken – schön wäre ein alter Steintrog – und ein massiver Tisch in praktischer Arbeitshöhe vorhanden sein. In einem solchen bescheidenen Arbeitshof, der möglichst am Vormittag Sonne bekommen soll, können dann Schuhe und Gemüse geputzt, Blumensträuße gebunden, Tischschmuck gesteckt werden und anderes mehr.

Ein Nutzgarten darf nicht fehlen
Wenn es der Platz einigermaßen zuläßt, sollte auch ein Nutzgarten angelegt werden. Mit Hilfe von Sträuchern, Rosen, Stauden oder einer Hecke kann er vom eigentlichen Wohngarten optisch etwas abgegrenzt werden, obwohl sich die verschiedenen Gemüsearten, Obstspindelbüsche und Beerensträucher in puncto Schönheit nicht zu verstecken brauchen.

Der Vorgarten Dieser kann bei freistehenden Häusern, wenn zwischen Straße und Hauseingang genügend Platz vorhanden ist, eine Fortsetzung des Wohngartens sein, d. h. er wird im gleichen Stil gestaltet (siehe Plan S. 10). Ist der Platz jedoch sehr beschränkt, so können wir uns an das halten, was unter »Reihenhausgarten« (siehe S. 18) vorgeschlagen wird. Hübsch sieht es in jedem Fall aus, wenn der Hauseingang von

nen, ohne sich zu erkälten. Je kleiner das Muster dieses Bodenbelages, desto größer wirkt der Atrium-Innenhof. In diesem Bodenbelag können kleine Pflanzflächen ausgespart werden, in die besonders ausgewählte Stauden, Rosen oder Kleingehölze kommen. An dekorativen Einzelgehölzen sind u. a. geeignet der schwachwüchsige geschlitztblättrige Essigbaum (*Rhus typhina* 'Laciniata'), der Judasbaum *(Cercis siliquastrum)*, die tropisch wirkende Aralie *(Aralia elata)* und unter den Nadelgehölzen die blaue Mädchenkiefer (*Pinus parviflora* 'Glauca'), die zierliche Hemlockstanne *(Tsuga canadensis)* sowie die verschiedenen Zwergkoniferen.

In solch einem Atriumgarten, eingeschlossen von Mauern, entsteht ein südliches Klima, so daß anstelle von kleinen Pflanzflächen auch Kübelpflanzen aufgestellt werden können. Geeignet sind Kassie *(Cassia corymbosa)*, Oleander, Schmucklilie *(Agapanthus orientalis)*, Passionsblume u. a.; alles sonnenhungrige Pflanzen. In diesem Fall muß allerdings ein kühler, lichter Überwinterungsraum vorhanden sein. Wir können auch Schalen oder Tröge aufstellen, die je nach Jahreszeit abwechselnd bepflanzt werden.

Vor allem aber gehört in solch einen südländisch wirkenden Atriumhof Wasser. Sei es als kleine Quelle, die aus einem Mühlstein sprudelt und sich über Kieselsteine in den Untergrund verliert, als Wandbrunnen in Verbindung mit einem Steintrog oder ganz schlicht in Form eines kleinen Wasserpflanzenbeckens.

Besonders sorgfältig sollten die Gartenmöbel ausgewählt werden. Wenn sie leicht und zierlich sind, wird der Atriumhof an Weite gewinnen. Auch sie tragen dazu bei, daß unser Innenhof wohnlich wird und eine ganz persönliche Note erhält.

Was hier gesagt wurde, gilt zum Teil auch für einen Dachgarten, bei dem Fragen der Statik, der Unfallgefahr und des Wasserabzuges mit dem Architekten des Hauses oder einem auf diesem Gebiet erfahrenen Gartengestalter zu klären sind.

Ein kleines Paradies! Atriumgarten, mit viel Liebe zum Detail gestaltet. Unwillkürlich denkt man an Goethe: »... was braucht ein Gärtner zu reisen? Ehre bringt's ihm und Glück, wenn er sein Gärtchen bestellt.«

Der Reihenhaus-garten

Reihenhausgrundstücke haben meist die Form eines schmalen Handtuches. Im günstigsten Fall sind sie 8–10 m breit, im ungünstigsten nur 5–6 m. In der Praxis sind deshalb nur selten gut gestaltete Reihenhausgärten zu finden. Entweder sind die Handtuchparzellen durch eine Überbepflanzung mit Gehölzen und Stauden dicht zugewachsen, oder die schmalen Gärten bestehen nur aus dürftigem Rasen, ein paar Platten und einigen verloren wirkenden Rosen oder Blütenstauden. Infolge der Maschendrahtzäune zwischen den einzelnen Grundstücken sieht das Ganze dann meist mehr einer Geflügelfarm als einer Gartenanlage ähnlich.

Die Ideallösung, die keine ist

Wie können wir es besser machen? Nun, die beste Lösung wäre wohl – vom Standpunkt des Gartengestalters aus gesehen –, wenn alle zusammenhängenden Grundstücke einer Hausreihe ohne Zwischenräume und nach einheitlichen Gesichtspunkten gestaltet würden. Das Ganze würde wie ein einziger gutproportionierter, schöner großer Garten wirken. Keine Spur mehr von engherzigen, grünen Handtüchern.

Man hat es versucht. Aber, und dieses »Aber« kann gar nicht laut genug gesagt werden, diese »Ideal-Lösung« hat ihre Schattenseiten. Denn: Wer soll diese gemeinsamen Grünflächen pflegen? Inwieweit dürfen Kinder und Hunde die Gesamtfläche benutzen? Meist wird es wohl gar nicht lange dauern, bis sich einige Benutzer dieser gemeinsamen Anlage spinnefeind sind und dann um so erbitterter ihre Parzellen mit Draht und Hecken voneinander abgrenzen.

Der geplante »schöne, große Ideal-Garten« ist ein Mißverständnis. Er ist seinem Charakter nach mehr eine öffentliche Grünanlage als ein Garten. Fast jeder Reihenhausbesitzer hat nämlich nicht nur von den eigenen vier Wänden, sondern auch vom eigenen individuellen Garten geträumt. Jeder soll deshalb den Garten nach seiner Fasson gestalten. Wenn dabei allerdings gemeinsame Gesichtspunkte berücksichtigt werden können, ist das ein Vorteil für alle Beteiligten.

Garten an einem Reihen-Eckhaus

1 Säuleneibe (*Taxus baccata* 'Fastigiata'), übriges Vorgärtchen: Bodendecker, Farne
2 Hainbuchenhecke
3 Stechpalme (*Illex*)
4 Duftschneeball (*Viburnum carlesii*)
5 Forsythie
6 Japanische Zierkirsche – Hängeform (*Prunus serrulata* 'Shidare Sakura')
7 Spiräe (*Spiraea arguta*)
8 Kolkwitzie (*Kolkwitzie amabilis*)
9 Bogenflieder (*Syringa reflexa*)
10 Blutbereritze (*Berberis thunbergii* 'Atropurpurea')
11 Gelbe Strauchrose 'Lichtkönigin Lucia'
12 Eberesche *Sorbus aucuparia*)
13 Rotblühende Strauchrose 'Dirigent'
14 Birke
15 3 Serbische Fichten (decken zusammen mit Birke die Fenster eines gegenüberliegenden Hauses ab)
16 Floribundarosen 'Irish Wonder' (herrlich vor dem Grün der Serbischen Fichten!) und niedrige Horste des Blauschwingels
17 Sitzplatz im Schatten
18 Pergola mit verschiedenen Kletterpflanzen
19 Felsenmispel (*Cotoneaster horizontalis*)
20 Sumpfpflanzenbecken
21 Geschlitztblättriger Essigbaum (*Rhus typhina* 'Laciniata')
22 Kompostplatz
23 Herkulesstaude (*Heracleum laciniatum*)
24 Obsthecke (Apfel, Birne)
25 Immergrüner Schirmbambus (*Sinarundinaria murielae*)
26 Weidenblättrige Sonnenblume (*Helianthus salicifolius*)
27 Seerosenbecken
28 Kleines Badebecken
29 Terrasse
30 Feuerdorn
31 Kletterpflanze, Glyzinie (*Wisteria sinensis*)
32 Zwischen Haus und Plattenweg und vor den Gehölzpflanzungen: Bodendecker, Gräser, Wildstauden, Kleingehölze

Wohnhaus

Der Wohnraum im Grünen

Zum Wohnen im Freien gehört in erster Linie ein Sitzplatz am Haus, der gegen die Nachbarn hin möglichst gut abgeschirmt sein sollte, auch wenn wir uns mit diesen gut verstehen. Man möchte ungestört vor fremden Blicken auf der Terrasse frühstücken oder zu Abend essen, sich auf der Terrasse sonnen und mit Gästen feiern, kurz, man will sich unbeobachtet fühlen können.

Am besten erfolgt die Trennung zum Nachbarn hin durch eine Mauer, die etwa 3 m vom Haus in den Garten hinein vorspringt. Vorteilhaft ist es, wenn bauseits bereits im Haus eine Sitznische ist. Wird über diesem überdeckten Sitzplatz zusätzlich eine Markise herausgezogen, so ergibt sich in Verbindung mit der seitlichen Mauer ein recht gemütlicher Wohnraum im Freien.

Noch günstiger liegen die Verhältnisse, wenn die einzelnen Reihenhäuser gegeneinander versetzt sind. Wenn dann an die vorspringende Hausecke noch zusätzlich eine Mauer, eine Sichtschutzwand aus Holz, eine Schilfmatte oder eine Hecke kommen, so entsteht ein recht geräumiger und sowohl gegen Blicke als auch gegen Geräusche geschützter Sitzplatz.

Damit dieser Sichtschutzwand die Schwere genommen wird, beleben wir sie mit Kletterrosen oder anderen Kletterpflanzen. Zum Garten hin jedoch sollte die Terrasse auf keinen Fall zugepflanzt werden. Wir sperren uns sonst ein. Im Gegenteil, die Terrasse sollte ohne Unterbrechung in die Rasenfläche übergehen, um so eine möglichst großzügige Wirkung des kleinen Gartens zu erreichen.

Gut sieht es dagegen aus, wenn seitlich von der Terrasse ein kleines Wasserbecken – dieses kann bei Kleinkindern auch mit Sand gefüllt werden –, eine Rosengruppe oder ein besonders wirkungsvolles Ziergehölz stehen.

Die grüne Grenze

Die Grenze zum Nachbarn wird am besten durch einen niedrigen Zaun von 0,80–1 m Höhe gekennzeichnet. Keinesfalls sollen nun beiderseits dieses Grenzzaunes hochwerdende Sträucher oder gar Bäume gepflanzt werden. Dadurch würde die ohnehin schmale Parzelle zu einem regelrechten »Schlauch«. Am be-

sten, wir unterhalten uns mit dem Nachbarn und machen gemeinsame Sache. Wenn einer entlang dieses Zaunes eine schmal bleibende Hecke pflanzt, so ist das für beide Gärten ausreichend.

Wer Spaß am Obstbäumchen hat, kann statt dessen entlang der Grenze auch eine Obsthecke an Spanndrähten ziehen (siehe S. 151) oder aber Kletterrosen. Sind die Gärten dagegen 8 oder gar 10 m breit, so können wir auf der einen Seite auch freiwachsende Ziersträucher pflanzen. Wird dies in jedem Garten einer Parzellenreihe wiederholt, so ergeben sich kleine grüne Gartenräume, die nach beiden Seiten abgeschirmt sind, obwohl auf jeden Parzellenbesitzer nur die Hälfte der Kosten für Pflanzmaterial entfällt.

Entlang der Grenze, die der Nachbar mit

Hecken oder Ziersträucher angepflanzt hat, legen wir ein buntes Stauden- oder Rosenbeet an und trennen es zum Rasen hin mit einem Plattenweg ab. Aber keine Trittplatten, sondern Gartenplatten zusammenhängend verlegen! So kann kein Gras in das Pflanzbeet wachsen, und wir ersparen uns das lästige Kantenstechen, außerdem erleichtert solch ein zusammenhängender Plattenstreifen das Rasenmähen.

Niedrig gehaltene Hainbuchenhecken und ein »Torbogen« geben diesem Reihenhausgarten mit nur 90 m² eine persönliche Note. Der Klinkerweg biegt zwischen Hecken erst nach links, dann nach rechts zum Türchen hin ab, so daß Vorbeigehende keinen Einblick auf die Terrasse haben.

Und als Abschluß eine grüne Kulisse

Ist die der Terrasse gegenüberliegende Gartenseite von einer Mauer begrenzt (z. B. Rückwand einer Garagenreihe), so läßt sich an dieser Mauer recht gut eine kleine Pergola in Verbindung mit einem zweiten Sitzplatz anschließen. Von Schlingpflanzen umgeben, also schattig gelegen, werden wir während der Sommermonate diese Ecke sicher gerne aufsuchen. Folgen jedoch auf den Garten weitere Reihenhäuser, so wird die Rückseite des Gartens vorteilhaft mit höher werdenden Gehölzen gegen Sicht abgepflanzt. Besonders schön ist es, wenn eine solche Abpflanzung in den Nachbargärten weitergeführt wird.

Um eine gute Gesamtwirkung zu erzielen, sollte man für diese Aufgabe gemeinsam einen Gartenarchitekten nehmen.

Zu langen Parzellen werden etwa nach dem zweiten Drittel optisch durch eine Hecke oder Sträucher, ein Staudenbeet, eine Spalierwand o. ä. abgeteilt. Dahinter läßt sich ein Gemüsegärtchen mit Kompostplatz anlegen. Wenn auch die Fläche meist klein ist, so können doch einige Küchenkräuter, Radieschen, ein paar Tomaten, Kopfsalat und mehrmals tragende Erdbeeren angepflanzt werden. Eine solche optische Unterteilung verbessert bei schmalen Gärten das Verhältnis Länge/Breite. Dadurch werden sie wohnlich.

Der Vorgarten als Visitenkarte

Der Vorgarten wird oft recht stiefmütterlich behandelt, vielfach aber auch mit Pflanzen überladen. Er ist die Visitenkarte und sollte deshalb mit mindestens ebensoviel Liebe wie der eigentliche Garten gestaltet werden.

Meist sind Vorgärten an Reihenhäusern so breit wie das Haus selbst und nur 2 oder 3 m tief. Nur mit weiser Beschränkung läßt sich hier eine vornehme, großzügige Wirkung erzielen. Die üblichen Spielereien sollten wir nicht nachmachen: Da werden inmitten winzig kleiner Rasenflächen erhöhte ovale Beete angelegt, auf denen sich einige Beetrosen denkbar verlassen vorkommen. Oder das kleine Vorgärtchen wird in eine Hecke oder einen Zaun gezwängt und wirkt dadurch noch kleiner, als es ohnehin schon ist. Noch schlimmer, wenn hinter dieser Hecke gar eine »Blautanne« oder Trauerweide gepflanzt wurde! In der Jugend sehen solche Bäumchen recht putzig aus, aber dann? Es dauert gar nicht lange, dann sind daraus riesengroße Bäume geworden, deren Äste das Haus förmlich »an die Wand drücken«, während sie auf der anderen Seite mächtig in den Bürgersteig hineinwachsen und deshalb laufend amputiert werden müssen. Solche Fehler können wir vermeiden, indem wir uns auf wenige kleinbleibende Pflanzenarten beschränken.

Liegt der Hauseingang im Norden oder Osten, also vorwiegend im Schatten, so lassen sich beispielsweise in der Nähe des Hauseingangs eine elegant überhängende, wintergrüne Felsenmispel (*Cotoneaster salicifolius* var. *floccosus*), eine Eibe (*Taxus baccata*), eine Stechpalme (*Ilex aquifolium*), ein Rhododendron bzw. ein paar Azaleen oder ein ähnliches apartes Gehölz pflanzen, das auch im Alter nicht allzu groß wird. Der Boden wird in schattiger Lage mit niedrigen Polsterstauden wie Haselwurz (*Asarum europaeum*), Immergrün, Schaumblüte (*Tiarella cordifolia*), Ysander (*Pachysandra terminalis*), Waldmeister oder mit flachkriechenden Gehölzen wie Felsenmispel (*Cotoneaster dammeri radicans*, *C. salicifolius* 'Parkteppich') und anderen, bzw. Efeu oder Walderdbeeren bepflanzt.

Bei sehr kleinen Flächen sollten wir uns für eine der genannten Arten entscheiden. Aus diesem grünen Teppich können einige Waldfarne, aber auch Astilben, Silberkerzen, Japan-Anemonen u. ä. höher werdende Stauden für Halbschatten herausragen. Im Frühjahr sind es Schneeglöckchen, Krokusse und Tulpen, die den Blick auf sich ziehen, so daß der Vorgarten das ganze Jahr über eine geschmackvolle und dabei bescheiden wirkende Visitenkarte ist.

Sollte der Hauseingang und damit der Vorgarten ausnahmsweise in voller

Garten an Reiheneckhaus, gestaltet nach dem Plan auf S. 16. Das Haus ist im Süden von Wildem Wein, Feuerdorn und Blauregen (*Wisteria*), an den übrigen Seiten von Efeu romantisch »eingesponnen«.

Oben: Hauseingang mit rosa Clematis, passend zur blauen Türe und zum weißgeschlämmten Mauerwerk.

Rechts: Hauseingang wie aus dem Bilderbuch! Ein herzlicheres Willkommen für Besucher kann man sich kaum denken.

Sonne liegen, so kann die gesamte Fläche mit niedrigen Polyantha- und Floribunda-Rosen, zusammen mit blaublühenden Stauden wie Lavendel, Salbei, Katzenminze u. a. sowie Gräsern bepflanzt werden. Hübsch sieht es auch aus, wenn der Boden mit Schneeheide (*Erica carnea*) bedeckt ist, aus dem einige Grasbüschel des Blauschwingels hervorsprießen, und vor der Hauswand eine kleine Gruppe von mehrmals blühenden Strauchrosen steht.

Ein Teil der Fläche sollte aber auch in der Sonne mit niedrigen bodendeckenden Polsterstauden bepflanzt werden. Von den bereits vorhin genannten Arten gedeihen die kriechenden Felsenmispeln und Efeu auch in voller Sonne recht gut. Darüber hinaus sind geeignet: Fetthenne in verschiedenen Arten (z. B. *Sedum floriferum* 'Weihenstephaner Gold', *S. hybridum* 'Immergrünchen' u. a.), Thymian (*Thymus serpyllum* oder *Th. citriodorus* 'Golden Dwarf' mit gelbgrünen Blättchen), Günsel (*Ajuga reptans* 'Atropurpurea'), eine beinahe am Boden dahinkriechende Beifußart mit silbriggrauer Belaubung (*Artemisia schmidtiana* 'Nana') und Katzenpfötchen (*Antennaria dioica*).

Effektvoll kann es sein, wenn auf etwas größeren Flächen Polsterpflanzen gruppenweise zusammengesetzt werden, die dann das ganze Jahr über reizvolle farbliche Kontraste bilden: silbergraues Hornkraut, braunroter Günsel, gelbgrüner Thymian, grüner Polsterphlox. Die Wirkung läßt sich weiter steigern, wenn in diesen niedrigen Pflanzenteppich einige Exemplare von höher werdenden Gräsern wie Blaustrahlhafer, Goldleistengras, Rutenhirse, Lampenputzergras oder Pfeifengras sowie einige einfach blühende Rosen zur Belebung eingestreut werden. Eine solche Pflanzung sollte allerdings besser dem fortgeschrittenen, erfahrenen Gartenfreund überlassen bleiben.

Selbstverständlich sieht bei größeren Vorgärten, soweit sie genügend Sonne bekommen, eine grüne Rasenfläche immer gut aus. Bei kleineren Flächen würde diese allerdings wegen der vielen Ecken und Kanten zuviel Pflegearbeit verursachen. Deshalb gebe ich hier den Polsterpflanzen den Vorzug.

Blühender Hauseingang

Wie schon an anderer Stelle angedeutet, sieht es hübsch aus, wenn der Hauseingang von Kletterpflanzen umrankt ist. An der Südseite eignen sich hierfür die starkwachsende Glyzine (*Wisteria*) oder die schwächer wachsenden *Clematis*-Hybriden besonders gut, an der Westseite Kletterrosen, an der Nord- oder Ostseite die Pfeifenwinde (*Aristolochia*

macrophylla) mit ihren gesunden, üppig-
grünen Blättern, das duftige Geißblatt
Lonicera heckrottii u. a. oder die wintergrüne Art *L. henryi)* und die elegante,
einfach blühende Waldrebe *(Clematis
montana* 'Rubens'), die im Mai den Eingang mit einer Fülle kleiner rosa Blüten
verzaubert.

Wichtig ist, daß die Blütenfarbe zur Farbe
des Hauses paßt, also vor eine blaugraue
Hauswand gelbe Kletterrosen, vor eine
weiß getünchte Wand dunkelviolette
Clematis, rote Kletterrosen usw. Eine
sehr persönliche Note kann der Hauseingang aber auch bekommen, wenn wir
dort eine oder wenige Stauden mit hübschen Blättern verwenden, wie z. B. Federmohn *(Macleaya)*, Schaublatt *(Rod-
gersia)*. Hübsch sieht es auch aus, wenn
wir am Hauseingang Pflanzkübel aufstellen.

Was bisher zum Reihenhausgarten gesagt wurde, gilt selbstverständlich auch
für kleine Doppelhausgärten. Nur sind
hier die Verhältnisse meist idealer, weil
die Fläche größer und das Verhältnis
Länge/Breite günstiger ist.

Der Kleingarten

Garteninteressenten, die in Miet- oder
Eigentumswohnungen leben, können in
einer Kleingartenanlage einen Garten
bekommen. Das ist allerdings heute in
Großstädten oft nicht ganz einfach, weil
dort die Nachfrage nach Kleingärten wesentlich größer als das Angebot ist. Die
Bodenpreise sind in den vergangenen
Jahren derart gestiegen, und das Land ist
im Bereich der Ballungszentren so knapp
geworden, daß die Städte nicht im benötigten Umfang neue Kleingartenanlagen
erstellen können.

Wer Interesse an einem solchen Kleingarten hat, soll sich an den örtlichen
Kleingartenverband wenden (Telefon-
buch). Dort erfährt er, ob Neuanlagen
gerade im Bau sind und ob dort noch
eine Parzelle zu haben ist. Unter Umstän-
den kann er auch eine Parzelle in einer
bereits bestehenden Kleingartenanlage
bekommen, denn durch Ausscheiden von
Mitgliedern werden gelegentlich Gärten
frei. Bei der örtlichen Kleingärtnerorgani-
sation können auch der Pachtpreis und
sonstige anfallende Kosten wie Beitrag,
Wassergebühr u. ä. erfragt werden. Diese
sind durchaus erschwinglich.

Auch Kleingärten müssen nicht »von der
Stange« sein. Dieser Pächter jedenfalls hat
Sinn für Romantik.

Die Gartenlaube

Wenn wir nicht einen bereits bestehenden älteren Kleingarten komplett mit
Laube vom bisherigen Pächter ablösen
können, müssen wir vor allem für den
Bau eines neuen Gartenhauses einen
größeren Geldbetrag einkalkulieren. Der
Preis für eine moderne Gartenlaube mit
einer Grundfläche von 15 m^2 oder etwas
darüber liegt heute meist bei

10 000–15 000 DM. In verschiedenen
Städten kann das Gartenhaus in Eigenarbeit erstellt werden, wobei man sich
meist einen Maurer – oder bei Holzhäu-
sern einen Zimmermann – zur Hilfe nehmen wird. Manchmal werden die Gartenhäuser aber auch schlüsselfertig erstellt,
und der Kleingärtner hat dann bei Übernahme die Kosten hierfür zu zahlen.
Während das Äußere des Gartenhauses
festgelegt ist, um der Gesamtanlage ein
gutes Gesicht zu geben, kann der Gartenfreund beim Innenausbau frei schalten
und walten nach dem Motto »Wie's da
drin aussieht, geht niemand was an«. Es
wäre aber nicht richtig, wenn wir im Innern eine vornehme Umgebung schaffen
wollten!

Im Gegenteil, wir werden uns besonders wohl fühlen, wenn das Innere unseres Gartenhauses ein Kontrastprogramm zum häuslichen Wohnzimmer darstellt, also gemütlich-rustikal gehalten wird. Gut sieht es aus, wenn sowohl die Decke als auch die Wände mit Nut- und Federbrettern verkleidet sind. Dazu eine Eckbank, ein paar bäuerliche Stühle und ein dazu passender Tisch, lustig-bunte Vorhänge und ein doppelstöckiges Holzbett zum Übernachten am Wochenende – und schon werden wir uns im Gartenhaus wohl fühlen und uns auf den Tapetenwechsel freuen, wenn wir die Stadtwohnung verlassen.

Strom ist für ein Gartenhaus nicht nötig, denn überall ist heute Propangas erhältlich, das sich für die Beleuchtung, zum Kochen und Heizen bewährt hat. Als Abort dient meist ein Trocken-Klo, vielfach werden heute Camping-Klos verwendet. Übrigens, machen wir nicht den Fehler und streichen das Holzgartenhaus außen mit Luft- oder gar Bootslack. Das glänzt zwar recht vornehm, aber solche Lacke sind sehr teuer und blättern vor allem in kürzester Zeit wieder ab. Das Äußere des Hauses sieht dann sehr ungepflegt aus, und wir haben vor allem sehr viel Arbeit, um den abblätternden Lack zu entfernen. Gartenhäuser aus Holz sollten außen nur mit einem möglichst umweltschonenden Holzschutzmittel behandelt werden.

Ohne Gartenordnung geht es nicht

Beim örtlichen Verband erhalten wir auch Auskunft über den Pachtvertrag und die Gartenordnung. Da in einer Gemeinschaft jeder etwas Rücksicht auf seinen Nachbarn nehmen muß, ist in einer solchen Gartenordnung häufig festgelegt, daß Baulichkeiten im Kleingarten nur nach vorheriger Genehmigung erstellt werden dürfen, daß nur solche Ziergehölze gestattet sind, die nicht höher als 4 m werden usw. Bei einer Gartengröße von meist 300 m² kann eben nicht jeder tun und lassen, was er gerne möchte.

Doch solche Bestimmungen, die im Interesse jedes einzelnen liegen, brauchen uns keineswegs abzuschrecken. Im Grunde engen diese Bestimmungen unseren gärtnerischen Schöpfungsdrang nicht wesentlich ein. Wir bekommen zwar bei Übernahme des Gartens viel-

fach einen Musterplan ausgehändigt, doch sind in diesem meist nur die Stellung und Größe des Gartenhauses, die Zahl der Obstbäume und der Kompostplatz verbindlich festgelegt. Ansonsten aber hat jeder Gartenfreund bei der gärtnerischen Gestaltung weitgehende Freiheit.

Im Normalfall werden sich im Kleingarten die verschiedensten Kulturen befinden. Es wird aber kaum jemand etwas dagegen haben, wenn ein Vegetarier seine Parzelle überwiegend mit Gemüsearten bestellt, ein Bergfreund ein hübsches Alpinum gestaltet oder ein Rosenliebhaber seinen Kleingarten mit Polyantha-, Teehybrid-, Strauch und Kletter-

Ein älterer eingewachsener Schrebergarten. Wer möchte hier nicht in einem Liegestuhl liegen, in den blühenden Apfelbaum schauen und träumen . . .? Bildhübsch auch der schlichte, unauffällige Weg aus alten Bürgersteigplatten. Wer solche Materialien bekommen kann, sollte zugreifen, denn es wäre zu schade, wenn sie in einer Abfallgrube landen würden.

rosen bepflanzt. Der sachlich-nüchterne Nutzgarten wird in einer solchen Anlage neben einem verträumt-romantischen Garten liegen, und der Großstädter, der am Sonntagmorgen in einer Kleingartenanlage spazierengeht, wird sich über die Vielfalt sicherlich freuen.

Was bei »Hausgarten« bzw. »Reihenhausgarten« bereits gesagt wurde, gilt zum Teil auch für den Kleingarten. Gestalterisch liegen die Verhältnisse meist wesentlich günstiger als beim Reihenhausgarten. Der Weg vom Gartentürchen zum Gartenhaus braucht nur etwa 90 cm breit zu sein, für die Terrasse genügen etwa 15 m² (5 × 3 m).

Für Sicht- und Windschutz zu den Nachbargärten hat es sich bewährt, wenn entlang der einen Seite Strauchbeerenobst und entlang der anderen Obst-Spindelbüsche gepflanzt werden.

Kleingartenanlagen sind heute für alle da, d. h. sie werden als Teil des öffentlichen Grüns einer Stadt geplant. Geschickte Gestalter pflanzen allerdings die Parzellen entlang der Hauptdurchgangswege so ab, daß die Gartenfreunde durch die Besucher der Anlage nicht gestört werden.

Der Naturgarten

Immer mehr Menschen werden des allzu Perfekten müde. Dies wirkt sich auch auf den Garten aus. Erfreulich, wie ich meine, denn das allzu Gepflegte, Steife, ja geradezu Sterile war noch nie mein Fall. So habe ich mir einmal einen »Schiefer eingezogen«, weil ich einen Garten als romantisch beurteilte, während andere der Meinung waren, daß es sich um einen verwahrlosten Garten handle.

Von jeher liebe ich den Garten der ordentlichen Unordnung, in dem man die pflegende Hand nicht schon von weitem erkennt. Ich liebe den Garten, in dem zwischen den Krautköpfen ein paar Dillpflanzen blühen, am Fuß des Petersilienbeetes ein von alleine aufgegangener

Borretsch von Bienen umsummt wird und wo in einer schmalen Ritze im Ziegelstein-Pflaster im April eine gelbe Primel blüht, deren Samen zufällig hier gelandet ist. Damit wir uns aber richtig verstehen, ein naturnaher Garten hat nichts mit einem verwahrlosten Garten zu tun! Dies soll hier ganz bewußt angesprochen werden, denn manch einer, der einen »Verhau« sein eigen nennt, bezeichnet dies als »Naturgarten« und meint damit »in« zu sein. Schlagreife Unkräuter in Brusthöhe haben nichts mit einem naturnahen Garten zu tun.

Um einen naturnahen Garten aufzubauen, genügt es nicht, alles sich selbst zu überlassen. Damit das Werk gelingt und zu einem harmonischen Ganzen wird, sind sogar eine ganze Reihe von Punkten zu beachten:

■ Es müssen unterschiedliche Lebensbedingungen geschaffen werden, um dadurch möglichst viele Pflanzenarten anzusiedeln, um Tiere herbeizulocken und sie im Garten seßhaft zu machen. Dazu gehören Hügel und Wälle mit trockenen und stark besonnten Stellen, ebenso aber auch schattige und feuchte Plätze.

■ Armer Boden, ja sogar reiner Kies oder Sand sollte im Grundstück wenigstens an bestimmten Stellen belassen und auf keinen Fall mit feuchterem Mutterboden überlagert werden. Gerade auf solch ärmlichen Bodenflächen lassen sich interessante Pflanzen ansiedeln.

■ An Hauswänden sollten sich Kletterpflanzen ausbreiten können. Sie wirken schalldämpfend, filtrieren die Luft. Im Sommer bringen sie Kühlung, und der Bewuchs mit Immergrünen (z. B. Efeu) wirkt im Winter wärmedämmend. Die Blätter halten Schlagregen, Sonnen- und Frosteinwirkung von der Hauswand ab. Bedenken, daß das Haus feucht wird, sind unnötig; im Gegenteil: Kletterpflanzen und Spalierobst entziehen dem Boden um das Haus herum viel Wasser. Es ist richtig: In Kletterpflanzen halten sich Insekten auf, aber ebenso auch Vögel, die für Ausgleich sorgen.

■ Pflastersteine und Gartenplatten sollten auf Sand verlegt werden, sofern sie nicht aus zwingenden Gründen (Befahrbarkeit, Bedenken, daß

Alles scheint wie von selbst zu wachsen. Und doch: Ohne einfühlsame Pflege geht's auch hier nicht, sonst würde aus der Blütenpracht bald eine Wildnis.

Einfahrt
Aus Kopfsteinpflaster mit weiten Rasenfugen, Eingangsweg Kleinsteinpflaster, Garagen- und Hauswand mit Kletterpflanzen bewachsen.

Im Terrassenbereich
Quellstein mit Kieseln, anschließend Sumpfbeet mit einheimischen feuchtigkeitsliebenden Stauden. Vor dem Fenster ein Staudenbeet mit Rosen, Rittersporn, Margeriten, Lavendel, Thymian u. a.

Als Randbepflanzung
Hecke mit Flieder, Liguster, Hasel, Holunder, Wolligem Schneeball, Hartriegel, Wildrosen, Eiben u. a. Zaun mit Durchlässen für Igel.

Reisighaufen zwischen den Sträuchern. Gehölzsaum mit Waldstauden wie Schlüsselblume, Lungenkraut, Waldgeißbart, Fingerhut, Eisenhut, Storchschnabel, Farne. Dazwischen bemooste Baumstämme. Rasenmulde zum Faulenzen oder Sandspielplatz.

der unzureichend verdichtete Boden im Laufe der Jahre absackt) auf Beton verlegt werden müssen. So kann Wasser durch die Fugen sickern, und das in den Ritzen entstehende Moos bietet einen hübschen Anblick. So sieht ein Weg ungezwungen, natürlich aus.

■ Trockenmauern mit großen Fugen bieten Tieren und Pflanzen ebenso Lebensraum wie bepflanzte Steintröge und Steinhaufen aller Größen. Vor allem Eidechsen und Hummeln fühlen sich in dieser Umgebung wohl.

■ Der Gartenraum sollte mit einer freiwachsenden Hecke nach außen abgeschirmt werden. Am besten verwendet man dazu einheimische Gehölze, darunter auch dornige und vor allem früchtetragende Arten. Hier finden Vögel Nistgelegenheiten, Schutz und Nahrung. Vorschläge hierzu auf S. 131.

■ Zäune sollten ein Grundstück nicht dicht abriegeln, weil sonst Igel keine Möglichkeit haben, hindurchzukommen. Drahtzäune auf Betonsockeln sind nicht nur unschön, sondern aus diesem Grunde auch ungeeignet.

■ Ein im Bereich der Hecke aufgeschichteter Reisighaufen lockt Tiere an. Sie halten sich dort auf und überwintern.

■ Wenn irgendwie möglich, sollte ein Teich mit flachen, bewachsenen Ufern angelegt werden, denn gerade am Wasser siedeln sich viele Tiere und Pflanzen an. Wir können bald Frösche, Kröten, Libellen und andere Tiere beobachten, ebenso Igel, Vögel, Eidechsen, Blindschleichen und Insekten. Sie alle werden vom Wasser mit geradezu magischer Kraft angezogen, um hier zu baden und den Durst zu stillen. Wasserbecken mit steilen Rändern sind allerdings ungeeignet; sie werden für Tiere allzu leicht gefährlich.

■ Sollte in kleineren Gärten der Platz für einen Teich fehlen, so stellen wir im Garten mehrere Schalen, an verschiedenen Stellen verteilt, auf. Sie sollten auch den Winter über regelmäßig gesäubert und gefüllt werden.

■ Der Komposthaufen gehört zu jedem naturnahen Garten. Einmal, weil wir aus organischen Küchen- und Gartenabfälle fruchtbaren Humus bekommen. Zum anderen aber auch, weil solch ein Haufen Blindschleichen, Insekten, Würmer und Vögel anlockt.

■ Auch an alten Gartenhäuschen, Schuppen, zugänglichen Dachböden finden sich manche gefährdeten Tiere ein. Solche Räumlichkeiten bieten ihnen Unterschlupf, darunter auch den Fledermäusen und einigen Eulenarten.

Das wären einige wesentliche Punkte, die bei der Gestaltung eines naturnahen Gartens beachtet werden sollten.

Sicherlich, nicht in jedem Fall werden sich alle diese Vorschläge in die Tat umsetzen lassen, bei einigen wird dies aber bestimmt möglich sein. Gerade bei größeren Grundstücken wird es zudem möglich sein, einen mehr naturnahen und dadurch weniger pflegeaufwendigen Gartenteil mit einem intensiver genutzten und mit mehr züchterisch bearbeiteten Pflanzen zu kombinieren. Schön wäre es außerdem, wenn auch die Nachbarn mitmachen würden, vor allem was die Grundstückseinfriedung mit heimischen Gehölzen und den weitgehenden Verzicht auf chemische Pflanzenschutzmittel betrifft.

Buntes Blühen in einem schlichten, ungezwungen gestalteten Garten. Die zurückhaltend-bunten Glaskugeln tragen zusätzlich zur »Gemütlichkeit« bei.

Grundlegende Bodenbearbeitung

Bevor wir mit der ersten grundlegenden Bodenbearbeitung beginnen, werden die Wege und die Terrasse nach unserem Gartenplan abgesteckt. Wir schlagen dazu Pflöcke in die Endpunkte und verbinden diese mit einer Schnur. Weg und Terrasse werden daraufhin auf 20 cm Tiefe ausgehoben. Der dabei gewonnene Mutterboden wird auf die übrige Gartenfläche verteilt. Das gilt vor allem für einen neuen Kleingarten, während wir beim Eigenheim bereits nach Bauabschluß darauf achten, daß der Mutterboden von der Raupe nur auf die im Plan vorgesehenen Flächen verteilt wird und sowohl Wegflächen als auch Terrasse dabei weitgehend ausgespart bleiben.

Kleingartenanlagen werden häufig auf Wiesengelände errichtet. Hier müssen vor der weiteren Bodenbearbeitung die Grassoden mit einer kräftigen breiten Hacke flach abgehoben und gesondert am zukünftigen Kompostplatz aufgesetzt werden. Um die Zersetzung zu fördern, können wir zwischen die einzelnen Schichten Kalkstickstoff streuen, den es in 5-kg-Plastikbeuteln in Fachgeschäften zu kaufen gibt. Diese Grassoden ergeben später eine vorzügliche Erde. Wollen wir bei kräftigem Graswuchs den Weg zum Gartenhaus als Rasenweg belassen (siehe Wegebau), so entfällt hier diese Arbeit.

Die weitere Vorbereitung des Bodens geht dann ziemlich einheitlich vor sich, ganz gleich ob es sich um einen Garten am freistehenden Wohnhaus, um einen Reihenhaus- oder Kleingarten handelt. Die ganze Gartenfläche wird einen Spatenstich, also etwa 25 cm tief, umgegraben. Bei sehr schwerem oder sehr sandigem Boden nehmen wir dazu den Spaten. Im Gegensatz zum herbstlichen Umgraben zerkleinern wir dabei die Schollen. Auf leichterem Boden kommen wir mit der Grabgabel oftmals besser voran. Ist das Gelände stark mit Quecken, Giersch, Ackerwinden oder anderen Dauerunkräutern durchsetzt, so kommt ohnehin nur die Grabgabel in Frage. Wir schütteln die Unkrautwurzeln gut durch, geben sie in einen daneben stehenden Korb und bringen sie schließlich auf den Komposthaufen. Wenn zwischen die einzelnen Schichten ein organischer Stickstoffdünger (Horn-/Blutmehl) oder Kalkstickstoff eingestreut wird, verrotten selbst diese hartnäckigen Unkräuter sehr rasch zu fruchtbarer Erde.

Um ein Grundstück von Quecken und anderen Dauerunkräutern zu säubern, brauchen wir viel Zeit, kommt es doch darauf an, auch das letzte Wurzelstück aus dem Boden zu entfernen. Nachdem wir den Boden gelockert und die Hauptmasse der Dauerunkräuter weggeschafft haben, sollten wir die Fläche noch ein paar Wochen liegenlassen. An verschiedenen Stellen werden dann die restlichen Quecken oder Gierschpflanzen aus dem Boden sprießen, und wir können die beim erstenmal übersehenen Wurzelstückchen bequem mit der Grabgabel aus dem Boden holen. Jetzt erst ist der Boden sauber.

Auf Flächen, die wir für Gehölze, Spindelbüsche, Beerensträucher, Rosen oder Stauden vorgesehen haben, sollten wir 2 Spatenstiche tief graben, soweit dies die Untergrundverhältnisse erlauben. Dabei muß die obere, lebendige Mutterbodenschicht oben bleiben.

Wie es gemacht wird, geht aus der beigefügten Zeichnung hervor: Auf einem kleinen Stück der für die tiefere Bodenbearbeitung vorgesehenen Fläche wird erst der Mutterboden mit dem Spaten abgehoben und an der Seite gelagert (1). Die darunter liegende Schicht (2) wird daraufhin mit dem Spaten bzw. der Grabgabel umgegraben oder bei schwerem Boden mit dem Pickel gelockert. Anschließend wird der Mutterboden des nächsten Teilstückes (3) auf den soeben gelockerten Unterboden (2) gebracht usw. Am Schluß wird der zuerst beiseite geschaffte Mutterboden (1) mit der Schubkarre auf den Unterboden des letzten Teilstückes geschüttet.

Ist schließlich der ganze Garten umgegraben und sind die Pflanzflächen für Ziergehölze, Obst-Spindelbüsche, Beerensträucher usw. etwa 40 cm tief gelockert, so verteilen wir nach Möglichkeit über die gesamte Gartenfläche organische Stoffe, um den Boden gleich zu Anfang gründlich zu verbessern. Wie viele Säcke davon wir verwenden sollen, hängt in erster Linie vom Geldbeutel ab. 3–7 Säcke dürfen es aber je 100 m² Gartenfläche durchaus sein, damit im Boden eine fühlbare Wirkung eintritt.

Vor allem schwerer Boden sollte durch Zusätze wie 'Nährhumus', Rindenhumus und Quarzsand locker gemacht werden. Mit Torf wollen wir sparsam umgehen, um die Moore zu schonen. Statt reinem Torf bevorzugen wir deshalb Mischerden, die nur zur Hälfte aus Torf und zur anderen Hälfte aus anderen organischen Stoffen (Grünkompost, Holzfaser + Rinde) bestehen. Solche Zusätze empfehlen sich auch für leichte Böden, damit die Feuchtigkeit besser festgehalten wird. Ganz neu sind Substrate am Markt, die zu je 50% aus Torf und organischen Zuschlagstoffen (Rinde, Holzfaser und Chinaschilf – *Miscanthus*) bestehen.

Schwerer Boden kann auch durch Schaumstoff-Flocken (Hygropor, Styromull, Hygromull) dauerhaft lockerer gemacht werden, ein leichter Boden hält durch Zusatz von Hygropor und Hygromull die Feuchtigkeit besser fest. Allerdings sind solche Zusätze so manchem Gartenfreund nicht besonders sympathisch, einmal weil sie durch ihr »Federgewicht« bereits bei geringster Windbewegung in der Gegend herumfliegen, zum anderen, weil die weißen Flocken im Boden als Fremdkörper empfunden werden. Besonders an Stellen, die für langjährige Kulturen vorgesehen sind (Ziergehölze, Rosen usw.) sollten wir mit bodenverbessernden Stoffen großzügig sein. Können wir für den Anfang nur

Bei tiefer Bodenbearbeitung darauf achten, daß der lebendige Mutterboden oben bleibt.

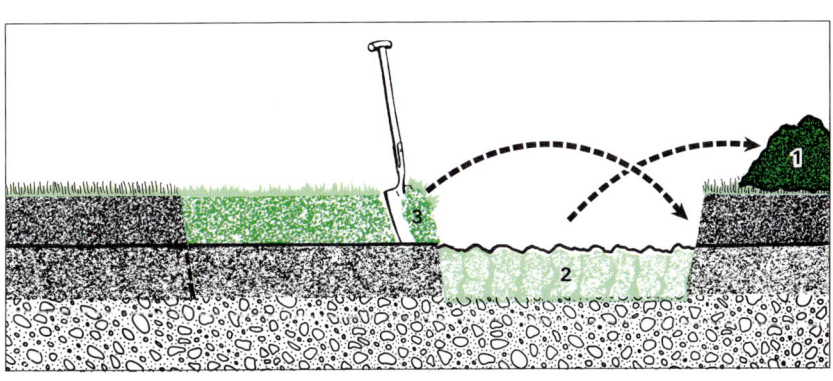

einen Teil der vorhin genannten Mengen kaufen, so bringen wir diese ausschließlich auf die Dauerkulturflächen. Dazu gehört auch der Rasen.

Der Gemüseteil und die Pflanzflächen für Sommerblumen können dagegen vorerst leer ausgehen, haben wir hier doch jederzeit die Möglichkeit, den Boden zu verbessern, und sei es erst in den folgenden Jahren.

Fragen Sie im Garten-Center, Garten-Baumschule und sonstigem Fachhandel nach neuesten organischen Stoffen zur Bodenlockerung und -verbesserung.

Nachdem die bodenverbessernden Stoffe verteilt sind, graben wir diese Stoffe unter, am besten mit der Grabgabel. Das geht schneller als mit dem Spaten und erleichtert das Zerkleinern der Erdklumpen. Auch bei diesem zweiten Umgraben lesen wir etwa noch vorhandene Wurzelunkräuter säuberlich auf.

Und was fangen wir mit den Steinen an? Oder haben wir das Glück gehabt, einen steinfreien Boden vorzufinden? Oft sind Gartenfreunde zu beobachten, die anstelle der hier beschriebenen Bodenbearbeitung den gesamten Boden durch ein engmaschiges Gitter werfen. Sie zeigen voll Stolz auf die feine Erde und die ausgesiebten Steine. Vergebliche Liebesmühe!

Dieser enorme Zeit- und Kraftaufwand lohnt sich nicht, im Gegenteil, er wirkt sich sogar nachteilig aus. Der Boden wird nämlich keineswegs besser, er ist vielmehr in dieser feinen Form weniger luftdurchlässig und neigt rascher zum Verschlämmen. Lassen wir also alle kleinen Steine ruhig im Boden! Alle größeren Steine, etwa ab 5-Mark-Stück-Größe, lesen wir während der Bodenbearbeitung auf und bringen sie in die ausgehobene

Weg- oder Terrassenfläche. Darum wurde bereits empfohlen, Weg und Sitzplatz schon zu Beginn auszuheben bzw. diese Flächen bei Verteilung des Mutterbodens freizuhalten.

Die Arbeit der ersten Bodenbearbeitung können wir uns bedeutend erleichtern, wenn wir einen Gärtner mit Einachsschlepper kommen lassen. Mit dieser Maschine wird der Boden erst gepflügt und dann in einem zweiten Arbeitsgang gefräst. Wenn wir nicht gerade einen Ideal-Boden vor uns haben – und das wird selten der Fall sein –, muß das Gelände nach der Fräsarbeit nochmals von Hand (Grabgabel) durchgearbeitet werden, um Rasenstücke (bei Wiesengelände), Dauerunkräuter und größere Steine herauszulesen.

Auch auf eine gesonderte, tiefe Bodenlockerung bei Dauerkulturen sollten wir in diesem Fall nicht verzichten. Der Torf oder andere Stoffe zur Bodenlockerung können oberflächlich mit eingefräst werden.

Wem es mit der Bepflanzung des Gartens nicht so sehr eilt, sollte besonders bei schwerem Boden erst 1 Jahr lang Gründüngung anbauen. »Schnellgrüner« heißt eine Mischung, die im Handel angeboten wird. Wie schon der Name sagt, läßt sich damit ein Gartenboden in kurzer Zeit begrünen. Ein toter Boden, wie er besonders bei Bauland vorkommt, wird belebt, bis in tiefe Bodenschichten gelockert und verbessert. Gesät wird breitwürfig von April bis Anfang September auf den vorher umgegrabenen oder gefrästen Boden.

Eine »Schnellgrüner«-Packung zu 250 g reicht für 100 m^2. Für leichtere und mittlere Böden gibt es zur Verbesserung »Grünhumus«, und wer es in seinem Grundstück mit besonders schwerem Boden zu tun hat, sollte die Mischung mit der Bezeichnung »Grünaktiv« wählen.

Zwar Schwerstarbeit, aber lohnend: Gründliche Bodenbearbeitung bei der Neuanlage des Gartens.
Ich weiß, diese Arbeit ist langweilig, zeitaufwendig, ermüdend. Um so größer ist dann anschließend das Erfolgserlebnis, vor allem in den folgenden Jahren, wenn in derart vorbereitetem Boden die Pflanzen prächtig gedeihen.

Wegebau und Wegeinfassungen

Der Weg muß bei jeder Witterung, also auch bei Regen begehbar sein. Er darf im Winter nicht auffrieren und muß leicht sauberzuhalten sein, damit er ordentlich aussieht.

Der Kiesweg ist billig

Das bereits ausgehobene Wegbett wird gestampft. Dann füllen wir mit groben Steinen, Bruchziegelstücken, Betonabfall oder grober Schlacke 12–15 cm hoch auf. Das anschließende Stampfen erfolgt von den Rändern zur Mitte hin. Wir achten darauf, daß für den Wasserabfluß auf der Oberfläche der Packlage eine leichte Wölbung von 2–3 cm sichtbar wird. Nach erfolgtem Stampfen kommt auf die grobe Packlage eine etwa 4 cm hohe Schicht aus lehmhaltigem Material, dem feiner Kies, Ziegelsplitt oder feine Schlacke beigemischt wird. Wir gießen kräftig an und stampfen zur Mitte hin. Als Abschluß wird eine dünne Schicht von Gesteinssplitt oder Kies aufgebracht und gestampft bzw. gewalzt.
Zweckmäßig ist es, nicht den ganzen für

Wenn möglich, belassen wir wenig begangene Wege als Rasen. Eine hübsche und zugleich kostensparende Lösung.

den Weg vorgesehenen Kies oder Splitt auf einmal zu verteilen, sondern erst einmal nur die Hälfte. Wenn diese Schicht gut festgetreten ist, bringen wir nach und nach das restliche Material auf. Eine Unkrautbekämpfung ist beim Kiesweg leider unumgänglich. Bei größeren Wegen können wir uns die Handarbeit durch die Anwendung zugelassener chemischer Mittel ersparen. Die angrenzenden Kulturen dürfen dabei nicht benetzt werden.

Der Rasenweg, eine grüne Wohltat

Besteht das Gartengelände aus einer Wiese mit trittfester Grasnarbe, so können wir weniger begangene Wege als Rasen belassen. In Gebieten mit höheren Niederschlägen (etwa ab 700 mm) oder in luftfeuchten Lagen macht sich solch ein Rasenweg ausgezeichnet, und vor allem, er kostet uns in der Anlage weder Arbeit noch Geld, ist er doch bereits voll ausgebaut vorhanden. Wir müssen ihn nur pflegen, nämlich hin und wieder die Rasenkanten abstechen und mähen.
Während ein solcher Weg für den Gartenteil unmittelbar am Haus meist ausscheidet, halte ich ihn für die weiter vom Haus entfernten Flächen, vor allem aber für einen naturnah gestalteten Garten und im Kleingarten geradezu für ideal. Feste Grasnarbe und genügend Bodenfeuchtigkeit vorausgesetzt, ist solch ein Rasenweg recht strapazierfähig. Mir sind 3 m breite Wege in Kleingartenanlagen

bekannt, die von den anliegenden Gartenfreunden dauernd begangen werden, und sich nach mehr als dreißigjähriger Benutzung noch in demselben ausgezeichneten Zustand befinden wie zu Anfang. Was aber für einen solchen öffentlichen Weg gilt, das trifft um so mehr für den wesentlich weniger benützten Weg im Einzelgarten zu. Für das Auge ist solch ein Rasenweg eine grüne Wohltat.

Ein Weg aus Rindenmulch

Jener paßt besonders gut für den mehr naturnahen Garten Auf das verdichtete Wegebett wird etwa 10 cm hoch Rindenmulch aufgebracht, den es in Säcken abgepackt in Fachgeschäften zu kaufen gibt. Auf einem Weg aus Rindenmulch kann man federnd und bequem gehen wie auf einem Waldweg. Dazu kommt, daß er sehr natürlich aussieht und kaum einer Pflege bedarf.

Ein Plattenweg sieht immer sauber aus

Plattenwege bieten viele Variationsmöglichkeiten In Form, Farbe, Größe, Art der Plattenverlegung und Kombination mit anderen Materialien. Hier bedarf es keiner Unkrautbekämpfung wie beim Kiesweg. Das Wichtigste aber ist: Ein gut gestalteter Plattenweg kann die Wirkung unseres Gartens steigern.
Welche Platten sollen wir verwenden? Naturstein ist sehr hübsch, aber Platten aus Granit, Quarzit, Travertin, Schiefer, Sandstein usw. sind teuer und scheiden deshalb meist aus, es sei denn, in unse-

So wird ein Kiesweg gebaut. Er kann seitlich von Betoneinfassungen begrenzt werden.

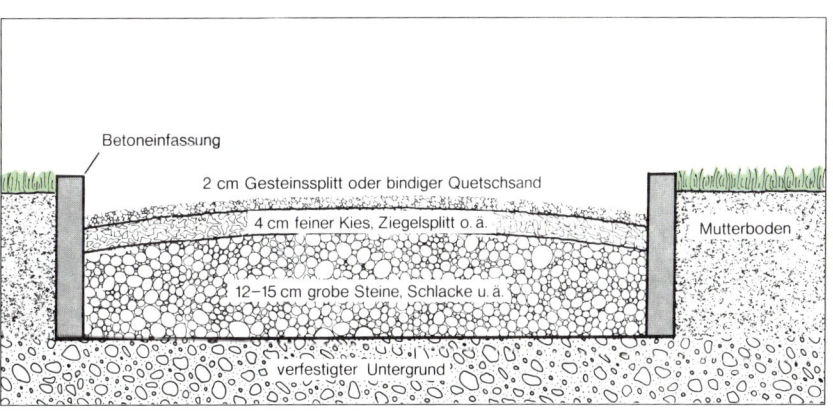

Betoneinfassung

2 cm Gesteinssplitt oder bindiger Quetschsand

4 cm feiner Kies, Ziegelsplitt o. ä.

Mutterboden

12–15 cm grobe Steine, Schlacke u. ä.

verfestigter Untergrund

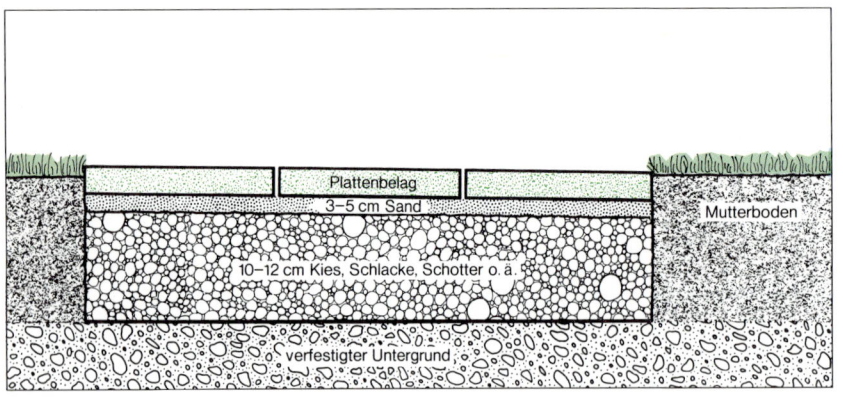

Plattenweg mit leichtem Gefälle (1–2%), hier von links nach rechts.

rer Nähe befindet sich ein Steinbruch, so daß der kostspielige Transport entfällt. Leicht bearbeiten lassen sich Natursteinplatten aus Schichtgestein, wie z. B. Muschelkalk, Kalkstein, Sandstein, Schiefer und andere. Natursteine gibt es in vielfältigen Farben. Dringend abraten möchte ich aber von zu hellen Platten für Terrasse und Weg, wirken sie doch bei Sonne auf unser Auge unangenehm grell.

Bei Kunststeinplatten paart sich Dauerhaftigkeit mit einem erschwinglichen Preis. Dabei denke ich nicht an die langweilig grauen Bürgersteigplatten neueren Datums – mit alten Bürgersteigplatten lassen sich dagegen ausgesprochen hübsche Muster verlegen –, sondern speziell für Gärten geschaffene Kunststeinplatten. Das Angebot auf diesem Gebiet ist heute sehr reichhaltig.

Allzu bunte Platten, die durch Färbung des Betons hergestellt werden, bringen die Gefahr mit sich, daß man sich wie in einem Nest voller bunter Ostereier fühlt, wenn man auf einer solchen Terrasse steht. Farblich angenehm sind dagegen Zementplatten, deren Oberfläche Zuschlagstoffe aus gemahlenem Naturstein beigemischt wurden. Ganz »ehrlich« sind diese Platten allerdings nicht, täuschen sie doch in Verbindung mit einer entsprechend gestalteten Oberfläche oftmals Naturstein vor. Gut macht es sich, wenn ca. 80% der benötigten Platten aus einer einzigen Farbe bestehen und die restlichen 20% aus einer zur Hauptfarbe passenden zweiten Farbe. Wir können beispielsweise 80% des Plattenbedarfs in dezentem Sandsteinrot nehmen, und die übrigen 20% in einem angenehm leichten Gelb. Diese 20% be-

leben die gesamte Fläche, lassen sie dabei aber nicht aufdringlich oder unruhig erscheinen.

Bewährt haben sich Waschbetonplatten. Sie sind griffig, sehen gut aus, beleben den Garten, ohne jedoch aufdringlich zu wirken. Zu blühenden Pflanzen und zu Rasenflächen passen sie gleichermaßen gut. Sie lassen sich auch mit anderen Materialien wie Kieselsteine, Holz usw. kombinieren, so daß Wege und Terrasse in verschiedenen Variationen gestaltet werden können. Diese Platten gibt es ebenso wie die meisten anderen Kunststeinplatten in Formaten von 40 × 40, 40 × 60 und 40 × 80 cm.

In einem quadratischen Innenhof werden wir das quadratische Format bevorzugen, während auf größeren Terrassen meist alle die genannten Formate im »Römischen Verband« verlegt werden. Aber auch hier kann das quadratische Format sehr vorteilhaft aussehen, vor allem, wenn es zusammen mit hartgebrannten Ziegelsteinen, Kleinsteinpflaster o. ä. Materialien verwendet wird. Die Zeichnungen auf S. 30 sollen Anregungen hierzu geben.

Eine Holzterrasse, »warm« und praktisch

Eine aus starken Brettern gestaltete Terrasse paßt gut zu Haus und Garten. Da Holz nicht nur warm wirkt, sondern tatsächlich gut isoliert, können Kinder bereits im zeitigen Frühjahr und im späten Herbst darauf spielen ohne sich zu erkälten, und wer gerne hart schläft, kann auf einer solchen Terrasse über Monate hinweg seinen Mittagsschlaf machen.

In meinem eigenen Garten wurde beim ersten Versuch eine solche Terrasse aus etwa 15 cm breiten und 3,5 cm starken Föhrenbrettern mit einem Unterbau aus

alten Eisenbahnschwellen gestaltet. Obwohl diese mit keinem Holzschutzmittel behandelt wurden, hielt die Terrasse genau 15 Jahre lang, was wohl auf das harzreiche Kiefernholz zurückzuführen war. Dann allerdings begannen die Bretter zu faulen und die Terrasse mußte erneuert werden.

Nachdem die ganze Familie die bisherige Holzterrasse als geradezu ideal empfunden hat, kam nur wieder eine solche in Frage. Diesmal mußten wir uns allerdings mit Fichtenbrettern zufriedengeben, die mit Kreuzschrauben auf 5 × 5 cm starken Kanthölzern (Riegel) befestigt wurden. Diese wiederum wurden auf Fensterstürze aus Beton (11 × 16 × 130 cm, Baustoffhandel), die vorher im Terrassenbereich auf ein ebenes Sandbett versetzt wurden, aufgedübelt.

Auch diesmal haben wir auf eine Imprägnierung mit Holzschutzmittel verzichtet, einmal aus Umweltgründen, zum anderen wegen des höheren Arbeitsaufwandes und Preises. Diese Rechnung ging allerdings nicht auf: Bereits nach 6 Jahren begannen die ersten Bretter zu faulen und brachen beim Begehen durch. Nach nur 8 Jahren mußten bereits einzelne Holzteile erneuert werden, eine arbeitsaufwendige und kostspielige Angelegenheit.

Aus diesen Erfahrungen heraus sollte eine Terrasse wie folgt gebaut werden: Unterbau aus Fensterstürzen (Beton) o. ä. und darauf 6er Riegel (Kanthölzer), die am Anfang und Ende sowie alle 80 cm mit Dübeln auf der Betonunterlage befestigt werden. Dazu bohrt man mit einem Betonbohrer ein 8er Loch, das wegen des Bohrstaubes der in das Loch fällt, mindestens 6 cm tief in den Beton hineinreichen sollte. Anschließend wird jeder Dübel (z. B. Fischer-Dübel, 8 mm Ø, ca. 40 mm lang) mit den Fingern leicht auf die Spitze der 100er Schraube (10 cm lang) gedreht und Schraube + Dübel mit dem Hammer durch das Loch geschlagen, jedoch nur soweit, daß noch 2–3 cm der Schraube oben herausstehen, damit man sie anschließend mit der Bohrmaschine (Heimwerker) fest anziehen kann. Bevor nun die Bretter auf den Kanthölzern befestigt werden, überdecken wir diese mit Dachpappestreifen, die so breit sein sollen, daß sie bis über die Fensterstürze reichen. Dadurch sind die Kanthölzer vor Nässe von oben geschützt. Anschließend legen wir die Bretter mit jeweils 0,8 cm Zwischenraum (Bretter schwinden!) auf die Kanthölzer und befestigen sie mit 70er–80er Kreuzschlitzschrauben. Wichtig: Schrauben verwenden, bei denen das Gewinde nicht ganz bis oben hin reicht, denn dadurch zieht die Schraube das Brett an den Riegeln fest.

Bevor wir Kanthölzer und Bretter verwenden, schrägen wir die Kanten der Bretter etwas ab und streichen dann beide mit einem zugelassenen Holzschutzmittel. Wenn möglich, sollte dies im zeitigen Frühjahr geschehen und anschließend die Holzterrasse gebaut werden. Es ist ratsam, den Anstrich im Herbst zu wiederholen. Inzwischen ist nämlich das Holz etwas abgetrocknet und dadurch saugfähiger geworden. Außerdem haben sich in den Brettern feine Risse gebildet, in die nun ebenfalls Holzschutzmittel eindringen und das Holz vor Fäulnis schützen kann. An den Schraubstellen, an denen das Holz etwas beschädigt wurde und kleine Vertiefungen entstanden sind, verbleibt bei einem solchen zweiten Anstrich mehr vom Holzschutzmittel als auf der übrigen Bretterfläche, was zusätzlich Schutz bedeutet. Wenn dann alle 2–3 Jahre der Anstrich im Spätherbst oder Winter – die Pflanzen in der Umgebung sind dann ohne Laub – wiederholt wird, dürfte die Haltbarkeit der Terrasse mindestens doppelt so lange sein als ohne diesen Schutz.

Wer sich den Bau einer Holzterrasse einfacher machen möchte und die höheren Kosten in Kauf nimmt, kann von einem

Holzwerk kesseldruckimprägnierte ungehobelte Kanthölzer (10 × 10 cm, ca. 400–500 cm lang) und gehobelte Planken, also starke Bretter (5 × 20 cm, ca. 400–500 cm lang) beziehen. Ebenso sind bei solchen Firmen quadratische und rechteckige Gartenroste, meist in den Maßen 60 × 60 cm bis 100 × 150 cm erhältlich, die wie Gartenplatten verlegt werden.

Solches kesseldruckimprägniertes Holz darf ebenso wie die mit Holzschutzmitteln behandelten Bretter und Kanthölzer nicht im Ofen verbrannt, sondern muß umweltgerecht entsorgt werden. Auskünfte beim Umweltschutzreferat der Gemeinde oder Stadt.

Schöne Muster mit Klinker

Neben Natur- und Kunststeinplatten eignen sich für den Garten sehr gut auch hartgebrannte Ziegelsteine, wie sie bei älteren Häusern verwendet wurden, oder Klinker. Das dezente Rot dieses Materials harmoniert ausgezeichnet mit den verschiedenen Pflanzen, ganz besonders mit saftiggrünem Rasen. Können wir beim Abbruch eines Altbaues solches Material erstehen, so sollten wir zugreifen.

Eine günstige Gelegenheit hierfür ergibt sich auch, wenn eine ältere Kleingartenanlage aufgelöst wird. In vielen dieser Gärten wurden hartgebrannte Ziegel als Wegeinfassungen oder als Wegebelag verwendet. Vielfach befinden sie sich bereits seit Jahrzehnten in den Gärten, ohne daß ihnen der Frost etwas anhaben konnte. Im Einverständnis mit dem Gar-

tenpächter können wir diese Steine in den meisten Fällen abholen.

Solche alten Vollziegel sollten wir im Garten aber nicht für vielbegangene Wege und die Terrasse verwenden, schon gar nicht für Treppen, denn nicht nur zwischen den Fugen siedelt sich bald Moos an – das sieht außerordentlich hübsch aus – sondern auch die Oberfläche der Steine überzieht sich bald mit grüner Patina, so daß sie bei feuchter Witterung unangenehm rutschig werden. Für Nebenwege oder zur Abtrennung zwischen Rasen und Pflanzbeeten sind sie uns dagegen sehr willkommen. Wer günstig Straßenpflaster aus Granit bekommen kann, sollte ebenfalls zugreifen, vor allem, wenn eine größere Haus- und Garageneinfahrt damit gepflastert werden soll. Dieses Material ist unverwüstlich. Die schwere Arbeit des Verlegens übergeben wir am besten einem geübten Fachmann, denn ein solcher Granitstein im Format 15 × 15 cm wiegt ca. 8–9 kg.

Das Verlegen von Platten

Das Verlegen auf Weg und Terrasse geht bei all den genannten Materialien in gleicher Weise vor sich. Da weder Weg noch Sitzplatz in einem Garten übermäßig strapaziert werden, genügt es völlig, wenn wir die Platten auf Sand verlegen. Die ca. 20 cm tief ausgehobene Weg- und Terrassenfläche wird etwa 10 cm hoch mit grobem Material (Kies, Schlacke, Schotter, Betonabfälle u. ä.) aufgefüllt und gestampft. Auf leichteren Böden genügt es sogar, wenn Weg und Sitzplatz nur 10 cm tief ausgehoben werden. Wir

Bau einer Holzterrasse. Auf dem mittleren Bild sind Abstandshalter und abgeschrägte Brettkanten gut zu erkennen.

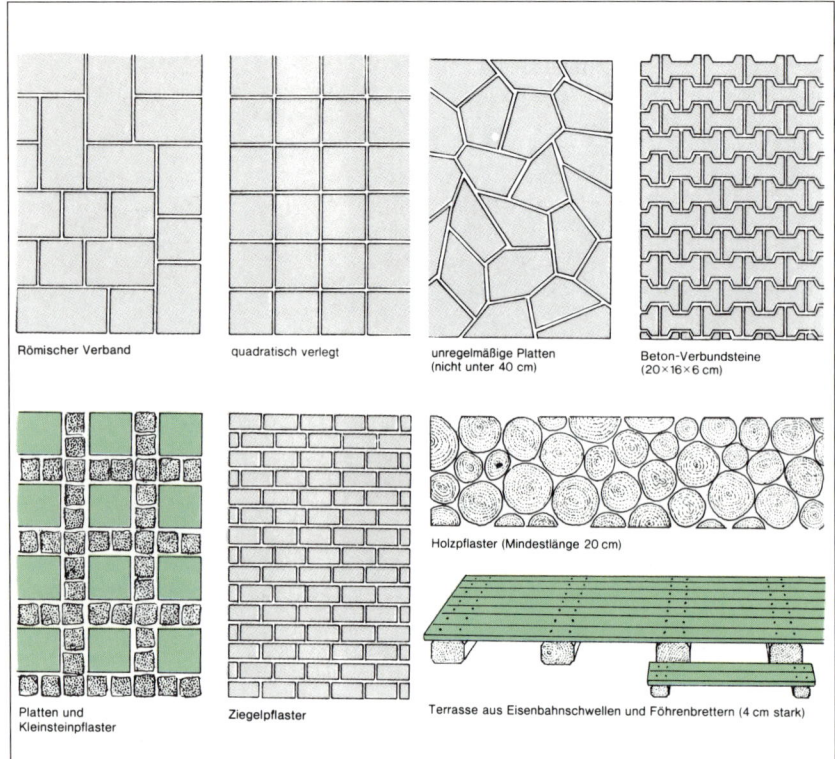

Römischer Verband

quadratisch verlegt

unregelmäßige Platten
(nicht unter 40 cm)

Beton-Verbundsteine
(20 × 16 × 6 cm)

Platten und
Kleinsteinpflaster

Ziegelpflaster

Holzpflaster (Mindestlänge 20 cm)

Terrasse aus Eisenbahnschwellen und Föhrenbrettern (4 cm stark)

können uns hier den Unterbau mit grobem, wasserdurchlässigem Material ersparen. Als nächstes werden etwa 3–5 cm hoch Sand aufgebracht, in dem wir die Platten verlegen.

Als Werkzeuge werden dazu Schnur, Maurer- und Pflanzkelle (zum Unterfüllen von Sand), Wasserwaage, Setzlatte, Schlegel und ein Holzstück benötigt, das wir beim Klopfen auf die Platten legen, um eine Beschädigung zu vermeiden.

Wegebau mit Granitpflaster. Ein Band aus Magerbeton gibt den äußeren Steinreihen festen Halt.

Oben: Verlegemuster für Wege und Terrassen.

Rechts: Hier wurde ein eintöniger »Plattensee« gekonnt vermieden. Waschbetonplatten und Kleinsteinpflaster sind abwechslungsreich ineinander »verzahnt«.

Wollen wir von einer Platte ein Stück wegnehmen, so erfolgt dies mit einem Maurerhammer oder mit Meißel und gewöhnlichem Hammer.

Beim Verlegen müssen wir darauf achten, daß alle Platten in der Waage liegen. Befindet sich die Platte an Ort und Stelle, dann prüfen wir dies durch kreuzweises Aufsetzen der Wasserwaage oder mit der Setzlatte. Wenn die Platte wackelt oder schief liegt, wird sie nochmals hochgehoben, der Sand an der entsprechenden Stelle ausgeglichen und dann die Platte wieder eingebettet. Anschließend rammen wir sie unter Beilage eines Holzstückes oder nur mit dem Hammerstiel fest.

Nachdem alle Platten verlegt sind, wird mit dem Besen so lange Sand zwischen die Fugen gekehrt und mit Wasser eingeschlämmt, bis alle Platten fest liegen.

Ein Weg von 1,20 m Breite soll von der einen zur anderen Seite ein Gefälle von

1–2 cm erhalten. Dies ist beim Prüfen mit der Wasserwaage zu beachten. Beim Bau der Terrasse lassen wir den Plattenbelag, vom Haus ausgehend, um etwa 2 cm je m abfallen.

Einige allgemeine Regeln sind beim Verlegen eines Plattenweges oder einer Terrasse noch zu beachten: Wenn wir uns für das Verlegen im »Römischen Verband« entscheiden, sollten durchlaufende Längsfugen im Weg vermieden werden. Wir müssen immer versuchen, die Platten gegeneinander zu versetzen, sonst ergibt sich für das Auge ein recht unbefriedigendes Bild. Dies gilt auch für die Terrasse. Auch sollen sich die Fugen nicht kreuzen.

Beim Verlegen von Natursteinplatten besteht oft die Neigung, kleine Abfall-

stücke zu verwenden. Solche Platten-
scherben liegen dann nicht fest genug im
Sandbett und sehen auch denkbar unschön aus. Eine Platte sollte mindestens
so groß sein, daß wir mit beiden Füßen
darauf stehen können.

Wenn Weg oder Terrasse an eine Rasenfläche angrenzen, ist darauf zu achten,
daß die Platten mit der Grasnarbe bündig abschließen. Liegen sie tiefer, so
sammelt sich Wasser auf den Platten,
liegen sie höher, so werden wir uns bei
jedem Mähen ärgern und außerdem die
Messer des Rasenmähers beschädigen.
Nur wenn der Weg an Pflanzflächen ent-
langläuft, ist es günstiger, wenn er um
etwa 2 cm höher als diese liegt. Ein Ab-
schwemmen des Bodens auf den Plattenweg wird dadurch verhindert.

Im Reihenhaus- oder Kleingarten können wir die Gartenplatten vielfach selbst
oder mit Hilfe eines erfahrenen Freundes
verlegen. Im größeren Hausgarten wird
es meist aus rein zeitlichen Gründen
nicht möglich sein. Vor allem wurde hier
nach Beendigung des Rohbaues und
rund um das Haus mit lockerem Material
aufgefüllt, und es kommt nun darauf an,
diese Flächen einwandfrei mit einem
Rüttler zu verdichten, ehe die Platten
verlegt werden. Wird dies nicht sorgfältig
gemacht, so setzt sich im Laufe der kommenden Jahre der Boden, die Platten
sinken ebenfalls ab und liegen schief.
Die Folge ist unnötiger Ärger und – alle
Platten müssen noch einmal herausgenommen und neu verlegt werden. Es ist
deshalb bei Gärten am freistehenden
Haus besser, wenn diese Arbeiten einer
Firma übertragen werden.

Wegeinfassungen schön und unschön

Teilweise verläuft der Weg an gegrabe-
nen Flächen entlang (Gemüseland, Beerensträucher, Rosen, Stauden). Wurde er
nicht mit Platten belegt oder als Rasenweg belassen, sondern als Kiesweg ausgebaut, so muß er eine seitliche Begrenzung bekommen, damit sich beim Umgraben Kies und Erde nicht miteinander
vermischen. Als trennende Abpflanzung
haben sich Polsterstauden entlang des
Weges bestens bewährt.

In wenigen Jahren bereits haben sich die
Polster zu einer geschlossenen Reihe
entwickelt, so daß keine Erde mehr auf
den Weg fallen kann. Eine solche Lösung
sieht gut aus, sie wirkt vor allem recht
lebendig, denn die Polster springen in
den Weg vor und schwingen wieder zurück, so daß keine Langeweile aufkommt.
Außerdem blüht jede der geeigneten Arten (siehe S. 111) viele Wochen hindurch.
Die Praxis zeigt indessen, daß dem Gartenfreund eine solche einfache und
schöne Lösung keineswegs genügt. Eine
»richtige« Einfassung wird folgenderma-
ßen gebaut: Die meist 1 m langen Betonteile setzen wir bereits vor oder während
des Wegebaues. Damit jede Verände-
rung beim Einfüllen des Weges vermieden wird, können wir die Stoßstellen der
einzelnen Betonteile mit Magerbeton
(Zement:Kies = 1:12) unterbauen. Im
allgemeinen ist das aber nicht erforderlich. Für die spätere Gesamtwirkung des
Gartens ist es wichtig, daß die fertig-

Ein schlichter Kiesweg mit bunten Polsterstauden als Begrenzung sieht immer gut aus.

gestellten Einfassungen nicht höher als
5 cm aus dem Weg herausragen.
Grenzen solche Betoneinfassungen an
Rasenflächen an, so müssen sie mit der
Grasnarbe bündig sein. Entlang der Gemüseflächen ist es günstiger, wenn die
Oberkante der Wegeinfassungen einige
Zentimeter über dem Gemüseland liegt.
Durch die fortlaufende Humuszufuhr
wird diese kleine Höhenunterschied bereits in wenigen Jahren ausgeglichen.
Wir können Betoneinfassungen entweder fertig kaufen oder selbst herstellen.
Ein Einfassungsstück von ca. 1 m Länge,
25 cm Höhe und 5 cm Stärke kostet etwa
4 – 4,50 DM. Eine völlig glatte oder leicht
zum Weg hin abgeschrägte Form sollten
wir gegenüber den allzusehr gerundeten
oder verspielt gestalteten Formen (Oberkante) bevorzugen.
In einem mehr naturnah gestalteten Garten können Einfassungen aus runden
Fichtenstämmen hergestellt werden.
Dauerhafter sind allerdings kesseldruckimprägnierte Rundhölzer, die in Holz-
handlungen erhältlich sind. Solche Holz-
einfassungen passen gut zu Pflanzen,
besser jedenfalls als Beton.
Auch hochgestellte Vollziegel können als
Wegeinfassung verwendet werden. Sie

dürfen nur etwa 5 cm über den Weg her- aussehen, weil sie sonst wackeln wür- den. Auf keinen Fall kommen aber hierfür in Frage: Bretter (denn sie faulen bald), Bier- und Weinflaschen, sägeblattartig versetzte Ziegelsteine (denn sie machen den Garten spießbürgerlich und häß- lich), und ähnliche Materialien.

Ausnahmen bestätigen allerdings die Regel – auch bei Wegeinfassungen! So hat ein Gartenfreund zu Ende des letzten Weltkrieges, als die Besatzungstruppen bereits im Anmarsch waren, seinen ge- samten Weinvorrat aus dem Keller ge-

holt und die Flaschen als Wegeinfassun- gen in den Garten eingebaut. Das Haus wurde geplündert, der Wein jedoch war gerettet.

Sehr wichtig: Entlang von Plattenwegen kann man sich Wegeinfassungen erspa- ren, ja sie würden in Verbindung mit Platten, Klinker, Granitpflaster u. ä. Ma- terialien recht kleinkariert wirken. Außer- dem wäre eine solche Lösung unprak- tisch, weil dann der Rasen nicht mehr bündig an den Plattenbelag anschließt und deshalb das Mähen wesentlich er- schwert wird.

Wegeführung und Material passen so richtig in einen Naturgarten.

Mauern und Treppen

Ein Garten am Hang macht bei der An- lage besonders viel Arbeit, von den Mehrkosten ganz abgesehen. Hinterher sieht er meist aber auch attraktiver aus als ein Garten in ebenem Gelände. Es ist besonders überlegte Planung nötig, um aus der gegebenen Situation das Beste zu machen und den Blick in die Ferne mit Pflanzen zu »untermalen«. Die Höhen- unterschiede überwinden wir mit Mau- ern und Treppen.

Mauern Mauern sind meist nötig, um den Hang abzufangen und das Wohn- haus, sofern es am unteren Teil des Grundstückes steht, nicht zu gefährden. Gewöhnliche Betonmauern, einfarbig grau und glatt, wollen wir aber nach Möglichkeit vermeiden. Es könnte sonst der recht unschöne und wenig ein- ladende Eindruck einer Festung ent- stehen.

Es quillt aus allen Fugen! Mit Trockenmauern läßt sich ein Garten am Hang terrassieren. Eine aufwendige, aber wohl die schönste Lösung.

sich die Gartenwirkung zweifellos erhöhen.

Noch besser wirkt eine Stützmauer, die aus Natur- oder Kunststein hochgemauert wird. Entsprechend höher ist allerdings auch der Preis. Am schönsten, weil am natürlichsten, sind Trockenmauern. Wie der Name schon sagt, werden sie »trocken«, also ohne Mörtel, erstellt. Am besten eignet sich Natursteinmaterial aus der Umgebung. Bei niedrigen Trokkenmauern bis zu etwa 1 m Höhe ist ein ca. 20 cm in den Boden reichendes Betonfundament zu empfehlen, aber nicht unbedingt erforderlich. Bei höheren Trockenmauern müssen wir mit dem Fundament bis auf frostfreie Tiefe (etwa 0,80–1 m) gehen. Die Stärke einer Trokkenmauer soll etwa ein Drittel ihrer Höhe betragen, mindestens jedoch 25 cm.

Zum Hang hin sollte eine Trockenmauer eine Neigung von 15–20 % (15–20 cm je m Höhe) bekommen. Der Halt der Mauer wird dadurch verbessert, und die in die Fugen gesetzten Pflanzen bekommen ausreichend Niederschläge ab. Die unterste Steinlage setzen wir mit Zementmörtel auf das Fundament, während wir beim Aufsetzen der weiteren Lagen nur lehmige Gartenerde zwischen die Längsfugen bringen. Die vorgesehenen Pflanzen werden dabei gleich in diese Erdschichten eingelegt. Damit die Steine festliegen, helfen wir bei jedem Stein mit einem Holzstückchen oder dem Stiel eines Maurerhammers nach und drücken ihn in das lehmige Erdreich.

Wichtig beim Aufbau der Mauer ist ferner, daß wir die Steine jeder Schicht gegenüber der darunter liegenden versetzt legen. Es dürfen keine Fugen von oben nach unten durchlaufen. Dadurch wirkt die Mauer ruhig. Störend sehen hochkant gestellte Steine aus. Jeder Stein soll deshalb auf seiner »faulen« Seite liegen; eine andere Lage ist unnatürlich. An den Ecken verlegen wir be-

sonders schwere, lange Steine, und zwar verzahnt.

An Hängen muß auch an eine Entwässerungsmöglichkeit gedacht werden, damit sich kein Wasser hinter der Mauer sammeln und im Winter zu Schäden führen kann. Wir bringen hinter die Steinreihe groben Kies oder ähnliches Material und sparen bei längeren Trockenmauern in der untersten Reihe einzelne kleine Öffnungen aus, damit das Wasser ablaufen kann.

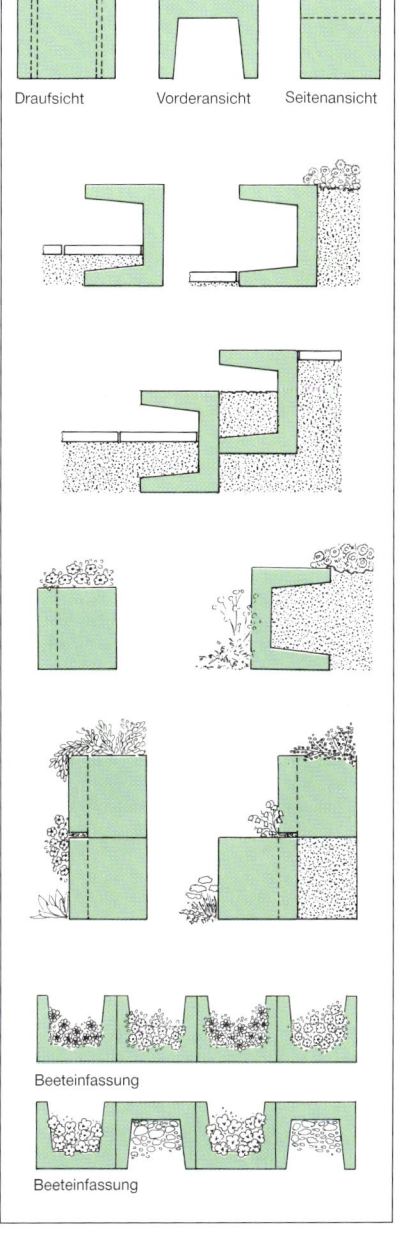

Draufsicht   Vorderansicht   Seitenansicht

Beeteinfassung

Beeteinfassung

Gut wirkt eine Sicht- oder Waschbetonmauer. Bei letzterer geben wir in die gesamte Betonmasse Flußkiesel, oder wir mischen wenigstens der unmittelbar auf die Außenschalung folgenden Betonschicht gleichmäßig kleinere und größere Flußkiesel bei. Der erdfeuchte Beton, einschließlich der Flußkiesel, ist gut zu stampfen. Sobald der Beton die nötige Standsicherheit, aber noch nicht die endgültige Festigkeit erreicht hat, wird die Schalung entfernt. Das ist bereits 7–12 Stunden nach dem Einfüllen des Betons der Fall. Mit einer harten Bürste und Wasserstrahl (Schlauch) wird dann die Betonoberfläche gewaschen. Dabei wird der noch feuchte Mörtel entfernt und das interessante, lebendige Farbenspiel der Flußkiesel sichtbar.

Bepflanzen wir eine solche Waschbetonmauer dann noch mit einigen herabhängenden oder sich anschmiegenden Polsterstauden bzw. Gehölzen wie Felsenmispel (Cotoneaster praecox), Bocksdorn (Lycium halmifolium) u. a., so wird

Mit »Karlsruher Gartenstein« lassen sich Stützmauern, Sitzgelegenheiten und Treppen bauen.

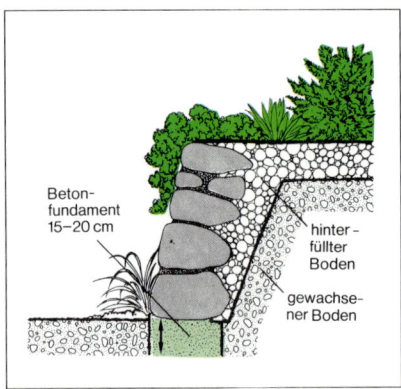

Trockenmauer aus großen Feld- oder Flußsteinen mit leichter Neigung zum Hang hin.

Es müssen aber nicht unbedingt Natursteine sein, aus denen wir Mauern bauen. Auch mit größeren Betonbrocken, wie sie beim Abbruch von Gebäuden, Betonmauern und anderen Betonbauwerken anfallen, lassen sich Trockenmauern aufsetzen. Wenn wir dann in die Fugen Polsterstauden pflanzen und das anfangs grell wirkende Betonmaterial erst einmal durch die Witterung »Patina« bekommen hat, kann selbst solch eine billige Mauer recht ordentlich aussehen.

Auch Eisenbahnschwellen, meist aus Eichenholz, sind für unsere Zwecke geeignet. Wir fragen dazu am örtlichen Bahnhof nach, wo man uns vielleicht eine Bezugsquelle nennen kann. Es handelt sich dabei um alte Schwellen, die bei Ausbesserungsarbeiten am Bahnkörper ausgewechselt wurden.

Die Qualität ist sehr unterschiedlich. Wir suchen die besten aus und stellen sie, Schwelle an Schwelle, in einen 0,80–1 m tiefen Graben. Auf diese Weise haben wir dann eine Stützwand von gut 1 m Höhe, denn Eisenbahnschwellen sind etwa 2 m lang und 25 cm breit.

Vorzüglich eignen sich für Stützmauern kesseldruckimprägnierte Rundhölzer, die es in verschiedenen Längen und unterschiedlichem Durchmesser gibt. Immer mehr Gartenfreunde entscheiden sich heute für Holz, weil es den Garten wohnlich macht.

Abschließend noch eine weitere interessante Möglichkeit: Der Karlsruher Gartenstein. Wie die Zeichnung auf S. 33 zeigt, handelt es sich dabei um ein U-förmiges Grundelement aus Beton. Mit diesen Fertigteilen können wir im Garten 40 cm hohe Stütz- und Sitzmauern im Baukastensystem erstellen, wobei sich verschiedene Variationsmöglichkeiten anbieten. Aber auch größere Höhenunterschiede lassen sich mit diesem Material bewältigen.

Die Steine werden dann übereinandergesetzt, die Seitenwände greifen in den Hang ein, die offene Seite wird hinterfüllt. Dadurch entsteht eine stabile Verbindung mit der Erde. Die nächste Schicht erhält eine besondere Verzahnung, so daß die Gefahr des Verschiebens vermieden wird. Es bildet sich dabei eine flächige Wand, in der eine waagerecht durchlaufende Fuge Pflanzen aufnehmen kann. Es besteht aber ebenso die Möglichkeit, die Fertigteile treppenartig übereinanderzusetzen. Auf diese Weise ergeben sich dann abgestuft übereinander schmale Pflanzbeete, die besonders für Stauden, Bodendecker und kleinbleibende Gehölze geeignet sind.

Treppen Außer Stützmauern brauchen wir auf hängigem Gelände auch Treppen. Sie kosten zwar Schweiß und Geld, wirken dafür aber bei richtiger Anlage sehr reizvoll. Vor allem soll sich die Treppe den gegebenen Geländeverhältnissen anpassen und nicht stur auf kürzestem Wege 2 Punkte miteinander verbinden. Eine bogenförmig verlaufende Treppe, deren eine Seite sich z. B. an eine Rasenfläche anlehnt, während die andere Seite mit Stauden, Kleingehölzen und Sommerblumen bepflanzt ist, bringt Bewegung in den Garten. Die Treppe soll aber nicht nur für das Auge ein Genuß sein, wir müssen sie vor allem bequem begehen können. Darum muß beim Treppenbau die normale menschliche Schrittlänge berücksichtigt werden von etwa 64 cm.

Als Faustregel gilt:

$$\frac{\text{Stufenhöhe} \times 2 + \text{Auftrittsbreite}}{= 64\,\text{cm (normale Schrittlänge)}}$$

Sind wir gezwungen, verhältnismäßig hohe Stufen zu bauen, so darf der Austritt nur schmal sein. Andererseits muß bei niedrigen Stufen die Auftrittsfläche verhältnismäßig breit sein. Die bequemste Stufenhöhe liegt bei 12–15 cm. Geradezu angenehm werden wir das Begehen einer Treppe mit nur 12 cm Stufenhöhe empfinden. Die Stufenbreite müßte in diesem Fall allerdings 40 cm sein, denn:

$$12\,\text{cm} \times 2 + 40\,\text{cm} = 64\,\text{cm}$$

Haben wir nur wenig Platz zur Verfügung, so sind wir gezwungen, die Treppe steil ansteigen zu lassen. Die Stufenhöhe müßte in einem solchen Fall etwa 18 oder gar 20 cm betragen. 18 cm ergibt eine Stufenbreite von 28 cm, denn:

$$18\,\text{cm} \times 2 + 28\,\text{cm} = 64\,\text{cm}$$

Bei längeren Treppen sind Treppenabsätze, sogenannte Podeste, sehr erholsam. Die Stufenzahl zwischen den einzelnen Podesten soll möglichst ungerade sein, um einen Fußwechsel zu erreichen.

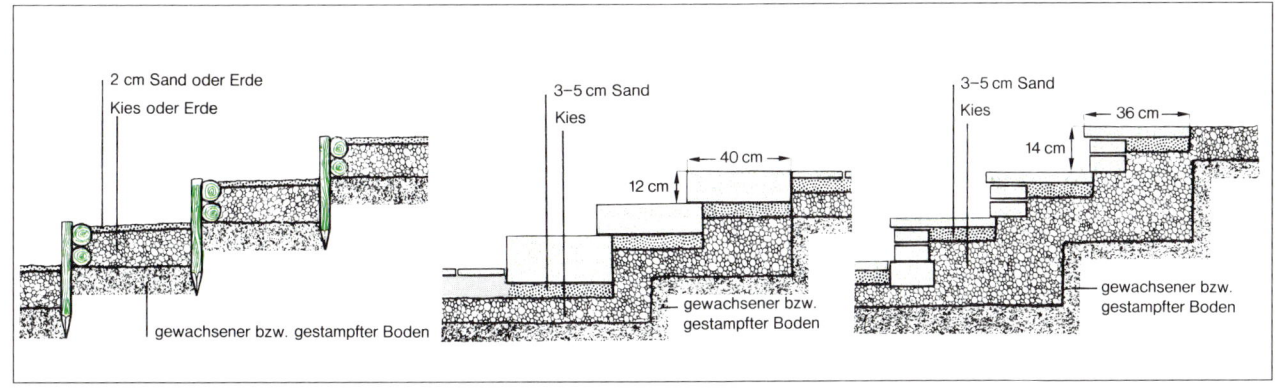

2 cm Sand oder Erde
Kies oder Erde

gewachsener bzw. gestampfter Boden

3–5 cm Sand
Kies
40 cm
12 cm
gewachsener bzw. gestampfter Boden

3–5 cm Sand
Kies
36 cm
14 cm
gewachsener bzw. gestampfter Boden

Links: Einfache Treppe aus Rundhölzern.
Mitte: Blockstufen aus Betonteilen.
Rechts: Legstufen aus Gartenplatten.

Wenn es der vorhandene Platz gestattet, fassen wir jeweils 3, 5 oder auch 7 Stufen zusammen und lassen dann wieder einen Absatz folgen.

Und so wird eine Treppe gebaut: Mit Hilfe einer geraden Latte, Wasserwaage und Meterstab stellen wir sowohl den Höhenunterschied als auch die Länge der Treppe fest. Dann folgt die Berechnung der Stufenausmaße, Anzahl und Länge der einzelnen Treppenabsätze.

Angenommen, wir hätten eine Höhe von 3 m auf einer Länge von 12,60 m zu überwinden, so kommen wir mit Hilfe von

Links: Schlichte Treppe aus alten Bahnschwellen im Garten des Verfassers, begleitet von Stauden.

Unten: Natürlich wirkende Treppe aus Naturstein (Granit) mit reizvoller seitlicher Bepflanzung.

Papier und Bleistift zu folgendem Ergebnis: Bei 12 cm Stufenhöhe wären 25 Stufen erforderlich, um den vorhandenen Höhenunterschied von 3 m zu überwinden. Da aber bei 12 cm Höhe die Stufenbreite 40 cm betragen müßte, würde der vorhandene Raum bis zu einer Länge von 10 m benötigt, so daß nur noch 2,60 m verblieben.

Nun wollen wir aber gerne einige Podeste einbauen, um die Treppe aufzulockern. Ein solcher Treppenabsatz muß ebenfalls dem menschlichen Schrittmaß angepaßt sein, also 0,65 m, 1,30 m, 1,95 m usw. lang sein. Damit er sich von den Stufen in seiner Länge gut abhebt, wollen wir 1,30 m wählen. Auf Grund der 2,60 m, die wir noch zur Verfügung haben, lassen sich also 2 Podeste einbauen. Um die Treppe aber noch lebendiger zu gestalten, könnten wir unter den gegebenen Verhältnissen 3–4 Treppen-

Oben: Schlichte Treppe aus Granitpflaster und Bahnschwellen mit seitlichem Halt durch Magerbeton.

Rechts: Durch einige Podeste (siehe Text) wirkt der Treppenaufgang kurzweilig. Zusätzlich wurde die Treppe in Straßennähe um eine Wegbreite nach links versetzt.

absätze vorsehen. In diesem Fall müßten wir unserer Berechnung allerdings eine Stufenhöhe von 13–14 cm zugrunde legen.

Nun zum eigentlichen Bau: Eine einfache Treppe, die sich in einen bescheidenen Garten zweifellos gut einfügt, läßt sich aus imprägnierten Rundhölzern bauen. Wer in Kauf nimmt, daß er die Teile nach 5–10 Jahren wieder erneuern muß, kann auch unbehandelte Fichtenstangen samt Rinde verwenden. Je nach errechneter Stufenhöhe werden 2–3 solcher Prügel waagrecht gelegt und davor 2 mit der Stufenoberkante bündig abgeschnittene Pfähle in den Boden gerammt. Hinter die einzelnen Rundhölzer füllen wir – ähnlich wie beim Wegebau – erst grobe Steine u. ä. ein, dann Grobkies und schließlich feinen Kies und Splitt, bzw. Erde oder Rindenmulch.

Treppen, die viel begangen werden, sollten jedoch aus dauerhaftem Material gebaut werden. Ebenso wie beim Bau von Mauern ist auch hierfür der Naturstein eine ebenso vornehme wie teuere Lösung. In den meisten Fällen werden wir uns heute für Treppen aus Beton bzw. Waschbeton entscheiden. Als Blockstufen ausgebildet, wirken sie besonders ruhig. Ebenso kann die Treppe aber auch in Form von Legestufen gebaut werden. Die Stufenkanten und die Stufenflächen bestehen dabei aus Platten. Wichtig ist,

daß die Platten der Stufenfläche etwa 2–3 cm über die Stufenkante vorragen. Außerdem sollen die einzelnen Stufen ein leichtes Gefälle haben, damit das Wasser gut ablaufen kann. Die unterste Stufe sollte in Beton verlegt werden, weil sie den gesamten Druck abzufangen hat. Die übrigen Stufen werden dann im gewachsenen Boden auf eine nur wenige Zentimeter starke Kiesschicht gesetzt. Bei frisch aufgefülltem Material muß der Untergrund erst einmal gründlich verdichtet werden, auch ist es hier besser, sämtliche Stufen in Beton zu verlegen. Anstelle von Betonblockstufen oder Platten lassen sich auch Eisenbahnschwellen zum Bau von Treppen gut verwenden. Sie haben eine lange Lebensdauer. Besonders hübsch sieht es aus, wenn die Schwellen hochgestellt eingebaut werden und die erforderliche Auftrittsbreite mit Granitpflaster ergänzt wird.

Als neueres Element für diesen Zweck hat sich – ähnlich wie beim Bau von Stützmauern – der U-förmige Karlsruher Gartenstein bewährt. Wie aus der Zeichnung ersichtlich, ergeben sich gerade beim Treppenbau reizvolle Möglichkeiten. So bilden sich bei senkrechtem Einsenken der Schenkel in das Erdreich flache Stufen, wobei sich durch die sichtbar bleibende Öffnung des Einzelsteins eine recht lebhafte Wirkung ergibt. Eine strengere, geschlossene Treppenstufe entsteht dagegen durch Aneinanderreihung der Seitenwände. Dabei werden die Stufen frei vorgekragt. Die Schwere des Betons wird durch die U-Form dieses Fertigelements überspielt; alles an ihm ist leicht, gartenfreundlich.

Trotzdem wollen wir durch Bepflanzung dafür sorgen, daß die Fertigelemente in den Hintergrund treten. Schließlich handelt es sich um grauen Beton und der wirkt nun einmal kühl und nüchtern.

Rankgerüste und Pergolen

Bauwerke, um die sich Schling- und Kletterpflanzen winden können, sollten niemals für sich allein stehen. Sie wollen sich »anlehnen« an ein Haus, eine Mauer, eine Gartenlaube.

Mit solchen Bauten können wir den Garten gliedern, also beispielsweise den Nutzgarten vom Ziergarten trennen. In Verbindung mit einer Pergola kann aber auch ein besonders intim wirkender Sitzplatz gestaltet werden.

Rankgerüste oder Pergolen bauen wir aus Holz oder Eisen. Nachdem diese Bauten stark der Witterung ausgesetzt sind, sollte nur kesseldruckimprägniertes Holz verwendet werden. Geeignet ist hierfür z.B. Wolmanit CX, ein chromfreies Holzschutzmittel, wie es die Gesundheits- und Umweltbehörden fordern. Wer selbst imprägnieren, das Holz also streichen will, wird meist ein farbloses Holzschutzmittel bevorzugen, denn Holz dunkelt rasch nach.

Eisenteile behandeln wir vor ihrer Verwendung mit einem der handelsüblichen Rostschutzmittel. Anschließend werden die Eisenteile nach Gebrauchsanweisung mit Vorlack und schließlich mit wetterfestem Lack in der gewünschten Farbe gestrichen.

Zur Befestigung der Latten und sonstiger Holzteile werden nichtrostende Schrauben und Nägel verwendet. Als Säulen für das Rankgerüst oder eine Pergola kommen Vierkant- oder Rundhölzer in Frage. Ebenso sind Eisenrohre geeignet, die mir wegen ihrer »Leichtigkeit« im kleinen Garten besonders gut gefallen. Es können einfache Wasserleitungsrohre mit einem Durchmesser von etwa 1,5 Zoll sein; das entspricht einem äußeren Durchmesser von etwa 42–45 mm. Am oberen Ende der Eisenrohre werden zu beiden Seiten etwa 20 cm lange, im rechten Winkel abgebogene Flacheisen angeschweißt, auf denen die Lagerhölzer hochkant aufgelegt und mit Schrauben befestigt werden. Die Eisenrohre werden etwa 50 cm tief in den Boden einbetoniert.

Vierkant- oder Rundhölzer dürfen nicht direkt in den Boden gebracht werden. Wir befestigen sie vielmehr an einbetonierten Flacheisen. So hat jede Holzsäule auch von unten her Luft und damit eine wesentlich längere Lebensdauer.

Je kleiner der Garten, desto mehr sollten

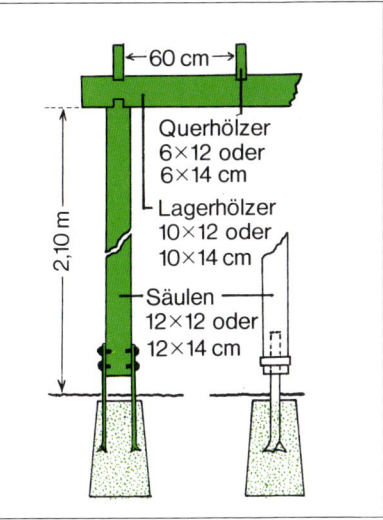

Konstruktionsbeispiel für eine Pergola aus Kanthölzern.

Schlichte Pergola aus Rundhölzern. In Verbindung mit Kletterpflanzen, Obstbäumen, winterharten Stauden und einem unauffälligen Weg entsteht Gartenatmosphäre.

wir auf die Proportionen solcher Bauten achten. Es kommt auf Feinheiten an. Die Höhe einer Pergola ist für das harmonische Aussehen des fertigen Gartens ebenso entscheidend, wie etwa die Größe eines Wasserbeckens oder die Gestaltung der Terrasse. Die beigefügten Zeichnungen zeigen dies viel besser als viele Worte. Vorteilhaft ist, wenn sich die Höhe der Pergola – für ein Rankgerüst gilt das ebenso – nach ihrer Länge und der Schwere des verwendeten Materials richtet. Sie sollte nicht unter 2,10 m liegen, auf keinen Fall aber 2,40 m überschreiten. Zu hohe Pergolen sehen aus, als würden sie auf Stelzen stehen. Die Säulenstärke sollte 12 × 12, 12 × 14 oder 14 × 14 cm betragen; dies gilt auch für Rundhölzer. Die Stärke der Lagerhölzer wird diesen Maßen angepaßt. Gut sieht es aus, wenn sie 8 × 10, 10 × 12, 10 × 14 oder 10 × 16 cm stark sind. Die Querhölzer werden meist in 4 × 8, 6 × 10, 6 × 12 oder 6 × 14 cm verwendet.

Meist werden wir uns die Pergola von einem Zimmermann oder Schreiner anfertigen lassen, bzw. von einem Schlosser, wenn sie aus Eisenrohren hergestellt

Stärke. Das Material wird mit Rostschutz-mittel behandelt und anschließend in der gewünschten Farbe lackiert. Meist werden wir es in Weiß oder einem ange-nehmen Grauton halten. Es gibt auch kunststoffbeschichtetes Baustahlgewebe, das dauerhaft gegen Rost geschützt ist. Ein solches Rankgerüst brauchen wir nur noch an der Wand zu befestigen. Es liegt allerdings wesentlich höher im Preis als gewöhnliches Baustahlgewebe.

Von Spalieren sollte noch viel mehr Ge-brauch gemacht werden als bisher. Ganz gleich ob Kletterpflanzen oder Spalier-obst, das Haus bekommt dadurch eine innige Verbindung zum Garten und wird in diesen mit einbezogen.

Links: Das weiße Lattengitterwerk, umrankt von weißblühendem Knöterich, gibt dieser Pergola eine vornehme Note.

Ein Zaun zum Verlieben! Gelbe Wucherblu-men, rosa Kletterrosen und blauer Rittersporn überspielen das Drahtgeflecht.

werden soll. Trotzdem ist es gut, wenn wir uns mit den wichtigsten Maßen be-fassen, denn für eine Pergola oder ein Rankgerüst sollte unbedingt ein Entwurf im Maßstab 1 : 10 angefertigt werden. Be-auftragen wir nämlich einen Handwerker mit dem Bau, ohne ihm vorher die detail-lierten Maße gegeben zu haben, kann es leicht zu unerfreulichen Überraschungen kommen: Handwerker bauen manchmal sehr massiv und »für ewige Zeiten«, doch der Pfiff fehlt.

Wer selbst gerne bastelt und die nötigen Werkzeuge besitzt, kann sich eine Per-gola oder ein Rankgerüst in Eigenarbeit errichten. Wie die einzelnen Holzteile dauerhaft zusammengefügt werden, läßt sich in einem guten Hobbybuch nachle-sen. Anregungen gibt es auf Gartenaus-stellungen.

Und noch etwas: Wie wäre es, wenn wir die zusammenhängende Wandfläche des Hauses mit einem Obstspalier un-terbrechen würden? Ein Pfirsich, eine Sauerkirsche, eine Birne oder vielleicht sogar ein Weinstock? Sie bringen Leben auf die kahle Fläche!

Das dazu benötigte Spaliergerüst wird aus imprägnierten Latten, etwa 4 cm breit und 1,5 cm stark, gefertigt. An den Kreuzungsstellen der Längs- und Quer-latten legen wir ein Lattenstück von ca. 10 cm Länge unter, damit sich das Spa-liergerüst gut von der Hauswand abhebt und später die Triebe der Pflanzen ange-bunden werden können. An diesen Kreu-zungsstellen wird das Spaliergerüst mit langen, verzinkten Nägeln oder Dübeln an der Hauswand befestigt.

Damit das fertige Lattengerüst auch für das Auge gut aussieht, zeichnen wir es vorher samt Hauswand im Maßstab 1 : 10 auf ein Blatt Papier. So lassen sich die Latten, die einen gegenseitigen Abstand von etwa 50 cm haben sollen, gleichmä-ßig über die gesamte Hauswand vertei-len. Dabei sind die genannten 50 cm nur als sehr grobe Faustzahl zu betrachten, die durchaus variiert werden kann. Ent-scheidend ist lediglich, daß später ein-mal Zweige und Äste bequem angebun-den werden können und die Latten har-monisch über die Wandfläche verteilt sind.

Für kleinere Wandflächen, die mit Spa-lierobst oder einer Kletterrose bekleidet werden sollen, eignet sich sehr gut ein Rankgerüst aus einfachem Baustahlge-webe in den Maschenweiten 10 × 10 cm oder 10 × 20 cm und etwa 4–6 mm

Gartenzäune, Gartentüren

Gartenzäune sind nur selten schön. Deshalb sollten wir sie nur dort anbringen, wo sie unentbehrlich sind. Meist genügt eine Höhe von 1–1,20 m. In Kleingartenanlagen wird man als Höhe für den Außenzaun meist 1,50 m wählen, während die Gartentürchen im Innern der Anlage und evtl. Zäune nicht höher als 70–90 cm sein sollten. Dadurch wirkt die Gesamtanlage großzügiger, während gegen Diebe auch ein höherer Zaun nur recht ungenügend schützt. Wenn wir uns nur abschirmen wollen, lassen sich Zäune viel besser durch freiwachsende Ziersträucher, niedrig bleibende Obstbäumchen oder Hecken ersetzen. Je kleiner der Garten, um so mehr stört jeder Zaun. Keinesfalls sollten in Kleingartenanlagen Zäune zwischen den Parzellen errichtet werden. Das sieht kleinlich aus, und der Einzelgarten gleicht dann einem Hühnerauslauf.

Um die Grenze von Garten zu Garten festzulegen, genügt schließlich auch ein einfacher Spanndraht, der in 30–50 cm Höhe an Pflöcken befestigt ist. Anders ist es mit der Gartentüre. Zwar erfüllt sie bei einer Höhe von höchstens 90 cm ihren Sinn, Diebe fernzuhalten, ebensowenig wie ein Zaun gleicher Höhe. Wenn aber der Gartenfreund den Weg zur Tür hin entlangsieht, so hat er das Gefühl der Abgeschlossenheit, der Geborgenheit. Im anderen Fall dagegen »zieht« es optisch, den Gartenfreund »friert«, es kommt keine richtige Gartenatmosphäre auf. Aus diesem Grunde sollten Türchen in Kleingartenanlagen genehmigt, Material und die Ausmaße jedoch verbindlich vorgeschrieben werden. Türchen mit einer Breite von etwa 1 m und einer Höhe von 0,90 m haben sich als praktisch bewährt und wirken gleichzeitig für das Auge angenehm. Sie fügen sich unauffällig in das Gesamtbild einer Kleingartenanlage ein.

Auch im Haus- und Wohngarten läßt sich ein Zaun gut durch eine immergrüne Hecke ersetzen. So habe ich um unser Grundstück bereits vor Jahren den ursprünglich vorhandenen Staketenzaun entfernt und eine Fichtenhecke gepflanzt, die von Jahr zu Jahr dichter wird. Ist eine solche Hecke einmal voll entwickelt, so ist es bestimmt schwieriger, hindurchzukommen, als über einen Zaun zu klettern. Gegen ungebetene Gäste können wir uns zusätzlich schützen, indem wir in die Hecke noch einige Reihen Stacheldraht mit einbauen.

Wer sein Grundstück auch in den Jahren, in denen die Hecke heranwächst, umfrieden will, sollte dazu nur einen einfachen Maschendrahtzaun spannen. Die Holzpfosten brauchen nicht imprägniert zu sein, denn bis sie unten abgefault sind, ist die Hecke durch das Maschendrahtgeflecht gewachsen und hält dieses fest. Vom Drahtzaun ist dann nichts mehr zu sehen, in die Pflanzung eingewachsen, schützt er aber auch weiterhin das Grundstück vor Hunden und Wild. Als Drahtzaun wird am besten Wildgitter in verzinkter Ausführung verwendet. Es ist preiswert und dabei doch dauerhaft.

Als »Zaunersatz« kann um das Grundstück anstelle einer geschnittenen Hecke ebensogut auch eine Hecke aus freiwachsenden Ziersträuchern gepflanzt werden. Sie braucht zwar mehr Platz, dafür entfällt aber der regelmäßige Schnitt, und die Sträucher bringen Blüten und Früchte.

Holzzäune sind jedoch auch heute zur Einfriedung von Grundstücken noch am meisten verbreitet. In vornehmeren Villengebieten wird man gehobelten Latten den Vorzug geben, sonst wird ein Zaun mit senkrechten, geschälten Staketen verwendet. Vielfach sind Jägerzäune zu sehen, die als Fertigteile bezogen werden können. Man braucht dann nur noch die einzelnen Elemente wie ein Scherengitter auseinanderzuziehen und an den Querstangen zu befestigen. Einschließlich der Holzpfosten sollten alle Teile eines solchen Zaunes tiefdruckimprägniert sein. Dadurch ist eine Lebensdauer von etwa 20 Jahren gewährleistet. Gemütlich und dabei sehr modern wirken Zäune aus waagerechten Brettern, die an Holzpfosten oder einbetonierten T-Eisen befestigt werden. In bäuerlichen Gegenden können die hierzu verwendeten Bretter auch ungesäumt sein. Der Zaun wirkt dann besonders rustikal. Die Bretterstärke sollte bei Zäunen mit waagerechten Brettern etwa 2,5–3 cm betra-

Ein origineller Einfall: Holztürchen und Zaun von Hopfen umrankt.

Unverwechselbar auch dieser Zaun: Mohn, Goldfelberich, Glockenblumen und Edelwicken beleben die Holzlatten.

gen, der Pfostenabstand 3 m. Nur 1 m hoch sieht dieser Zaun gut aus. Die besonders vornehme Variation eines solchen Zaunes ist der Wechsel zwischen weißgeschlämmtem Mauerwerk und Bretterfeldern.

Drahtzäune sind ein notwendiges Übel; als schön kann man sie kaum bezeichnen. Sie werden aus verzinktem Drahtgeflecht oder – noch dauerhafter – aus kunststoffummanteltem Drahtgeflecht hergestellt. Als Stützen dienen entweder Betonsäulen, Eisenrohre oder T-Eisen, die in den Boden einbetoniert werden. Eck- und Endpfosten müssen eine Verstrebung erhalten, um den Zug der Spanndrähte abfangen zu können. Solche Zäune können wir mit Wicken, Feuerbohnen, Kapuzinerkresse u. a. einjährigen Schlinggewächsen bepflanzen, damit sie wenigstens den Sommer über etwas freundlicher aussehen.

Mauern sind eine weitere Möglichkeit der Einfriedung. Gut sieht eine 1 m hohe Sichtbeton- oder eine weiß geschlämmte Steinmauer aus. Grüne Pflanzen und Blüten in allen Farben heben sich von einem solchen neutralen

Links: Sichtschutzwand mit zartrosa Clematis (*C. montana* 'Rubens') berankt.

Rechts: Sichtschutz aus alten Bahnschwellen. Reichliche Abstände und duftige Kletterpflanzen sorgen für Transparenz.

Hintergrund besonders vorteilhaft ab. Nachdem eine solche Mauer ein Fundament bis in frostfreie Tiefe benötigt, ist dies allerdings nicht nur eine schöne, sondern auch eine recht kostspielige Lösung.

Ganz gleich, welche der aufgeführten Möglichkeiten auch für unser Grundstück in Frage kommt, meist werden wir die Ausführungen einschließlich Tür und Tor einer Firma übergeben, denn nur selten reichen unsere Zeit und unsere Kenntnisse aus, um eine saubere und dauerhafte Einfriedung zu erstellen.

Wind- und Sichtschutz am Sitzplatz

Wohl jeder von uns hat das Bedürfnis, sich einen kleinen intimen Bereich zu schaffen, wo man ihm nicht in die Kaffeetasse schauen kann. Dieser Bereich ist in den meisten Fällen der Sitzplatz vor dem Wohnhaus oder vor der Gartenlaube. Besonders im Reihenhaus- oder Kleingarten muß dieses Problem gelöst werden, während am freistehenden Wohnhaus meist die Randbepflanzung des Grundstückes ausreicht, um auf der Terrasse unter sich sein zu können.

Häßlich sieht es aus, wenn solch ein Wind- oder Sichtschutz mit knallig gelb oder rot gewellten Tafeln aus Kunststoff gestaltet wird. Verschiedentlich sind Farben zu sehen, die in ihrer Leuchtkraft den ganzen Garten beherrschen und all die zarten Blütenfarben geradezu »erschlagen«. Wieviel schöner ist doch ein Material, das sich in Form und Farbe dem Garten anpaßt.

Einfach, zugleich aber auch hübsch sind Rohrmatten. Wir bauen eine leichte Konstruktion aus Holz oder Eisenrohren, nicht höher als 2 m, an der die Rohrmatten befestigt werden. Nach 3–5 Jahren sind diese zwar wieder erneuerungsbedürftig, doch sind Rohrmatten nicht allzu kostspielig. Noch preiswerter wird ein Wind- oder Sichtschutz, wenn wir eine einfache Konstruktion aus ¾-Zoll-Wasserleitungsrohren errichten und diese mit quergespannten Plastikschnürchen versehen. Mit einem Knöterich oder Wildem Wein bepflanzt, wird von der Konstruktion bald nichts mehr zu sehen sein. Den Sommer über haben wir einen herrlich grünen, natürlichen Wind- und Sichtschutz. Im Frühjahr und im Herbst allerdings müssen wir zusätzlich ein Segeltuch davorspannen oder uns mit einer Rohrmatte behelfen. – Diese Vorschläge sind besonders für Kleingärten gedacht.

Eine besonders dauerhafte und zweckmäßige Lösung ist es, wenn an die Gartenlaube eine zwei- bis dreiflügelige Wand aus Holz und Glas angefügt wird. Die einzelnen Flügel werden dabei mit Scharnieren versehen, so daß nach Verlassen des Gartens die Wand zurückgeklappt werden kann und das Gartenhaus an den übrigen Tagen im ursprünglichen Zustand dasteht.

Im Reihenhaus- oder Doppelhausgarten wird meist bereits bauseits für einen ausreichenden Sicht- und Windschutz im Terrassenbereich gesorgt. Dies ist vielfach eine vorgezogene Mauer oder aber eine dauerhafte Holzkonstruktion. Beides paßt gut zum Garten und erfüllt den gewünschten Zweck.

Wurde beim Bau nicht für einen Wind- und Sichtschutz gesorgt, können wir uns in einer Holzhandlung nach geeigneten Fertigelementen umsehen oder aber eine Hainbuchen- oder andere Hecke pflanzen, die sich durch Schnitt schmal halten läßt und natürlichen Schutz bietet.

Der Steingarten

Um eine große Zahl der oft winzigen Bergbewohner unterbringen zu können, bedarf es keinesfalls einer Supergebirgslandschaft. Eine leichte Geländebewegung genügt. Vor allem aber hat ein gut gestalteter Steingarten nichts mit einem »Steinhaufen« zu tun. Die Pflanzen sollen den Ton angeben.

Unschön ist es, wenn die Steine bewußt aufrecht stehend eingebaut werden. Steine müssen auf ihrer »faulen« Seite liegen, so wie sie es draußen in der Natur auch tun. Sie sollten nicht regelmäßig verteilt, sondern truppweise angeordnet werden. Zu kleine Steine wollen wir möglichst nicht verwenden. Wir brauchen nur im Gebirge mit offenen Augen zu wandern, um zu erkennen, wie die verschiedenen Gesteine gelagert sind. Auch sollten wir innerhalb eines Steingartens nur eine Gesteinsart verwenden, also Schiefer oder Tuffstein usw. Sehr hübsch kann auch ein Troggarten aussehen, wie dies die nebenstehende Abbildung zeigt. Solch eine kleine alpine Welt hat ihren eigenen Reiz.

Alpine Pflanzen üben auf viele Hobbygärtner einen besonderen Reiz aus. Ein Steingarten bietet Platz für viele dieser Kostbarkeiten.

Die meisten Alpenpflanzen gedeihen auf oder zwischen dem Gestein am besten in kalkreicher Humuserde. Das Gestein wirkt dabei regulierend auf Wärme und Feuchtigkeit. Manche Pflanzen unseres Alpinums stellen aber ganz spezielle Ansprüche an den Boden. So liebt z. B. der blaublühende Enzian (Gentiana clusii), der auf Alpenwiesen vorkommt, im Steingarten einen nahrhaften Lehmboden, dem etwas Rasenerde und völlig verrotteter Kuhmist zugesetzt werden. Er soll möglichst auf der Westseite gepflanzt werden.

Für ein gelegentliches Übersprühen in den Morgenstunden ist diese typische Alpenpflanze dankbar, da ihr dies den Tau ersetzt.

Troggarten Der Steingarten im Trog erfreut sich zunehmender Beliebtheit. Er eignet sich für kleine und große Gärten. Hier eine kleine Auswahl von Gehölzen und Stauden, die sich zur Bepflanzung eignen. Sie alle sind sehr genügsam und halten Jahre hindurch aus.

Zwerggehölze
Zwergmispel (Cotoneaster horizontalis 'Saxatilis')
Zwerg-Wacholder (Juniperus communis 'Compressa')
Scheinzypresse (Chamaecyparis obtusa 'Nana gracilis', Ch. pisifera 'Nana' u. a.)

Für den, der wenig Platz hat: Alpine Pflanzen im Stein- oder Holztrog.

Fels-Seidelbast (Daphne arbuscula, D. cneorum)
Kugel-Kiefer (Pinus mugo 'Mops')
Zwerg-Balsamtanne (Abies balsamea 'Nana')
Zwergginster (Genista villarsii)

Gebirgspflanzen und andere Stauden
Sandkraut (Arenaria tetraquetra)
Grasnelke (Armeria caespitosa)
Edelraute (Artemisia schmidtiana 'Nana')
Hungerblümchen (Draba bruniifolia)
Büschelglocke (Edraianthus pumilio)
Enzian (Gentiana acaulis)
Storchschnabel (Geranium sanguineum)
Zwergkugelblume (Globularia cordifolia)
Zwergschleifenblume (Iberis saxatilis)
Edelweiß (Leontopodium alpinum)
Schafsteppich (Raoulia australis)
Seifenkraut (Saponaria olivana)
Steinbrech (Saxifraga aizoon 'Minor')
Fetthenne (Sedum spathulifolium 'Cape Blanco')
Hauswurz (Sempervivum, verschiedene Arten)

Weitere Hinweise können Spezialkatalogen (z. B. Staudengärtnerei Sündermann, 8990 Lindau/Bodensee, Fa. Kayser & Seibert, 6101 Roßdorf bei Darmstadt, Alpengarten Pforzheim, Joachim Carl, 7530 Pforzheim-Würm) entnommen werden. Erleichtert wird die Auswahl, wenn wir uns die für einen Stein- oder Troggarten geeigneten Pflanzen in einem Botanischen Garten oder auf einer Gartenschau ansehen.

Belebendes Wasser

Kleine Wasserbecken für Pflanzen

Durch den Bau eines Wasserpflanzenbeckens haben wir die Möglichkeit, auch dem kleinsten Garten eine recht persönliche Note zu geben. Wasser bringt Leben in den Garten, Himmel und Erde spiegeln sich wider. Außerdem gestattet auch die kleinste Wasserfläche die Verwendung besonders reizvoller Pflanzen, sei es nun im Becken selbst oder in unmittelbarer Umgebung. Bereits mit bescheidensten Mitteln können wir uns diesen Gartenwunsch erfüllen.

Ein Besuch beim Alteisenhändler kann sich lohnen. Vielleicht fördern wir dort eine Blechwanne oder einen sonstigen Behälter zutage. Er braucht nur 25–30 cm tief zu sein, wenn wir uns lediglich auf Sumpfpflanzen oder eine Kleinseerose beschränken wollen.

Erst wird ein solcher Behälter mit der Stahlbürste gründlich entrostet oder mit einem rostbindenden Mittel behandelt. Anschließend streichen wir ihn in trockenem Zustand gegen Rost. Ist das Mittel trocken, erfolgt ein zweiter und schließlich sogar noch ein dritter Anstrich, und zwar sowohl außen als auch innen. Jetzt graben wir den Behälter so tief ein, daß vom oberen Rand bis zur Erdoberfläche noch etwa 5 cm verbleiben.

Um den Behälter herum werden dann Gartenplatten verlegt, die etwa um 3 cm den Rand überragen sollen. Hat die Wanne eine Tiefe von 25–30 cm, so bringen wir 15–20 cm Gartenerde hinein, setzen je nach Größe eine oder mehrere Pflanzen und lassen Wasser einlaufen. Die Erde soll etwa 5–10 cm hoch mit Wasser bedeckt sein.

Vom alten Blechbehälter oder einer ausgedienten Mörtelpfanne ist jetzt keine Spur mehr zu sehen. Auf billige und einfache Weise sind wir zu einem hübschen kleinen Wasserpflanzenbecken gekommen. – Mehr über geeignete Sumpf- und Wasserpflanzen ist im Abschnitt über »Stauden« zu lesen.

Eine andere Möglichkeit: Wir können einen Betonring, wenn möglich mit bereits einbetoniertem Boden, in den Garten eingraben und den Rand mit Platten abdecken. In Baustoffhandlungen gibt es solche Ringe mit einem Innendurchmesser bis zu 2 m und einer Höhe von 50 cm. Bei einbetoniertem Boden beträgt der

Oben: Pflanzen und Himmel spiegeln sich im Wasser. Ein Platz zum Sitzen und Träumen!

Links: Bereits ein einfacher Holztrog genügt, um den Zauber der Seerosenblüte zu erleben. Damit Seerosen genügend Nährstoffe zur Verfügung haben, drücken wir von April bis August monatlich 1–2 Düngetabletten in das Erdreich um die Pflanze. Oder: Hornspäne mit Lehm vermischen, zu kleinen Bällchen formen und um die Pflanze einbringen.

Wasserstand also etwa 40 cm. Setzen wir einen zweiten Ring ohne Boden auf, so ergibt sich eine Wassertiefe von etwa 90 cm. Es lassen sich dann auch Seerosenarten pflanzen, die eine größere Wassertiefe benötigen.

Kunststoffbecken unterschiedlicher Größen und Wassertiefen lassen sich ohne allzu großen Arbeitsaufwand im Garten einbauen.

Fertigbecken aus Kunststoff

Von verschiedenen Firmen werden heute vorgefertigte Becken in unterschiedlichen Formen und Größen angeboten. Solch ein Becken ist rasch im Garten eingebaut.

Kunststoffolien für größere Becken

Mit Folien können wir in Eigenarbeit größere Becken für Wasserpflanzen und Fische bauen. Diese Materialien haben sich bewährt und werden vom Gartenliebhaber gerne verwendet, weil sie sich leicht verarbeiten lassen. Schön und zugleich praktisch ist, wenn solch ein Becken zum Rand hin flach verläuft.

Nur eine kleine Fläche des Beckens sollte mindestens 1 m tief eingemuldet sein. An dieser Stelle können dann Seerosenarten untergebracht werden, die eine größere Wassertiefe verlangen und dort zusammen mit den eingesetzten Fischen überwintern.

Wenn das Wasser in solch einem Becken im Winter gefriert, kann es sich nach allen Seiten hin ausdehnen, braucht also nicht abgelassen zu werden. Flache Ufer

verringern die Gefahr, daß Kinder, Igel, Eidechsen oder andere Lebewesen ertrinken, und außerdem können wir in den weniger tiefen Uferpartien verschiedene reizvolle Sumpf- und Wasserpflanzen ansiedeln, die nach niedrigem Wasserstand verlangen.

Der Boden wird erst einmal in der gewünschten Form und Tiefe ausgehoben, und zwar so, daß keine harten Kanten entstehen, sondern eine leichte Wölbung. Die Folie muß auf eine ganz glatte Oberfläche zu liegen kommen. Alle aus dem Boden ragenden harten Gegenstände wie Steine, Wurzelspitzen und ähnliche Unebenheiten müssen deshalb entfernt werden. Andernfalls würde die Folie eingedrückt und schließlich undicht.

Wir heben nur soviel Boden aus, als für den Bau des Wasserbeckens nötig ist, denn der feste, gewachsene Untergrund soll möglichst erhalten bleiben. Dann werden Boden und Seitenwände geglättet und mit Folie ausgelegt. Wenn ein einziges Stück Folie nicht genügt, können mit einem Spezialkleber weitere Bahnen angefügt werden. Sie müssen sich etwa 15 cm überlappen.

Wenn es beim Einlegen an den Rundungen der Wände Falten gibt, so schadet das nicht. Durch das Wasser und die eingefüllte Erde werden sie geglättet und angedrückt. An den Beckenrändern wird die Folie über den vorgesehenen Wasserspiegel hochgezogen, in die um-

gebende Erde eingelegt und mit Platten oder Rasenstücken abgedeckt.

Nachdem Erde und Wasser eingefüllt sind, kann das Becken bepflanzt werden. Wer das Wasser gelegentlich ablassen will, muß an die tiefste Stelle des Beckens ein Ablaufrohr mit Manschette setzen, nachdem vorher in den Untergrund wasserdurchlässiges Material eingebracht wurde. Aus der Folie wird eine eben ausreichende Öffnung geschnitten und die Folie auf der Manschette des Ablaufrohres besonders sorgfältig festgeklebt.

Wer mit Folie besonders solide bauen will, hebt erst den Boden aus und betoniert direkt auf den Untergrund etwa 5–10 cm stark. Dabei genügt ein Mischungsverhältnis von 1 : 6, da in diesem Falle nicht der Beton dichten soll, sondern die Folie. Zusätzlich kann noch Estrich aufgebracht werden. Auf diesen festen und völlig glatten Untergrund wird dann die Folie verlegt.

Nähere Informationen hierzu im Gartencenter und bei Spezialfirmen für Teichfolien erfragen. Dort kann man sich auch über Wasserpumpen, Springbrunnen u. a. Zubehör informieren.

Ein Folienteich mit flach verlaufenden Ufern, vom Gartenbesitzer selbst gestaltet. Etwa zwei Drittel der Fläche sind ohne Pflanzen, so daß genügend Wasser zu sehen ist.

Ein Wasserbecken aus Beton

Wollen wir ein besonders dauerhaftes Wasserbecken mit klaren Linien und geraden oder nur leicht schrägen Wänden bauen, so arbeiten wir am besten mit Beton. Ein solches Becken kann beispielsweise im Anschluß an eine Terrasse erstellt werden und aus einem tieferen Teil für Seerosen und Fische sowie einem Teilstück mit niedrigem Wasserstand für Sumpfpflanzen bestehen. Der Bau kann in Eigenarbeit erfolgen.

Wichtig ist, daß erst ein detaillierter Werkplan im Maßstab 1:10 gezeichnet wird. Als nächstes heben wir die Erde auf der vorgesehenen Fläche und in der geplanten Tiefe aus. An der Stelle, die wir für den künftigen Wasserablauf vorsehen, gehen wir noch tiefer und füllen mit größeren Steinen und ähnlichem, lockerem Material auf. Anschließend wird der Untergrund des Beckens gestampft und eine Packlage aus groben Steinen aufgebracht. Auch diese wird gestampft.

Jetzt kommt die Hauptsache: die Schalung. Unsere Werkzeichnung ist hierfür unentbehrlich, soll doch nach dem späteren Fortnehmen der Schalung das Wasserbecken die gewünschte Form haben. Dann wird der Beton im Verhältnis 1:5 gemischt, d. h., zu 5 Schaufeln gewaschenem Kies geben wir 1 Schaufel Zement und mischen in bekannter Weise.

Bevor wir mit dem Einfüllen des Betons beginnen, wird ein Rohrstück von etwa 2 Zoll Durchmesser (= 50 mm) an die für den Wasserablauf vorgesehene Stelle eingesetzt. Dieses Rohrstück muß etwa 15–18 cm aus dem gestampften Untergrund herausschauen, damit es später mit dem fertigen Betonboden bündig abschließt. Jetzt wird Beton auf den Beckenboden geschüttet, etwa 5 cm hoch.

Damit die Arbeit ganz solide wird, legen wir ein entsprechend großes Stück Baustahlgewebe darauf. Das Baustahlgewebe soll so ausreichend bemessen sein, daß wir es abknicken und ein Stück die Seitenwände hochziehen können. Auf diese Baustahlmatte kommen weitere 5–10 cm Beton. Erst dann stellen wir die vorgefertigte Holzschalung in die Baugrube. Unter fortwährendem Stampfen wird daraufhin Beton zwischen die Holzschalung und den Boden gefüllt.

Ist die vorgesehene Höhe erreicht (5 cm hohe Plattenauflage berücksichtigen!), so wird das ganze Becken mit Brettern oder Folie abgedeckt, um ein zu rasches

Trocknen zu vermeiden. Bei heißem Wetter werden die betonierten Teile täglich angefeuchtet (Schlauch). So bindet der Beton langsam ab. Ist dies geschehen, können die Schalbretter entfernt werden. In angefeuchtetem Zustand überziehen wir nun die sichtbaren Betonwände mit einem etwa 2 cm starken Glattstrich (Verhältnis Sand:Zement = 1:1), dem nach Gebrauchsanweisung ein wasserabstoßendes Mittel zugesetzt wird.

Zweckmäßig ist es, wenn wir beim Aufbringen des Glattstrichs die rechtwinkligen Übergänge vom Boden zu den Seitenwänden abrunden. Das Becken läßt sich dann leichter reinigen.

Nach einer Wartezeit von 4 Wochen kann das Becken mit einer dezenten, bläulichgrünen Kautschukfarbe gestrichen werden. Bei Becken mit wenig Pflanzenwuchs – zwei Drittel der Wasserfläche sollten der besseren Wirkung wegen frei von Pflanzen sein – ist dies zu empfehlen, denn diese Farben sind für das Auge angenehmer als grauer Beton. Solche Spezialfarben sind allerdings nicht gerade billig.

Lassen wir das Becken ohne Anstrich, so wird etwa dreimal je einen Tag lang Wasser eingefüllt und wieder entfernt. Dabei werden die für Pflanzen und Tiere schädlichen Stoffe des Betons ausgewaschen.

Vornehm wirkendes, aufwendiges Wasserpflanzenbecken. Geplant von einem Garten- und Landschaftsarchitekten, ausgeführt von einer Firma des Garten- und Landschaftsbaus.

Erst jetzt füllen wir das Becken endgültig mit Wasser. Abschließend läßt sich sagen: Der Bau eines Betonbeckens ist recht arbeitsaufwendig. Deshalb wird man heute meist Folie bevorzugen.

Brausebad und Badebecken

Mit Wasser sollen wir im Garten nicht geizen. Schon beim Hausbau sehen wir an den Außenwänden Zapfstellen vor, und wenn wir besonders raffiniert vorgehen wollen, verlegen wir dicht unter der Bodenoberfläche eine Pipeline mit mehreren Wassersteckdosen über den ganzen Garten verteilt. Welch ein Vergnügen, wenn wir uns an sommerlichen Tagen mit Wasser abkühlen können!

Billig können wir dieses Vergnügen in Form einer transportablen Brause haben. Eine solche bewegliche Dusche kann an jeder beliebigen Stelle des Gar-

Ein Ausschnitt aus nebenstehendem Plan, zwei Jahre nach der Pflanzung. Bereits ein schlichtes Holzfaß, umgeben von duftigen Pflanzen, verwirklicht das Thema »Wasser im Garten«. Unverkennbar besitzt die Gartenfreundin, die dieses Idyll geplant und gepflanzt hat, den berühmten »grünen Daumen«.

tens aufgestellt werden. Es gibt Modelle mit Dreifuß; die stehen »auf eignen Beinen«. Bei anderen befindet sich unten eine Eisenspitze; wir können sie also wie einen Pflock in den Boden stecken. Die Wasserzuleitung erfolgt durch ein Schlauchstück.

Auch in einem größeren Gießwasserbekken mit 1,20 m oder mehr Durchmesser, wie es bereits bei der Gestaltung des Nutzgartens erwähnt wurde, können wir uns an heißen Sommertagen erfrischen und untertauchen. Besonders Kinder werden ihren Spaß daran haben. Solche Wasserbehälter aus Betonringen – noch schöner wäre ein großer Holzbottich – lassen sich gut in den Garten einfügen. Sind Kleinkinder in der Nähe, so ist unbedingt an eine Sicherung zu denken.

Stauden rund ums Wasserfaß

Ein hölzernes Wasserfaß sieht im Garten gut aus. Zudem ist es praktisch, denn darin läßt sich Regenwasser auffangen. Steigern läßt sich die Wirkung, wenn wir solch einen Holzbottich mit Pflanzen umgeben, die gut zum Wasser passen. Das in unserem Beispiel verwendete Faß hat 65 cm Durchmesser und eine Tiefe von 60 cm. Damit es gefällig aussieht und das Wasser mit der Gießkanne bequem entnommen werden kann, wurde es etwas in den Boden eingesenkt. Unmittelbar um das Faß liegen Kieselsteine, an die Gartenplatten anschlie-

ßen. So kommt man bequem an das Faß heran, um Wasser zu schöpfen.

Die Pflanzung um das Faß herum ist nach vorne zu von einer Rasenfläche begrenzt. Sie besteht aus wenigen hohen, mehreren halbhohen sowie flachwachsenden Stauden, die einen ruhigen Teppich bilden. All diese Pflanzen passen vom Aussehen her gut zum Wasser, wobei es manche von ihnen gar nicht feucht haben wollen: der beherrschende, aber duftig wirkende Gartenbambus, die Iris oder Taglilien mit schilfartigen Blättern, die Ligularie als ornamentale Blatt- und Blütenstaude, das den Boden überziehende Pfennigkraut, der Knöterich, Primeln und Veilchen sind einige Beispiele.

Stauden rund ums Wasserfaß

Nr.	Stück	Name lateinisch deutsch	Wuchshöhe (cm)	Blütezeit	Blütenfarbe
①	2	*Sinarundinaria murielae* Gartenbambus	200–300	–	attraktive Grünpflanze
②	2	*Hemerocallis*-Hybriden Taglilie	40–120	7–9	gelb, orange, rot, rosa, braunrot u. a.
③	2	*Lythrum salicaria* Weiderich, Blutweiderich	80–150	7–9	purpurrot
④	3	*Iris sibirica* Sibirische Iris	50–120	6	hell- bis dunkelblau, violett, weiß
⑤	1	*Iris kaempferi* Japanische Sumpfiris	80–100	6–7	blau, violett, rosa, weiß
⑥	3	*Iris × barbata-elatior* Hohe Bartiris, Schwertlilie	60–120	5–6	blau, gelb, braunrot, braun, violett, rosa u. a.
⑦	1	*Trollius × cultorum* Trollblume	70–90	5–6	zitronengelb, gelb-orange, orangegelb
⑧	1	*Trollius chinensis* 'Golden Queen', Trollblume	90–100	6–7	goldgelb
⑨	1	*Primula denticulata* Kugelprimel	30	3–4	lila-rosa, blau-violett, weiß
⑩	6	*Primula rosea* Rosenprimel	15–20	3–4	rosarot
⑪	3	*Viola odorata* Duftveilchen	10–15	3–4	blauviolett
⑫	1	*Ligularia przewalskii* Ligularie, Greiskraut	80–120	7–9	gelb
⑬	30	*Lysimachia nummularia* Pfennigkraut, Hellerkraut	5	5–7	goldgelb
⑭	10	*Polygonum affine* 'Superbum', Knöterich	20	7–10	rosa
⑮	3	Lilie 'Tabasco', 'Feuer und Rauch' u. ä.	60–120	7–8	dunkelrot

Am besten werden tiefere Wasserbehälter mit einem gut sitzenden Lattenrost abgedeckt. Wer allerdings im Garten schwimmen will, muß sich schon in größeren Dimensionen bewegen und auch wesentlich tiefer in den Geldbeutel greifen. Am preiswertesten sind noch die transportablen Becken aus Plastikmaterial oder glasfaserverstärktem Polyester. Der Durchmesser sollte schon etwa 6 m betragen, damit wir nicht wie ein Fisch im Wasserglas eingeengt sind. Solche Becken sind preiswert im Unterhalt.

Ich kenne eine Familie, die in einem solchen einfachen Becken seit 20 Jahren von Mai bis Anfang Oktober beinahe jeden Morgen schwimmt und voll des Lobes ist. Es ist weder eine Umwälzpumpe noch eine Heizung vorhanden. Wichtig ist allerdings bei einem solchen beweglichen Becken, daß es absolut waagrecht auf einem vorher geglätteten Untergrund aufgestellt wird. Also nicht einfach auf den Rasen stellen!

Wenn andere günstige Badegelegenheiten in der Nähe sind, kann man jedoch getrost auf ein eigenes Schwimmbad verzichten.

Spaten und Rasenmäher

Nur mit dem richtigen Gerät macht die Arbeit Spaß. Das ist eine alte Weisheit, und trotzdem gibt es noch Gartenfreunde, die sich mit vorsintflutlichen Werkzeugen, mit Schlaghacken, primitiven Spaten, unhandlichen Gießkannen und dergleichen herumplagen. Und dann gibt es die extrem Fortschrittlichen, die jedes neue am Markt erscheinende Gerät kaufen, auch wenn sie es nur selten benutzen und es, wenn die Freude am neuen »Spielzeug« vorbei ist, in irgendeine Ecke stellen.

Vor allem der Anfänger macht leicht den Fehler, daß er sich einen ganzen Berg von farblich ansprechenden Gartengeräten zulegt, an der viel wichtigeren Bodenverbesserung aber spart. Um zu erkennen, welche Werkzeuge wirklich nötig sind, brauchen wir uns nur einmal in einem seit Jahren benutzten Geräteraum umzusehen.

Motor- oder Handgeräte?

Diese Frage ist heute auch für den Gartenliebhaber aktuell. Werfen wir doch einen Blick in einen modernen Haushalt: Da gibt es Staubsauger, Waschmaschine, Küchenmaschine, Spülmaschine und noch andere größere oder kleinere Maschinchen. Jeder, der sich etwas mit diesen Dingen befaßt, wird bald merken, daß eine solche Maschine nur dann Kraft und Zeit spart, wenn sie oft eingesetzt werden kann und Reinigung und Wartung möglichst einfach sind.

Auch die Größe des Haushalts – und beim Garten ist es ähnlich – spielt bei solchen Überlegungen eine wichtige Rolle.

Weiter muß auch die Reparaturanfälligkeit solcher Maschinen beachtet werden, denn Freude macht eine Maschine nur, wenn sie funktioniert. Was aber, wenn wir sie gerade dringend brauchen und sie setzt aus? Ärger über Ärger, wenn dann nicht gleich ein Fachmann für die Reparatur erreichbar ist, von den Kosten ganz abgesehen.

Aus all diesen Gründen möchte ich zur Anschaffung von Maschinen nur bei größeren Gärten raten. Durch Handarbeit haben wir einen gesunden Ausgleich zur oft einseitigen Berufsarbeit, und außerdem bleiben wir und die Nachbarn ohne Motorlärm!

Grundausstattung an Geräten

Besonders dem Anfänger fällt es schwer, aus dem großen Angebot an Gartengeräten das Richtige auszuwählen. Deshalb seien hier die wichtigsten genannt:

Schaufel und Pickel Diese Geräte sind besonders im neuen Garten unentbehrlich, aber auch in späteren Jahren brauchen wir sie immer wieder. Die Schaufel sollte spitz zulaufend sein und muß gut in der Hand liegen. Wir brauchen sie zum Transportieren von Erde, Sand und anderen Materialien, aber auch zum Betonieren.

Der Pickel, auch Kreuzhacke genannt, ist ein Universalwerkzeug zum Lockern schwerer Böden und leichter Felsböden. Wir brauchen ihn, wenn wir tiefere Löcher für Bäume, Kletterpflanzen oder Wasserbecken vorbereiten wollen.

Spaten Das klassische gärtnerische Grundgerät! Was für den Bauern der Pflug, ist für den Freizeitgärtner nach wie vor der Spaten. Er wird benötigt, um aus einer Wiese oder einem öden Stück Land einen Garten zu schaffen. Wir brauchen ihn aber auch später: zum herbstlichen Umgraben des Gemüseteils, zum Abstechen von Rasenkanten, zum Pflanzen von Bäumen, Sträuchern und Rosen, wenn das Staudenbeet umgestaltet werden soll oder wenn Gehölze verpflanzt werden müssen. Ein »Idealspaten« ist für uns das Richtige: kräftig gebaut, unten stumpf gebogen. Ob wir einen Spaten mit T- oder Knopfgriff wählen, ist persönliche Geschmackssache.

Grabgabel Sie wird im Geräteraum bestimmt keinen Rost ansetzen, denn wir benützen sie noch mehr als den Spaten. Während wir diesen für grobe Arbeiten verwenden, brauchen wir die Grabgabel vor allem während der Vegetation. Wird im Sommer ein Gemüsebeet neu bestellt, so lockern wir den Boden mit der Grabgabel; das geht schnell, mit geringem Kraftaufwand, und außerdem läßt sich der Boden gut zerkleinern. Beim Umsetzen des Komposthaufens leistet die Grabgabel gute Dienste, ebenso wenn sich zwischen den Beerensträuchern Dauerunkräuter eingenistet haben. Auch bei der Ernte vieler Gemüsearten wie Sellerie, Möhren, Petersilie, Rettiche ist sie das richtige Gerät.

Ist neues Gartenland mit Dauerunkräutern wie Quecken oder Giersch durchsetzt, so ist die Grabgabel das Bodenbearbeitungsgerät schlechthin, denn mit dem Spaten würden wir die Wurzeln dieser teuflischen Unkräuter nur zerteilen und wie ein Hexenmeister aus Eins Zwei, aus Zwei Vier und aus Vier Acht machen. Im kleineren Garten erspart uns die Grabgabel die wenig benutzte Mistgabel.

Rechen (Harke) Um Beete oder ganze Gartenteile eben zu bekommen, brauchen wir den Rechen. Steine oder größere Erdklumpen lassen sich mit ihm spielend von der Oberfläche entfernen, so daß wir ein einwandfreies saat- oder pflanzfertiges Beet bekommen. Der am häufigsten verwendete Eisenrechen ist 16 Zinken breit. Es ist praktisch, wenn wir daneben noch einen schmalen Rechen mit 8 oder 10 Zinken besitzen, um damit die Trittwege im Gemüsegarten sauberzuhalten.

Mit einem breiten, dabei sehr leichten Holzrechen lassen sich besonders größere Flächen mühelos ebenziehen. Bei der Neuanlage des Gartens, vor allem zum Planieren der Rasenfläche, ist er sehr praktisch. In größeren Gärten wird man ihn aber auch später immer gerne verwenden.

Auf diese Geräte kann man kaum verzichten. Sie gehören zur Grundausstattung.

Fächerbesen Mit ihm säubern wir den Kiesweg, den Kompostplatz und die Rasenfläche.

Dieses Gerät mit Aluminiumstiel ist so leicht, daß sogar Kinder damit bequem arbeiten können. Selbst kurzer Rasenschnitt und Laub lassen sich damit auf kleineren Flächen geradezu spielerisch zusammenrechen. Für größere Rasenflächen ab etwa 200 m^2 ist allerdings die Arbeitsbreite zu gering.

Hackgeräte Der Ausdruck ist nicht ganz richtig, denn eine vorsintflutliche Schlaghacke wollen wir uns nicht anschaffen, es sei denn, wir wollten auf einer größeren Fläche die Grassoden abhacken. Für die übliche Bodenlockerung kommen heute nur moderne, bequeme Geräte in Frage, die keine Kreuzschmerzen verursachen. In aufrechter Körperhaltung ziehen wir dabei im Rückwärtsgehen den Boden zwischen den Saat- und Pflanzreihen durch. Die sommerliche Bodenbearbeitung macht mit diesen Geräten geradezu Freude.

Das Wachstum der Pflanzen geht flotter voran, weil die nach Regenfällen entstehende Kruste rasch wieder zerstört wird, so daß Sauerstoff an die Wurzeln gelangen und die im Boden entstehende Kohlensäure entweichen kann. Zugleich wird dem Unkraut das Leben schwergemacht, ja, es kommt erst gar nicht mehr richtig hoch.

Durch öftere Bodenbearbeitung wird aber nicht nur die Bodengare verbessert, sondern auch Wasser gespart, weil die Verdunstung gehemmt wird. Für den Freizeitgärtner können empfohlen werden:

Verstellkultivator Genau besehen ersetzt er 7 Einzelgeräte. Durch einfaches Lösen einer Flügelschraube lassen sich Zinkenteile aus dem Halter herausnehmen bzw. wieder einsetzen. Es ergeben sich dadurch 7 verschiedene Kombinationsmöglichkeiten. Mit 5 Scharen, also komplett, verwenden wir das Gerät im Frühjahr, um das im Herbst grobschollig gegrabene Land durchzuziehen. Dazu kann aber auch der Krail verwendet werden, der 3–4 Zinken besitzt und einer umgebogenen Grabgabel ähnelt. Den ganzen Sommer über dienen uns dann Teile des Verstellkultivators zum Lockern des Bodens.

Wem das Auseinandernehmen und Wiederzusammensetzen jedoch unbequem ist – auch ich gehöre zu diesen »Faulen« oder technisch Unbegabten, denen beim Zerlegen allzu leicht eine Schraube verlorengeht – der sollte lieber ein paar Mark mehr ausgeben und die folgenden Geräte anschaffen. Ich ziehe sie jedenfalls im Sommer dem Verstellkultivator vor, weil mit ihnen sofort gearbeitet werden kann.

Kultivator In manchen Geschäften und Katalogen wird dieses 10–15 cm breite Gerät mit 3 feststehenden Scharen auch als Krümmer angeboten. Die Zinkenden sind hier als schmale »Gänsefüßchen« ausgebildet. Das Gerät ist handlicher als das vorhin genannte, vor allem ist es leichter. Wenn die Gemüse- oder Blumenbeete nach Regenfällen abgetrocknet sind, ziehen wir sofort oberflächlich durch. Dadurch kann Sauerstoff an die Wurzeln, die Pflanzen wachsen flott voran.

Grubber Er sieht dem Kultivator (Krümmer) sehr ähnlich, ist knapp 10 cm breit, eignet sich jedoch mit seinen 3 spitzen Zinken vor allem für schwere Böden.

Bodenlüfter Ein häufig benutztes Gerät aus dieser Familie! Dieser Kultivator mit nur einer Schar ist knapp 3,5 cm breit und wird besonders für die Bodenlockerung zwischen Einjahrsblumen, Stauden und engen Gemüsereihen gerne benutzt.

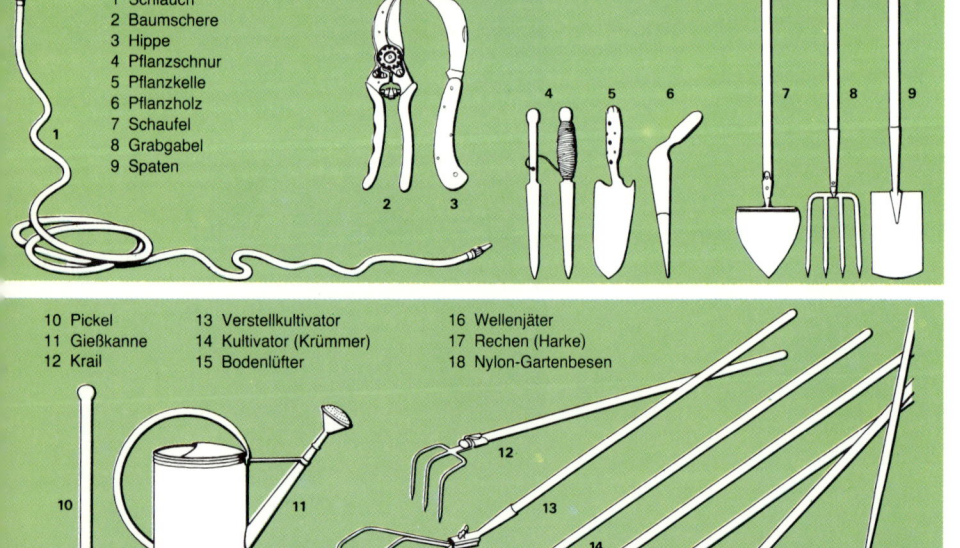

1 Schlauch
2 Baumschere
3 Hippe
4 Pflanzschnur
5 Pflanzkelle
6 Pflanzholz
7 Schaufel
8 Grabgabel
9 Spaten

10 Pickel
11 Gießkanne
12 Krail
13 Verstellkultivator
14 Kultivator (Krümmer)
15 Bodenlüfter
16 Wellenjäter
17 Rechen (Harke)
18 Nylon-Gartenbesen

Wenn wir mit den genannten Geräten den Boden durchziehen, sobald er zu verkrusten beginnt, kann sich kaum Unkraut breitmachen. Sind wir aber doch einmal 2 oder gar 3 Wochen nicht zu dieser Arbeit gekommen, so hat sich Unkraut entwickelt, das wir beim Durchziehen mit dem Kultivator, Krümmer oder Lüfter lockern, das aber bei feuchter Witterung doch wieder an- und weiterwächst.

Auch von den Wegen müssen wir während der Vegetationszeit immer wieder Unkraut entfernen. Ein gutes Gerät hierzu ist der

Wellenjäter (Unkrautkuli). Mit Seitenschutz und mit scharfgeschliffener Wellenschneide ist dieses Gerät aufs beste hierzu geeignet. Die Arbeit geht rasch voran. Mit den beiderseitigen Winkelschneiden lassen sich auch einzeln stehende Unkräuter bequem aus den Kulturen entfernen.

Stiel Er ist bei all den vorhin genannten Geräten entscheidend für leichtes und zügiges Arbeiten. Wackelige Stiele verursachen Ärger, wir bekommen Blasen, und die Gartenarbeit verliert an Reiz. Der

Stiel muß stets so lang sein, daß wir in bequemer, aufrechter Körperhaltung arbeiten können. Andernfalls nutzt uns das bestdurchdachte Gerät nicht viel.

Umrisse der Geräte an einer Hüttenwand mit Kreide nachgezeichnet. Man merkt sofort, wenn ein Gerät fehlt.
Unten: Diese Geräte erleichtern die Arbeit, sind aber nicht in jedem Garten nötig.

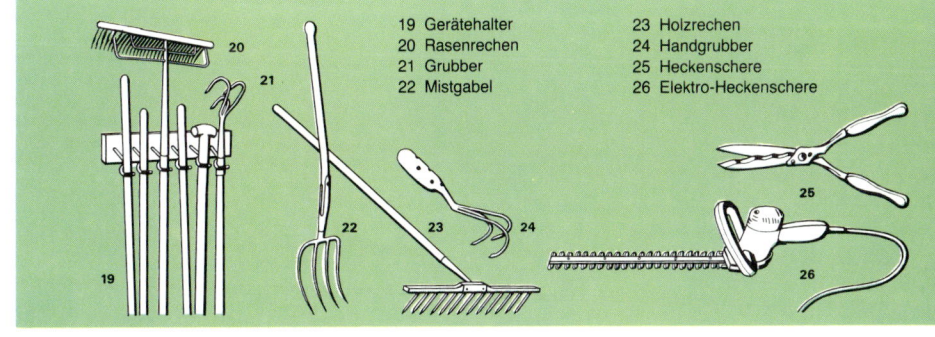

19 Gerätehalter
20 Rasenrechen
21 Grubber
22 Mistgabel
23 Holzrechen
24 Handgrubber
25 Heckenschere
26 Elektro-Heckenschere

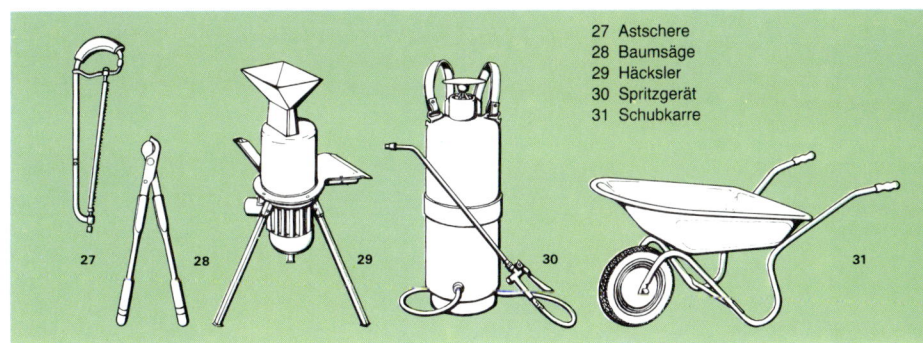

27 Astschere
28 Baumsäge
29 Häcksler
30 Spritzgerät
31 Schubkarre

Die gute alte feuerverzinkte Schneiderkanne, teuer aber unverwüstlich. Die kleine 4-Liter-Kanne eignet sich besonders für Aussaaten und Jungpflanzenanzucht.

Schlauch Er gehört heute unbedingt zur Erstausstattung. Wer vernünftig spritzt, verbraucht mit dem Schlauch kaum mehr Wasser als mit der Gießkanne. Wenn wir abends in den Garten kommen, wollen wir nicht die Zeit mit Kannenschleppen vertun; es gibt genügend andere Arbeiten, und schließlich sollte der Garten auch zum Ausruhen und Entspannen da sein. Die Länge des Schlauches hängt von der Gartengröße ab. Wir sollten auch den letzten Winkel damit bequem erreichen.

Als Armaturen verwenden wir das Wasserschlauch-Stecksystem, wie es von verschiedenen Firmen im Handel ist. Wie oft haben wir uns doch vor nicht allzu langer Zeit über tropfende Schlauchanschlüsse und defekte Kupplungen geärgert. Heute kann man sagen: Noch bequemer geht's kaum mehr!

Gießkanne Auf sie können wir nicht verzichten, trotz des Schlauches. Auf keinen Fall sollten wir eine runde Kanne im Sandkastenformat kaufen, sondern eine richtige ovale Gärtnerkanne, mit einem griffigen Längsbügel (kein Querbügel). Eine solche Kanne läßt sich angenehm tragen.

Seit langem ist die verzinkte Schneider-Kanne mit 10–12 l Fassungsvermögen im Liebhabergarten eingeführt. Sie ist unverwüstlich und deshalb eine einma-lige Anschaffung, bei der wir nicht sparen sollten. Auch billige Plastikkannen sind für den Gartenfreund geeignet, vorausgesetzt, daß sie ovale Form und einen handlichen Griff haben.

Kleingeräte Dazu gehört vor allem eine Gartenschere, ohne die wir auch im kleinsten Garten nicht auskommen werden. Wer Obstbäume im Garten hat, sollte sich die vorzügliche Schweizer »Felco«-Schere kaufen. Zum Schneiden von Blumen, Rosen und Ziergehölzen genügt auch ein billigeres Fabrikat. Eine Hippe, also ein kräftig gebautes Messer mit mehr oder weniger geschwungener Klinge, sollten wir uns gelegentlich ebenfalls anschaffen.

Geschärft werden diese Geräte mit einem Abziehstein, den wir in kreisenden Bewegungen über die Klinge der Hippe bzw. Schere führen.

Weiter brauchen wir ein Pflanzholz, denn zu pflanzen gibt es im Garten immer etwas, seien es Gemüse- oder Blumenarten. Um Stauden, Erdbeeren oder Blumenzwiebeln fachgerecht in den Boden zu bringen, wird eine Handkelle (Pflanzkelle) benötigt. Auch ein Handgrubber ist sehr nützlich, besonders für die Bodenlockerung in Steingärten oder zwischen niedrigen Polsterstauden entlang des Gartenweges.

Um gerade Saat- und Pflanzreihen zu bekommen, benötigen wir eine Pflanzschnur. Sie ist wohl das einzige »Gerät«, das wir auch selbst anfertigen können, obwohl es natürlich im Fachhandel erhältlich ist. Eine etwa 15 m lange, dünne, aber kräftige Schnur befestigen wir an beiden Enden an je einem spitzen, handlichen Holzpflock. Auf einem dieser Pflöcke wird die Schnur überkreuzt aufgerollt.

Geräte in der zweiten Reihe

Verschiedene Geräte sind zwar sehr praktisch und meist unentbehrlich, sie werden aber nicht in jedem Garten benötigt. Von ihnen soll hier die Rede sein.

Rasenmäher Eigentlich gehört er heute zur Grundausstattung, denn wo gibt es noch Gärten ohne Rasenfläche? Nur in älteren Kleingartenanlagen kann man noch viele Parzellen antreffen, in denen ausschließlich Obst, Gemüse und Blumen angebaut werden.

Für Flächen unter 100 m² sollten wir auf jeden Fall einen Handmäher anschaffen, der durchaus bis 200 m² Rasenfläche ausreicht. Wer gerne Frühsport treibt, kann auch noch mehr bewältigen. Die normale Schnittbreite von 40 cm ist in den meisten Fällen richtig, nur bei geneigten und nicht zusammenhängenden Flächen ist eine geringere Breite von 32 cm und darunter vielfach günstiger.

Bei größeren Flächen haben wir die Wahl zwischen einem Motor- und einem Elektromäher. Ersterer macht Lärm und stinkt, ist aber von Steckdose und Kabel unabhängig. Gut hat sich aus dieser Gruppe u.a. der Luftkissenmäher bewährt, der gleichsam über der Rasenfläche schwebt. Er liegt allerdings höher im Preis als übliche Motormäher. Im Fachgeschäft können wir uns beraten lassen und Einzelheiten über die verschiedenen Fabrikate erfahren.

Man kann sagen, daß Rasenmäher im großen und ganzen heute technisch genauso ausgereift sind, wie etwa Rundfunk- und Fernsehgeräte oder Waschmaschinen. Sie unterscheiden sich lediglich noch durch kleine technische Raffinessen voneinander.

Von Mehrzweckgeräten, die aus einem Motor und verschiedenen Zusatzgeräten wie Rasenmäher, Balkenmäher, Gartenfräse, Schneeräumschild usw. bestehen, halte ich nicht viel. Ich habe jedenfalls schlechte Erfahrungen mit einer sehr praktisch aussehenden Kombination gemacht und werde mich in Zukunft nur noch für gute Einzelgeräte entscheiden.

Weitere Geräte zur Rasenpflege Während sich kurzer Rasenschnitt und Laub von keinen Flächen bequem mit einem Fächerbesen entfernen lassen, hat sich für größere Rasenanlagen der Rasenrechen mit schmalen, langen Zähnen gut bewährt. Mit ihm läßt sich auch kurzer Grasschnitt sehr rasch entfernen.

Zur Durchlüftung der Rasenfläche gibt es in Fachgeschäften den Rasenkamm. Er schneidet die Rasenfläche förmlich in schmale Einzelstreifen auf, ritzt die Wurzeln an und entfernt vorhandenes Moos. Der Rasen kann dann wieder wesentlich besser wachsen. Es sei aber nicht verschwiegen, daß die Arbeit mit diesem Gerät ziemlich schweißtreibend ist. Leichter geht dies mit dem Vertikutier-Roller mit 40 cm Arbeitsbreite und 11 Lüftzinken. Durch eine Begrenzung der Vertikutiertiefe ist der Kraftaufwand wesentlich geringer.

Noch einfacher geht's mit Elektro-Vertikutierern und der Super Messer-Kraftharke. Neu ist der Rasenlüfter GD 200. Durch die simple Konstruktion treten beim Auffahren auf Steine, Plattenwege u. a. keine Schäden auf. Besonders sympathisch an diesem recht preiswerten Elektro-Rasenlüfter aber ist, daß der anfallende Abfall von Gras, Laub und Moos gleich nach vorne in den Fangkorb geworfen wird, so daß wir uns das anschlie-

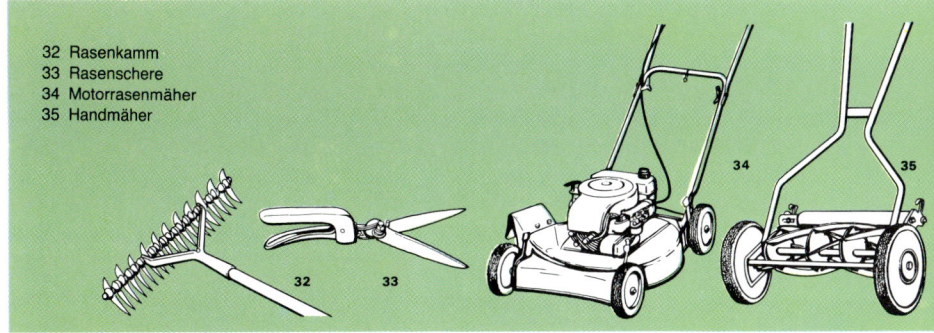

32 Rasenkamm
33 Rasenschere
34 Motorrasenmäher
35 Handmäher

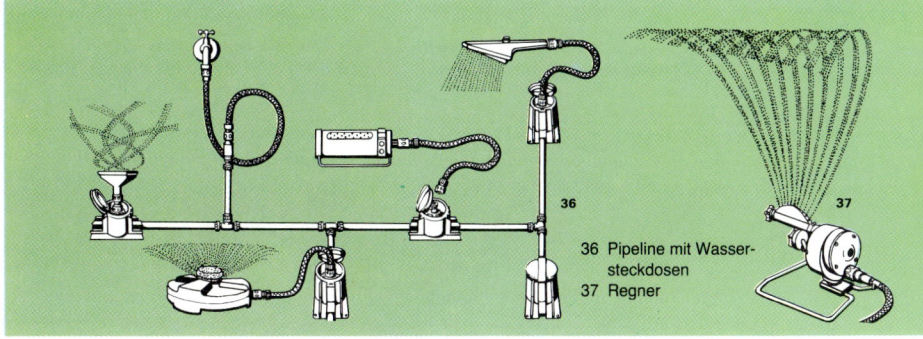

36 Pipeline mit Wassersteckdosen
37 Regner

ßende Zusammenrechen ersparen können.

Eine Rasenkantenschere wird benötigt, um Rasenränder nachzuschneiden. Besonders bequem läßt sich diese Arbeit mit einem elektrischen Rasenkantenschneider erledigen.

Obstbaumspritze Ein notwendiges Übel, ohne das wir aber in den meisten Fällen nicht auskommen. In kleineren Gärten genügt oft eine Hydronette, verbunden mit umhängbarem Plastikbehälter. Für größere Gärten möchte ich eine

Geräte für die Rasenpflege. Ein Luxus besonderer Art ist die Pipeline mit »Steckdosen«, an denen sich ein Schlauch oder Regner anschließen lassen.

solide Hochleistungsspritze mit 5 oder 10 l Inhalt empfehlen, wie sie vor allem von der Firma Gloria in verschiedenen Ausführungen und Preislagen auf dem Markt ist.

Sehr gute Erfahrungen habe ich auch mit der »zuwa-Rücken-Kolbenspritze« gemacht. Hier muß zwar während der ganzen Spritzarbeit gepumpt werden, das Pumpen geht aber spielend leicht, so daß selbst bei stundenlanger Arbeit der linke Arm nicht ermüdet. Ein weiterer Vorteil dieses Gerätes ist, daß der Spritzbrühebehälter aus Kunststoff gegen einen anderen ausgewechselt werden kann. Dadurch können wir einen Behälter mit einem Insektenmittel und einen zweiten mit einem Pilzbekämpfungsmittel nach Bedarf austauschen und brauchen nicht jedesmal die restliche Brühe wegzuschütten.

Schubkarre Für die Anlage eines Gartens ist sie unentbehrlich. Später kann jedoch in kleineren Gärten darauf verzichtet werden, denn Komposterde können wir auch mit Plastikeimern, Grasschnitt und Laub mit Kunststoffkörben wegschaffen.

Einwintern des Motor-Rasenmähers: Zündkerze herausnehmen, durch die Öffnung 1–2 Eßlöffel Motoröl einfüllen und Motor von Hand ein paarmal durchdrehen, damit sich das Öl im Zylinderraum verteilt. Dann Zündkerze wieder einschrauben.

Heckenschere Hecken bis zu 10 oder 15 m Länge können wir spielend von Hand schneiden. Es gibt heute verschiedene gute Fabrikate im Fachhandel, mit denen die Arbeit rasch vor sich geht. Bei längeren Hecken ist jedoch eine Elektro-Heckenschere angebracht, wie sie in besonders guter Ausführung unter dem Firmennamen »Little Wonder« auf dem Markt sind. Diese Scheren sind in Schnittbreiten von 40 cm und 75 cm erhältlich. Im Normalfall werden wir eine Elektro-Heckenschere kaufen. Nur wenn keine Steckdose in der Nähe ist, weichen wir auf eine schwerere und auch teurere Benzinmotor-Heckenschere aus.

Baumsäge Sie wird für die Pflege der Obstbäume und Ziergehölze gebraucht.

Es kommt nur ein Modell in Frage, bei dem das Sägeblatt verstellbar ist.

Astschere Ein wertvolles Gerät, wenn wir viele Beerensträucher und Ziergehölze zu pflegen haben. Diese Schere besteht aus besonders langen Griffen, so daß eine günstige Hebelwirkung entsteht. Bei leichtem Bücken lassen sich Äste bis zu 3,5 cm Durchmesser bequem aus den Sträuchern herausnehmen.

Komposthäcksler Kräftige Stengel und andere holzige Teile, abgeschnittene Stauden usw. sollten mit der Gartenschere oder mit Hackstock und Beil zerkleinert werden, ehe sie auf den Komposthaufen gebracht werden. Dadurch verrotten sie schneller.

Wer sich diese Arbeit bequemer machen möchte, kann sich einen auf dem Markt befindlichen Häcksler anschaffen, die all diese Materialien fein zerfasern. Es gibt Häcksler mit Benzinmotor, die naturgemäß lauter sind, und solche für Stromanschluß, für die eine Steckdose in der Nähe sein muß. Das Thema »Häcksler« ist noch sehr im Fluß, es gibt eine große Zahl von Fabrikaten auf dem Markt und ständig Neuerungen. Man sollte sich deshalb vor einem Kauf über den neuesten Stand informieren, aus Fachzeitschriften, bei Gartenbau- oder Kleingärtnervereinen, die bereits ein Gerät in Betrieb haben und praktische Erfahrungen damit sammeln konnten, oder bei einzelnen Hobbygärtnern.

Bei der Wahl sollte man vor allem darauf achten, daß der Häcksler verhältnismäßig leise läuft, daß er nicht störanfällig ist, über einen Fülltrichter leicht mit Häckselgut beschickt werden kann und auch im Preis vernünftig liegt, im Hinblick auf den Einsatz und die Gartengröße. Vorteilhaft ist es auch, wenn sich der Häcksler zerlegen läßt bzw. nicht viel Platz beansprucht, da er den größten Teil des Jahres nicht benötigt wird und in der Gartenhütte herumsteht.

Leiter Wenn sich im Garten höhere Obstbäume oder am Haus Spalierbäume bzw. Weinreben befinden, wird seine standsichere Leiter benötigt. Zweckmäßig sind Leichtmetalleitern mit verschiedenen Verstellmöglichkeiten. Sie sind vor allem gegenüber Holzleitern wesentlich leichter und können bei Lagerung im Freien nicht verwittern. Einziger Nachteil: Der Preis, der je nach Größe über dem eines ordentlichen Motor-Rasenmähers liegen kann.

Gerätepflege Alle Geräte zur Bodenbearbeitung werden im Herbst von anhaftender Erde gesäubert und mit altem Auto-Öl eingerieben. Vorher sollten wir sie in einen Schraubstock einspannen und die Schneiden mit einer Eisenfeile schärfen. So haben wir im Frühjahr gepflegte Geräte, mit denen die Arbeit doppelten Spaß macht. Der Rasenmäher wird im Winter in ein Fachgeschäft zum Überholen gebracht.

Eine standsichere Leiter ist für den winterlichen Obstbaumschnitt und die Ernte unentbehrlich. Mit dieser läßt sich auch im äußeren Kronenbereich weitgehend gefahrlos arbeiten.

Luxusgeräte mit Pfiff

Regner Vielleicht können wir uns einen Regner zum Geburtstag schenken lassen. Das Gießen wird damit wesentlich vereinfacht, und gleichzeitig können wir uns an dem hübschen Wasserspiel freuen.

Elektropumpe Wenn wir einen größeren Behälter zum Auffangen von Regenwasser am Haus stehen haben, ist eine Elektropumpe ein praktisches Gerät, um dieses Wasser zu verregnen. Düngerlösungen, die in einem Wasserbehälter angesetzt werden, lassen sich mit einer solchen Pumpe bequem verregnen (Rasen).

Wasser-Pipeline Eine Attraktion besonderer Art, die der Gartenfreund sicherlich stolz seinen Besuchern vorführen wird. Im »Do-it-yourself-System« werden Plastikrohre und Steckdosen im Boden verlegt, an die dann mit einem raffiniert einfachen Stecksystem Regner und Schläuche angeschlossen werden können.
Besonders bei Rasenflächen ist darauf zu achten, daß der Deckel der Steckdosen bodeneben sitzt, sonst wird er beim nächsten Rasenschnitt in kleine Stücke zerfetzt.

Die Pipeline läßt sich an die Wasserleitung anschließen oder aber an eine Elektropumpe, so daß die Leitung mit Regenwasser aus einem größeren Behälter gespeist werden kann.

Stufenlos verstellbarer Viereckregner, ideal für mittlere bis große Gärten.

Kreisregner benötigen nur geringen Wasserdruck. Sie eignen sich besonders zur Beregnung kleiner Flächen.

Ein Blick
hinter die Kulissen
des Pflanzenlebens

Keine Angst! Als Freizeitgärtner brauchen wir kein Botaniker zu sein. Wir werden aber eine viel engere Beziehung zu den Pflanzen bekommen, wenn wir etwas von ihrem Bau und Innenleben verstehen. Manche Arbeit, die bisher rein mechanisch durchgeführt wurde, bekommt Sinn, wenn wir die folgenden Abschnitte gelesen haben.

Die kleinen Bausteine

Alle Pflanzen im Garten, ganz gleich ob Apfelbaum, Kohlrabi oder Stiefmütterchen, bestehen aus kleinen Bausteinen: den Zellen, die wir aber nur bei starker mikroskopischer Vergrößerung sehen können. Wurzeln, Triebe, Blätter, Blüten, Samen und Früchte sind aus ihnen aufgebaut. Die uns geläufigen Pflanzen setzen sich aus einer Unzahl von Zellen zusammen. Es gibt jedoch auch pflanzliche Lebewesen, die nur aus einer einzigen Zelle bestehen: Bakterien, viele Algen und selbst Pilze, wie wir sie im Abschnitt »Pflanzenschutz« noch kennenlernen. Sehen die einzelnen Zellen auch verschieden aus und haben sie auch verschiedene Aufgaben, so sind sie doch alle nach einem einheitlichen Grundplan gebaut. Die Zelle wird von der Zellwand umschlossen. Diese besteht größtenteils aus Zellulose, in die je nach Pflanzenart Holzstoffe, Kork, Kalk, Kieselsäure usw. eingelagert werden. Im jungen Zustand ist die Zellwand elastisch und dehnbar, während sie sich mit zunehmendem Alter verhärtet und verdichtet. Damit ein Stoffaustausch von Zelle zu Zelle möglich bleibt, haben die älteren, dicken Zellwände dünne Aussparungen (Tüpfel).
Die Zellwand umschließt den eigentlichen Träger des Lebens: das Protoplasma, das aus dem Zellplasma, einer zähflüssigen, eiweißhaltigen Grundsubstanz, dem Zellkern und den Farbstoffträgern besteht. In jungen Zellen füllt das Zellplasma den Raum innerhalb der Zellwand völlig aus. Später liegt es der Zellwand wie ein Schlauch an, während sich im Inneren der Zelle ein Hohlraum bildet (Vakuole), der von einer wässrigen Lösung, dem Zellsaft, ausgefüllt ist.
Der im Zellplasma eingebettete Kern ist kugelig bis elliptisch. Sein Durchmesser liegt zwischen 1 Fünfmillionstel und

1 Fünfundzwanzigmillionstel Millimeter. Aber auch dieser unvorstellbar kleine Zellkern ist in sich wiederum gegliedert. Sein Inneres enthält einen zähflüssigen Kernsaft und, einem feinen Netzwerk gleich, die Chromosomen. Das sind die Träger der Erbanlagen.
Ebenso wie der Zellkern, so sind auch Farbstoffträger (Plastiden) im Plasma jeder einzelnen Zelle eingebettet. Nur bei Pilzen, Bakterien und Blaualgen fehlen sie. Nach ihren Farbstoffen unterscheiden wir grüne (Chloroplasten), gelbrote (Chromoplasten) und weiße (Leukoplasten) Farbstoffträger. Von ganz besonderem Interesse sind für uns die grünen Farbstoffträger, weil sie den wichtigsten Pflanzenfarbstoff: das Blattgrün (Chlorophyll) enthalten. Die gelben Farbstoffträger geben bestimmten Pflanzenteilen wie Karotten, Tomaten, Hagebutten, aber auch vielen Blüten und Früchten die Farbe. Auch die Herbstfärbung an den Gehölzen wird durch diesen Farbstoff hervorgerufen. Die weißen Farbstoffträger gleichen in ihrer Form den grünen.
Das Plasma vieler Pflanzenteile enthält aber auch noch andere Stoffe: Eiweiß in vielen Samen, Stärkekörner in Kartoffelknollen und Getreidekörnern, Fette und Öle In Samen von Sonnenblumen, Mohn und Lein und schließlich Duftstoffe in Gewürz- und Heilkräutern. Auch im Zellsaft, der sich in älteren Zellen in der vom Plasmaschlauch umgebenen Höhlung befindet, sind eine ganze Reihe von Substanzen gelöst oder in fester Form enthalten: anorganische und organische Salze, Zuckerarten, Aminosäuren, Gerbstoffe usw. Im Zellsaft sind auch des öfteren Farbstoffe gelöst, z. B. das Anthozyan, das den Zellen blaue oder rote Farbe verleiht (Rotkohl, Blutbuche). Im Zusammenspiel mit den Farben der zuvor erwähnten Farbstoffträger wird die oft unwahrscheinliche Farbenvielfalt erzeugt, die uns bei Blüten und Früchten jedes Jahr in Erstaunen versetzt.
Sicher hat sich wohl jeder schon Gedanken darüber gemacht, wie es möglich ist, daß schwankende Grashalme (Getreidearten, Pampasgras u. ä.) oder hohe, windgepeitschte Bäume (Pappeln) nicht abbrechen. Nun, ganz »einfach«: Bei älteren Zellen werden die Zellwände verdickt und versteift. Diese raffinierten Gewebe weisen neben ihrer Festigkeit aber auch eine hohe Elastizität auf, so daß sie alle nicht zu hohen mechanischen Ansprüchen von Zug, Druck und Biegung genügen können.

Wie Pflanzen wachsen

Welcher Gartenfreund hat sich nicht schon einmal die Frage gestellt, wie es denn möglich sei, daß in nur 4 Monaten aus einem unscheinbaren Samenkorn eine 3 m hohe Sonnenblume mit riesigen Blüten entstehen kann.

Das Wachstum der Pflanzen geht durch Zellteilung vor sich. Aus einer Zelle werden zwei, aus zwei vier usw. Ganz gleich, ob es sich um eine bescheidenes Radieschen oder um eine mächtige Eiche handelt, das Wachstum vollzieht sich nach den gleichen Gesetzmäßigkeiten. Die Zellteilung beginnt mit der Teilung des Zellkerns. In ihm sondert sich eine für jede Pflanzenart charakteristische Anzahl fadenförmiger Gebilde ab, die wir als Kernschleifen (Chromosomen) bezeichnen. Die Zahl der Chromosomen, die sich bei der Kernteilung bilden,

Rechts: Bis an die 3 m Höhe erreicht das Riesen-Springkraut (siehe S. 83) in wenigen Monaten.
Unten: Zellteilung. Aus einer Mutterzelle entstehen 2 Tochterzellen.

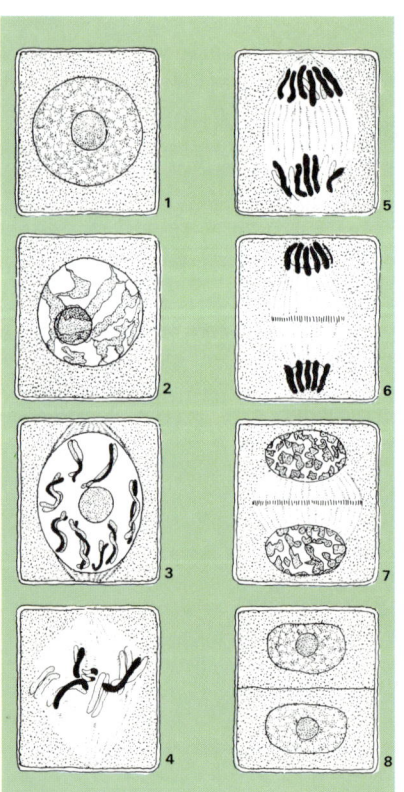

schwankt bei den einzelnen Arten zwischen einigen wenigen und weit über hundert. Für eine bestimmte Art ist sie jedoch immer konstant, und zwar in allen Zellen dieser Art. Bei der Madonnenlilie beträgt sie beispielsweise 24, beim Apfel 34, bei der Sauerkirsche 32 und beim Ackerschachtelhalm über 200.

Dies gilt auch für die tierischen Organismen. So beträgt die Chromosomenzahl beim Menschen 48. Perlschnurartig sind auf diesen Chromosomen die Erbanlagen aufgereiht. Bei der Zellteilung spalten sie sich der Länge nach und wandern nach der Mitte der Zelle. Daraufhin rücken die jeweiligen Hälften der einzelnen Kernschleifen auseinander und streben den beiden entgegengesetzten Polen zu, die sich im Zellinnern inzwischen gebildet haben. Dort treten die Kernschleifen wieder zu Fadenknäueln zusammen, während sich gleichzeitig eine neue Zellwand bildet, die die Ausgangszelle in 2 Hälften teilt. 2 neue Zellkerne sind entstanden. Aus einer Mutterzelle sind also durch Teilung 2 Tochterzellen mit der gleichen Anzahl von Chromosomen und damit mit den gleichen Eigenschaften hervorgegangen.

Vom Blatt hängt alles Leben ab

Eine Fichtennadel und ein Rhabarberblatt – welch ein Unterschied! Wir wollen uns aber nicht mit den vielfältigen äußeren Erscheinungsformen des Blattes befassen, sondern nur das Wesentlichste, nämlich Aufbau und Aufgabe des Blattes streifen.

Wenn wir ein Blatt mit einer Rasierklinge durchschneiden und den Querschnitt bei starker mikroskopischer Vergrößerung betrachten, zeigt sich uns folgendes Bild. Das Blatt besteht, wie alle übrigen Pflanzenteile, aus ungezählten kleinen Zellen. Unterhalb der Blattoberseite sehen wir langgestreckte Zellen, das Palisadengewebe. Durch diese sinnvolle Anordnung wird die beste Ausnutzung des Lichtes erreicht. In Nähe der Blattunterseite sind die Zellen mehr rundlich oder

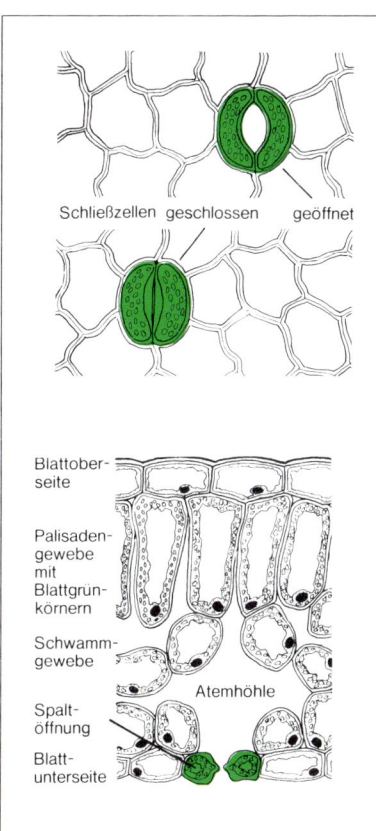

Schließzellen geschlossen   geöffnet

Blattoberseite

Palisadengewebe mit Blattgrünkörnern

Schwammgewebe

Atemhöhle

Spaltöffnung

Blattunterseite

Rechts: Blattunterseite mit Spaltöffnungen (oben) und Blattquerschnitt.

Unten: Weißkohlblatt mit grafisch interessanter Aderung.

quadratisch und vor allem sehr locker angeordnet: das Schwammgewebe. Zwischen den einzelnen Zellen dieses Gewebes sind größere Hohlräume zu erkennen, die durch Spaltöffnungen mit der Außenluft in Verbindung sehen. Diese Spaltöffnungen sind in der Haut der Blattunterseite eingebaut. Sie bestehen aus 2 Schließzellen, die den zwischen ihnen befindlichen Spalt erweitern oder verengen, wie es der Pflanze jeweils als zweckmäßig erscheint. – Um eine Vorstellung von der Dichte der Schließzellen zu bekommen, eine Zahl: Ein Kohlblatt hat auf seiner Unterseite mehr als 10 Millionen solcher Spaltöffnungen!

Der Bau des Blattes ist, wie alles in der Natur, sinnvoll. Eine meisterhafte Konstruktion, ganz auf ihre Aufgaben abgestimmt. Ohne grünes Blatt kein Pflanzenleben, aber auch kein Leben von Tier und Mensch! Nur im grünen Blatt kann sich jener für das Leben auf der Welt grundlegende chemische Prozeß abspielen, bei dem aus anorganischen Stoffen organische Substanz entsteht, aus Leblosem also Lebendiges wird.

So spielt sich dieser chemische Vorgang ab: Mit den Blättern nimmt die Pflanze Kohlendioxid (CO_2) aus der Luft auf, ein Gas, das in der Umgangssprache häufig als Kohlensäure bezeichnet wird. Im Blattgrün wird dieses Kohlendioxid, zusammen mit Wasser und unter Einwirkung von Sonnenlicht, in organische Substanz umgewandelt. Diese Umwandlung, auch Photosynthese oder Assimilation genannt, vollzieht sich nach der chemischen Gleichung:

$$6\,CO_2 + 6\,H_2O + 2824\,J = {} = C_6H_{12}O_6 + 6\,O_2$$

Das heißt: Aus 6 Teilen Kohlendioxid + 6 Teilen Wasser + Sonnenenergie entstehen 1 Teil Zucker + 6 Teile Sauerstoff. Bei der Assimilation wird also Kohlendioxid verbraucht und Sauerstoff frei. Aus diesem Grunde sind unsere Wälder, Grünflächen und Gärten von so außerordentlicher Wichtigkeit für die Gesundheit, denn hier wird durch den millionenfachen Ablauf der Photosynthese ständig Sauerstoff frei, den wir zur Atmung brauchen. Erst seit den letzten Jahren im Zeichen des steigenden Umweltbewußtseins beginnt man sich auf diese Zusammenhänge wieder zu besinnen – endlich! Mancher großkronige Baum, der noch vor wenigen Jahren ohne viel Federlesens gefällt worden wäre, bleibt nun

erhalten, denn das Umweltbewußtsein und die Sorge um die Gesundheit beginnen sich immer stärker zu regen.

Umgekehrt atmen wir Kohlendioxid aus, das die Pflanzen zur Assimilation verwenden. Kohlendioxid entsteht bei jeder Verbrennung, sei es bei der Atmung von Mensch und Tier, bei der Verbrennung von Holz oder Kohle oder aber bei der Verwesung organischer Stoffe. Wir verstehen jetzt auch die Aufgabe der Blätter. Das gasförmige Kohlendioxid der Luft dringt in das Blattinnere und gelangt an das Blattgrün.

Gleichzeitig wird der bei der Assimilation frei werdende Sauerstoff durch die Spaltöffnungen nach außen geleitet.

Die Photosynthese ist von verschiedenen Faktoren abhängig, z. B. von der Temperatur. Alle Pflanzenarten haben ihre günstigste Temperatur. So ist jedem Gartenfreund bekannt, daß Gurken und Tomaten zu üppigem Gedeihen wesentlich mehr Wärme brauchen als etwa Spinat. Weiter wird die Assimilation beschleunigt mit der Zunahme des Kohlendioxid-Gehaltes der Luft. Für uns heißt das: im Bereich der Pflanzen, also in Bodennähe, möglichst viel Kohlendioxid erzeugen! Wir erreichen das durch ständige Humusgaben, weil bei der Zersetzung organischer Substanz (Verbrennung) Kohlendioxid frei wird. Auch der Windschutz spielt eine Rolle.

Zum Schluß bleibt noch die Frage: Was geschieht im Blatt mit der erzeugten organischen Substanz, mit dem Zucker also? Er wird sofort zu Stärke weiterverarbeitet. Ist an anderen Stellen der Pflanze Bedarf, so wird die Stärke rasch wieder in Zucker zurückverwandelt und in dieser leicht transportablen Form an die Stellen des Verbrauchs geleitet. Das geschieht vor allem während der Nacht. Zucker wird von der Pflanze zunächst zum Aufbau anderer Kohlenhydrate gebraucht: Rohrzucker, Stärke, Zellulose, Holzstoff usw. Zum Teil werden diese Stoffe gespeichert, wie der Rohrzucker in der Zuckerrübe oder die Stärke in den Kartoffelknollen, zum Teil sind sie als Baustoffe für die Zellwände nötig (Zellulose, Holzstoff). Außerdem bilden die bei der Photosynthese erzeugten Kohlenhydrate die Grundlage für Eiweißstoffe, Fette und andere organische Substanzen.

Im Blatt geht aber nicht nur ein Aufbauprozeß vor sich, sondern ebenso ein Abbauprozeß: die Atmung – wie bei Mensch und Tier. Die chemische Gleichung zeigt

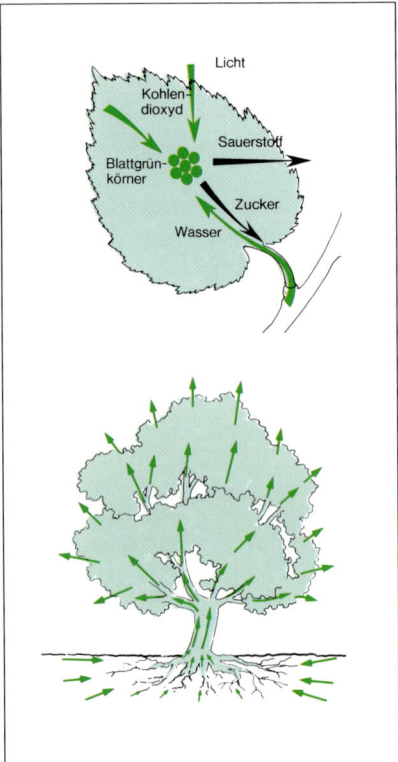

Photosynthese (Assimilation). Darunter: Wasseraufnahme durch die Wurzeln, Verdunstung durch die Blätter.

uns, daß die Atmung das Gegenstück zur Assimilation ist:

$$C_6H_{12}O_6 + 6\,O_2 =$$
$$= 6\,CO_2 + 6\,H_2O + 2824\,J$$

Um 1 Teil Zucker (organische Substanz) zu veratmen, nimmt die Pflanze 6 Teile Sauerstoff auf, während sie 6 Teile Kohlendioxid und 6 Teile Wasser abgibt. Dabei wird Energie (2824 J) frei. Diese Energie braucht jedes Lebewesen, um seine Aktivität und Funktionsfähigkeit zu erhalten. Die Atmung findet allerdings nicht nur im Blatt statt, es atmet vielmehr jede einzelne Pflanzenzelle, der Stengel ebenso wie die Wurzel. Darum Bodenlockerung! Selbstverständlich ist die Assimilation stärker als die Atmung, sonst wäre kein Wachstum möglich. Wenn keine Assimilation stattfindet (bei Nacht), nimmt das Trockengewicht grüner Pflanzenteile infolge der Atmung ab. – Bekannt ist uns die Gewichtsabnahme bei lagernden Kartoffeln, die durch Verdun-

stung und Atmung der Zellen bedingt ist. Neben Assimilation und Atmung hat das Blatt noch eine weitere wichtige Funktion zu erfüllen: die Verdunstung (Transpiration). Über 98% des von der Pflanze aufgenommenen Wassers wird wieder an die Luft abgegeben, vor allem über das Blatt. Wieder sind es die Spaltöffnungen, aus denen das Wasser in Form von Wasserdampf entweicht, nachdem es über ein kompliziertes Leitungssystem von den Wurzeln bis zu den letzten Blattspitzen transportiert wurde. Je trockener die umgebende Luft, desto größer die Verdunstung. Ein Baum kann bis zu mehreren hundert Litern Wasser am Tag verdunsten.

Dabei ist die Verdunstung keineswegs überflüssig: Durch die Sogwirkung wird fortwährend von der Wurzel her Wasser nachgeliefert. Mit dem Wasser werden von der Wurzel aber gleichzeitig gelöste Nährstoffe aus dem Boden aufgenommen und an die Stellen des Verbrauchs transportiert. Die Pflanze braucht diese Mineralsalze, damit sie aus den bei der Photosynthese erzeugten Kohlenhydraten wichtige Baustoffe, wie z. B. Eiweiß, herstellen kann. Ohne Verdunstung also auch keine Nährstoffaufnahme!

Da der meiste Wasserdampf durch die Spaltöffnungen der Blätter entweicht, wird die Verdunstung weitgehend eingeschränkt, wenn sich diese schließen. Sie tun dies aber nur unter extremen Bedingungen, d. h., die Spaltöffnungen schließen sich erst, wenn der Wasserverlust viel größer ist als die Wasseraufnahme, wenn also die Pflanze bereits zu welken beginnt. Im allgemeinen sind die Spaltöffnungen tagsüber geöffnet und schließen sich bei Nacht, wenn die Pflanze aufhört zu assimilieren. Manche Pflanzen schützen sich gegen übermäßige Verdunstung. Daraus können wir schließen, daß sie in einem trockenen Gebiet zu Hause sein müssen. – Ein Blick wird dem erfahrenen Gartenfreund oftmals zeigen, ob eine Kultur viel oder wenig Wasser zur Entwicklung braucht. So werden bei wenig Wasser die großblättrigen Gurken längst welken, während sich z. B. Zwiebeln mit ihren von einer Wachsschicht umgebenen Röhren noch durchaus wohl fühlen. Bekannt ist uns allen der Verdunstungsschutz mancher Pflanze in Form wolliger Blätter, beispielsweise bei der Königskerze. Andere Pflanzen, wie z. B. die Agave, schützen sich durch dickfleischige, derbe Blätter vor Verdunstung.

Auch Pflanzen haben Zähne

Gemeint sind die Wurzeln, die in der Lage sind, Wasser und Nährstoffe aus dem Boden aufzunehmen und weiterzugeben. Ein gesundes Wurzelwerk ist deshalb von größter Bedeutung für das Wachstum jeder Pflanze. Wir sollten beim Kauf darauf achten, daß es frei von Krankheiten und nicht eingetrocknet ist. Während der Sproß einer Pflanze dem Licht zuwächst, geht das Wachstum der Wurzel nach unten. Die Wurzel hat die Aufgabe, die Pflanze im Boden zu verankern. Was das heißt, wird uns bewußt, wenn wir vor einem majestätischen Baumriesen stehen und uns vorstellen, wie vielen Stürmen er im Verlaufe von Jahrzehnten, ja vielleicht Jahrhunderten schon getrotzt haben mag. Ebenso wie der Sproß einer Pflanze an seinem Vegetationspunkt durch fortlaufende Zellteilung weiterwächst, so entwickelt sich auch die Wurzel von der Spitze aus weiter.

Gleich hinter der Wurzelspitze bilden sich dabei sehr feine Wurzelhaare, die wir beim Pikieren recht gut sehen können. Diese Wurzelhaare sind nur kurze Zeit lebensfähig und sterben in einiger Entfernung hinter der Wurzelspitze ab, so daß nur eine verhältnismäßig kurze Zone mit ihrem dichten Pelz besetzt ist. Sie durchdringen die feinsten Hohlräume des Bodens, verkleben und verwachsen mit den Bodenteilchen und stellen in ihrer Gesamtheit eine riesige Oberfläche dar. Durch ihre Saugkraft entziehen sie dem Boden das Wasser mit den darin gelösten Nährstoffen. Die Wasser- und Nährstoffaufnahme ist also im wesentlichen auf diesen Bereich beschränkt.

Für die Praxis heißt das: Es hat keinen Sinn, eine Pflanze mit weitreichendem Wurzelwerk (z. B. Obstbaum) nur am Stamm zu gießen oder zu düngen. Dort sind überwiegend starke Wurzeln, die keine Saugfähigkeit mehr besitzen. Vielmehr müssen wir Wasser und Nährstoffe in den Bereich der Wurzelspitzen bringen, wo sie von den Wurzelhaaren aufgenommen und über Wurzel und Stamm weitergeleitet werden können.

Wurzelhaare an Keimling. Sie dienen der Wasser- und Nährstoffaufnahme.

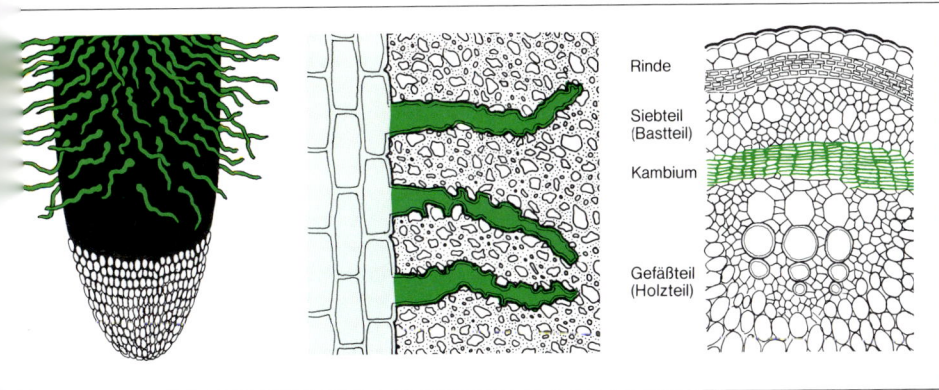

		Rinde
		Siebteil (Bastteil)
		Kambium
		Gefäßteil (Holzteil)

Links: Wurzelhaare und Wurzelspitze.
Mitte: Wurzelhaare, stark vergrößert.
Rechts: Leitungsbahnen. Mikroskopischer Querschnitt durch einen Stengel.

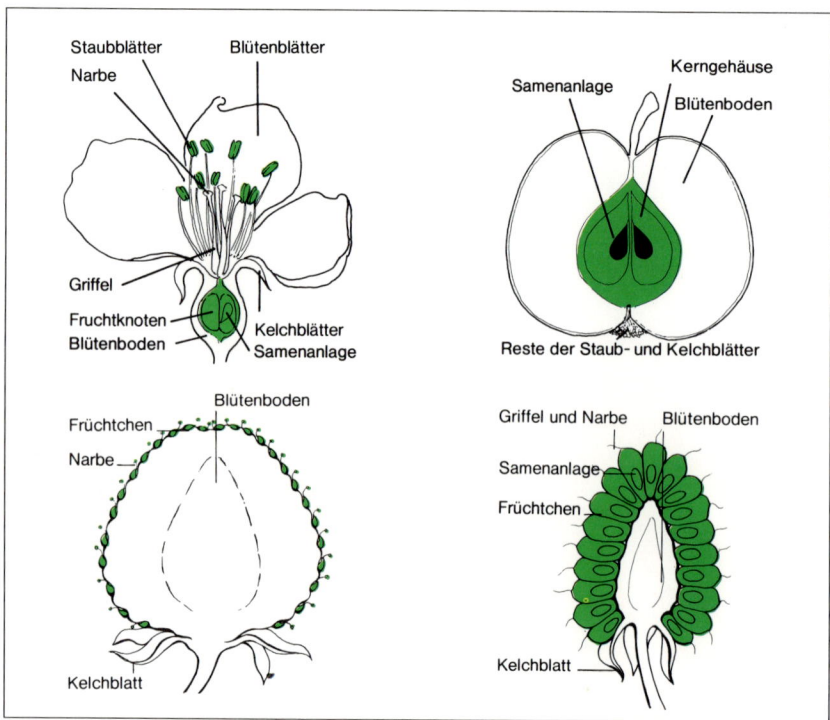

Staubblätter   Blütenblätter
Narbe

Griffel
Fruchtknoten
Blütenboden   Kelchblätter
Samenanlage

Samenanlage   Kerngehäuse
Blütenboden

Reste der Staub- und Kelchblätter

Blütenboden
Früchtchen
Narbe

Kelchblatt

Griffel und Narbe   Blütenboden
Samenanlage
Früchtchen

Kelchblatt

Oben: Apfelblüte mit Blütenboden, der fleischig wird und sich zum Apfel entwickelt; die eigentliche Frucht, das Kerngehäuse, entsteht dagegen aus dem Fruchtknoten mit den Samenanlagen. Unten links: Bei der Erdbeere essen wir das fleischige Gewebe, das aus dem Blütenboden entstanden ist. Die Samen sind auf der Oberfläche der Frucht eingebettet – Unten rechts: Bei Himbeere und Brombeere besteht die einzelne Beere aus vielen einzelnen Früchtchen.

Stengel und Stamm

Sie stellen die Verbindung von Wurzeln und Blättern her. Besonders wichtig sind die Leitungsbahnen, die sich ebenso im dünnsten Stengel wie in einem mächtigen Baumstamm befinden. Es gibt zweierlei Leitungsbahnen: einmal die Gefäße (Holzteil), in denen Wasser und Nährsalze von der Wurzel bis in die letzten Blattspitzen transportiert werden. Zum anderen sind es die Siebröhren (Bastteil), in denen die bei der Photosynthese gebildeten organischen Stoffe von oben nach unten fließen.
Bei den Gehölzen (Obstbäume u. a.) liegt zwischen Gefäß- und Siebteil ein wachstumsfähiges Gewebe: das Kambium. Während die Zellen im Holzteil einer Pflanze absterben, sind die Zellen des Kambiums teilungsfähig; hier findet das Dickenwachstum des Holzes statt. Das Kambium ist für uns besonders beim Veredeln wichtig.
Und so funktionieren die Leitungsbahnen: Ihr System durchzieht die ganze Pflanze von der Wurzel bis zu den feinverzweigten Adern der Blätter. Die Zellen entnehmen mit Hilfe ihrer Saugkraft den Leitungsbahnen das Wasser und leiten es in seitlicher Richtung weiter, so daß z. B. alle Teile einer dicken Wurzel oder eines Baumstammes mit Wasser versorgt werden. Der größte Teil des Wassers, der die Leitungsbahnen durchfließt, wird von den Zellen der Blätter aufgesogen und verdunstet über die Spaltöffnungen.

Die Blüte – Hochzeit in leuchtenden Farben

Der Wonnemonat Mai war in früheren Zeiten einmal der beliebteste Hochzeitsmonat, und das nicht von ungefähr. Die ganze Natur feiert in diesen Wochen Hochzeit! Verschwenderisch duftet in den Gärten der Flieder, und die Obstbäume zeigen sich in weißrosa Blütenpracht.
Auch bei der Pflanze ist die Blüte der Höhepunkt ihrer Entwicklung. Vielfach haben wir die verschiedensten Pflanzen ja nur deshalb im Garten, um uns am Farben- und Formenspiel der Blüten freuen zu können. Nur bei Obst und Gemüse interessiert uns die Frucht, die Ernte. Unerschöpflich, voller Einfälle ist die Natur, wenn es um die Blüte geht.
Und wozu all diese Vielfalt? Einzig und allein, um die Art zu erhalten: Das Leben muß weitergehen! Von den Farben und dem Duft werden die Insekten angelockt, die den Pollen von Blüte zu Blüte tragen. Nur die Gräser, die Nadelgehölze, der Haselstrauch haben diesen Aufwand an »Schminke« nicht nötig; bei ihnen vollzieht der Wind die Bestäubung.
Die Vorgänge, die nach Übertragung des Pollens (Blütenstaub) auf die Narbe einer Blüte zur Befruchtung und anschließenden Samenbildung führen, sind derart kompliziert, daß hier nur das Allerwichtigste gesagt werden soll:
Sowohl das männliche Pollenkorn als auch die weibliche Eizelle entstehen durch Zellteilung. Doch hat in diesem Fall die neugebildete Zelle nicht den vollen Satz an Chromosomen (Kernschleifen) wie bei der normalen Zellteilung, sondern nur den halben.
Sobald das Pollenkorn auf die reife Narbe einer Blüte kommt, keimt es aus. Es entwickelt sich ein Schlauch, der sich von der Narbe durch den Griffel bis hin zur Eizelle im Fruchtknoten entwickelt. In diesem Pollenschlauch wandert ein männlicher Kern hin zum weiblichen Kern in der Eizelle und verschmilzt mit diesem zu einem neuen Lebewesen. Weil sowohl der männliche Kern als auch der Eikern nur den halben Satz an Chromosomen hat, entsteht nach der Verschmelzung eine neue Zelle, der Embryo, mit der für die betreffende Pflanzenart typischen Anzahl von Chromosomen.
Ein weiterer männlicher Kern, der sich ebenfalls im Pollenschlauch gebildet hat, wandert in den Fruchtknoten und befruchtet dort einen anderen Zellkern (sekundärer Embryosackkern) mit doppeltem Chromosomensatz. Es entsteht daraus ein Zellkern mit dreifachem Chromosomensatz. Aus diesem wird das Nährgewebe, von dem das neue Lebewesen (Embryo) schützend und nährend umgeben wird. Wir Gärtner kennen das Ganze unter dem schlichten Namen Samen. Diese doppelte Befruchtung bei den Blütenpflanzen steht im Bereich des Lebendigen einzig da.

Frucht und Same

Die »Hochzeit« ist vorbei, die Blütenblätter – und damit der ganze Zauber – fallen ab. Die Natur hat ihr wichtigstes Ziel erreicht: Die Erhaltung der Art, der Fortbestand des Lebens ist gesichert. Nach Befruchtung der Eizelle durch den männlichen Kern beginnt sich diese zu teilen. Es bildet sich der Embryo mit Keimwurzel und Keimblättern. Wie bereits erwähnt, wird er von einem Nährgewebe und einer Samenschale umgeben. Erst wenn wir das Samenkorn in die Erde legen, wenn Wasser, Luft und Wärme hinzukommen, beginnt sich das junge Leben zu regen, beginnt sich eine neue Pflanze zu entfalten.

Als Frucht bezeichnen wir das Gebilde, das nach der Befruchtung aus dem Fruchtknoten hervorgeht und hauptsächlich aus einem Gehäuse besteht, das den oder die Samen umschließt (z. B. Erbsen, Bohnen, Stachelbeeren, Johannisbeeren). Die Frucht der Erdbeere tut der Botaniker geringschätzig als »Scheinfrucht« ab, weil sie durch Fleischigwerden des Blütenbodens entsteht. Die wirklichen Früchte sind die einzelnen kleinen Körnchen, die wir auf der reifen Erdbeere sehen. Auch bei Äpfeln und Birnen ist nur das Kerngehäuse die eigentliche Frucht.

Das Samenstadium ist bei den Pflanzen ein Ruhestadium, um Jahreszeiten, Trockenheit usw. überbrücken zu können. Schließlich können ja Samen nicht in günstigere Gebiete ausweichen. Auch beim Bau des Samenkorns ist die Absicht der Natur, die Erhaltung der Art, zu erkennen. Samen enthalten Öl, Stärke oder Eiweiß (bei der Lupine 42% Eiweiß). Erst bei der Keimung werden diese Stoffe in eine für den Keimling aufnehmbare Form gebracht. Dabei wird Stärke in Zucker, zähes Eiweiß in eine leicht flüssige Form umgewandelt.

Über die Vielfalt von Verbreitungseinrichtungen bei Samen weiß jeder Bescheid. Kaum einem Gartenfreund sind die anschwebenden Fallschirme des Löwenzahns sympathisch! Und ebensowenig angenehm sind Holunderbüsche, die sich im Garten ansiedeln, nachdem deren Früchte besonders bei Amseln beliebt sind. Die Samen werden unverdaut wieder abgegeben und keimen in irgendeiner Gartenecke. Auch Eschen, Ahornbäume und andere Gehölze gehen vielfach von selbst auf.

Der Samen kann häufig lange liegen, ohne Schaden zu nehmen; er ist in der Lage, auf günstige Bedingungen für das Keimen zu warten. So sollen Samen von Alpen- und Seerosen noch nach 150 Jahren, das sind gut 2 Menschenalter, keimfähig sein!

Immer wieder auf's neue faszinierend: Die Sonnenblume. Die Blüte der gefüllten Form steht wie eine riesige Sonne vor dem strahlend blauen Sommerhimmel.

Botanik im Gartenalltag

Täglich stehen wir im Garten vor neuen Entdeckungen, täglich fragen wir nach dem »Warum«. Ein Garten wird nie langweilig.

Wir haben unsere Gurken gedüngt. Nach zwei Tagen sehen wir nach. Statt üppiger Pflanzen zeigt sich uns ein klägliches Bild: Die Gurken sind »verbrannt«. – Wie war das möglich?

Wie wir auf den vorhergehenden Seiten gehört haben, befindet sich in jeder Pflanzenzelle eine wässrige Lösung, der Zellsaft, in dem Salze und andere Stoffe gelöst sind. Die Zellwände sind teilweise durchlässig. Düngen wir richtig, so ist die Zellsaftlösung stärker konzentriert als unsere Düngerlösung. Folglich gelangen aufgrund des Konzentrationsgefälles die in Wasser gelösten Nährsalze vom Boden in die Wurzeln, den Stamm und schließlich in die äußersten Blattspitzen. Umgekehrt verläuft dieser Vorgang, wenn wir beim Düngen des Guten zuviel tun. Jetzt ist die Nährstofflösung im Boden stärker konzentriert als die Zelllösung im Innern der Pflanze. Der Zellsaft wird nun von der außen befindlichen Lösung angesaugt. Die vorher noch prall gefüllten Zellen verlieren an Inhalt, und das im Innern der Zellwand anliegende Plasma löst sich los, fällt zusammen. Dieser Vorgang spielt sich in sämtlichen Zellen einer überdüngten Pflanze ab. Die Pflanze welkt, fällt in sich zusammen, »verbrennt«. Der Fachmann bezeichnet diesen Vorgang als Plasmolyse, weil sich durch die zu starke Außenkonzentration das Plasma ablöst. Wenn wir die beginnende Schädigung rechtzeitig merken, können wir sie manchmal rückgängig machen. Wir verdünnen die sehr konzentrierte Bodenlösung, mit anderen Worten: Wir geben viel Wasser.

Eine alte Streitfrage aus dem Gartenalltag: Soll Sellerie- oder Tomatenlaub entfernt werden? Bekommen wir dann noch größere Knollen oder früher reife Tomaten? Nachdem wir wissen, wie unentbehrlich das grüne Blatt für den Aufbau organischer Substanz (Assimilation), also für das Wachstum der Pflanzen ist, wäre das Entfernen des Laubes falsch. Schließlich düngen wir unsere Pflanzen und betreiben Pflanzenschutz, damit sie gesunde, kräftige Blätter und mit deren Hilfe große Knollen und Früchte entwickeln können.

Und wie ist das bei den Erdbeeren? Da kann man doch häufig sehen, daß die Blätter nach der Ernte abgemäht werden? Nun, das Erdbeerlaub ist zur Erntezeit vielfach durch Blattkrankheiten geschädigt, in seiner Funktionsfähigkeit also eingeschränkt. Wenn wir es sofort nach der Ernte abmähen und gleichzeitig düngen, den Boden lockern und bei Trockenheit genügend gießen, haben wir bereits nach wenigen Wochen »neue« Pflanzen mit frischgrünen Blättern vor uns. Dieses gesunde Laub kann besonders intensiv assimilieren, also Baustoffe erzeugen. Wichtig ist nur, daß die Beete gleich nach der Ernte abgemäht werden, denn bereits Ende August/Anfang September werden die Blüten gebildet, d. h., zu diesem Zeitpunkt müssen die neuen Blätter längst arbeitsfähig sein. Die Erträge auf abgemähten Flächen sinken nicht ab. Bei gesunden Pflanzen können wir uns diese Arbeit jedoch sparen.

Warum welken Blätter von Pflanzenteilen, die wir abschneiden und in den Boden stecken? Ganz einfach: Die Blätter verdunsten Wasser. Weil aber solche Triebteile keine Wurzeln haben, fehlt der Nachschub. Wenn wir daher Stecklinge von Stauden oder Gehölzen schneiden, sollten wir die Blätter teilweise entfernen und die verbleibenden einkürzen! Wir bringen diese grünen Stecklinge in ein Frühbeet oder unter eine Folienhaube. Alle Grünstecklinge werden bis zur Neubildung von Wurzeln öfter überbraust. So entsteht eine hohe Luftfeuchtigkeit, und aus den Blättern kann kaum Wasser verdunsten. Selbstverständlich ist bei Sonne zu schattieren. Erst bei beginnender Wurzelbildung wird mehr und mehr Luft gegeben. Ähnlich machen wir's, wenn wir Sämlinge im Frühbeet oder unter Folienschutz pikieren, also verstupfen. Sie bekommen eine »gespannte« Luft. Die Fenster bleiben dabei geschlossen, und das Beet wird des öfteren fein übersprüht. Die Luftfeuchtigkeit wird also erhöht. Solche Sämlinge haben zwar Wurzeln; diese wurden jedoch beim Pikieren verkleinert, so daß die vorhandene Blattfläche nicht ausreichend mit Wasser versorgt werden kann.

Beim Thema »Wurzeln« dürfen wir einen botanisch interessanten Gemüsevertreter nicht vergessen: den Rettich. Nicht aus der Wurzel, wie meist angenommen, entsteht hier das eßbare Gebilde, sondern überwiegend aus dem Keimstengel (Hypokotyl), der Verbindung zwischen Wurzel und Keimblättern. Wir können uns diese Beobachtung zunutze machen: Der Rettichsamen wird dicht ausgesät und anschließend die Saatschale oder der Blumentopf warm und dunkel gestellt, bis sich der Keimstengel gestreckt hat. Wir fördern hier also ausnahmsweise, daß die Pflanzen vergeilen. Erst wenn der Keimstengel eine Länge von mindestens 6 cm erreicht hat, wird ausgepflanzt. Die Rettiche werden dann besonders lang.

Warum platzen Kohlrabi-Knollen, Tomaten, Karotten, Kohlköpfe, aber auch Äpfel oder Kirschen plötzlich auf? Nun, bei längerer Trockenheit wird in die Zellwände der Pflanzen Holzstoff (Lignin) eingelagert. Die Zellen verlieren ihre ursprüngliche Dehnungsfähigkeit, sie verhärten. Folgen stärkere Regenfälle, so kommt es in der Pflanze zu einem plötzlichen Wasserandrang, und Knollen, Früchte und andere Pflanzenteile platzen. Sorgen wir deshalb durch Mulchen und Gießen dafür, daß der Boden nicht allzusehr austrocknet.

Eine andere ärgerliche Erscheinung ist das Schossen. Dafür gibt es 2 Ursachen: Bei Rettichen, Sellerie und Roten Rüben wird das Schossen durch tiefe Temperaturen hervorgerufen. Also: Rettiche und Rote Rüben nicht zu früh im Freien aussäen. Bei Sellerie kommt es bereits entscheidend auf die Anzuchttemperatur in der Gärtnerei an.

Das Schossen von Salat hat dagegen eine andere Ursache. Hier spielt die Tageslänge eine Rolle. Sämtliche Frühsorten gehören zu den Langtagspflanzen, d. h., sie gehen im langen Tag in Blüte, sie schossen. Frühsorten sollen deshalb nur im Kurztag, also im Frühjahr und wieder im Spätsommer gepflanzt werden. Für den Anbau im Sommer verwenden wir dagegen hierfür geeignete Sorten wie 'Attraktion', 'Kagraner Sommer' u. ä.

Eine andere uns allen bekannte Langtagspflanze ist der Spinat. Wäre uns bei dieser Gemüseart an Blüten oder Früchten gelegen, so müßten wir sie im Sommer, also im langen Tag anbauen. Uns interessiert beim Spinat aber nur das Blatt; deshalb säen wir Spinat nur im Frühjahr oder Herbst aus.

Im Frühjahr liegt bei uns die Grenze zwischen Kurz- und Langtag bei Ende Mai, im Herbst gegen Ende Juli/Anfang August. Diese Grenzen sind bei Spinat und Frühsalatsorten zu beachten. Darüber hinaus fördern Hitze und Trockenheit die Blütenbildung. Für unsere Gartenpraxis heißt das: Spinat im Frühjahr reichlich wässern.

Eine Ausnahme machen Erbsen (Langtagspflanzen), die wir bereits im zeitigen Frühjahr aussäen. Im Kurztag erfolgt dann eine reiche Blattentwicklung (Assimilationsfläche) als Grundlage für die Blüte und Ernte im Langtag.

Links: Rettichjungpflanzen dürfen, ja sollen sogar ausnahmsweise vergeilen, d. h., wir sorgen dafür, daß sich der Keimstengel (Hypokotyl) streckt. Hier wurde der Blumentopf zu diesem Zweck nicht bis obenhin mit Erde gefüllt.

Rechts: Aussaat in Saatschalen: Auf die Abzugslöcher kleine Topfscherben o. ä. legen . . . Aussaaterde (Substrat) einfüllen und glattstreichen . . . Samen dünn und möglichst gleichmäßig aussäen . . . Schale übersieben.

Jungpflanzenanzucht – Aussaat und Pikieren

Jedem halbwegs fortgeschrittenen Hobbygärtner macht es Spaß, die benötigten Gemüse- und Blumenpflanzen wenigstens zum Teil selbst heranzuziehen. Dadurch lassen sich Kosten sparen, vor allem aber haben wir die Pflanzen immer dann zur Hand, wenn wir sie benötigen. Bei Sommerblumen kommt noch hinzu, daß der Garten bei Eigenanzucht farben-

froher, ja geradezu verschwenderisch gestaltet werden kann, denn wir haben dann im Mai genügend Pflanzen vorrätig. Die Pflanzenanzucht beginnt mit der Aussaat. Wir können sie direkt im Frühbeet oder im Gewächshaus vornehmen, in den meisten Fällen werden wir aber in Saatschalen oder Blumentöpfen aussäen und diese ins Frühbeet oder Gewächshaus stellen. Vor allem Kunststoffschalen sind handlich, weil sie leicht und gut zu stapeln sind. Außerdem können wir sie mit einem im Haushalt ohnehin vorhandenen Spülmittel bequem reinigen. Selbstverständlich eignen sich auch Flachsteigen zur Aussaat, wie sie in Supermärkten und anderen Geschäften kostenlos abgegeben werden. Sie sehen allerdings nicht so hübsch aus und beginnen bald zu faulen.

Nachdem Erde, Topfscherben, ein Brettchen, ein engmaschiges Sieb und das Saatgut hergerichtet sind, kann die Arbeit beginnen. Am besten ist es, wenn man sich die genannten Materialien auf einem genügend großen Tisch oder auf einer Arbeitsplatte, die auf zwei Böcken liegt, zurechtlegt.

Zuerst bedecken wir die am Boden der Saatschale oder des Blumentopfes befindlichen Löcher mit Topfscherben oder grobem Kies, damit überschüssiges Wasser gut abziehen kann. Dann wird lockere, humose Erde aufgefüllt, aber in diesem Fall keine Komposterde. Damit die zarten Keimlinge nicht von Pilzkrankheiten befallen werden, sollte nur eine spezielle Aussaaterde verwendet werden, wie sie von verschiedenen bekannten Firmen im Handel ist. Solche in Plastiksäcken angebotenen Substrate sind weitgehend keim- und unkrautfrei, außerdem sind bereits die von den zarten Sämlingen benötigten Nährstoffe in richtiger Dosierung beigemischt. Wichtig ist, daß es sich um spezielle »Aussaaterde« handelt. Wer statt dessen einen vielleicht ähnlich aussehenden Plastiksack mit der Aufschrift »Blumenerde« kauft, kann sein blaues Wunder erleben. Ein solches Substrat eignet sich für Topfpflanzen und ähnliches, auf keinen Fall aber für Aussaaten. Infolge des höheren Nährstoffgehaltes gehen die Sämlinge vielfach ein oder kümmern zumindest dahin. Geeignet ist dagegen auch gedämpfte Erde, wie man sie mitunter in Gärtnereien bekommen kann oder aber keimfreie Einheitserde, mit einem auf Aussaaten abgestimmten Nährstoffgehalt. In all den genannten weitgehend sterilen Substraten wachsen die Keimlinge prächtig heran.

Ist die Schale mit Erde gefüllt, drücken wir diese mit den Händen leicht an. Mit einem Brettchen oder einem kurzen Stück Dachlatte läßt sich überschüssige Erde entfernen und die Oberfläche glattstreichen. Sie sollte ein wenig tiefer als die Oberkante der Saatschale liegen.

Jetzt kann gesät werden. Damit die Keimlinge nach dem Aufgehen genügend Platz haben, darauf achten, daß der Samen nicht zu dicht aus dem Tütchen fällt! Wenn von jeder Art oder Sorte nur wenige Pflänzchen benötigt werden, unterteilt man die Oberfläche der Saatschale mit dünnen Stäben in mehrere kleine Flächen. Anschließend wird der Samen mit Aussaaterde übersiebt. Für jede ausgesäte Art oder Sorte schreiben wir ein Etikett, auf dem auch das Aussaatdatum mit angegeben wird. So haben wir später eine Kontrollmöglichkeit, ob der Aussaatzeitpunkt richtig war.

> In ein und dieselbe Schale nur Blumen- oder Gemüsearten säen, die etwa die gleiche Keimdauer haben. Andernfalls müßte die eine Art bereits pikiert werden, während die andere noch gar nicht keimt. Möglichst auch nur Arten mit ähnlichen Wärmeansprüchen in ein und dieselbe Schale säen.

Zum Schluß wird die Saatschale mit »wachsender« Folie (Schlitzfolie) überdeckt und am Zimmerfenster, im Frühbeet oder Gewächshaus aufgestellt. Wird die Oberfläche trocken, so gießen wir mit feiner Brause. Sobald die Sämlinge zu sehen sind, die »wachsende« Folie entfernen und für reichlich Luft und Licht sorgen!

Wie erwähnt, kann auch am Zimmerfenster ausgesät und erst später in ein Frühbeet oder Gewächshaus pikiert werden. Auf diese Weise braucht man das Frühbeet oder Gewächshaus erst später in Betrieb zu nehmen. Es ist sogar möglich, Gemüse und Blumen bis zum Auspflanzen am Wohnungsfenster heranzuziehen. Die Schalen bzw. Töpfe müssen dann aber sehr dicht am Glas stehen und es darf nicht zu warm sein, d. h. wir öffnen das Fenster sobald es die Temperatur erlaubt oder – noch besser – stellen die Sämlinge bald nach dem Aufgehen und erst recht nach dem Pikieren tagsüber auf Balkon oder Terrasse.

Eine Pflanzenanzucht unter solchen Bedingungen macht allerdings viel Arbeit, denn wenn es im April/Mai kalt zu werden droht, müssen die Schalen immer wieder nach Innen gebracht werden. Nur wenn dies beachtet wird, bekommen wir gedrungene, kräftige, abgehärtete Pflanzen; im anderen Fall wachsen sie geil heran und verweichlichen.

Pikieren: Sobald nach dem Aufgang der Saat die jungen Pflänzchen mit den Fingern gut zu fassen sind, werden sie auf etwa 5–7 cm Abstand pikiert. Durch Pikieren bekommen wir besonders kräftige Pflanzen mit gut ausgebildetem Wurzelballen. Es lohnt sich deshalb, die meisten Sommerblumen, Frühgemüsearten sowie die ersten Salatpflanzen zu pikieren, während es beispielsweise bei Spätkohlarten, Endivie und anderen späten Kulturen genügt, auf einem Freilandsaatbeet ganz dünn in Reihen auszusäen. Die Pflanzen werden in diesem Fall unmittelbar vom Saatbeet auf die vorgesehenen Beete gepflanzt.

In unserem Bildbeispiel rechts oben wird Kopfsalat pikiert. Deutlich kann man die beiden Keimblätter erkennen und das erst noch winzige Laubblatt. Wenn die kleinen Pflänzchen aus der Saatschale zum Pikieren entnommen werden, reißt meist die zarte Wurzel ab. Ist dies nicht der Fall, kürzen wir sie mit den Fingern etwas ein, weil dadurch das verbleibende Wurzelstück zu vermehrter Seitenwurzelbildung angeregt wird. Dadurch entsteht ein kräftiger Ballen, der beim späteren Auspflanzen gut zusammenhält.

Anders gehen wir vor, wenn die fertig entwickelten Pflanzen auf die Beete gesetzt werden: Wir heben sie dann möglichst vorsichtig mit Wurzelballen aus dem Anzuchtbeet, damit die feinen Würzelchen möglichst alle erhalten bleiben. Auf diese Weise können sie nach dem Verpflanzen ohne größere Störung Wasser und Nährstoffe aufnehmen; sie wachsen rasch weiter, ohne erst tagelang zu »trauern«.

Doch zurück zum Pikieren: Wenn wir es nicht vorziehen, unmittelbar in das Frühbeet oder Gewächshaus zu pikieren, verwenden wir dazu wie bei der Aussaat Schalen oder Töpfe. Die Vorbereitung geht wie bei der Aussaat vor sich. Lediglich bei der Erde kann neben der bereits erwähnten Aussaaterde und Einheitserde auch ein bewährtes Torfkultursubstrat wie Plantahum oder TKS I verwendet werden.

Nachdem die Oberfläche leicht geglättet wurde, können wir mit dem Pikieren be-

Substrat in Multitopfplatte füllen und pikieren; dabei die Wurzel des Sämlings einkürzen, sofern sie nicht von selbst abreißt. Mit Topfballen wachsen die Pflanzen, nachdem wir sie auf das Beet gebracht haben, ohne größere Störung weiter.

ginnen. Dazu faßt man die kleinen Pflänzchen mit Daumen und Zeigefinger der linken Hand, während die rechte ein Pikierholz hält – heute meist aus Plastik und in jedem Garten-Center erhältlich – und damit ein kleines Loch vorbohrt. Die Wurzel des kleinen Pflänzchens wird in das Loch gehalten und mit dem Pikierholz die Erde seitlich etwas angedrückt. Das Pflänzchen sollte anschließend so fest in der Erde sitzen, daß man es nicht mehr allzu leicht herausziehen kann.

Die Abstände beim Pikieren richten sich nach der jeweiligen Kultur, aber auch danach, wie viele Pikierschalen bzw. Platz wir zur Verfügung haben. Im allgemeinen genügt ein allseitiger Abstand von etwa 5 cm.

Nach dem Pikieren werden die Schalen mit einer feinen Brause übergossen und in das Frühbeet oder Gewächshaus gestellt. Das Anwachsen der soeben pikierten Pflänzchen, die ja einen Teil ihrer Wurzeln verloren haben, wird gefördert, wenn wir die ersten Tage für »gespannte« Luft sorgen, d. h., die Frühbeetfenster oder das Gewächshaus weitgehend geschlossen halten, wobei gegen die Sonne schattiert wird. Sobald dann die Pflänzchen mit neuem Trieb anzeigen, daß sie Fuß gefaßt haben, wird zunehmend mehr gelüftet und die Schattierung weggelassen.

Wer Pflanzen mit besonders kräftigem Wurzelballen erzielen will, pikiert statt in eine Schale in kleine Töpfchen aus

Kunststoff, Ton oder Torf bzw. in eine Multitopfplatte, die es je nach Kultur mit verschieden großen Einzeltöpfen gibt. Substrat- und Pikiervorgang bleiben der gleiche wie bereits beschrieben. Vom Pikieren bis zur fertigen Pflanze dauert es bei den meisten Kohl- und Salatarten, aber auch bei verschiedenen Einjahrsblumen etwa 3–4 Wochen. Die Pflanzen sollten beim Auspflanzen noch in flottem Wachstum sein. Wenn der Wurzelballen zu sehr verfilzt ist und die Wurzelspitzen bereits bräunlich aussehen, so ist dies ein Zeichen, daß die Pflanzen zu lange in den Töpfen waren und »verhockt« sind.

Sollte während der Jungpflanzenanzucht Nährstoffmangel auftreten – ungesunde fahlgrüne Blätter, stockendes Wachstum – so geben wir eine flüssige Düngung mit einem leicht wasserlöslichen Volldünger (Hakaphos Nährsalz, Mairol u. ä.). In einer 10-Liter-Kanne wird eine halbe Handvoll, das sind etwa 20–30 g, bzw.

die bei Flüssigdünger auf der Packung empfohlene Menge in Wasser aufgelöst. Damit überbrausen wir die Pikierschalen, Multitopfplatten oder Töpfe kräftig. Anschließend mit klarem Wasser nachbrausen!

Jungpflanzen (Rot- und Weißkohl); links jeweils ungedüngt, rechts gedüngt wie im Text beschrieben.

Auch Pflanzen
haben Hunger

Wie Boden entsteht

Boden entsteht durch Verwitterung von Gestein. Dieser Vorgang, der seit Jahrmillionen andauert, steht auch heute noch nicht still. Großes Gestein wird durch Frost, Temperaturschwankungen, Wasser und andere Einflüsse zu immer feineren Teilchen zerkleinert. Auch Algen, Pilze, Flechten und Moose, die sich auf dem Gestein ansiedeln, tragen mit ihren Ausscheidungen dazu bei, das harte Gestein aufzulösen. Schließlich lassen sich auf dem Material höhere Pflanzen nieder, die durch ihre Wurzeln den Prozeß der Bodenbildung beschleunigen. Sicher haben wir im Gebirge oder an Steinbrüchen schon beobachtet, wie die Wurzeln kräftiger Bäume Gesteinsschichten sprengen und aufschließen.

Ist dann die Verwitterung weit genug fortgeschritten, wachsen auf dem ursprünglich toten Boden eine große Zahl verschiedener Pflanzen. Wenn sie absterben, werden sie durch eine Vielzahl von Bodenlebewesen zu fruchtbarem Humus abgebaut, der neuen Pflanzen als Lebensgrundlage dient. Die Nährstoffe, die bei der Gesteinsverwitterung frei werden, stehen den Wildpflanzen ebenfalls als Nahrung zur Verfügung. Trotz vorangegangener langer Zeiträume ist die fruchtbare Humusschicht meist nur 20–30 cm stark; sie unterliegt einem ständigen Abbau. Wir bezeichnen diese dunklere Erdschicht als Mutterboden. Bei Baumaßnahmen sollten wir dafür sorgen, daß sie für die Anlage des Gartens erhalten bleibt.

Warum müssen wir düngen?

Bei unserem Blick hinter die Kulissen des Pflanzenlebens haben wir gesehen, daß die Pflanze eine ganze Reihe von Nährstoffen aus dem Boden aufnimmt. In Verbindung mit der Photosynthese im grünen Blatt baut die Pflanze daraus Wurzeln, Triebe, Blätter, Blüten und Früchte auf. Dem Boden werden gerade im Garten durch die intensive Nutzung jährlich große Mengen wichtiger Nährstoffe entzogen. Hinzu kommt die Auswaschung durch Regen- und Schneewasser in tiefere Bodenschichten. So verarmt der Boden im Laufe der Jahre an

Nährstoffen, die Ernten werden immer geringer, und die Pflanzen machen recht bald einen mageren Eindruck.

Um die verbrauchten oder ausgewaschenen Pflanzennährstoffe zu ergänzen, müssen wir organisch oder mineralisch düngen. Die Nährstoffe wiederum wirken nur, wenn der Boden gesund ist und sich in ihm ein reiches Bakterienleben entfaltet. Durch häufige Gaben von Kompost, verrottetem Stallmist u. a. organischen Stoffen erfüllen wir diese wichtige Voraussetzung.

Zwar gut gemeint, aber keinesfalls richtig wäre es, wenn wir übermäßig hohe Düngermengen geben würden. Von einer gewissen Grenze ab nimmt der Ertrag nicht mehr zu, denn jede Pflanzenart und Sorte hat eine Höchstgrenze für ihr Leistungsvermögen.

Geben wir darüber hinaus noch weiteren Dünger, so wird bald der Punkt erreicht, von dem ab die Düngung sogar schädlich wird, sei es, daß die Pflanzen krankheitsanfälliger werden, die Haltbarkeit oder der Geschmack der Früchte leiden oder daß sie völlig »verbrennen«. Auch aus Gründen des Umweltschutzes düngen wir nur soviel als nötig.

Oft wird die Frage gestellt, warum die Pflanzen in der freien Natur wachsen, ohne daß sie in irgendeiner Form zusätzlich gedüngt werden. Nun, in der freien Natur können sich die Pflanzen von den Stoffen ernähren, die bei der Zersetzung des Gesteins und bei der Humusbildung entstehen. Es wird unter einem freistehenden Baum nichts weggenommen! Die Pflanzendecke unter seiner Krone stirbt ab und liefert Humus, das Laub bleibt liegen und verrottet.

Sobald der Mensch aber von einer Fläche gleich mehrere Ernten im Jahr erzielen will, und dazu noch hoch gezüchtete, ertragreiche Sorten anbaut, reichen die von Natur aus vorhandenen Nährstoffe nicht mehr aus.

Es wird auf intensiv genutzten Flächen auch kaum natürlicher Humus gebildet, denn die erzeugten Pflanzenteile, seien es nun Wurzeln (Rettich, Sellerie), Blätter (Salat, Spinat) oder Früchte (Obst, Tomaten), werden zum großen Teil abgeerntet und verbraucht.

Aus diesem Grunde müssen wir dafür sorgen, daß dem Boden ständig Humus zugeführt wird und in vernünftigem Maße auch Nährstoffe, wenn wir die durch Züchtung entstandenen ertragreichen Obst-, Gemüse- und Blumenarten anbauen wollen.

Die Boden-untersuchung

Wenn wir uns ein Grundstück kaufen oder pachten, werden wir dies nach den verschiedensten Gesichtspunkten tun. Am allerwenigsten aber wird unsere Entscheidung durch die vorhandene Bodenart und den Zustand des Bodens beeinflußt werden. Mit anderen Worten, wir nehmen den Boden so, wie er ist, und es zeigt sich in der Praxis, daß man aus jedem Boden einen halbwegs fruchtbaren Garten machen kann. In extremen Fällen muß man eben besonders viel Kompost, Torfersatzstoffe, Sand oder bodenlockernde Kunststoff-Flocken wie Hygropor u. ä. zusetzen, um günstige Wachstumsbedingungen für die Pflanzen zu schaffen. Irgendeine Lösung gibt es immer.

Wer genau erfahren will, mit welchem Boden er es zu tun hat, inwieweit Nährstoffe vorhanden sind bzw. fehlen, welche und wieviel Dünger eingebracht werden sollen und wie es mit dem pH-Wert aussieht, der sollte vor Anlage des Gartens eine Bodenprobe entnehmen und diese an eine Landwirtschaftliche Unter-

Ungedüngt

Gedüngt

Oben: Eine Bodenuntersuchung mit Düngeempfehlung verhindert, daß die Pflanzen unter Nährstoffmangel leiden, bzw. daß sie überdüngt werden. Beachten Sie auch die Angaben über die durchschnittlichen Nährstoffgehalte von Kompost und berücksichtigen Sie diese bei der Düngung.

Links: Sellerie ungedüngt, bzw. ohne Stickstoff. Das Wachstum stockt, die Blätter sehen ungesund gelblich aus.
Unten: Deutlicher kann der Unterschied kaum sein, obwohl es die gleiche Pflanzware ist und am selben Tag ausgepflanzt wurde wie auf dem Bild oben. Hier sind alle wichtigen Nährstoffe vorhanden.

suchungs- und Forschungsanstalt (Adressen S. 232) einschicken, von denen es mehrere im Bundesgebiet gibt. Auch auf bereits seit Jahren bewirtschafteten Böden empfiehlt es sich, alle 3–4 Jahre eine Bodenprobe untersuchen zu lassen.

Zu diesem Zweck werden an etwa 10–15 gleichmäßig über das Grundstück verteilten Stellen gleichgroße Bodenproben in Spatenstichtiefe entnommen. Es genügt, wenn wir je Stelle ½ Handvoll Bo-

den in einen Eimer geben und anschließend gut durcheinandermischen. Von dieser Durchschnittsprobe werden 0,5 kg in einen Plastikbeutel abgefüllt und gut verpackt an ein Untersuchungsinstitut geschickt.

Damit es keine Verwechslung gibt, wird der Probe ein Zettel mit der genauen Anschrift sowie einer Angabe über die Nutzung (z. B. Gemüsegarten, Obstgarten, Kompost, Kleingewächshaus) der Fläche beigelegt, aus der die Probe entnommen wurde. Nachdem der Boden untersucht ist, bekommen wir eine Mitteilung über Bodenart, Bodenreaktion, Gehalt des Bodens an Phosphat und Kali sowie eine Empfehlung, wie der Boden gedüngt und verbessert werden soll. Wünschen wir zusätzlich Angaben über organische Substanz und Spurenelemente, so können wir dies im Begleitschreiben ebenfalls anfordern. Solche Untersuchungen sind aber sehr aufwendig und entsprechend teuer. Im Normalfall genügt jedoch eine übliche Untersuchung; die Gebühren betragen ca. 15 DM. Eine zusätzliche detaillierte Düngeanleitung kostet je nach Ausführlichkeit 5–15 DM + MWSt. Schreiben Sie an die Ihrem Wohnsitz am nächsten gelegene

Bodenuntersuchungsstelle und fordern Sie das Formblatt »Untersuchungsauftrag« an. Sie erhalten dann Unterlagen, aus denen alles Wissenswerte zur »Entnahme einer Bodenprobe« zu ersehen ist.

Vorhin ist der Begriff »pH-Wert« gefallen. Diese Kennzahl beschreibt die Bodenreaktion, von der die Verfügbarkeit der Nährstoffe abhängt. Die Skala der pH-Werte reicht von 0 bis 14, wobei pH 0 extrem sauer (Salzsäure), pH 14 extrem alkalisch (Natronlauge) bedeutet; im Bereich von pH 7 nennt man die Reaktion neutral.

Die meisten Gartenpflanzen bevorzugen eine schwach saure bis neutrale Bodenreaktion etwa zwischen pH 6 und 7,2. Nur Rhododendren, Gartenheidelbeeren und andere Moorbeetpflanzen, also ausgesprochen kalkfeindliche Pflanzen, vertragen bzw. wünschen einen sauren Boden mit einem pH-Wert um 4,5.

Zu sauren Boden können wir durch Gaben von kohlensaurem Kalk auf den gewünschten pH-Wert bringen, während übermäßiger Kalkgehalt durch reichliche Gaben an Torf bzw. Torfersatzstoffen, Torfmischdünger und Kompost abgeschwächt werden kann.

Bodenproben an etwa 10–15 über die Fläche verteilten Stellen spatenstichtief entnehmen, jeweils ½ Handvoll in einen Eimer geben, mischen und 0,5 kg davon einsenden.

Humus, Humus und nochmals Humus

Organische Stoffe können wir gar nicht genug geben. Sie sind die Grundlage der Bodenfruchtbarkeit. Der Boden bleibt durch ständige Humusgaben gesund und lebendig. Grobe Humusteilchen, sogenannter Nährhumus, sind ein Leckerbissen für die Bodenorganismen. Die Bodenbakterien wiederum sind für die Fruchtbarkeit entscheidend. Sie wandeln die Nährstoffe in eine für die Pflanze aufnehmbare Form um und schaffen gleichzeitig die so wichtige Bodengare. Es entsteht eine stabile Krümelstruktur, die den Boden vor dem Verschlämmen und Verkrusten bewahrt. Bei der Atmung der ungezählten Kleinlebewesen entsteht gasförmige Kohlensäure, durch die wiederum das Pflanzenwachstum gefördert wird.

Der wichtigste Humuslieferant ist unser Garten selbst. Er liefert alle Stoffe, die wir für den Komposthaufen brauchen. Nur Pflanzenteile mit hartnäckigen Krankheiten (z. B. Kohlhernie) sollten wir fernhalten. Wir brauchen aber mit befallenem Pflanzenmaterial nicht gerade zimperlich zu sein, denn durch den Kompostierungsprozeß werden Krankheiten weitgehend vernichtet.

Die Anlage eines Komposthaufens ist einfach. Der Platz soll möglichst im Schatten eines Baumes oder Gebäudes liegen. Alle Pflanzenteile aus Garten und Haushalt, gleich, ob Salatblätter oder Kartoffelschalen, ob abgeschnittene Blütenstauden oder Rasenschnitt, werden für die Kompostierung verwendet. Ebenso sind Holzasche, Ruß, Laub, Grassoden u. ä. geeignet. Um die Küchenabfälle zu verwerten, stellen wir unter die Spüle – durch Türchen abgeschlossen – einen Eimer für die organischen Stoffe wie Eierschalen, Schalen von Kartoffeln, Gurken, Gemüseabfälle usw. Sobald dieser Eimer voll ist, wird er auf den Komposthaufen entleert.

Der Komposthaufen wird so angelegt, daß er unten etwa 1,20–1,50 m breit ist. Die Länge spielt keine Rolle, sie richtet sich ganz nach Anfall und Platz. Fertig aufgesetzt sollte der Haufen etwa 1,20 m hoch sein.

Seit Jahren kompostiere ich nach dem bewährten Rezept von Professor Alwin Seifert, der sich 4 Jahrzehnte hindurch mit diesen Fragen befaßt hat. Er hat auf seinem Grundstück vorgeführt, wie man durch Kompost selbst aus einem extremen Boden – zäher Ziegeleiboden, also Tonboden, der in trockenem Zustand so hart wie ein Stein wird – fruchtbares Gartenland machen kann. Dieses einfache Rezept sieht so aus: Auf die vorgesehene Grundfläche wird eine etwa 20 cm hohe Schicht von Abfällen ausgebreitet und mit etwas kohlensaurem Kalk leicht überpudert, etwa so wie ein Kuchen überzuckert wird. Darauf streue ich je Quadratmeter etwa 4 Handvoll Horn-Knochen-Blutmehl, das es im Handel auch unter verschiedenen Firmenbezeichnungen wie Oscorna-Animalin u. a. gibt. Dieser langsam wirkende organische Dünger ist Futter für die Bakterien, und die Komposterde wird mit Stickstoff und Phosphorsäure angereichert.

Gleichzeitig kommen auf die erste Schicht einige Schaufeln voll weitgehend fertiger Komposterde von einem benachbarten Haufen. Dadurch impfen wir das frische Kompostmaterial mit einer Fülle von Bakterien, die nun sofort zu arbeiten beginnen. Dann wird das Ganze gut angegossen und die nächste Schicht aufgesetzt, die ebenso behandelt wird.

Zwischen die einzelnen Schichten bringe ich Zweige und schwächere Äste, die beim Schnitt der Obstbäume und Hecke anfallen. Sie werden in einer ruhigen Stunde in fingerlange Stücke geschnitten. Wenn wir von diesem sperrigen Material auf jede Schicht einige Handvoll aufbringen, können wir uns das Umsetzen des Komposthaufens ersparen. Es kann viel Sauerstoff an das Material heran, so daß es rasch verrottet.

Bei trockener Witterung wird der mietenförmig aufgesetzte Komposthaufen ab und zu gründlich gewässert. Das Material soll leicht feucht, aber nicht naß sein. Reichliche Sauerstoffzufuhr und genügend Feuchtigkeit sind entscheidend für eine rasche Verrottung.

Wenn wir so vorgehen, ist der Haufen in einem guten halben Jahr, im Sommer vielfach bereits in einem kürzeren Zeitraum so weit verrottet, daß die Komposterde verwendet werden kann. Der Haufen wird dazu durch ein sehr grobes Wurfgitter geworfen. Dabei rutschen die vielen

Holzstückchen ab und können gleich wieder in einem neuen Haufen mitverwendet werden. Ohne irgendwelche Hexerei, ohne aufwendige Sonderkonstruktionen und mit geringem Zeitaufwand haben wir mit dieser Methode immer reichlich lebendigen Kompost.

Es wäre falsch, den Haufen 3 Jahre liegen zu lassen, wie dies früher vielfach gemacht wurde. Für den Boden und die Kulturen ist gerade der aus groben Teilchen bestehende Nährhumus am wertvollsten.

Komposterde wird unter den verschiedensten Kulturen auf dem Boden verteilt und nur oberflächlich eingearbeitet. Es wäre eine Sünde, dieses wertvolle Material tief in den Boden zu graben. Wenn wir reichlich Komposterde geben, wachsen die Pflanzen gesund und werden dadurch widerstandsfähiger gegen Krankheiten und Schädlinge. Kompost ist deshalb das Pflanzenschutzmittel Nr. 1. Bei Kompostgaben sollte allerdings der Nährstoffgehalt berücksichtigt werden, d.h. je mehr Kompost, desto geringere Mengen zusätzlich mineralische oder organische Dünger! Ein 10-Liter-Eimer Kompost kann nach neuesten Untersuchungsergebnissen bis zu 32 g Stickstoff, 14 g Phosphat und 16 g Kali enthalten. Wenn wir also 5 l Kompost, einen halben Eimer voll, je Quadratmeter ausbringen, führen wir dem Boden bis zu 16 g N, 7 g P_2O_5 und 8 g K_2O zu. An Stickstoff sind allerdings nur etwa 15% der im Kompost enthaltenen Menge sofort verfügbar. Deshalb sollte bei Kulturbeginn (Gemüse, Blumen) zusätzlich Stickstoff in organischer oder mineralischer Form gegeben werden. Hat die Bodenuntersuchung pH 6,3–6,9, also einen normalen Kalkgehalt des Bodens ergeben, sollte der noch fehlende Stickstoff in Form von Kalkammonsalpeter ausgebracht werden, bei zu hohem pH-Wert – also bei zu viel Kalk – dagegen in Form Ammonsulfatsalpeter.

Bei einer Kompostgabe von 5 l/m² kommt soviel Phosphat und Kali in den Boden, daß der Bedarf der meisten Kulturen an diesen Nährstoffen (Gemüse, Obst, Blumen) gedeckt ist, vor allem, wenn in den zurückliegenden Jahren reichlich Kompost, Stallmist oder Gründüngung mit eingebracht wurde. Mehr als 5 l Kompost/m² sollten auf keinen Fall gegeben werden, da sich dies nicht nur nachteilig auf die Qualität und das Wachstum der Pflanzen auswirken, sondern auch die Umwelt beeinträchtigen würde.

Sehr hoch ist vor allem der Kalkgehalt des Kompostes. Deshalb schwer zersetzbare Garten- und Küchenabfälle lediglich mit Kalk überpudern! Zu viel Kalk im Boden, also über pH 7, ist nachteilig, weil dadurch Spurenelemente festgelegt werden.

Durch einen raschen Umtrieb des Komposthaufens ist der Platzbedarf im Garten gering. Legen wir Wert auf besonders sauberes Aussehen des Kompostplatzes – dies halte ich vor allem in kleineren Gärten für sehr wichtig –, so können wir einen fertigen Kompostbehälter kaufen. Es sind eine Vielzahl von Fabrikaten im Handel. Entscheidend ist, daß ein solcher Behälter praktisch ist, d. h., es muß reichlich Luft an das Material herankommen, und er muß leicht zu zerlegen sein. Schwere Betonkonstruktionen wird man deshalb meiden. Außerdem sind sie nicht schön. Und gerade darauf sollten wir Wert legen – auch der Kompostplatz kann eine Zierde für den Garten sein!

Ich verwende seit zwanzig Jahren die hübsche Schwarzwälder Kompostlege – bestehend aus kesseldruckimprägnierten Rundhölzern – und das Fabrikat »Miorin«, das aus Betonsäulen und eingeschobenen Brettern besteht. In den Boden betonierte Kompostplätze sind ungeeignet, weil bei ihnen der Luftzutritt fehlt. Aus den Abfällen wird dann kein lockerer Nährhumus, sondern eine übelriechende, faulende Masse.

Stallmist ist rar geworden. Sollten wir trotzdem eine Fuhre davon bekommen, so wollen wir ihn wie einen kostbaren Schatz verwerten: Er wird zusammen mit Garten- und Küchenabfällen oder Torfersatzstoffen in je etwa 20 cm hohen Schichten aufgesetzt. Der Haufen wird feucht gehalten und im Abstand von mehreren Monaten zweimal umgesetzt, so daß sich die zugegebenen organischen Stoffe und verrotteter Stallmist eng miteinander vermischen.

Von oben nach unten: Kompostmaterial mit Kalk überpudern und Stickstoff zugeben. Anschließend ein paar Schaufeln voll weitgehend verrotteter Komposterde und Schnittholz aufbringen und alle Zutaten mit Wasser einschwemmen.

Sobald die Verrottung weit genug fortgeschritten ist, bringen wir die dunkle, krümelige Masse auf die Beete und arbeiten sie nur oberflächlich ein. Brauchen wir dagegen mit Stallmist nicht zu sparen, so bringen wir ihn im Herbst beim grobschollligen Umgraben mit unter. Kalk darf dabei nicht gleichzeitig gegeben werden. Die unmittelbare Verwendung von Fäkalien und Jauche muß im Garten auf jeden Fall unterbleiben. Nicht nur die Haltbarkeit und der Geschmack der Ernte würden ungünstig beeinflußt, es können auch Bandwurm- und Spulwurmeier übertragen werden.

Klärschlamm sollte möglichst nicht verwendet werden. Obwohl bei der Gewinnung eine starke Erhitzung erfolgt, konnte nachgewiesen werden, daß Wurmeier und einige Virusarten nicht immer abgetötet werden. Außerdem hört man gelegentlich von Klärschlamm, der durch hohe Schwermetall-Gehalte belastet ist.

Das gleiche gilt für Müllkomposte, während Grünkompost aus öffentlichen oder privaten Anlagen ebenso wie unser selbst erzeugter Gartenkompost reich an Nährstoffen und im Gegensatz zu Müllkompost ohne schädliche Bestandteile ist.

Eine große Rolle für die Humusversorgung im Garten spielte bisher der Torf. Er besteht aus nichts anderem als einer ungeheuren Zahl kleiner Moospflänzchen, die in den Moorgebieten im Laufe von Jahrtausenden zu Humus, eben zu Torf, geworden sind. Heute wollen wir statt dessen möglichst Kompost, Stallmist oder Torfersatzstoffe als Humuslieferanten und zur Bodenlockerung verwenden, um die Moore zu schonen. Torf dient auch als Grundsubstanz für Torfkultursubstrate und Pflanzerden, die aus ökologischen Gründen – Schonung der Hochmoorbiotope – nur für spezielle Zwecke, wie Aussaaten und Weiterkultur empfindlicher Blumen- und Gemüsearten verwendet werden sollen. Bekannte Torfkultursubstrate, denen Nährstoffe, z. T. auch Ton, Quarzsand und Spurenelemente in wachstumsfördernder Zusammensetzung beigemischt sind, kennen wir unter den Handelsbezeichnungen frux-Einheitserde, TKS I, TKS II, Plantahum, Euflor-Aussaaterde, Compo-Aussaaterde u. a.

Um mit Torf schonend umzugehen, kommen immer mehr Torfersatzstoffe zur Bodenverbesserung in den Handel wie Rindenhumus (nicht Rindenmulch, der sich nur zum Bodenabdecken eignet!), Mischerden, die zu 50% Mischkompost enthalten, und andere. Ganz neu ist ein Substrat der Gartenbaumschulen, das neben Torf 50% Zuschlagstoffe enthält, bestehend aus Rinde, Holzfasern und Miscanthus (Chinaschilf).

Zur Lockerung extremer Böden, vor allem also bei Garten-Neuanlagen, werden gelegentlich auch Kunststoffprodukte eingesetzt. Sie lassen sich wegen ihres geringen Gewichts gut mit dem Boden vermischen, sollten aber nur bei Windstille verarbeitet werden, da die Flocken sonst in der ganzen Gegend herumfliegen. Man kann sie als Ergänzung zu den Humusdüngern ansehen, denn eine Humusanreicherung erfolgt durch sie nicht. So manchem Gartenfreund sind die weißen Flocken vom Aussehen her unsympathisch, so daß sie im privaten Gartenbereich nur wenig verwendet werden. Als Aufwandmenge werden je nach Bodenbeschaffenheit 10–40 l/m² verwendet.

Hier eine Kurzbeschreibung: Hygropor (Schaumstoff-Flocken) ist ein Gemisch aus Hygromull und Styromull; es wirkt wasserhaltend und lüftend zugleich. Hygromull hat offene Poren, erhöht die wasserhaltende Kraft des Bodens und enthält Stickstoff, der den Pflanzen aber nur sehr langsam zur Verfügung steht.

Sobald der Kompost weitgehend verrottet ist, wird er durch ein grobmaschiges Wurfgitter geworfen und auf Gemüsebeete, unter Obstbäumchen, Beerensträucher usw. verteilt.

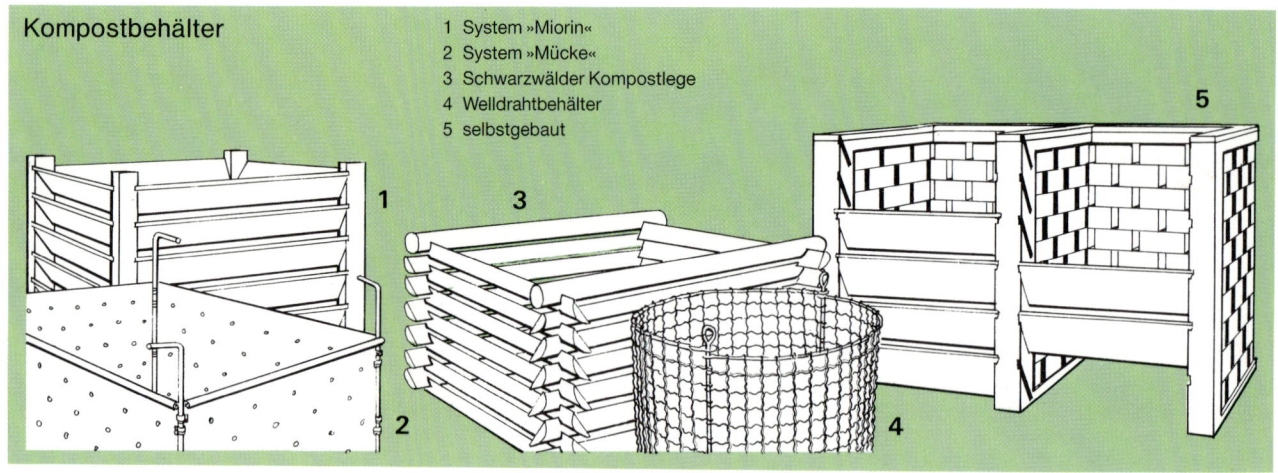

Kompostbehälter

1 System »Miorin«
2 System »Mücke«
3 Schwarzwälder Kompostlege
4 Welldrahtbehälter
5 selbstgebaut

Einen Kompostbehälter kann man sich selbst herstellen oder fertig kaufen. Wichtig ist, daß von allen Seiten Luft an das kompostierte Material herankann, daß sich der Behälter leicht zerlegen läßt und gefällig aussieht.

Kompostplatz in meinem eigenen Garten. Zugegeben, für die Aufnahme habe ich ihn extra schön hergerichtet. Er stört aber auch sonst nicht und gehört ebenso zum Garten wie Obst, Gemüse und Blumen.

Styromull-Flocken (Polystyrol) sind federleicht, da sie über 90% Luft enthalten. Sie erwärmen, lockern und dränieren den Boden, enthalten aber keine Nährstoffe. Bewährt hat sich außerdem die Bodenlockerung durch Gründüngungspflanzen, allen voran Lupinen, Erbsen und Wicken, die zur Familie der Leguminosen gehören. In Symbiose mit Knöllchenbakterien sind sie in der Lage, den Luftstickstoff zu sammeln, der dem Boden zugute kommt. Solche Pflanzen beschatten den Boden von Neubaugrundstücken, ihre Wurzeln lockern ihn bis auf etwa 1 m Tiefe.

Die wichtigsten Pflanzennährstoffe

Stickstoff (N) fördert das Pflanzenwachstum. Die Blätter, z. B. bei Rasen, wachsen üppig und sind bei reichlicher Stickstoffgabe dunkelgrün. Stickstoffmangel zeigt sich in geringem Triebwachstum, in einem hellen, ungesunden Grün der Blätter, die Früchte bei Obst bleiben klein, ebenso die »Blumen« bei Blumenkohl, die Kohlrabi-Knollen usw. Stickstoff ist der Motor des Wachstums. Stickstoff darf, außer bei Gemüse und Einjahrsblumen, nur bis Ende Juni gegeben werden. Andernfalls würde der Trieb nochmals angeregt, und Obstgehölze, Rosen usw. könnten nicht ausreifen. Dadurch würden Frostschäden begünstigt. Zu hohe N-Gaben müssen vermieden werden; sie fördern geiles mastiges Wachstum, und das Gemüse kann während des Kochens üblen Geruch verbreiten. Außerdem besteht die Gefahr, daß Nitrat in tiefere Schichten (Grundwasser) eingewaschen wird.

Phosphor (P) kommt der Blüten- und Fruchtbildung zugute. Pflanzen, die blühen und fruchten sollen, haben diesen Nährstoff besonders nötig.

Kalium (K) fördert die Zucker- und Stärkebildung. Die Pflanzen werden standfest. Die Widerstandsfähigkeit gegen Kälte und Krankheiten wird günstig beeinflußt.

Kalk (Ca) nimmt unter den Pflanzennährstoffen eine Sonderstellung ein. Er lockert den Boden, fördert die Bodengare und stumpft Säuren ab. Zugleich ist er ein unentbehrlicher Pflanzennährstoff.

Magnesium (Mg) muß nach neueren Erkenntnissen als fünfter Hauptnährstoff betrachtet werden. Apfelbäume, Rote Rüben, Buschbohnen u. a. entziehen dem Boden ebensoviel Magnesium wie Phosphor. Magnesium ist ein wichtiger Bestandteil des Blattgrüns.

Außer diesen vier Hauptnährstoffen braucht die Pflanze noch eine Reihe von Spurenelementen wie Bor, Mangan, Kupfer, Zink und Kobalt. Andere Spurennährstoffe wie Eisen, Chlor, Natrium, Schwefel, Silicium und Molybdän sind meist in ausreichender Menge im Boden vorhanden. Die Spurennährstoffe sind für die Pflanze ebenso wichtig wie die Hauptnährstoffe. Wie aber der Name schon sagt, genügen bereits kleinste Mengen.

Stickstoffmangel! Die »Blume« des Blumenkohls bleibt in solchen Fällen ungewöhnlich klein. Blumenkohl zählt zu den »Starkzehrern«. Nur wenn wir über die Kulturzeit verteilt düngen und reichlich gießen gibt es eine reiche Ernte.

Volldünger erleichtern die Arbeit

Wir wollen uns die Arbeit im Garten möglichst leicht machen. Deshalb wird bei den einzelnen Kulturen vielfach nur von blauen, also chloridfreien Volldüngern gesprochen, welche die wichtigsten Haupt- und Spurennährstoffe in einer für das Pflanzenwachstum günstigen Form enthalten.

Als Maß habe ich immer die menschliche Hand genommen, die etwa 50 g faßt, denn im Garten steht uns kaum eine Briefwaage zur Verfügung, auf der wir 60 oder 80 g genau abwiegen könnten. Außerdem wäre das viel zu umständlich. Ob die Hand etwas größer oder kleiner ist, also ob wir einige Gramm mehr oder weniger ausbringen, ist nicht so entscheidend. Wichtig ist, daß wir uns ungefähr an die genannten Mengen halten. Bewußt wurde auf komplizierte Tabellen und Berechnungsbeispiele verzichtet. Die Düngung darf für den Freizeitgärtner keine Geheimwissenschaft bleiben, sie soll ihm genausoviel Freude machen wie das Säen, Pflanzen und Ernten.

Trotz dieser Vollernährung der Pflanzen kann der Boden im Laufe der Jahre von einem der Hauptnährstoffe zu wenig erhalten, bzw. es kann sich ein Nährstoff

ungünstig anreichern. Eine gelegentliche Bodenuntersuchung gibt uns darüber Aufschluß, so daß für Abhilfe gesorgt werden kann.

Der Nährstoffgehalt wird bei den blauen Volldüngern (Mehrnährstoffdüngern) stets in gleichbleibender Reihenfolge angegeben: 1. Stickstoff (N), 2. Phosphat (P_2O_5), 3. Kali (K_2O), 4. Magnesium (MgO). Der Kalkgehalt beträgt meist 8–10%.

Nach heutigen Erkenntnissen sollen in 100 g Boden 15–25 mg Phosphat und 15–25 mg Kali enthalten sein. Der ideale pH-Wert liegt – von Spezialkulturen abgesehen – bei 6,3–6,9.

Wie zahlreiche Bodenuntersuchungen der letzten Zeit ergeben haben, werden diese Werte vor allem bei Phosphat vielfach erheblich übertroffen. In solchen Fällen ist auf einen phosphatfreien BlauVolldünger (z. B. Nitroka plus) auszuweichen bzw., wenn auch der Kaligehalt zu hoch ist, geben wir nur einen mineralischen oder organischen Stickstoffdünger. In diesem Fall ist zu beachten, daß Stickstoff immer nur in geringen Gaben – etwa 20–25 g/m² Kalkammonsalpeter bzw. Ammonsulfatsalpeter, wenn der Boden zuviel Kalk enthält – ausgebracht werden sollte. Bei Bedarf kann dies nach etwa 4 Wochen wiederholt werden, so daß den Pflanzen zwar laufend dieser

Motor des Wachstums zur Verfügung steht, aber dieser leicht wasserlösliche Pflanzennährstoff möglichst nicht in tiefere Bodenschichten ausgewaschen wird. Andernfalls könnte es zu einer Nitratanreicherung im Grundwasser kommen. Dies gilt vor allem bei leichten Böden.

Im übrigen läßt sich Stickstoffmangel verhältnismäßig leicht an der hellen, ungesunden Blattfärbung und in stockendem Triebwachstum erkennen. In einem solchen Fall sollte mit Stickstoff nachgedüngt werden, evtl. in Wasser aufgelöst, damit die gewünschte Wirkung rasch eintritt.

Übrigens, auch bei Verwendung organischer Stickstoffdünger kann eine Einwaschung des Stickstoffs in tiefere Bodenschichten und damit eine unerwünschte Nitratanreicherung im Grundwasser erfolgen, wenn solch ein Dünger im Übermaß gegeben wird.

Hier ist zweifellos ein erfahrener Hobbygärtner am Werk, der von Düngung einiges versteht. Vor allem aber zeigt das Bild: Ein gepflegter Gemüsegarten braucht sich hinter Blumenpflanzungen nicht zu verstecken.

Einige bewährte Einzeldünger Wenn aufgrund einer Bodenuntersuchung nicht andere Düngeempfehlungen gegeben werden, kann man statt mit einem Blau-Volldünger auch mit Einzeldüngern arbeiten. Zur Zeit der herbstlichen Bodenbearbeitung wird die Phosphorsäure in Form von Thomasphosphat (10 kg je 100 m^2), das Kali als Kalimagnesia (8 kg je 100 m^2) gegeben. Um den Boden mit Stickstoff zu versorgen, bringen wir gleich nach der Schneeschmelze Spezial-Kalkstickstoff (5 kg je 100 m^2) aus. Diese Mengen genügen im Durchschnittsgarten. Wenn nötig, kann dann während der Vegetation noch eine Kopfdüngung mit einem leicht wasserlöslichen Volldünger gegeben werden. Sollte sich bei einer Bodenuntersuchung herausstellen, daß ein Nährstoff fehlt bzw. im Überschuß vorhanden ist, können wir mit Düngern, die nur einen Nährstoff enthalten, regulierend eingreifen und das Nährstoff-Gleichgewicht wieder herstellen.

Organisch-mineralische Volldünger
Obwohl, wie bereits erwähnt, bei einer harmonischen Versorgung der Pflanzen mit mineralischen Düngern keine Nachteile festgestellt werden konnten, gibt es doch eine große Zahl von Hobbygärtnern, die ihren Pflanzen die benötigten Nährstoffe lieber in organischer Form zuführen möchten.

Dies ist durchaus möglich, denn es gibt bewährte Dünger, die den Stickstoff in Form von tierischem Hornmehl und die Phosphorsäure als Knochenmehl enthalten. Lediglich das Kali wird diesen Düngern in Form der aus dem Boden abgebauten Kalimagnesia (Patentkali) zugesetzt. Organisch-mineralische Volldünger enthalten auch die von den Pflanzen benötigten Spurenelemente. Vergleicht man nun die hier genannten organisch-mineralischen bzw. rein organischen Dünger mit mineralischen Blau-Volldüngern, so sieht man, daß der Nährstoffgehalt der organischen meist geringer ist. Will man die gleichen Nährstoffmengen ausbringen, so muß man entsprechend mehr geben. Angaben für die einzelnen Obst- und Gemüsearten sind auf den Packungen der genannten organischen Düngemittel aufgedruckt.

Die organischen Dünger enthalten meist kein oder nur eine unbedeutende Menge an Kali. Fehlt es im Boden an Kali (Bodenuntersuchung!), dann kann man diesen Nährstoff nach Angaben der Bodenuntersuchungsstelle in Form von Kalimagnesia (Patentkali) einbringen. Auch Holzasche ist kalireich. Sie enthält 6–10% K$_2$O sowie 3% P$_2$O$_5$ und 30% Ca.

Die organischen bzw. organisch-mineralischen Dünger wirken langsamer als mineralische, die Nährstoffe werden bei ihnen erst durch das Bodenleben für die Pflanzen aufgeschlossen. Die Kleinlebewesen machen sie je nach Feuchtigkeits- und Wärmeverhältnissen für die Pflanze aufnehmbar, sie legen mit ihnen aber auch – wenn sie nicht gleich benötigt werden – Reserven in Form von Humusstoffen an. Organische Dünger stellen also eine langsam fließende Nährstoffquelle für die Pflanzen dar. Da sowohl Stickstoff als auch die Phosphatverbindungen bei solchen organischen Düngern in unlöslicher Form vorliegen und erst durch mikrobiellen Abbau frei werden, ist die Gefahr von Salzschäden ausgeschlossen. Eine Überdüngung dürfte schon vom Preis her gesehen so gut wie nicht möglich sein, man kann also kaum Fehler machen.

Mineralische Düngemittel

Blau-Volldünger (chloridarme Mehrnährstoffdünger)

Name	N	P$_2$O$_5$	K$_2$O	MgO		Bemerkungen
		Gehalt in %				
Nitrophoska spezial	12	12	17	2	+ Spurenelemente	chloridarm; für phosphat- und kali-überversorgte Böden ungeeignet
Complesal Typ Blau	12	12	17	2	+ Spurenelemente	stärker chloridhaltig, für phosphat- und kaliüberversorgte Böden ungeeignet
Nitrophoska perfekt	15	5	20	2	+ Spurenelemente	chloridarm; phosphatarmer Blau-Volldünger mit optimalem Nährstoffverhältnis; für Blumen, Obst und Gemüse; ungeeignet, wenn zuviel Kali vorhanden.
Nitroka plus	12	–	18	6	+ Spurenelemente	für phosphatüberversorgte Böden; ungeeignet, wenn zuviel Kali vorhanden.

Langzeitdünger

Name	N	P$_2$O$_5$	K$_2$O	MgO	Bemerkungen
Osmocote Depot-Gartendünger	19	6	12	–	die wasserlöslichen Nährsalze sind mit einer aus Pflanzenölen hergestellten Harzhülle umgeben, die täglich eine genau auf den Bedarf der Pflanzen abgestimmte Nährstoffmenge freigeben, ohne nennenswerte Auswaschverluste, ohne Erhöhung der Salzkonzentration im Boden, deshalb umweltschonend. Die Wirkung dieses Langzeitdüngers hält 4 Monate an; anschließend dient die leere Hülle den Mikroorganismen des Bodens als Nahrungsquelle und wird von diesen abgebaut.
Osmocote Blumendünger	14	13	14	–	umweltfreundlich, deckt 5 Monate lang den Nährstoffbedarf der Pflanzen, sonst wie oben! Das biologische Düngeprinzip verhindert eine Versalzung und Nitratanreicherung des Bodens.
Floranid	32	–	–	–	enthält 28% als Isodur = Langzeitstickstoff speziell für Rasendüngung
Compo Rasen-Floranid	20	5	8	2	Rasen-Volldünger mit Sofort- und Langzeitwirkung durch Isodur
Compo Rasendünger	10	4	6	–	ein organisch-mineralischer Rasendünger mit echtem Guano. Vom Stickstoff sind ca. 30% als Isodur-Langzeitstickstoff; deshalb: rasengerechte Nährstoffdosierung über Monate, kein Stoßwachstum, keine Verbrennungsgefahr!

Wasserlösliche Volldünger (zur Flüssigdüngung, vor allem bei Anzucht von Blumen- und Gemüsepflanzen)

Name	N	P$_2$O$_5$	K$_2$O	MgO		Bemerkungen
Hakaphos blau	15	11	15	1	+ Spurenelemente	chloridarm, Aufwandmenge 2–4 g/Liter Wasser
Mairol	14	12	14	0,3	+ Spurenelemente	chloridarm, Aufwandmenge 2–4 ml/Liter Wasser

Bei den Kulturen (Ziergarten, Gemüse, Obst – Seite 81 bis 219) werden nur vereinzelt Düngeempfehlungen gegeben, nachdem inzwischen auf beinahe jeder Rückseite aller Düngemittelpackungen angegeben ist, wie der betreffende Dünger (g/m^2, Zeitpunkt) angewendet werden soll.

Stickstoffdünger

Name	Gehalt in %				Bemerkungen
	N	P_2O_5	K_2O	MgO	
Kalkammonsalpeter	27	–	–	– + 40% CaO (Kalk)	enthält Stickstoff zu 50% in rasch wirkender Salpeterform, zu 50% in der erst später wirkenden Ammoniakform; 40% CaO (Kalk)
Ammonsulfatsalpeter	26	–	–	–	enthält Stickstoff zu 25% als Salpeter, zu 75% als Ammoniak; wirkt sauer, deshalb für Böden mit zu hohem Kalkgehalt geeignet
Schwefelsaures Ammoniak	21	–	–	–	wirkt sauer, deshalb für Böden mit zu hohem Kalkgehalt geeignet
Kalksalpeter	15	–	–	– + 28% CaO (Kalk)	erhöht den pH-Wert (Kalkgehalt) des Bodens etwas; rasch wirkend, deshalb als Kopfdünger geeignet
Spezial-Kalkstickstoff	21	–	–	– + 60% CaO (Kalk)	als erwünschte Nebenwirkung entsteht bei der Umsetzung Cyanamid, durch welches Bodenschädlinge und keimende Unkräuter abgetötet werden; Kalk ist in Form von Branntkalk vorhanden, deshalb besonders für schwere Böden geeignet; wegen der länger dauernden Umsetzung mindestens 2–3 Wochen vor Kulturbeginn ausbringen! Am besten Kalkstickstoff Kornka, extra fein gekörnt, verwenden, da dieser nicht stäubt.

Phosphatdünger

Name	N	P_2O_5	K_2O	MgO	Bemerkungen
Superphosphat	–	18	–	–	wasserlöslich; nicht auf Böden verwenden, die mit Phosphat überversorgt sind (Bodenuntersuchung!)
Thomasphosphat	–	15	–	– + 45% CaO (Kalk)	zitronensäurelöslich; Abfallprodukt bei der Stahlherstellung; außer hohem Kalkanteil etwas Eisen, Magnesium und Mangan; ein wirksamer Vorratsdünger auf Böden mit zu geringem Phosphatgehalt

Kalidünger

Name	N	P_2O_5	K_2O	MgO	Bemerkungen
Kalimagnesia (= Patentkali)	–	–	30	10	chlorfrei, deshalb für den Garten gut geeignet, wenn Kalimangel vorliegt

Magnesiumdünger

Name	N	P_2O_5	K_2O	MgO	Bemerkungen
Bittersalz	–	–	–	16	rasche Wirkung bei Magnesiummangel (gelbgescheckte Nadeln an Serbischen Fichten u. a. Koniferen). Im Frühjahr 50 g/m^2 ausstreuen und kräftig einwässern. Durch Bittersalz verändert sich der Säuregehalt des Bodens vorteilhaft zur sauren Seite hin, wodurch Aufnahme von Magnesium zusätzlich erleichtert wird.

Kalkdünger

Name	N	P_2O_5	K_2O	MgO	Bemerkungen
Kohlensaurer Kalk	–	–	–	– 40–50% CaO	wirkt langsam, für leichte Böden
Branntkalk	–	–	–	– 75–95% CaO	raschwirkend, für schwere Böden
Gartenkalk »Nordweiß-Perle«	–	–	–	5 80% CaO	Gartenkalk in Granulatform (stäubt nicht)

Organische Dünger

In der Landwirtschaft fallen an

Name	Gehalt in %				Bemerkungen
	N	P_2O_5	K_2O	MgO	
Rindermist	0,4	0,2	0,5	–	außer Jauche, Gülle, Stroh
Pferdemist	0,6	0,3	0,5	–	die in der Landwirtschaft anfallenden organischen Dünger
Tiefstallmist	0,8	0,4	0,8	–	enthalten nur geringe Nährstoffmengen; wir geben deshalb zusätzlich eine entsprechende Menge Blau-Volldünger
Hühnermist	1,7	1,6	0,9	–	oder organische-mineralische Volldünger. Hat eine Bodenuntersuchung ergeben, daß der Boden
Schweinemist	0,5	0,2	0,6	–	reichlich mit Phosphat und Kali versorgt ist, wird nur Stickstoff zusätzlich ausgebracht. Der Hauptwert dieser
Rindergülle	3	1	4,6	0,4	Dünger liegt in ihrem Humusgehalt.
Jauche	2	0,1	6	–	
Stroh	0,4	0,2	1,2	0,1	

Im Handel erhältliche organische Dünger

Name	N	P_2O_5	K_2O	MgO	Bemerkungen
Blutmehl	10	–	–	–	Diese Erzeugnisse aus tierischen Abfällen sind entweder rein oder in Mischung (z. B. Horn-Knochen-Blutmehl), teil-
Hornmehl	10	–	–	–	weise auch in Verbindung mit Humusstoffen, erhältlich. Auch Peru-Guano sowie getrockneter Hühner- und Rinder-
Horngrieß	12	–	–	–	mist gehören in diese Gruppe. Die meisten dieser Dünger wirken langsam und länger anhaltend; die vier erstgenann-
Hornspäne	14	–	–	–	ten, stickstoffhaltigen, sind gut geeignet zur Düngung im Frühbeet und Gewächshaus, sowie auf Böden, die mit
Knochenmehl (entleimt)	1	20	–	–	Phosphat und Kali reichlich versorgt sind. Fehlt dagegen Kali im Boden, muß dieser wichtige Nährstoff zusätzlich
Knochenmehl (entfettet)	5	20	–	–	gegeben werden (Kalimagnesia). Hält man die auf den Pak- kungen angegebenen Mengen ein, kann der Boden kaum
Rhizinusschrot	6	2,5	1,5	–	überdüngt und der Stickstoff nicht ausgewaschen werden.

Organisch-mineralische Volldünger

Name	Gehalt in %				Bemerkungen
	N	P_2O_5	K_2O	MgO	
Hornoska	7	4	8	–	Den organisch-mineralischen Volldüngern ist Kali beigemischt. Dieser Nährstoff braucht also
Hornoska Spezial	8	7	10	2	nicht zusätzlich gegeben zu werden wie bei den oben genannten rein organischen Düngern. Or-
Engelharts Gartendünger	7	7	7	–	ganisch-mineralische Volldünger wirken lang- sam und lange anhaltend; sie sind bestens ge-
Compo Humusdünger	2,5	3,5	1	6	eignet für Frühbeet und Gewächshaus. Compo Obst- und Gemüsedünger ist ein Voll-
Compo Obst- und Gemüsedünger	8	5	11	–	dünger mit reduziertem Phosphatgehalt für den Obst- und Gemüsegarten.
Compo Horn + Knochenmehl	6	8	–	–	Compo Horn + Knochenmehl enthält neben den in der Tabelle genannten Nährstoffen Kali, Mag- nesium und Spurenelemente, sowie rasch wirk-
Compo Gartenblumen- Dünger	10	5	10	–	sames Blutmehl für schnelles Wachstum und Blattgrünbildung. Im Handel befinden sich auch speziell organisch-
Mannafix	4	4	6	1,5	mineralische Rasendünger wie z. .B. Cornufera- Rasendünger mit Sofort- und Langzeitwirkung
Mannamin S	7	6	10	1	oder Cornufera Combi zur Rasenneuanlage und zur Herbstdüngung.
Oscorna	6	6	1	–	Von verschiedenen Garten-Centern und Ver- sandfirmen werden außerdem hauseigene orga- nische bzw. organisch-mineralische Volldünger angeboten.

Farbenfrohe
Pflanzenpalette

Ohne Einjahrsblumen geht es nicht

Wie schon der Name sagt, müssen Einjahrsblumen oder Sommerblumen alljährlich neu ausgesät oder ausgepflanzt werden, im Gegensatz zu den ausdauernden Stauden. Mancher Gartenfreund wird sich fragen, ob es den aus diesem Grunde nicht besser sei, auf Einjahrsblumen ganz zu verzichten.

Diese Frage läßt sich leicht beantworten, wenn wir uns Gärten ansehen, die nur mit Gehölzen und Stauden gestaltet sind, und solche, in denen Einjahrsblumen die Farbenpracht unterstützen. Ich möchte sagen, je kleiner der Garten, desto unentbehrlicher sind Einjahrsblumen, nutzen sie doch ihr kurzes Dasein zu einer verschwenderischen Farben- und Blütenfülle.

Im neu angelegten Garten, in dem zwischen den Stauden, Ziersträuchern und Obstbäumchen noch viel freier Platz ist, sind es ausschließlich die Einjahrsblumen, mit denen wir in kurzer Zeit Farbe an die noch leeren Stellen zaubern können. Ebenso gibt es im fertigen Garten viele Möglichkeiten, Einjahrsblumen unterzubringen, etwa entlang des Weges oder an abgeblühten Stellen des Staudenbeetes. Schnell können wir mit ihnen unschöne leere Stellen rot, blau, weiß und gelb »überpinseln«.

Aussaat an Ort und Stelle

Manche Einjahrsblumen kommen ohne Vorkultur aus. Wir können sie im April bis Mai direkt an Ort und Stelle aussäen. Schon die bunten Abbildungen auf den Samentüten erwecken in uns Vorfreude auf das kommende Gartenglück. Der Samen wird möglichst gleichmäßig und recht dünn ausgestreut, mit dem Eisenrechen leicht festgeklopft – aber nicht eingeharkt – und mit der Gießkanne überbraust. Nach dem Aufgehen müssen die meisten Arten auf etwa 30 cm Abstand vereinzelt werden. Hier wird nur eine Auswahl in alphabetischer Reihenfolge der deutschen Namen genannt, und zwar Arten, die besonders farbwirksam sind und sich meist auch gut zum Schnitt eignen. Bis auf das Fleißige Lieschen u. a. *Impatiens*-Arten lieben alle einen möglichst sonnigen Platz.

Godetie, Sommerazalee *(Godetia)*, Höhe 40–60 cm. Die seidig schimmernden Blüten bezaubern durch ihre Pastellfarben in verschiedenen Rosa- und Rottönen sowie in Weiß. Da sich Godetien leicht verpflanzen lassen, können wir erst auf ein Saatbeet oder in den Frühbeetkasten aussäen und die Setzlinge im Mai an die gewünschte Stelle bringen. Farbenfrohe Einjahrsblume für Beete, Rabatten und für Sträuße.

Goldmohn, Eschscholtzie *(Eschscholzia californica)*, Höhe 30–40 cm. Er ist anspruchslos und blüht unaufhörlich bis tief in den Oktober hinein. Seine Blütenfarben Creme, Gelb und Rot ergeben ein herrliches Zusammenspiel von wohltuenden Pastelltönen. Gut geeignet zur Füllung von leeren Stellen auf Staudenbeeten! Einmal im Garten, sät sich Goldmohn von selbst aus und beginnt sogar auf Kieswegen oder dicht an einer sonnigen Hauswand zu blühen.

Kap-Ringelblume *(Dimorphotheca aurantiaca)*, Höhe etwa 30 cm. Meist werden orange, lachsfarbene und weiße Prachtmischungen angeboten. Wegen der Frostempfindlichkeit sollte die Freilandaussaat erst ab Mitte Mai erfolgen. Gut geeignet für leere Stellen im Steingarten und als Einfassungspflanze. Schnittblume!

Kornblume, Flockenblume *(Centaurea cyanus)*, Höhe 60–80 cm. Die Blütenfarbe und -form ähnelt der unserer Akkerkornblume, die heute allerdings kaum mehr zu finden ist. Wertvolle Schnittblume. Unter der botanischen Bezeichnung *C. moschata* sind wohlriechende Flockenblumen in Rosa, Purpur, Gelb und Weiß im Handel.

Portulakröschen *(Portulaca grandiflora)*, Höhe 10–15 cm. Die einfachen oder gefüllten Blüten schimmern in allen Farben, außer in Blau. Eine wirkungsvolle Einjahrsblume, die sich jedoch nur in sandigem, leichtem Boden wohl fühlt und viel Sonne will. Verschwindet die Sonne hinter Wolken, so schließen sich die vielen Röschen ebenso wie beim Goldmohn, bei Mittagsblumen oder Gazanien. Sehr geeignet für den Steingarten und vor allem als Wegeinfassung. Einmal im Garten, säen sich Portulakröschen alljährlich von selbst aus. Wir brauchen sie dann nur noch auf Fingerlänge vereinzeln.

Ringelblume (Calendula officinalis), Höhe etwa 50 cm. Die Farbskala reicht von·hellgelben über orange bis zu aprikosenfarbenen Tönen. Eine unverwüstliche Sommerblume, die auf bunten Beeten bis zum Frost hin blüht und sich ebensogut zum Schnitt für die Vase eignet. Sie sät sich von selbst aus, so daß wir uns im nächsten Jahr nicht mehr um sie zu kümmern brauchen.

Schleifenblume (Iberis amara und I. umbellata), Höhe etwa 30 cm. Die erstgenannte Art ist von Mai bis August weißblühend. I. umbellata blüht dagegen von Juni bis in den August hinein lila- und purpurfarben. Beide einjährige Arten sind für sommerlich bunte Beete und für Wegeinfassungen gut geeignet. Ebenso brauchbar sind sie für kleine Tischgestecke. Sie sind denkbar genügsam und säen sich alljährlich von selbst aus. Sogar in den schmalen Fugen zwischen Gartenplatten entwickeln sie sich zur vollen Schönheit.

Schmuckkörbchen, Kosmee (Cosmos bipinnatus), Höhe 80–120 cm. Blütenfarben: Lila-Rosa, Scharlachrot, Purpurviolett und Reinweiß. Die lichten Farben geben den Kosmeen in Verbindung mit dem fein zerteilten Grün der Blätter ein duftiges und sehr zartes Aussehen. Wenn wir im April ins Frühbeet aussäen und später verpflanzen, beginnt die Blüte früher. Während wir bei niedrigen und überreich blühenden Sommerblumen die verblühten Teile nicht entfernen können, wirkt sich dies bei höheren Arten, besonders bei Kosmeen, vorteilhaft für den weiteren Blütenflor aus. Nicht zusätzlich düngen, denn Kosmeen schießen sonst zu sehr ins Kraut und blühen nur spärlich! Wenn beim Schnitt die Röhrenblüten noch geschlossen sind, halten Kosmeen bis zu 2 Wochen in der Vase.

Schöngesicht, Mädchenauge (Coreopsis tinctoria), Höhe 40–100 cm. Die Blüten sind goldgelb mit purpurroter Mitte. Als »Lückenbüßer« auf Staudenbeeten, zusammengepflanzt mit anderen Sommerblumen, und zum Schnitt bestens geeignet!

Von oben nach unten: Sommerazalee, Godetie und Goldmohn, Schlafmützchen und Portulakröschen.

Rechts: Schmuckkörbchen, Kosmee, dahinter Stauden-Sonnenblumen.

Sommer-Margerite, Wucherblume (Chrysanthemum carinatum), Höhe meist 50–60 cm. Es gibt Sorten, deren Blüten wie Kokarden aussehen. Auf der weißen Grundfarbe zeigen sich rote, gelbe und braune Ringe; andere entwickeln ein eigenartiges Farbenspiel von mahagoniroten über bronzefarbene bis zu gelben Tönen. Ich halte die Sommer-Margerite für eine der schönsten Einjahrsblumen, die wir am besten in einer lustigen Farbmischung aussäen sollten. Der Boden muß fruchtbar sein, um so reicher und ausdauernder blüht sie. Je mehr wir für die Vase abschneiden, desto mehr Blüten kommen nach.

Sonnenblume (Helianthus annuus), Höhe bis zu 3 m. Die Blütenfarben reichen von Gelb bis zu dunklem Purpur. Wir können entweder an Ort und Stelle aussäen, dann aber nicht vor Anfang Mai, oder aber in kleinen Töpfchen vorkultivieren und die Pflanzen nach den Eisheiligen ins Freie setzen. Der Abstand sollte bei dieser allbekannten Pflanze mindestens 50 cm betragen. Vielfach gehen Sonnenblumen als Nebenprodukt der winterlichen Vogelfütterung im Garten von selbst auf. Vielleicht haben wir Glück und können sie gleich stehen lassen, denn ein Verpflanzen vertragen sie schlecht. Kinder haben ihre helle Freude an der für sie riesenhaften Sonnenblume, mit der sich manch unschöne Stelle farbig »übertünchen« läßt. Als Schnittblumen für die Bodenvase eignen sich allerdings die »Riesen« mit nur einer Sonne weniger gut als die reichverzweigten Sorten.

Springkraut (Impatiens glandulifera), auch Riesen- oder Himalaya-Springkraut

genannt, weil es aus dem Himalaya und Ostindien stammt. Höhe: 200–300 cm. Ein liebenswertes »Unkraut«! »Unkraut«, weil dieses Springkraut problemlos wächst und weil es sich – einmal im Garten – reichlich aussamt und jedes Jahr zur Stelle ist; liebenswert, weil es bildhübsch blüht und weil wir mit diesem Springkraut abseits gelegene Gartenecken beleben können, und dies ohne besondere Pflege.

Es ist reizvoll einige Exemplare dieser oft mehr als mannshohen Pflanze an einer sonnigen bis halbschattigen, feuchten Stelle anzusiedeln. Auch zwischen Stauden oder auf einem Beet mit Einjahrsblumen kann das Riesen-Springkraut solitär, also einzeln stehend, gepflanzt werden. Im eigenen Garten lasse ich dort, wo es von selbst aufgeht, meist nur eine oder eine kleine Gruppe von 3–5 Pflanzen stehen. Jedenfalls sollte man an Stellen, wo das Riesen-Springkraut im Frühjahr beinahe so dicht wie ein Rasen aufgeht, die Pflanzen auf 40–50 cm allseitigen Abstand vereinzeln, so daß jedes der verbleibenden Exemplare genügend Platz für die geradezu tropische Entwicklung hat. Siehe Bild S. 58!

Wer dieses Springkraut zum erstenmal in seinem Garten ansiedeln möchte, sät im April aus und verzieht später auf die genannten Abstände. Samen wird allerdings kaum im Handel erhältlich sein. Die Pflanze ist aber in süddeutschen Bauerngärten sowie in Nord- und Westdeutschland, verschiedentlich auf Friedhöfen und häufig auch an Flußläufen anzutreffen, so daß Samen leicht zu beschaffen ist. Einmal im Garten, kommt es jedes Jahr von selbst wieder.

Wenn das Riesen-Springkraut allerdings in Massen auftritt, kann es leicht lästig werden und das Landschaftsbild verändern. Deshalb sollte man im Garten die Pflanzen rechtzeitig vor dem Aussamen abschneiden, um möglichen Ärger mit Nachbarn zu vermeiden. Im Frühjahr kann unerwünschtes Springkraut spielend mit einem der üblichen Geräte zur Bodenlockerung entfernt werden, denn sobald die Wurzeln der wasserliebenden Pflanze keine Verbindung mehr zum Boden haben, sterben sie ab.

Trotz dieser Vorbehalte: Die rosaroten oder purpurfarbenen Blüten sehen bildhübsch aus und werden stark von Hummeln beflogen, so daß es in den Springkrautbüschen den Sommer über lebendig summt. Ich möchte sie im Garten nicht missen.

Weißes Steinkraut, Steinrich (*Alyssum maritimum* syn. *Lobularia maritima*), Höhe je nach Sorte 8–25 cm. In Katalogen finden wir es meist unter *Alyssum maritimum*. Es ist die Tücke der alphabetischen Anordnung, daß nach der riesigen Sonnenblume und dem Riesen-Springkraut ausgerechnet dieser Zwerg folgt. Je nach Sorte sind die zahllosen winzigen Blüten weiß, rosa oder violett gefärbt. Das Steinkraut eignet sich ausgezeichnet für Wegeinfassungen. Ebenso können wir es aber auf ein Beet dicht aussäen und in diesen weißen Teppich einige höhere Sommerblumen pflanzen. Zauberhaft schön sieht es aus, wenn wir zwischen rosafarbenen oder roten Polyantharosen die nur 12 cm hohe weiße Sorte »Schneeteppich« säen. Die Rosen müssen aber in einer solchen Pflanzung weiter voneinander entfernt stehen als normal, damit der weiße Rasen aus Steinkraut genügend Sonne bekommt. Übrigens, das weiße Steinkraut sät sich in reichem Maße von selbst aus.

Feldblumen

Eine etwas abgelegene Ecke, an der man zwar immer wieder vorbeikommt, die aber nicht ständig im Blickfeld liegt, wäre der geeignete Platz für eine Feld- und Wildblumenmischung. Hier braucht man keine Hemmungen zu haben, ständig für die Blumenvase zu schneiden, und auch 1 m hoch werdende Feldblumen wie Sei-

Aus einer Feldblumenmischung: Rosa Seidenmohn und blaue Kornblumen.

denmohn und Kornblume, die sich bei Regen zur Seite legen, fallen nicht so störend ins Gewicht.

Ausgesät wird von März bis Mai, breitwürtig oder in Reihen mit 20 cm Abstand. Wichtig ist, daß die Saat bis zur Keimung gleichmäßig feucht gehalten wird. Nachdem in dieser Mischung eine große Artenvielfalt enthalten ist, zieht sich die Keimung lange hin. Die ersten Pflanzen erscheinen schon nach 10 Tagen, bis die letzten da sind, muß man sich 1 Monat lang gedulden. Ein Samentütchen reicht für 10–20 m². Nicht düngen, und auf keinen Fall zu dicht säen, damit sich die einzelnen Arten gut entwickeln können! Des weiteren sind im Samenhandel Mischungen wie »Das blühende Kornfeld« erhältlich, mit der wir den Charme der Kornfelder von einst in den Garten holen können oder »Insekten Nektar«, eine Sommerblumen-Mischung, die Schmetterlinge, Hummeln und Bienen anlockt. In der Mischung »Blüten für Nützlinge« sind Sommerblumen und Kräuter vertreten, die Nützlingen wie Marienkäfer, Schweb- und Florfliegen den Sommer über Nahrung und Lebensraum bieten. Zusätzlich zum Blühen erreichen wir mit dieser Mischung eine natürliche Schädlingsbekämpfung. Über weitere ähnliche Mischungen und Neuheiten auf diesem Gebiet kann man sich im Garten-Center und in Katalogen einschlägiger Firmen informieren.

Einjahrsblumen für Zäune und Spaliere

Unter den Einjahrsblumen, die wir an Ort und Stelle aussäen können, finden sich auch wertvolle Arten zum Beranken von Zäunen und Spalieren. Besonders für schmale Reihenhausgärten sind sie geeignet, weil sie bereits in wenigen Wochen fröhlich an Zwischenzäunen entlangklettern. Aber auch in anderen Gärten sind sie uns willkommen, weil sich mit ihrer Hilfe so manche Unvollkommenheit auf reizvolle Art verdecken läßt. Vor allem aber wirken von Kletterpflanzen berankte Zäune recht lebendig.

Kapuzinerkresse, darunter Schwarzäugige Susanne.

Edelwicke, Wohlriechende Wicke (*Lathyrus odoratus*), 1,50–2 m hoch kletternd. Im April wird in einer Reihe ausgesät und bei Beginn des Rankens auf etwa 20 cm Abstand verzogen. Die duftigen Blüten erscheinen in einer schier unerschöpflichen Farbenvielfalt. Wenn wir 2–3 Folgesaaten im Abstand von 4 Wochen durchführen, können wir bis in den Herbst hinein Blumen schneiden. Je fleißiger geschnitten und je mehr der Samenansatz verhindert wird, desto reicher ist die Blüte. Bei Trockenheit reichlich gießen und oft flüssig düngen!

Feuerbohne, Prunkbohne (*Phaseolus multiflorus*), Höhe bis 4 m. Die Aussaat darf nicht vor Anfang Mai erfolgen, es sei denn, wir säen ab Mitte April in Töpfchen und pflanzen erst nach den Eisheiligen aus. Die Blütenfarbe ist bei 'Preisgewinner' Ziegelrot, bei 'Weiße Riesen' Weiß. Besonders für höhere Zäune, als Windschutz aufgestellte Stangen oder Spaliergerüste eignen sich die gegen rauhe Witterung unempfindlichen Feuerbohnen ausgezeichnet. Dazu kommt, daß sie als Gemüse oder Salat besonders herzhaft schmecken. Die Hülsen müssen nur in jungem Zustand geerntet werden, also bevor sie fädig werden.

Kapuzinerkresse (*Tropaeolum majus* u. a.) rankt je nach Art bis zu 4 m hoch. Die Blütenfarbe ist Gelb mit Rot. Besonders zum Beranken von Holz- und Drahtzäunen sowie Lauben ist diese altbekannte Pflanze gut geeignet. Wir säen in der 1. Maiwoche aus, wobei die Samen etwa 10 cm voneinander entfernt ausgelegt werden. Für halbschattige Stellen eignet sich *T. peregrinum* sehr gut.

Prunkwinde, Trichterwinde (*Ipomoea purpurea* syn. *Pharbitis*, u. a.), Höhe je nach Art und Sorte 2–4 m. Eine Prachtmischung bringt uns blaue, rote, weiße und gestreifte Blüten. Von einem einmaligen duftigen Blau sind die seidigen Blüten bei *P. coerulea grandiflora*, bzw. *P. tricolor* 'Himmelblau'.
Die Aussaat kann ab Anfang Mai ins Freie erfolgen, Abstand etwa 10 cm. Besser ist es jedoch, wenn wir bereits Mitte April unter Glas oder Folie in Töpfchen aussäen und die Pflanzen erst gegen Ende Mai an warme, windgeschützte Stellen bringen. Die Blüten öffnen sich morgens gegen 4–5 Uhr und schließen sich an sonnigen Tagen bereits wieder zwischen 10 und 12 Uhr. Nur an trüben Tagen blei-

Edelwicken blühen um so reicher, je fleißiger wir Blüten abschneiden. Zumindest sollte der Samenansatz verhindert werden. Die Blüte läßt sich verfrühen, wenn wir bereits im März in Töpfe in luftdurchlässiges Substrat aussäen und ab April ins Freie pflanzen.

ben sie an der Westseite bis zum späten Nachmittag hin geöffnet. Dies sollten wir bei der Auswahl der Pflanzstellen berücksichtigen. Jeden Tag sind aber wieder neue Blüten vorhanden, den ganzen Sommer über. Der Boden wird gut mit Kompost versorgt, mit flüssiger Düngung ist jedoch zu sparen, da sonst die Pflanzen zu sehr ins Kraut wachsen. Viel gießen!

Schwarzäugige Susanne (*Thunbergia alata*), rankt zwar nur 1–1,50 m hoch, die gelben Blüten mit lackschwarzer Mitte sehen aber von Juni bis Oktober recht apart aus. Besonders sagt es ihr zu, wenn sie vor einer Südmauer an ein niedriges Gitter oder ein kleines Spalier gepflanzt wird. Wichtig sind jedenfalls eine warme, sonnige Stelle und nahrhafter, gut

durchlässiger Boden, denn stauende Nässe und »kalte Füße« kann diese zierliche Kletterpflanze nicht vertragen. Aussaat erfolgt im März bei 18–20°C, dann eintopfen und Ende Mai auspflanzen. Bei Temperaturen unter 14°C kümmern die Pflanzen, und die Blätter vergilben.

Zierkürbisse (*Curcurbita pepo* 'Ovifera') ranken bis zu 6 m hoch und mehr. Unter dieser Bezeichnung werden die vielen Sorten von Zierkürbissen zusammengefaßt, deren Früchte von recht origineller Form und verschiedener Farbe sind. Nachdem sie stark ranken, eignen sie sich zur Bekleidung von größeren Mauern, Balkons, Rankgerüsten usw. Wegen des Gewichts der Pflanzen müssen die Rankgerüste stabil gebaut sein. Die Aussaat erfolgt entweder in der ersten Maiwoche, oder aber wir kultivieren in Töpfchen vor, ähnlich wie bei den Trichterwinden. Die kuriosen Früchte werden vor dem ersten Nachtfrost geerntet. Sie halten sich mehrere Monate lang und können als winterlicher Zimmerschmuck in Schalen oder flache Körbe gelegt werden. Zierkürbisse wünschen eine geschützte Lage, mit Kompost verbesserte Erde, aber nur wenig Mineraldünger.

Einjahrsblumen, die auch im Winter blühen

Natürlich blühen sie nicht bei Eis und Schnee im Freien, sondern im Zimmer. Gemeint sind Trockenblumen und einjährige Ziergräser, aus denen sich hübsche Sträuße und andere Gebinde anfertigen lassen. Sie können auf sommerlich bunte Beete oder als Füller zwischen Stauden gepflanzt werden. Wollen wir die Strohblumen nur zum Schnitt für den Winter haben, so ist es besser, sie für sich allein im Nutzgartenteil unterzubringen.

Strohblumen (*Helichrysum bracteatum*), Höhe 60–80 cm. Es ist nur die Form 'Monstrosum' in gelben, orangefarbenen, rosa, roten und violetten Farbtönen im Handel. Besonders kräftige Pflanzen und eine frühe Blüte erzielen wir, wenn die Aussaat im April ins Frühbeet erfolgt. Verpflanzt wird nach den Eisheiligen. Wir können aber auch Ende April dünn an Ort und Stelle säen und die Pflänzchen auf 30 cm Abstand halten. Zum Trocknen müssen wir die Knospen kurz vor dem Aufblühen schneiden. Nachdem die Blätter entfernt sind, werden die noch geschlossenen Blüten mit den Köpfen nach unten an einem luftigen, schattigen Platz zum Trocknen aufgehängt. – Sind die Strohblumen nur für das Sommerblumenbeet gedacht, kann die farbenfrohe 'Gefüllte Zwergmischung' empfohlen werden, die nur 30 cm hoch wird. Sehr wertvoll ist die niedrige, leuchtend rotblühende Sorte 'Hot Bikini', die ebenfalls kaum höher als 30 cm wird. Sie eignet sich vorzüglich zur Pflanzung auf Beeten und ebenso um Lücken in Staudenpflanzungen zu füllen.

Sonnenflügel (*Helipterum manglesii*), Höhe 30 cm. Weiße, rosa und rote Farbtöne. Unter *H. roseum* sind in Samengeschäften großblumige, gefüllte Spielarten in Rosa, Karmin und Weiß erhältlich. Aussaat erfolgt wie bei Strohblumen an eine warme, sonnige Stelle. Abstand nach dem Verpflanzen bzw. Verziehen: 15–20 cm. Auch diese guten Trockenblumen müssen bereits vor dem Aufblühen geschnitten werden.

Mähnengerste (*Hordeum jubatum*), Höhe 40–70 cm. Dieses reizende einjährige Ziergras wird Ende April bis Anfang Mai an sonniger Stelle ausgesät. Für Trockensträuße schneiden wir es bereits vor der Reife. Dadurch wird noch ein zweiter Flor im Spätsommer erzielt. Darüber hinaus werden vom Samenfachhandel einjährige Ziergräser in guter Mischung angeboten, mit denen sich duftige Trockensträuße binden lassen.

Strohblume 'Hot Bikini', eine wertvolle Sorte mit leuchtend roten Blüten.

Einjahrsblumen mit Vorkultur

Bei einigen der bisher genannten Arten wurde bereits darauf hingewiesen, daß es besser sei, sie im April unter Glas oder Folie auszusäen, obwohl dies auch an Ort und Stelle möglich ist. Jetzt folgen Sommerblumen, die in jedem Fall eine Vorkultur brauchen, sei es eine längere, die wir besser dem Gärtner überlassen sollten, oder aber eine nur mehrwöchige, wie das beispielsweise bei Astern, Tagetes, Verbenen und Zinnien der Fall ist.

Um alle leeren Stellen den Sommer über mit Farbe füllen zu können, werden wir die Pflanzen der »einfacheren« Arten selbst heranziehen. Ein bescheidenes Frühbeet von etwa 2 m² Größe mit Folienabdeckung (siehe S. 193) genügt bereits. Wegen der Nachtfröste dürfen wir nur nicht zu früh aussäen. Es genügt Mitte April. Aber auch dann sollten wir das Frühbeet abends mit einer Rohrmatte, mit Säcken oder etwas Ähnlichem abdecken, damit die Wärme besser erhalten bleibt. Noch besser: Wir säen Ende März bis Anfang April in Saatschalen ganz dünn aus und stellen diese zum Keimen ans Zimmerfenster. Ab Mitte April kommen dann die kleinen Pflänzchen in das einfache Frühbeet.

Wichtig ist dabei, daß sich die Aussaaterde, ganz gleich ob in Schalen oder im Frühbeet, in Ordnung befindet. Wir versetzen sie reichlich mit gewaschenem Sand und Torf, und achten darauf, daß sie frei von faulenden, halbverwesten Stoffen ist. Keine Komposterde verwenden! Bewährt hat sich eine spezielle krankheits- und unkrautfreie Aussaaterde, wie sie von verschiedenen Firmen im Handel ist. Die Oberfläche wird mit einem Brettchen eben gedrückt und mit etwas feiner Erde übersiebt. Nun wird dünn gesät, zwischen die einzelnen Arten bzw. Sorten je ein dünner Blumenstab eingelegt und ein Etikett mit Name und Aussaattermin dazu gesteckt.

Während der Keimung und nach dem Aufgehen dürfen die Pflänzchen nicht austrocknen. Sie dürfen vor allem nicht geil werden. Deshalb sollten wir die Saatschalen möglichst nahe an ein helles Fenster stellen. An warmen Tagen wird das Fenster geöffnet, damit die Pflänzchen möglichst kurz und gedrungen bleiben. Am besten ist es aber, wenn wir sie, sobald dies die Witterung zuläßt, von der Wohnung ins Frühbeet bringen. Haben die kleinen Pflänzchen außer den 2 Keimblättern das erste kleine Laubblatt ausgebildet, so werden sie auf 5 cm Abstand pikiert (verstupft). Dabei müssen wir bereits auf Schnecken achten. Besonders Zinnien und Dahlien, aber auch Tagetes sind gefährdet. Deshalb gleich zu Beginn der Kultur Schneckenkorn ausstreuen!

Wer ein Kleingewächshaus oder einen heizbaren Frühbeetkasten besitzt, kann selbstverständlich auch die Sommerblumen mit längerer Vorkultur selbst heranziehen. Auch am Fenster des warmen Wohnzimmers gelingt dies, doch müssen wir dafür viel Zeit aufwenden, und die Pflänzchen werden meist etwas lang und gekrümmt, weil sie von Natur aus dem Licht entgegenwachsen. Aus diesem Grunde werden die Sommerblumen dieser Gruppe häufig nach den Eisheiligen beim Gärtner gekauft.

In den folgenden Zeilen möchte ich eine Auswahl treffen. Es werden nur Arten genannt, die sich für den »normalen« Haus- oder Kleingarten besonders gut eignen, weil sich mit ihnen farbenprächtige Pflanzungen anlegen oder Blumen für die Vase schneiden lassen.

Ageratum, Leberbalsam (*Ageratum houstonianum* syn. *A. mexicanum*), Höhe je nach Sorte 15–60 cm. Blütenfarbe: Blau. Eine herrliche Gruppenpflanze, von der wir für Sommerblumenbeete und Wegeinfassungen eine der niedrigen Sorten wählen; sie wachsen gedrungen und werden genauso breit wie hoch. Die höheren sind dagegen zum Schnitt und für Farbtuffs inmitten niedriger Einjahrsblumen bzw. als Füller zwischen Stauden geeignet. Die blauen und blauvioletten Farbtöne von *Ageratum* kommen erst richtig zur Wirkung, wenn gelbe, weiße oder rosa Sommerblumen dazugepflanzt werden. Unermüdlich hält die Blütenfülle an, bis hin zum Frost. Aussaat ab Ende März oder Pflanzenkauf gegen Mitte Mai.

Aster, Sommeraster (*Callistephus chinensis*), Höhe je nach Sorte 20–80 cm. Eine der wichtigsten und beliebtesten Einjahrsblumen, die es in allen Farben und Formen gibt; pompös gefüllt die einen, schlicht und einfach die anderen. Ich ziehe letztere vor, wirken sie doch im Garten wie in der Vase mit ihrer naivgelben Mitte und dem blauen oder roten Strahlenkranz besonders duftig und ursprünglich.

Ich finde auch, daß diese einfachblühenden Sorten weniger von der gefürchteten Asternwelke befallen werden, gegen die bis heute noch kein Kraut gewachsen ist. Wir sollten nur welkeresistente Sorten aussäen bzw. auspflanzen, und vorbeugend das Saat- und Pflanzbeet jährlich wechseln. Dies ist allerdings kaum möglich, da wir die bunten Sommerblumen an einer gut sichtbaren, also meist an der gleichen Stelle haben wollen.

Sehr brauchbar sind vor allem die niedrigen Zwerg-Astern, die breitbuschig wachsen und sich deshalb besonders gut

Ageratum (Leberbalsam) verträgt sich farblich gut mit der gelbblühenden Lonas. Letztere wird nur 30 cm hoch und eignet sich deshalb ebenfalls zur Bepflanzung von Rabatten, Teppichbeeten und Einfassungen.

Einfach blühende Astern bezaubern durch schlichte Blüten und leuchtende, klare Farben.

Oben: Buschmalve 'Silver Cup' (rosa) und 'Mont Blanc' (weiß). Darunter: Fleißiges Lieschen, bestens geeignet für Halbschatten, und Ziertabak.

Begonie, Semperflorens-Begonie *(Begonia semperflorens)*, Höhe 10–20 cm. Eine bekannte, dankbare Beetpflanze, mit der sich – ebenso wie mit *Ageratum* – geschlossene niedrige Flächen in rosa und roten Farbtönen erzielen lassen. Weiße Begonien werden wir dagegen nur ausnahmsweise verwenden. Begonien wachsen in Sonne und Halbschatten; die Pflanzen kaufen wir im Mai beim Gärtner, da Aussaattermin bereits Dezember/Januar.

Blaues Gänseblümchen *(Brachycome iberidifolia)*, Höhe 30 cm, blüht von Juli bis September. Eine hübsche, ungewöhnlich reichblühende Rabattenpflanze, die sich auch für Töpfe, Ampeln und Balkonkästen eignet. Aussaat im März unter Glas, auspflanzen im Mai. Wir können aber ebensogut im April direkt auf das Beet säen und nach dem Aufgang auf 20 cm Abstand vereinzeln. Den Sommer über ist die Sorte 'Blue Splendor' mit blauen margeritenähnlichen Blüten förmlich übersät. Schneidet man immer einmal einige davon für die Vase ab, kann man sich ziemlich lange an den Blumen erfreuen. Keine Angst, daß dies auf Kosten der weiteren Blüte geht, im Gegenteil!

Buschmalve *(Lavatera trimestris)*, Höhe 60–80 cm. Diese prächtige Sommerblume ist je nach Sorte mit rosa ('Silver Cup') oder weißen ('Mont Blanc') Blüten von Juli bis September geradezu überschüttet. Vorkultur ab April oder Aussaat gleich an Ort und Stelle und Verziehen auf etwa 40 cm.

Dahlie, Mignon-Dahlie *(Dahlia variabilis)*, Höhe etwa 30 cm. Diese einfachen, reichblühenden Dahlien sehen bezaubernd aus und sollten für Sommerblumenpflanzungen noch viel mehr als bisher verwendet werden. Wir können sie gegen Ende März selbst aussäen und Ende Mai ins Freie pflanzen oder aber Pflanzen bzw. Knollen beim Gärtner kaufen. Die jungen Pflänzchen werden im Frühbeet entspitzt, damit sie möglichst buschig wachsen.

Fleißiges Lieschen *(Impatiens walleriana)*, Höhe 30–40 cm. Viele Farben außer reinem Gelb und Blau. Besonders beliebt, weil vielseitig verwendbar, sind die reichblühenden nur 15–25 cm hoch werdenden neuen Züchtungen, deren Farbenspiel sogar zweifarbige, gesternte

für Sommerblumenbeete eignen. Wir können mit ihnen während des Sommers Lücken in den Pflanzungen ausfüllen, da sie sich auch im blühenden Zustand noch gut versetzen lassen. Zu diesem Zweck legen wir ein Reservebeet an abgelegener Stelle (z. B. am Kompostplatz) an, das mit reichlich Torfersatzstoffen verbessert wird. Aus diesem Beet können dann ganz nach Bedarf Pflanzen entnommen werden.

Auch andere Sommerblumenarten sind für solche »Reparaturen« gut geeignet. Aussaat Anfang April, ausgepflanzt wird ab Anfang Mai. Um diese Zeit gibt es in den Gärtnereien bereits kräftige Pflanzen. Astern wollen viel Sonne, einen kräftigen Boden, bei Trockenheit viel Wasser und gelegentlich flüssige Dunggüsse, wie die meisten der nun folgenden züchterisch bearbeiteten Sommerblumen.

Balsamine *(Impatiens balsamina)*, Höhe 40–60 cm. Eine alte Gartenblume, deren rosa, rote, lila, violette und weiße Blüten zu mehreren aus den Blattachseln entspringen und deshalb etwas vom Laub verdeckt sind. Balsaminen lieben einen nahrhaften, feuchten Boden und viel Sonne. Aussaat im März unter Glas oder ab Mai direkt ins Freie.

Typen enthalten kann. Noch wertvoller ist diese Art jedoch für sommerliche Blumenbeete im Halbschatten. Dort blüht sie ohne Unterbrechung bis zum Frost. Es ist wohl die einzige Sommerblume, die sich für den schattigen Bereich hervorragend eignet. Fleißig gießen und gelegentlich Dunggüsse geben! Jedoch nicht zuviel Stickstoff, da die Pflanzen sonst blühfaul werden. Aussaat möglichst im Februar/März. Samen nicht bedecken, da Lichtkeimer. Nicht zu dicht säen und Sämlinge tief pikieren. Weiterkultur hell und luftig. Durch Entspitzen erzielt man gut verzweigte gedrungene Pflanzen. Auspflanzen erst nach den Eisheiligen, da frostempfindlich.

Oben: Gazanien (Mittagsgold) mit apart gezeichneten Blüten.
Darunter: Glockenwinde mit großen Trichterblüten. Eine attraktive Sommerblume, die in den Gärten noch wenig anzutreffen ist.

Gazanie, Mittagsgold (*Gazania*-Hybriden), Höhe 10–30 cm. Sie liebt eine warme, sonnige Stelle, dann aber blüht sie von Juni bis Oktober schier unerschöpflich in vielerlei gelben, rosa, rotbraunen, lila und violetten Farbtönen. Es muß allerdings die Sonne scheinen, damit sich die großen, apart gezeichneten Blütenkörbe ganz öffnen. Bei Regen bleiben sie geschlossen und auch sonst meist bis gegen Mittag. Eine der schönsten Sommerblumen! Aussaat Februar/Anfang März und Auspflanzen nach Mitte Mai.

Glockenwinde (*Nolana paradoxa*), Höhe 15–20 cm, Blüte von Juni bis August. Eine neue, noch wenig bekannte Sommerblume für volle Sonne, die durch ihre auffallend blaue Farbe von sich reden macht. Aussaat unter Glas ab März, aber auch spätere Direktsaat ins Freie ist möglich. Wegen des leicht kriechenden Wuchses, eignet sich die Glockenwinde auch für Balkonkästen und Ampeln. Besonders apart die großen Trichterblüten der Sorte 'Skyblue' mit blauem Rand, weißer Zone und gelbem Schlund.

Levkoje (*Matthiola incana*), Höhe je nach Sorte 40–60 cm, Blüte von Juli bis Anfang September. Eine liebenswerte barocke Gartenblume, die sich auf dem Beet gut ausnimmt und ebenso in einem üppig wirkenden Blumenstrauß. Buschlevkojen eignen sich vorzüglich für Beetbepflanzung, die 60 cm hohen »Dresdner Sommer Levkojen« u. ä. außerdem zum Schnitt.
Gesät wird im März unter Glas oder am Zimmerfenster, ausgepflanzt kann bereits ab Ende April werden. Nach dem Aufgang sollten die Pflanzen pikiert oder – noch besser – in Multitopfplatten oder kleinen Töpfen hell, kühl und luftig weiterkultiviert werden. Am Anfang wenig gießen, erst nach dem Auspflanzen feuchter halten.
Wer nur gefüllt blühende Levkojen haben möchte, kann bei der Anzucht sortieren: Hellgrüne Pflänzchen bringen gefüllte Blüten, während dunkelgrüne einfachblühend sind. Doch auch die einfachblühenden haben ihren Reiz und ich verwende sie gern an freien Stellen zwischen Stauden, wo diese einfachen Levkojen oft bis in den November hinein blühen.

Lobelie, Männertreu (*Lobelia erinus*), Höhe 10–20 cm. Das Blau der Blüten ist noch intensiver als das von *Ageratum*. Neben dem besonders wertvollen Kornblumenblau gibt es auch rote und weiße Sorten. Für teppichartige Sommerblumenpflanzungen bestens geeignet! Sehr gut als auch Reservepflanze, mit der erst im Sommer frei werdende Lücken gefüllt werden können. Aussaat spätestens Anfang April. Beim Pikieren werden immer mehrere der kleinen Pflänzchen zusammengenommen, damit es später die bekannten Büschel gibt. Pflanzenkauf meist beim Gärtner.
Es gibt noch eine völlig anders aussehende, sehr wirkungsvolle Art von Männertreu, nämlich *Lobelia speciosa* 'Kompliment Scharlach'. Sie bringt von Juli bis September 75 cm hohe scharlachrote Blütenrispen. Ähnlich wie Stau-

den hält diese Art mehrere Jahre auf dem Beet aus, wenn wir in rauheren Lagen etwas Frostschutz (Laubabdeckung, Fichtenzweige) geben.

Löwenmaul (*Antirrhinum majus*), Höhe 70–100 cm, es gibt aber auch Zwergsorten für Gruppen und Einfassungen, die nur 15–20 cm hoch werden. Wegen des schier unerschöpflichen Farbenreichtums läßt sich das Löwenmaul vielseitig verwenden, auch als Reservepflanze. Vor allem die im Samenfachhandel angebotenen F_1-Hybriden sind, auf Sommerblumenbeeten und gruppenweise zwischen Stauden gepflanzt, von prächtiger Wirkung. Wenn einige verblühte Teile versehentlich nicht abgeschnitten werden, fällt reichlich Samen aus, und wir finden im nächsten Frühjahr junge Pflänzchen, die sich zum Versetzen eignen. In milden Wintern kommt es vor, daß einige Pflanzen überwintern und im nächsten Jahr besonders kräftige Büsche bilden. Sonst Aussaat gegen Anfang März und Auspflanzen nach Mitte Mai auf 25–30 cm Abstand. Bequemer – aber auch teurer – ist es, fertige Pflanzen beim Gärtner zu kaufen.

Nelken, Einjährige Gartennelken (*Dianthus caryophyllus*, *D. chinensis*), Höhe bei der erstgenannten Art 40–50 cm, bei den China-Nelken 20–35 cm. Außer Blau kommen alle Farben vor, besonders häufig Rot. Die höheren Chabaud-Nelken eignen sich weni-

Levkojen, prächtige barocke Gartenblumen.

Eine farbenfrohe Blumenrabatte mit hellblauem Ageratum, rosa *Phlox drummondii*, gelb-braunen Tagetes, weißem Duftsteinrich, tiefblauen Lobelien, roten Salvien u. a.

ger für Sommerblumenbeete, von denen wir eine geschlossene Farbwirkung erwarten; um so mehr sind sie als wertvolle Schnittblumen bekannt und begehrt. Aussaat bereits im Februar; deshalb besser die Pflanzen beim Gärtner holen. Die niedrigen China-Nelken eignen sich dagegen ausgezeichnet für Wegeinfassungen und Sommerblumenbeete. Ganz bezaubernd wirken innerhalb der Gruppe die gefüllten Heddewigsnelken *(Dianthus chinensis* var. *heddewigii)*. Aussaat Anfang März und Auspflanzen Anfang Mai.

Phlox, Einjährige Flammenblume *(Phlox drummondii)*, Höhe 15–30 cm. Im Gegensatz zu Astern oder Löwenmäulchen ist der einjährige Sommerphlox nur in wenigen Gärten zu finden. Sehr zu Unrecht, denn das herrliche Farbenspiel ist für das Auge ein Genuß. Wir können mit dieser Einjahrsblume lustig-bunte Farbflächen in den Garten zaubern oder aber nur eine Reihe davon als Randbepflanzung des Gemüsegärtchens setzen. Immer werden wir begeistert von der Wirkung sein. Aussaat spätestens Anfang April oder Pflanzenbezug beim Gärtner gegen Mitte Mai.

Husarenknopf *(Sanvitalia procumbens)*, Höhe 15 cm. Die beinahe am Boden kriechenden Pflanzen sind überaus reichblühend. Die Blütenfarbe ist Gelb mit schwarzer Mitte, die Pflanzen sehen wie winzige Sonnenblumen aus und blühen bis im späten Herbst hinein. Gut geeignet für Beetpflanzung und Einfassungen an sonniger, warmer Stelle. Aussaat im April, Auspflanzen im Mai.

Salbei *(Salvia farinacea)*, Höhe 50 cm, Blüte ab Juli bis zum Herbst. Besonders wertvoll sind die Sorten 'Mina' und 'Viktoria'. Dieser einjährige Salbei mit dunkelblauen dichtbesetzten Rispen eignet sich hervorragend für Sommerblumenpflanzungen und ebenso zu Beetrosen. Eine typische Pflanze für den »Blauen Garten«, denn sogar die Blütenstiele haben eine bläuliche Färbung. Dieser Salbei läßt sich deshalb gut mit anderen Blautönen kombinieren, aber ebenso vorteilhaft ist die Wirkung, wenn er zu rosa, roten, weißen oder gelben Blumen gepflanzt wird. Auch zum Blumenschnitt geeignet!
Aussaat und Vorkultur ab März unter Glas, hell und luftig halten; auspflanzen nach Ende der Frostgefahr im Mai.

Sonnenhut, eine bewährte Einjahresblume für Gruppen und Rabatten, besonders aber auch zum Schnitt.

Sonnenhut, Einjahrs-Sonnenhut *(Rudbeckia hirta)*, Höhe 60–80 cm. Blütenfarben: goldgelbe, orangegelbe und reingelbe Töne mit bronzefarbenen und rotbraunen Schattierungen. Die einjährige Rudbeckia sieht der ausdauernden Stauden-Rudbeckia sehr ähnlich. Sie eignet sich hervorragend als Schnittblume, für Sommerblumenbeete und für freie Stellen auf Staudenflächen. Besonders schön ist die Sorte 'Meine Freude' mit orangegelben Blütenstrahlen und schwarzer Mitte.
Einmal im Garten, samt sich der einjährige Sonnenhut von selbst aus, so daß jedes Jahr ohne unser Zutun genügend Pflänzchen vorhanden sind. Aussaat im April, Auspflanzen im Mai auf etwa 25 cm Abstand.

Tagetes, Studentenblume *(Tagetes erecta)*, Höhe je nach Sorte 70–100 cm. Die Blütenfarbe ist Gelb und Orange in verschiedenen Tönungen. Besonders die F$_1$-Hybriden mit ihren riesigen, ballförmigen Blüten von 10 cm Durchmesser ziehen die Blicke schon von weitem auf sich. Die hohen Sorten der genannten Art eignen sich zum Schnitt und können in hohen Pflanzungen, also vorwiegend auf größeren Flächen, verwendet werden. Niedrige, gefüllte Sorten, in einer Höhe von 20–30 cm gibt es dagegen bei *T. erecta nana plena.*

Besonders reizvoll sind die einfachblühenden dichten Büschel für Beete und Einfassungen aus der Gruppe *T. patula nana* mit einer Höhe von nur 20–30 cm. Unter ihnen sind auch Sorten mit mahagonibraunen Farbtönen.

Wie all die neueren Züchtungen sind sie frei vom Tagetesgeruch, der nicht jedermanns Sache ist. Tagetes lassen sich leicht in der Blüte verpflanzen. Auch die Vorkultur ist recht einfach: Aussaat gegen Mitte April, Auspflanzen ab Mitte Mai.

Verbene, Eisenkraut *(Verbena hybrida)*, Höhe 20–50 cm. Hier kommen fast alle Farben vor, teilweise sind die Blüten mehrfarbig oder mit weißem Auge. Eine prachtvolle Einjahrsblume, die noch viel mehr verwendet werden sollte. Vorzüglich geeignet für Beete, Einfassungen und zum Schnitt! Mit Ballen versetzt, wachsen sie auch in der Blüte ohne Störung weiter.

Trotz des Farbenreichtums sehen Verbenen stets duftig aus, und bunte Sommersträuße wirken zusammen mit Verbenen noch fröhlicher. Aussaat ab Ende März, Auspflanzen ab Mitte Mai oder Pflanzenbezug beim Gärtner. Vor dem Auspflanzen sollten Verbenen entspitzt werden; sie wachsen dann besonders buschig.

Ziertabak *(Nicotiana affinis)*, Höhe 30–40 cm. Eine Sommerblume, die wegen ihres Duftes und der langen Blüte vom frühen Sommer bis zum Frost ge

schätzt wird. Aussaat im März unter Glas, auspflanzen nach den Eisheiligen. 'Brasilia', eine Mischung in vielen herrlichen Farben oder Sorten aus der 'Nicki'-Serie sind besonders zu empfehlen. Letztere blühen karminrot, rosa, reinweiß und gelb.

Eine andere Art von Ziertabak, *Nicotiana sylvestris*, mit reinweißen Röhrenblüten wird 100–150 cm hoch und eignet sich vorzüglich zur Einzelstellung oder in kleinen Gruppen auf einem Sommerblumenbeet.

Zinnie *(Zinnia elegans)*, Höhe 40–90 cm. Wer kennt nicht die riesenblütigen Zinnien, die es heute in vielerlei Farben und Formen gibt? Auf bunten Beeten geben Gruppen von kräftigen, stabil dastehenden Zinnien den benachbarten zarten Sommerblumen optischen Halt und schaffen den erwünschten Kontrast. Wie bei all den bisher genannten Sommerblumen geben Kataloge guter Samenfirmen erschöpfend Auskunft über die verschiedenen Gruppen von Zinnien und deren Eigenschaften. Sehr interessant für die Beetbepflanzung sind z. B. die Dreamland-Zinnien (20–25 cm) und Sorten von *Zinnia augustifolia* mit einer Höhe von nur 30–40 cm. Sie eignen sich außerdem für zierliche Rokokosträußchen und Tischdekorationen. Das gilt auch für niedrige Liliput-Zinnien. Die Zwerg-Zinnie (Z. 'Thumbelina') ist ein neuartiger Zinnien-Typ, der bei ausgewachsenen Pflanzen nur 15 cm hoch

wird. Die kompaktkugeligen Pflanzen eignen sich hervorragend zur Beeteinfassung.

Außer der Reihe sei darauf hingewiesen, daß sich auch einige typische Balkonpflanzen für bunte Sommerblumenbeete eignen. An sonnigen Stellen lassen sich mit Pelargonien (Geranien), niedrigen einfachblühenden Petunien und den intensiv gelben Freilandpantoffelblumen *(Calceolaria rugosa)* kräftige Farben in die Pflanzfläche bringen. Für leicht schattige Stellen eignen sich Knollenbegonien sehr gut.

Bekannte und unbekannte Zweijahrsblumen

Diese Gruppe hat für unseren Garten große Bedeutung, weil sich mit einigen von ihnen besonders im Frühjahr schöne Farbwirkungen erzielen lassen. Alle die hier genannten Arten werden am besten zwischen Mitte Juni und Mitte Juli auf ein kleines Freilandbeet ausgesät, wenn möglich in Schalen mit feiner Erde, die wir dann unter einen Folientunnel stellen. Wenn ein Frühbeet vorhanden ist, säen wir dort aus. Bis zum Auflaufen ist die Saat schattig und feucht zu halten. Hernach wird Luft und Teilschatten gegeben, und schließlich werden Fenster oder Folie ganz entfernt, damit die jungen Pflänzchen möglichst gedrungen heranwachsen können. Sobald sich die kleinen Pflänzchen berühren, werden sie auf etwa 5 cm Abstand pikiert. Bereits im Herbst können die Zweijährigen an die vorgesehenen Stellen gepflanzt werden. Im folgenden Frühjahr oder Frühsommer stehen sie in Blüte und sterben dann ab. Unter zusagenden Verhältnissen können einige von ihnen, wie z. B. Fingerhut oder Bartnelke, Jahre hinweg aushalten.

Die Frühjahrsblüher unter den Zweijährigen, allen voran Stiefmütterchen, aber auch Vergißmeinnicht und gefülltblühende Gänseblümchen, wirken besonders gut, wenn wir sie mit farblich dazupassenden Gruppen von Tulpen zusammenpflanzen.

Verbenen, fröhlich leuchtende Sommerblumen mit weißem Auge.

Bartnelke *(Dianthus barbatus)*, Höhe 30–50 cm. Blütezeit Juni–August, Farben: Rosa bis Rot, Purpurn, Lachs, Weiß und auch zweifarbig. Bartnelken sind uns von den Bauerngärten her bekannt, wo sie in voller Sonne überreich blühen. In den modernen Wohngarten bringen sie mit ihren lustig-bunten Farben einen Hauch Gemütlichkeit.

Fingerhut *(Digitalis purpurea)*, Höhe 100–150 cm, Blütezeit Juni–Juli. Farben: Rosa, Rötlich und Weiß in vielen Schattierungen, vielfach auch gefleckt. Fingerhut säen wir im Juni auf ein Freilandsaatbeet und bringen die kräftigen Pflänzchen im August an Ort und Stelle. Ein Pikieren ist hier nicht nötig. Diese bekannte Pflanze fühlt sich im Halbschatten, aber auch in voller Sonne wohl. Vor allem vor grünen Nadelgehölzen sehen die hohen Blütenstände prächtig aus. Wir pflanzen möglichst in größeren Gruppen im Abstand von etwa 20 cm. Da der Fingerhut ein starkes Herzgift enthält, müssen wir unsere Kinder darauf hinweisen. Haben wir erst einmal Fingerhutpflanzen im Garten, ist für alle kommenden Jahre für Nachwuchs gesorgt.

Gänseblümchen, Maßliebchen *(Bellis perennis)*, Höhe 15 cm. Blütezeit März bis Juni, Farben: Rosa, Rot und Weiß. Der sehr feine Samen wird am besten mit Sand gemischt und von Juni an in Reihen ausgesät. Ein Pikieren ist hier nicht nötig. Sobald die Pflänzchen kräftig genug sind, pflanzen wir sie mit 15 cm Abstand aus. Gegen Kahlfröste schützen wir sie mit einer Reisigdecke. Gänseblümchen werden gerne von Kaninchen und Hasen abgefressen. Sie samen sich selbst aus, bringen dann aber häufig ungefüllte Blüten. Pflanzen mit besonders schönen Blüten können wir teilen und auf diese Weise die guten Eigenschaften fortpflanzen.

Goldlack *(Cheiranthus cheiri)*, Höhe bei Buschgoldlack 50–60 cm, bei Zwerggoldlack 25–30 cm. Blütezeit April–Juni, Farben: Gelb bis Braun und Violettbraun. Aussaat Mai bis Juni. Pflänzchen pikieren und bereits im Sommer auf 25 cm Abstand auspflanzen. Nur die einfachen Sorten überwintern im Freien, aber auch ihnen sollten wir Winterschutz geben. Sonst eintopfen und frostfrei in einem hellen, kühlen Raum überwintern. Goldlack ist ein vorzügliches Hasenfutter. Wo Gefahr besteht, müssen die Pflanzen mit

Links: Fingerhut in vielen Farben und Schattierungen. Wenn wir die Pflanzen nach der Blüte zurückschneiden, halten sie mehrere Jahre aus. Außerdem sät sich Fingerhut, einmal im Garten, von selbst aus.

Mitte: Islandmohn in zarten Pastelltönen.

Unten: Gänseblümchen, Maßliebchen, Sorte 'Pomponette'.

Drahtgeflecht umzäunt werden, andernfalls ist es besser, auf die Kultur zu verzichten. In geschützter Lage kann Goldlack mehrere Jahre alt werden und prächtige Büsche entwickeln.

Islandmohn *(Papaver nudicaule)*, Höhe 30–40 cm. Blütezeit Juni–September, Farben: Gelb, Orange, Rot und Weiß. Im August wird im Abstand von 25–30 cm ausgepflanzt. Bereits im nächsten Jahr haben wir dann duftige Farbflecke im Garten, in denen es nie an Blüten mangelt. Mit den Pastelltönen der Blüten lassen sich fröhliche Blumensträuße zusammenstellen. Wenn wir den Islandmohn erst einmal im Garten haben, brauchen wir uns um seine weitere Vermehrung kaum mehr zu kümmern.

Königskerze *(Verbascum olympicum u. a.)*, Höhe 100–200 cm. Blütezeit Juni–August, Farbe: Gelb. Diese bekannte Pflanze liebt trockene Böden und viel, viel Sonne. Wir werden sie deshalb nur pflanzen bzw. aussäen, wenn in unserem Garten solche Voraussetzungen gegeben sind. Dann aber ist es ein prächtiges Bild, wenn sich im Sommer über einer kleinen Fläche von Kieselgeröll, über Bodendeckern oder inmitten einer kleinen Heidepflanzung einige dieser wahrhaft königlichen Kerzen mit ihren weißfilzigen Blättern erheben. Ansonsten sind Königskerzen in der Kultur völlig unproblematisch, sie samen sich selbst aus.

Malve, Stockrose *(Alcea rosea)*, Höhe 200–250 cm. Blütezeit Juli–September, Farben: Rosa, Rot, Gelb und Weiß. Wir säen von dieser altbekannten Bauernblume eine Prachtmischung aus und bringen die Pflanzen im Spätsommer an ihren Platz. Die Abstände sollen wenigstens 50 cm betragen, damit sich das mächtige Laub ausbreiten kann. Ausreichende Abstände wirken auch vorbeugend gegen Malvenrost. Außerdem soll

Goldlack, umgeben von Vergißmeinnicht und weißen, rosa und roten Gänseblümchen (Bellis).

der Boden möglichst kräftig und gut gedüngt sein. Wenn diese Vorbeugungsmaßnahmen nicht helfen und man trotzdem Malven im Garten haben möchte, kann bei den ersten Anzeichen der Krankheit mit einem organischen Pilzbekämpfungsmittel (im Fachhandel fragen) gespritzt und dies nach 2–3 Wochen wiederholt werden. Die Wirkung ist sehr gut. Das gilt auch für Rost an Bartnelken. Doch wer spritzt schon gerne? Malven lassen sich gestalterisch gut verwenden. Welch ein prächtiges Bild, wenn hinter Zäunen, in der Nähe der Pergola oder vor einer weißgeschlämmten Mauer die gelben, rosafarbenen, roten und violetten Blüten aufleuchten!

Marienglockenblume (Campanula medium), Höhe 50–90 cm. Blütezeit Juni/Juli, Farben: Blau, Rosa und Weiß. Ebenfalls eine altbekannte Gartenpflanze, die als Schnittblume von größter Haltbarkeit ist. Gut eignet sie sich auch, um Lücken im Staudenbeet zu füllen. Es sieht bezaubernd aus, wenn wir einen Strauß aus Bartnelken und Marienglockenblumen auf den Tisch stellen. Wer also ein Plätzchen frei hat, sollte es einmal mit ein paar Pflanzen versuchen. Nach dem Aufgang der Saat wird pikiert und im Herbst auf 30–40 cm Abstand an Ort und Stelle verpflanzt. Im Winter sollte ein leichter Schutz aus Fichtenzweigen gegeben werden.

Nachtviole (Hesperis matronalis), Höhe 150 cm. Blütezeit Mai–Juli, Farbe: Purpurviolett. Auch sie ist vom Bauerngarten her bekannt, wie die meisten der Zweijährigen. Schade, daß man diese Pflanze so selten sieht, denn sie ist völlig unkompliziert in der Kultur und blüht 2–3 Monate lang, ganz gleich ob die Sonne scheint oder ob es regnet. Der ganze Aufbau ist sehr grazil. Nachtviolen stehen gut vor einer weißen Mauer oder vor dunkelgrünen Nadelgehölzen, wenn möglich in Verbindung mit gelb blühenden Pflanzen. An die langen Triebe werden vor dem Aufblühen dünne Eisen- oder Bambusstäbe gesteckt. Wenn wir zum Anbinden grünen Kunststoffbast verwenden, fällt dies kaum auf. Besonders geschätzt ist die Nachtviole wegen des Duftes, den ihre violetten Blüten an warmen Mai- oder Juniabenden verströmen. Vermehrt sich selbst.

Stiefmütterchen (Viola-Wittrockiana-Hybriden), Höhe 20–30 cm. Blütezeit ab Herbst, Hauptblüte im Frühjahr bis zum Frühsommer; alle Farben, meist mit Auge. Das Sortiment der Garten-Stiefmütterchen ist sehr groß und wird in verschiedene Gruppen eingeteilt, über die jeder Katalog Auskunft gibt. Die 'Hiemalis'-Stiefmütterchen setzen z. B. schon im Herbst mit dem Blühen ein und sind gleich nach der Schneeschmelze wieder zur Stelle. Gegen das Auswintern sind sie besonders widerstandsfähig. Daneben gibt es riesenblütige Stiefmütterchen, ja sogar 'Überriesen'. Die jungen Pflänzchen werden pikiert und im Spätherbst mit 15 cm Abstand ausgepflanzt. Ebenso wie Gänseblümchen oder Vergißmeinnicht lassen sie sich auch in voller Blüte leicht versetzen. In rauhen Lagen ist ein Winterschutz zu empfehlen, denn Barfröste schädigen das Laub. Nach einer flüssigen Startdüngung im zeitigen Frühjahr erholen sie sich aber meist recht bald wieder.

Vergißmeinnicht (Myosotis sylvatica), Höhe 10–25 cm. Blütezeit Mai–Juni, Blütenfarbe: Blau, aber auch Rosa und Weiß. Nachdem wir die letztgenannten Farben durch großblumige Gänseblümchen und Stiefmütterchen viel besser in die Frühjahrspflanzung bringen können, kommt für uns als wichtige Farbe eigentlich nur Blau in Frage. Gesät und ausgepflanzt wird wie bei Stiefmütterchen. Auf genügend feuchtem Boden gedeihen Vergißmeinnicht besonders gut. Sie lassen sich in Pflanzungen recht reizvoll mit gelben oder roten bzw. rosa Tulpen kombinieren. Ebenso eignen sich cremefarbene Narzissen.
Hübsch sieht es aus, wenn wir einen Goldrosenstrauch (Rosa hugonis), der im Mai blüht, mit blauen Vergißmeinnicht unterpflanzen.

Mit einjährigen und zweijährigen Blumen lassen sich auch in kleineren Gärten Pflanzungen anlegen, die während der Sommermonate oder im Frühjahr besonders reich blühen. Und noch etwas: Wenn wir mit einer Art oder Sorte nicht zufrieden waren, so können wir dies im nächsten Jahr ändern.

Zwiebel- und Knollenpflanzen

Frühjahrsblüher

Ein sonniger Frühlingstag und dazu die klaren Farben der Tulpen, Narzissen und Hyazinthen! Dieses Blühen im Mai, zusammen mit Primeln, Vergißmeinnicht, Stiefmütterchen, Goldlack, den gelben, blauen, lilafarbenen und weißen Polsterstauden vor dem Hintergrund blütenschneebedeckter Obstbäume, ist der Auftakt im Gartenjahr. Auch der Städter ohne Verbindung zur Natur bleibt vor einer solchen Farbenpracht stehen und freut sich.

Als wichtigste Frühlingsblüher unter den Zwiebelpflanzen seien genannt: Schneeglöckchen, Frühlingsknotenblume, Winterling, Krokus, Schneestolz (Chionodoxa), Wildtulpen, in den Katalogen auch als Botanische Tulpen geführt, dann Hyazinthen, Zwiebel-Iris (Iris hollandica), Traubenhyazinthen, Narzissen, Kaiserkronen, Blausternchen (Scilla), Schachbrettblumen (Fritillaria meleagris) und die vielen großen Gartentulpen, deren Blüte sich bis Ende Mai hinzieht.

Zwei Gruppen, die ebenfalls im Mai blühen, unterscheiden sich von der üblichen Tulpenform. Es sind dies die eleganten, edelgeformten lilienblütigen Tulpen und die exotisch anmutenden Papageientulpen, die ein wenig »verrückt« aussehen und deshalb für sich gepflanzt werden sollten. Die Stiele sind meist nicht gerade, was aber ihre eigenartige Wirkung, besonders in der Vase, noch erhöht.

Tulpen werden in lockeren Gruppen zu je 5–15 Stück in einer Farbe gepflanzt. Sehr gut lassen sie sich auf Beeten mit Stiefmütterchen oder Vergißmeinnicht kombinieren. Äußerst wirkungsvoll ist es, wenn sich aus einer niedrigen, flächigen Bepflanzung nur einige höhere Tulpengruppen herausheben, während »Nur-Tulpenbeete« allzuleicht etwas langweilig aussehen.

Wer seinen Garten besonders wirkungsvoll, dabei aber arbeitssparend anlegen möchte, läßt vor der Gehölzpflanzung rund um das Grundstück einen Streifen von etwa 1 m Breite frei – dabei ist der spätere Durchmesser der Sträucher zu berücksichtigen. Der Rasen wird also nicht bis an die Gehölze herangezogen. Von der Terrasse bzw. vom Haus aus gesehen, pflanzen wir dann entlang die-

ses Streifens nahe der Rasenkante eine Reihe Rosen von ein und derselben Sorte und legen dahinter mehrere Reihen Tulpen- oder Narzissenzwiebeln.

Zum Zeitpunkt der Tulpenblüte sind die davor gepflanzten Rosen noch kaum ausgetrieben, die Tulpen heben sich in leuchtenden Farben von der dahinter befindlichen Gehölzkulisse ab. Sind sie aber verblüht und beginnen die Blätter zu vergilben und unansehnlich zu werden, haben sich die Rosen zu kräftigen Pflanzen entwickelt und verdecken das unschöne Bild. Den Sommer über und bis in den Herbst hinein sind dann die Rosen mit Blüten an der Reihe.

Noch ein kleiner Tip für die Verwendung von Frühlingsblumen. Steht in unserer Rasenfläche ein einzelner Obstbaum oder ein wirkungsvoller Zierstrauch, so können wir unter dessen Krone Krokusse ansiedeln. Die Knollen streuen wir gleich von der Tüte aus auf den Rasen und stecken sie dort in den Boden, wo sie hingefallen sind.

Der erste Rasenschnitt darf an diesen Stellen erst erfolgen, wenn die Blätter der Frühlingsblüher eingezogen haben. Auch sollte der Rasen an diesen Stellen vorher nicht betreten werden.

Zu den Krokussen können wir auch mehrere Trupps von Blausternchen an die gleiche Stelle bringen. Sie kommen erst zur Blüte, wenn die Krokusse bereits abwelken, und verlängern dadurch das frühlingshafte Bild.

Eine schlichte Frühlingsecke mit Tulpen der einfach blühenden Sorte 'Prinz von Österreich', Narzissen, Kaukasus-Vergißmeinnicht und Farnen.

Was pflanzen wir wohin Die kleineren von diesen Arten, wie Schneeglöckchen, Winterlinge, Krokusse, Blausternchen u.a., siedeln wir in unregelmäßigen Gruppen vor bzw. unter Sträuchern oder auf dem Staudenbeet an. Wir legen die kleinen Zwiebeln aber nicht in gleichmäßigen Abständen, denn das würde viel zu steif wirken. Vielmehr wird eine ganze Handvoll an der vorgesehenen Stelle ausgestreut.

Wo die kleinen Zwiebelchen hinfallen, drücken wir sie in den Boden. Dort bleiben sie sich selbst überlassen. Sie werden bei zusagenden Verhältnissen von Jahr zu Jahr mehr, das Blühen wird immer reicher. Der Fachmann sagt, diese Kleinblumenzwiebeln verwildern, wobei dieses Wort hier durchaus im positiven Sinne gemeint ist. Nach der Blüte setzen sie reichlich Samen an, den wir nicht abschneiden dürfen.

Zur Blütezeit dieser allerliebsten Frühlingsboten sind die Gehölze, unter denen wir sie angesiedelt haben, noch kahl. Es fällt genügend Licht auf die Blüten und Blätter. Später, wenn es im Bereich der Sträucher dunkler wird, beginnen die Blättchen bereits zu vergilben.

Noch ein kleiner Tip: Im Garten gibt es Stellen, an denen der Schnee sehr lange liegen bleibt, und es gibt ebenso kleine Fleckchen, an denen das Braun der Erde

Wildtulpen *(Tulipa dasystemon)*, zusammen mit gefülltblühenden Traubenhyazinthen *(Muscari armeniacum* 'Blue Spike').

schon nach den ersten, wärmenden Sonnenstrahlen durchkommt. Solche Stellen, sei es am Haus, im Terrassenbereich oder an einer Steinmauer, sollten wir uns merken und dort im nächsten Herbst Zwiebeln von den besonders frühen Schneeglöckchen, Winterlingen oder zierlichen Wildkrokussen auslegen.

Narzissen in ihren cremefarbenen oder intensiv gelben Sorten wirken besonders vor dunklen Nadelgehölzen sehr gut. Wir können die Zwiebeln im Herbst truppweise unter die Grasnarbe legen, wenn sich an einer solchen Stelle Rasen befinden sollte.

Botanische Tulpen eignen sich gut zum Verwildern und stellen keine besonderen Ansprüche. Wir werden sie meist in Hausnähe pflanzen, weil sie an geschützten Stellen besonders früh blühen und wir außerdem so besser Gelegenheit haben, die hübschen Blütenformen und -farben aus der Nähe anzusehen.

Bezaubernd sieht es aus, wenn die scharlachroten Blüten von *Tulpia eichleri* über einer dichten Bodendecke von gelbgrünem Thymian stehen, oder die zierlichen *T. linifolia* zusammen mit blaßgelben *T. batalinii* neben stahlblauen Büscheln des Blauschwingels blühen. Diese letztgenannten, nur 10 cm hoch werdenden Tulpen eignen sich auch sehr gut für den Steingarten oder zur Pflanzung an Trockenmauern.

T. praestans 'Füsilier' wird 40 cm hoch und bringt mehrere leuchtend scharlachrote Blüten an einem Stiel. Zusammengepflanzt mit einem Polster der um die gleiche Zeit blühenden Gänsekresse und einem kleinen Trupp Blausternchen, haben wir den Frühling auf kleinster Fläche vor uns.

Krokusse im Rasen: Knollen am Rande von Gehölzen ausstreuen und dort in den Boden bringen, wo sie zu liegen kommen.

T. sylvestris 'Tabriz', eine andere botanische Art mit goldgelben Blüten auf 30 cm hohen Stielen, wirkt besonders gut, wenn wir sie mit Blaukissen-Polstern zusammenbringen. Hier können nur einige Beispiele gebracht werden; sie sollen zum Beobachten anregen, denn ein Garten bekommt nur dann den gewissen Pfiff, wenn wir geeignete Partner aus der schier unerschöpflichen Pflanzenpalette zusammengruppieren.

Anders als mit den anspruchslosen Wildtulpen ist es mit den recht pompös wirkenden Hyazinthen. Sie müssen auf ein Beet in gutem Kulturzustand gepflanzt werden. Ob wir sie überhaupt verwenden? Sie wirken in ihrem Blütenaufbau eben doch beinahe wie Fremdkörper inmitten einer naturnahen Staudenpflanzung.

Weitaus unauffälliger fügen sich dagegen einfachblühende Hyazinthen in den Garten ein, vor allem *Hyazinthus multiflorus*. Gartentulpen dagegen, die ebenfalls offenen, nährstoffreichen Boden brauchen, bringen wir am besten grup-

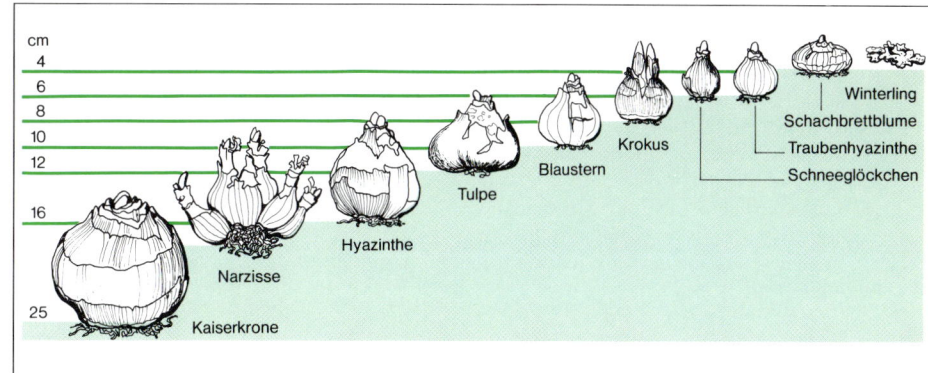

cm									
4									
6									Winterling
8									Schachbrettblume
10					Krokus				Traubenhyazinthe
12			Tulpe	Blaustern					Schneeglöckchen
16	Hyazinthe								
	Narzisse								
25	Kaiserkrone								

Crocus tomasinianus 'Whitewell Purple' mit eleganten Blüten (Ende Februar/März). Einmal im Garten, vermehren sie sich von selbst weiter.

Winterlinge *(Eranthus hiemalis)* »verwildern« an geschützten Stellen. Da völlig winterhart, können ihnen Eis und Schnee auch während der Blüte im März nichts anhaben.

penweise im Hintergrund des Staudenbeetes unter. Das Blühen beginnt mit den frühen einfachen Tulpen, wird von den Mendel- und Triumphtulpen weitergetragen, erreicht mit den Rembrandt-, Breeder- und Darwintulpen seinen Höhepunkt und klingt schließlich mit Cottagetulpen aus.

Pflanzung und Pflege Kleinblumenzwiebeln im Rasen können mit der Pflanzkelle oder mit der Grabgabel in den Boden gebracht werden. Es geht aber auch mit dem Spaten. Dazu heben wir eine Rasensode ab bzw. wir klappen sie nur um, indem wir vorher an 3 Seiten einstechen. Nun legen wir einige Krokus- und Blausternchenzwiebeln in den Boden, schlagen die Grassode mit der Hand wieder zurück und treten leicht an. Auf offenem Boden werden die Zwiebeln von Tulpen, Narzissen und anderen Frühlingsblühern mit einer Pflanzkelle oder einem Blumenzwiebelpflanzer in die vorher gut gelockerte Erde gebracht. Alle Zwiebelpflanzen sind empfindlich gegen stehende Nässe im Wurzelbereich. Auf schwerem Boden ist es deshalb ratsam, die Pflanzlöcher für die Zwiebeln der wertvolleren Arten etwas tiefer zu machen und ein wenig Sand unter jede Zwiebel zu streuen. Blumenzwiebeln mit braunen Flecken (Pilzkrankheiten) zurückweisen. Befallene Pflanzen nach dem Austrieb entfernen und vernichten (Mülltonne).

Soweit Wühlmausgefahr besteht, können wir ein im Handel erhältliches Spezialmittel verwenden, es sei denn, wir fangen die schädlichen Nager mit der Falle, ehe sie Schaden anrichten können. Blumenzwiebeln sind für sie ein besonderer Leckerbissen.

Die Pflanztiefen der einzelnen Blumenzwiebelarten sind aus der beigegebenen Zeichnung zu ersehen. Im allgemeinen

Legetiefen von Blumenzwiebeln. Auf den Zentimeter kommt es dabei aber nicht an. So können Tulpen auf Staudenbeeten durchaus tiefer gelegt werden.

sollte die Erddecke zwei- bis dreimal so stark sein wie die Zwiebel oder Knolle.

Das Billigste ist auch beim Blumenzwiebelkauf meist nicht das Beste. Wir sollten uns nicht durch farbenstrotzende Kataloge unbekannter Firmen täuschen lassen, in denen Blumenzwiebeln zu Schleuderpreisen angeboten werden. Aus einer kleinen Zwiebel kann keine große Blüte entstehen. Tulpenzwiebeln von 11 cm Umfang und mehr ergeben eine gute Blütenqualität. Allerdings gibt es Ausnahmen: So sind einwandfreie Zwiebeln der 'Frühen Tulpen' und 'Rembrandttulpen' etwas kleiner. Noch kleiner sind die Zwiebeln der Botanischen Tulpen.

Und die sonstige Pflege Im März des nächsten Jahres streuen wir zwischen Tulpen, großblumigen Narzissen und Hyazinthen Volldünger nach Angabe auf der Packung. Wir müssen aber darauf achten, daß der Dünger nicht in die tütenförmigen Blätter fällt.

Nach der Blüte werden die verblühten Teile abgeschnitten, denn jeder Samenansatz kostet die Pflanze Kraft. Die Blätter bleiben dagegen an der Pflanze, bis sie von selbst vergilben und absterben. Wie wir bereits wissen, werden in den Blättern Baustoffe erzeugt, in Zwiebeln und Knollen abtransportiert und dort für das kommende Frühjahr gespeichert. Sobald nach einigen Jahren die Blütengröße der Tulpen uneinheitlich wird, nehmen wir gegen Ende Juli die Zwiebeln aus dem Boden und sortieren sie. Die großen Zwiebeln können im Oktober erneut gepflanzt werden, die kleinen sind dagegen wertlos.

Blumenzwiebeln in Pflanzschalen (Containern) Wer am schattig gelegenen Hauseingang oder an anderer Stelle lange Zeit des Jahres hindurch einen reich blühenden Farbklecks haben möchte, kann Blumenzwiebeln im Oktober mit nur 10 cm Abstand in mit Erde gefüllte Plastik-Container legen. Die Gefäße werden den Winter über an einer abgelegenen Stelle, z. B. am Kompostplatz, aufgestellt.

Sobald im Frühjahr der erste Container blüht, wird er an die vorgesehene Stelle gebracht und dort in ein Übergefäß oder einen passenden Weidenkorb gestellt. Ist die Blüte vorbei, kommt der nächste Container mit einer anderen Blumenart oder einer später blühenden Sorte an die Reihe. Man kann dies den ganzen Sommer über fortsetzen, denn auch Azaleen, Lilien, Dahlien und die verschiedensten Sommerblumen und Stauden lassen sich in solchen Gefäßen kultivieren.

Und wo können wir uns über die Vielzahl der Frühlingsblüher informieren? Über die zahlreichen Arten, Klassen und Sorten kann man sich im Garten-Center und an Hand von Katalogen informieren. Dort finden sich auch viele Farbabbildungen, die uns die Auswahl erleichtern oder – erschweren; das Angebot ist riesengroß.

Besonders wertvoll ist der Besuch eines Botanischen Gartens oder eines Staudensichtungsgartens. Dort können wir uns Notizen über Höhe, Farbe usw. machen.

Ein Eldorado in dieser Hinsicht ist die Insel Mainau im Bodensee und der Keukenhof bei Lisse in Holland. Wer im Mai diese Orte besucht, wird von der Farbenpracht der Blumenzwiebelpflanzungen begeistert sein.

Lilien

Manchen von uns ist vielleicht die weißblütige Madonnenlilie bekannt, die sich mit blauem Rittersporn und roten Rosen zu einer farbenfrohen Gruppe zusammenpflanzen läßt. Früher waren Lilien in Klostergärten und an Bauernhäusern zu Hause, heute haben sie Einzug in jeden Garten gehalten. Seit es so viele bildhübsche neue Sorten gibt, hat der Gartenfreund allen Grund, diese Schönheit in seine Pflanzungen mit hereinzunehmen. Durch Kreuzungen sind prächtige Hybriden entstanden, die sich durch Widerstandsfähigkeit auszeichnen und über Jahre hinweg im Garten ausdauern.

Formen und Farben von hinreißender Schönheit sind unter diesen Neuen. Man muß sie selbst blühen sehen, um von ihnen begeistert schwärmen zu können. Pompöse Blütentrompeten bringen die einen, zierliche, elegante Blüten die anderen, und dann gibt es manche, die gleichen kostbaren Orchideen – so unwirklich ist ihre Farbe, so edel ihre Form. Edelsteine sind im allgemeinen teuer. So auch hier. Man bekommt Zwiebeln guter Sorten schon für ein paar Mark, man kann für ausgefallene Neuheiten aber auch ein paar hundert Mark bezahlen.

Pflanzung und Kultur Lilien pflanzen wir im Oktober/November, je früher desto besser. Aber auch im Frühjahr ist die Pflanzung möglich. Nur die Madonnenlilie macht eine Ausnahme, sie wird bereits in der 2. Augusthälfte in den Boden gebracht. Sollte der Boden bei Ankunft der Sendung noch gefroren sein, so ist es durchaus möglich, die meist in Folienbeutel verpackten Zwiebeln einige Wochen an einem kühlen, frostfreien Ort zu lagern.

Der Boden muß für Lilien möglichst locker und durchlässig sein. Ist dies von Natur aus nicht der Fall, so können wir die Zwiebeln auf künstlich erhöhte Beete pflanzen – dadurch ist für guten Wasserabzug gesorgt –, und außerdem bringen wir unter jede Zwiebel 1–2 Handvoll Sand. Wo Wühlmausgefahr besteht, werden die Zwiebeln in Gitter-Container gepflanzt und mit diesen im Boden eingesenkt.

Wichtig ist auch die richtige Pflanztiefe. Als Faustregel gilt, daß die Zwiebel dreimal so tief in die Erde kommen soll, als sie selbst hoch ist; d. h. wenn die Zwiebel 5 cm hoch ist, dann muß die Spitze nach der Pflanzung mit einer 15 cm starken Erdschicht bedeckt sein. Diese tiefe Pflanzung ist gleichzeitig ein guter Frostschutz, außerdem kommt sie der Standfestigkeit zugute. Eine Ausnahme macht hier wiederum die Madonnenlilie *(Lilium candidum)*; sie will nur 3 bis höchstens 5 cm hoch Erde über sich haben.

Lilien wollen möglichst viel Sonne haben, außerdem lieben sie keinen Tropfenfall. Das sollten wir berücksichtigen und sie nie unter Bäume, sondern vor Gehölzgruppen pflanzen. An zu schattigen Stellen biegen sich die Pflanzen bald nach dem Austrieb um und strecken sich der Sonne entgegen. Am Fuß haben sie dagegen gerne Kühle und Schatten. Deshalb bepflanzen wir den Boden unter Lilien mit sehr niedrig bleibenden Stauden oder Ziergräsern. Als Dünger geben wir Kompost oder organischen Dünger. Damit die Zwiebeln ausreifen können, werden die Pflanzen nach der Blüte möglichst trocken gehalten.

Im Gegensatz zu Tulpen und anderen Zwiebelgewächsen, die wir in der Ruhezeit ohne weiteres aus dem Boden nehmen und an anderer Stelle neu pflanzen können, bleiben Lilien jahrelang am gleichen Platz. Erst wenn die Blüten kleiner werden, sollten wir auch Lilien an eine andere Stelle pflanzen.

Neben Wühl- und Feldmäusen richtet

Blumenzwiebel-Pflanzschalen (hier: Gitter-Container) im Herbst in den Boden einsenken ... nach der Blüte ausgraben und Blumenzwiebeln an abgelegener Stelle (z. B. Kompostplatz) abtrocknen lassen.

vor allem das Lilienhähnchen Schaden an. Wir können es mit einem Insekten-Stäubemittel leicht bekämpfen. Vorsicht vor Schnecken! Im Winter genügen als Schutz eine handhohe Laubdecke oder Fichtenzweige. Dieses Material müssen wir aber bereits im zeitigen Frühjahr wegnehmen, damit die Lilien durch die Wärmepackung nicht zu vorzeitigem Austrieb verlockt werden. Die jungen Triebe sind nämlich durch Nachtfröste gefährdet. Vorsorglich stellen wir einige große Blumentöpfe, Körbe oder Plastikeimer bereit, mit denen wir in Frostnächten die zarten Jungtriebe schützen können. Abends werden sie über die Lilientriebe gestülpt, morgens wieder weggenommen.

Und noch etwas: Beim Kauf von Lilienzwiebeln müssen wir aufpassen, daß die fleischigen Schuppen noch prall sind. Bräunliche, eingetrocknete Zwiebeln sind das Zeichen von schlechter Qualität.

Dahlien, Gladiolen und andere sommerliche Knollenpflanzen

Dahlien Je nach Sorte werden die Pflanzen 30–150 cm hoch. Die Blütezeit erstreckt sich vom Juli bis hin zu den ersten Herbstfrösten. Die Pflanzen wollen einen kräftigen Boden und viel Sonne.

Erst ab Anfang bis Mitte Mai pflanzen wir die Knollen, weil die Triebe sehr frostempfindlich sind. Auf 1 m² kommt etwa eine Pflanze, für kleine Sorten genügt ein Abstand von 75 cm, und bei den ganz niedrigen Mignon-Dahlien, die bereits bei den Sommerblumen behandelt wurden, kann noch enger gepflanzt werden. Die Knollen können wir vor dem Auspflanzen mit einem scharfen Messer teilen, aber

Madonnenlilien, Beetrosen und Lavendel.

Wo der Boden nicht locker und durchlässig ist, bringen wir unter jede Lilienzwiebel etwas Sand oder feinkörnigen Kies ein. Der Gitter-Container schützt vor Wühlmausfraß.

so, daß jedes Teilstück mindestens eine Knospe behält. Gepflanzt wird mit dem Spaten. Der obere Teil der Knolle soll etwa 3 cm hoch mit Erde bedeckt sein. Vorsicht vor Schnecken!

Ein Tip: Dahlienknollen ab April vortreiben und nach den Eisheiligen auspflanzen. Die Triebe sind dann so lang, daß sie von Schnecken kaum mehr geschädigt werden.

Ab Frühsommer bekommen die Pflanzen etwa alle 4 Wochen eine Volldüngerlösung. Je nach Wachstum werden sie an Pflöcken aufgebunden, die wir nach Möglichkeit bereits bei der Pflanzung in den Boden schlagen sollten, um später die Knolle nicht zu beschädigen. Verblühte Teile laufend entfernen!

Im Herbst lassen wir die Knollen so lange wie möglich im Boden. Sobald nach der ersten Frostnacht die grünen Blätter und Stengel schwarz geworden sind, schneiden wir die Pflanzen bis dicht über den Boden zurück.

Dann werden die Knollenklumpen mit der Grabgabel möglichst ohne Beschädigung aus dem Boden geholt und bei frostfreiem Wetter im Freien getrocknet. Bei Frostgefahr bringen wir die Knollen in einen Raum. In trockenem Zustand schütteln wir die noch anhaftende Erde ab und überwintern die Knollen in einem kühlen, frostfreien Raum, in trockenem Torf eingebettet. Bereits vor den ersten Frösten sollte man an jeder Pflanze ein Etikett mit Angabe von Farbe und Höhe anbringen.

Wir können Dahlien zwar mit anderen Pflanzen zusammenbringen, aber sie sind raumfüllend und wollen besser für sich allein sein. Eine Ausnahme machen lediglich die Mignon-Dahlien, die gerade für kleinere Gärten wie geschaffen sind. Einfach in der Blütenform und nur 30–40 cm hoch, passen sie gut zu Blütenstauden, zwischen denen wir damit Lücken füllen können.

Auch für breitere Einfassungen, für Gruppenpflanzungen zusammen mit anderen Sommerblumen und zum Schnitt werden sie gerne verwendet. Wir können sie entweder im Mai als Knollen pflanzen oder aber wie Astern, Zinnien usw. im April unter Glas aussäen.

Bereits im Sommer treffen wir eine Auswahl der hübschesten Blütenfarben, wobei auch auf möglichst niedrigen Wuchs und Blütenreichtum zu achten ist. Die Knollen der ausgewählten Pflanzen werden dann wie oben beschrieben überwintert, während die übrigen auf den Komposthaufen kommen.

Ansonsten gibt es gerade bei Dahlien eine so große Sortenvielfalt, daß sich jeder Interessent selbst auf Ausstellungen an Hand von Katalogen oder bei der Deutschen Dahlien-, Fuchsien- und Gladiolen-Gesellschaft (Anschrift S. 233) informieren sollte.

Gladiolen Die Knollen werden ab Mitte April bis in den Juni hinein etwa 10–15 cm tief in den Boden gelegt. Der Reihenabstand soll 20 cm betragen; in der Reihe genügen 10 cm von Knolle zu Knolle. Gladiolen gibt es heute beinahe in allen Farben und in Höhen bis zu 120 cm. Durch Folgepflanzung früher, mittelfrüher und später Sorten kann die Blütezeit vom Juli bis zum Frosteintritt hingezogen werden. Das schier unüberschaubare Sortiment ist in einem dauernden Wandel begriffen.

Häufig tritt der Gladiolenblasenfuß (Thrips) auf und schädigt die Pflanzen

und Blüten. An den Blättern zeigen sich weißlich-graue Flecken und Streifen, die sich schließlich über die ganze Blattfläche verteilen. An den sich öffnenden Blüten entstehen an den Spitzen und Rändern der Blütenblätter ausgebleichte, eingetrocknete Stellen. Die Blüten können verkrüppelt sein bzw. schon in der Knospe steckenbleiben. Die Schäden zeigen sich besonders bei rot und rosa blühenden Sorten.

Nachdem die Bekämpfung dieses wichtigsten Schädlings bei Gladiolen eng mit der Kultur zusammenhängt, sei sie an dieser Stelle besprochen. Beim Herausnehmen der Knollen im Herbst werden die Blätter und Stengel sofort bis auf einen geringen Rest entfernt und verbrannt bzw. in die Mülltonne gegeben. Die winzigen Tiere wandern nämlich im Herbst zur Knolle ab und überwintern dort. Deshalb die Knollen im Herbst mit einem Insekten-Stäubemittel einpudern, in eine Dose geben und, nachdem diese verschlossen ist, kräftig schütteln. Nach 1–2 Wochen wiederholen. Tritt während der Kultur die Grauschimmelfäule auf,

befallene Pflanzen entfernen und vernichten!

Das Einwintern der Gladiolen geschieht ähnlich wie bei Dahlien. Nach dem Vergilben des Laubes nehmen wir die Knollen aus dem Boden und lassen sie im Schatten trocknen. Dann werden die dürren Blätter über der Knolle abgeschnitten und die Knolle frostfrei den Winter über gelagert. Die üblichen Gladiolen werden möglichst auf einem eigenen Beet aufgepflanzt, sind sie doch überwiegend zum Schnitt für die Vase gedacht. Wegen ihrer etwas steifen Gestalt und den prunkvollen Blüten gelingt es selten, sie in Stauden- oder Sommerblumenpflanzungen harmonisch einzufügen.

Rechts: Die steif wirkenden Gladiolen eignen sich vorzüglich für die Vase.

Unten: Dahlien geben dem Garten eine nostalgische Note.

Eine Ausnahme machen die Schmetterlingsgladiolen, die neuerdings von einigen Firmen angeboten werden. Sie sind niedriger im Wuchs als die bekannten großblumigen Arten, vor allem aber sind sie überaus elegant im Aussehen. Diese Neuzüchtungen dürften der Gladiole einen größeren Kreis von Gartenliebhabern erschließen.

Montbretien Mit ihren kleineren, zierlicheren Blüten werden sie in der Kultur genauso behandelt wie Gladiolen. Im milden Klima können wir die Knollen im Herbst im Boden lassen. Es empfiehlt sich aber ein Abdecken mit Laub oder Fichtenzweigen.

Die schöngeformten Blüten in Gelb mit Rot sind von einer sehr langen Haltbarkeit. Die Blüte beginnt Ende Juli und hält bis in den Oktober hinein an. Die Knollen werden im April etwa 10 cm tief an einer sonnigen Stelle in nahrhaftem Boden gepflanzt.

Pfauenauge, Pfauenlilie *(Tigridia pavonia).* Von dieser exotisch blühenden Knollenpflanze legen wir eine kleine Gruppe von 7–10 Stück zusammen. Es gibt rosa, rote, gelbe und reinweiße Sorten. Im April werden die Knollen 10 cm tief in kräftige Gartenerde gepflanzt. Bereits im Juni öffnen sich die zauberhaften Blüten, die schwebenden Faltern gleichen.

Die Pflanzen werden etwa 50 cm hoch. Die Einzelblüte hält nur einen Tag, es folgen aber immer wieder neue Blüten nach. Im Spätsommer werden die Knollen bereits frühzeitig aus dem Boden genommen und getrocknet. Sie werden in trockenem Torfmull eingebettet und den Winter über bei Temperaturen von 10–15 °C gelagert.

Knollenbegonien sind nicht nur sehr wertvoll für Blumenkästen an Ost- oder Nordseiten, sondern ebenso für den Garten. Mit ihnen lassen sich an halbschattigen, ja sogar an vollschattigen Stellen, für die es außer dem Fleißigen Lieschen kaum brauchbare Einjahrsblumen gibt, die herrlichsten Farbeffekte erzielen. Die Pflanzen werden 30–40 cm hoch und blühen unermüdlich vom Juni bis zum Frost. Die Farben reichen von Weiß über Gelb bis Orange und von Rosa bis Dunkelrot.

Die Knollen werden ab März in flachen Obststeigen oder Blumentöpfen vorgetrieben. Die Gefäße werden dabei mit

Knollenbegonien fühlen sich besonders im Halbschatten wohl. Sie eignen sich für Schalen, Blumenkästen und Beete.

torfreicher Erde – am besten verwenden wir Plantahum oder TKS 2 – gefüllt und die Knollen nur flach eingedrückt.

Ab Mitte Mai können die jungen Pflanzen ins Freie gebracht werden. Wer sich die Mühe des Vortreibens nicht machen kann, kauft im Mai bereits blühende Pflanzen beim Gärtner. Den Sommer über sollte man Knollenbegonien alle paar Wochen flüssig düngen. Nach dem ersten Frost werden die Pflanzen handhoch zurückgeschnitten, die Knollen aus dem Boden genommen und wie Dahlien überwintert. Knollenbegonien lieben eine nahrhafte humusreiche Erde und viel Feuchtigkeit.

Die großblumigen, meist gefüllten Sorten sind allgemein bekannt. Wenig zu sehen sind bisher zwei Sorten, die ich ganz entzückend finde. Die eine, 'Crispa marginata gelb', blüht einfach in einem sehr aparten Gelbton mit zierlichen roten Rüschen am Rande, die andere, 'Crispa marginata weiß', hat weiße Blütenblätter mit rosa Rüschen. Ähnlich blüht 'Pin-Up', weiß mit tiefrosa Saum, Blütendurchmesser bis zu 12 cm. Wer dagegen eine Vorliebe für »klassische« Knollenbegonien mit riesigen, dichtgefüllten Blüten hat, sollte es mit 'Memory Mix' versuchen, einer Mischung aus vielen Farbschattierungen.

Aus dem großen Reich der Stauden

Unübersehbar groß ist dieses Reich, denn es umfaßt Pflanzen aller nur denkbaren Standortansprüche. Wir kennen Stauden für das Wasserbecken und andere, die sich nur in der Trockenheit des Steingartens wohl fühlen, Stauden für Schatten und für pralle Sonne, Stauden, die sich für große Gärten zum Verwildern eignen, und andere, sehr hochgezüchtete Arten, die ein gelockertes, gedüngtes Beet und unsere ständige Pflege brauchen. Die bei dieser Vielfalt sehr schwierige Auswahl wird hier wie bei allen anderen Abschnitten unter dem Gesichtspunkt des »Normalgartens« getroffen.

Was sind eigentlich Stauden? Vielfach wird so von »Rosen« oder anderen »Hekkenstauden« gesprochen, in manchen Gegenden nennt man auch das Unterholz im Wald »Stauden«. Gärtnerisch gesehen gilt der Begriff Stauden jedoch nur für solche krautartigen Pflanzen, die mehrere Jahre ausdauern und deren oberirdische Teile meist im Herbst absterben, während der Wurzelstock überwintert. Es gibt allerdings auch viele niedrige Stauden, die überwintern, ohne daß die Blätter absterben. Dazu gehören verschiedene Fetthennenarten, Blaukissen, Teppichphlox und andere.

Auch eine andere irrige Meinung muß berichtigt werden: Viele Gartenfreunde glauben, Stauden brauche man nur zu pflanzen und könne sie dann sich selbst überlassen. Das ist falsch. Auch Stauden brauchen Pflege, im Gegensatz zu Gehölzen sogar viel Pflege: Die langen Blütenstiele müssen aufgebunden, abgeblühte Triebe entfernt werden (zur Samenbildung würde sonst zuviel Kraft verbraucht), der Boden ist zu lockern, die Fläche muß unkrautfrei gehalten werden, es ist zu düngen, und nach etwa 3–5 Jahren müssen viele Stauden aus dem Boden genommen, geteilt und neu aufgepflanzt werden.

Der Vorteil der Stauden liegt darin, daß sie meist viele Jahre überdauern; wir brauchen also nicht alljährlich neue Pflanzen zu kaufen oder selbst heranzuziehen. Der Schönheitsfehler gegenüber den Einjahrsblumen: Die einzelnen Staudenarten und -sorten blühen, von Ausnahmen abgesehen, meist nur wenige Wochen, doch in dieser Zeit bieten sie uns ein prächtiges Bild.

Die wichtigsten Beetstauden

Sie spielen in kleineren Gärten die Hauptrolle. Wir nennen sie auch Prachtstauden, denn es sind meist große Pflanzen, die hauptsächlich wegen ihrer Blütenpracht gepflanzt werden. Diese Stauden blühen überwiegend im Sommer und im Herbst. Im Frühjahr sorgen wir deshalb mit Blumenzwiebeln, Vergißmeinnicht und anderen für Farbe.

Die Prachtstauden stellen hohe Ansprüche an Boden und Pflege. Der Boden muß stets offengehalten werden. Im April streuen wir Blau-Volldünger oder einen organisch-mineralischen Volldünger nach Angabe auf der Packung. Zusätzlich wird reichlich Kompost auf dem Beet verteilt.

Höher werdende Arten wie Rittersporn, Herbstastern u. a. müssen rechtzeitig gestäbt werden, um sie vor Umfallen bei Sturm zu schützen.

Verschiedene zweijährige Pflanzen können mit den Beetstauden zusammengepflanzt werden, denn sie passen in ihrem Aussehen sehr gut zu diesen: Vergißmeinnicht, Goldlack, Nachtviole, Marienglockenblumen und Bartnelken. Auch Gruppen von einfachblühenden Rosen eignen sich für diesen Zweck.

Besonders auffällige Pflanzengestalten, die später einmal das Gesamtbild beherrschen und langlebig sind, wollen wir möglichst in Wiederholung auf die Pflanzfläche bringen. Wir lassen zwischen diesen markanten Gestalten genügend Zwischenräume, um niedrigere Arten einfügen zu können. Solche das ganze Jahr über hervortretende Stauden sind: Edelpaeonie und Bauernpfingstrose, Rittersporn, Sommerphlox, Sonnenauge, Sonnenhut, Sonnenbraut und hohe Herbstastern.

Zwischen diese beherrschenden Arten werden gepflanzt: Kaiserkrone, Trollblume, Tränendes Herz, Bunte Frühlingsmargerite, Schwertlilie, Lupine, Federnelken, Feinstrahl, Türkischer Mohn, Brennende Liebe, Goldfelberich, Mädchenauge oder Schöngesicht, Schleierkraut, Weiße Sommermargerite, Gelbe und Rote Schafgarbe, Madonnenlilie, Königslilie und andere Lilien, Goldrute, Große Goldkamille, Sommersalbei, Kissenastern und Gartenchrysanthemen.

Das ist nur eine Auslese aus dem reichen Angebot an Stauden. Von einigen der genannten Arten gibt es 30, 40, ja sogar noch wesentlich mehr Sorten, so daß uns

Farbenprächtige Beetstauden, gekonnt zusammengestellt: Rittersporn, Brennende Liebe, Goldgarbe und Steppenkerze (*Eremurus bungei*).

der Kopf schwirrt und die Wahl sehr schwierig wird. Um sie zu erleichtern, werden die wichtigsten Arten für eine bunte Prachtstaudenpflanzung kurz vorgestellt. Alles andere kann in Katalogen nachgesehen werden. Die einzelnen Stauden werden in der Reihenfolge ihrer Blütezeit genannt, also vom Frühjahr bis zum Herbst, wobei sich die Blütezeiten verschiedener Arten überschneiden.

Gemswurz, Gelbe Frühlingsmargerite
(*Doronicum orientale* syn. *D. caucasicum*), Blütezeit April/Mai, Höhe je nach Sorte 25–70 cm. Sie gehört zu den ersten weithin leuchtenden Stauden des Jahres. Nicht nur im Garten, auch in der Vase

manchmal launisch und läßt sich Zeit mit dem Wachstum. Dafür hält sie aber 15 und mehr Jahre am gleichen Platz aus. Geschnitten, wenn die prallen Knospen bereits Farbe zeigen, ergeben sie einen prächtigen Schmuck für die Vase. Die Pflanze will leicht sauren Boden; also keinen Kalk geben!

Auf der Pflanzfläche sollten wir die Paeonien, ebenso wie das Tränende Herz und andere Frühsommerblüher möglichst nach hinten rücken, damit sie nach dem Abblühen von Sommer- und Herbststauden verdeckt werden. Bei Trockenheit vor der Blüte gründlich gießen! Nach der Blütezeit wird dagegen Trockenheit vertragen.

Bis heute wurden etwa 3000 Sorten gezüchtet und mit allen Übergängen der Blütenfüllung und Farben von Weiß, Rosa, Rot, Violett und Gelb. Sicher ist auch eine für uns passende darunter!

Bauernpfingstrose (*Paeonia officinalis*), Blütezeit zweite Maihälfte, Höhe 50–60 cm. Sie ist uns vom Bauerngarten her bekannt, aber auch im Haus- und Kleingarten hat sie ihren angestammten Platz. Mit einem stärkeren Drahtring können wir verhindern, daß die großen, gefüllten Blütenbälle bei Regen zu Boden sinken.

Lupine (*Lupinus-Polyphyllus*-Hybriden), Blütezeit Mai–Juni, Höhe 80–100 cm. Die Farbenskala reicht von reinweißen über gelbe, orange, rosa, rote, blaue und violette bis zu tiefschwarzblauen Tönen. Die Lupinenblätter werden bei vielen Sorten in kalkhaltigen Böden gelb, und die Pflanzen verschwinden dann bald ganz. Der Boden sollte deshalb leicht sauer und durchlässig sein und im Frühling feucht. Bis auf die empfindlicheren gelb blühenden Sorten sind Lupinen recht winterhart. Nach der Blütezeit werden die verblühten Triebe heruntergeschnitten und treiben dann neu aus. Wenn es sich machen läßt, pflanzen wir auch Lupinen mehr in den Hintergrund des Staudenbeetes. Nachdem sich Lupinen am besten mit sich selbst »vertragen«, sollten wir verschiedene Farben zusammenpflanzen, um eine gute Wirkung zu erzielen.

halten sich die gelben Blüten sehr lange. Dabei stellt sie kaum Ansprüche. Die gelbe Farbe wirkt noch leuchtender, wenn wir blaue Vergißmeinnicht und rote Tulpen hinzugesellen.

Tränendes Herz (*Dicentra spectabilis*), Blütezeit Mai/Juni, Höhe 80 cm. Diese Pflanze ist wohl jedem von uns von Kindheit an vertraut, ist doch die Blüte in Form kleiner Herzen sehr einprägsam. Bezaubernd wirkt das zarte Rosa der Blüten, wenn wir das liebliche Blau des Kaukasus-Vergißmeinnichts (*Brunnera*) danebenstellen oder ganz einfach einige Vergißmeinnicht hinzupflanzen. Auf das Prachtstaudenbeet sollten wir nicht mehr als 1–2 Pflanzen bringen, denn bereits früh im Sommer zieht diese Staude ein.

Edelpaeonie (*Paeonia lactiflora*), Blütezeit Mai/Juni, Höhe 70–100 cm. Eine ostasiatische Schönheit! Leider ist sie

Von oben nach unten: Edelpaeonie (*Paeonia lactiflora* 'Surugu') – Lupinen, Taglilien und Frühlingsmargeriten – Schwertlilien, Iris (*Iris* x *barbata-elatior* u. a.)

Feinstrahl *(Erigeron)*, eine reich blühende Staude. Hier die Sorte 'Adria'.

Garten-Iris, Bart-Iris (*Iris germanica* hort.), Blütezeit der halbhohen und hohen Sorten: Mai/Juni, Höhe 70–130 cm. Mit den alten Schwertlilien haben diese aus verschiedenen Arten hervorgegangenen Iris-Hybriden nicht mehr viel gemeinsam. Das Sortiment umfaßt heute mehrere 1000 Sorten in allen Blütenfarben, außer Schwarz. Iris lieben einen sonnigen Standort und durchlässigen Boden, der jedoch während der Wachstumszeit nicht trocken sein sollte. Die Rhizome werden so flach gepflanzt, daß die Oberseite noch etwas aus der Erde herausschaut.

Türkischer Mohn (*Papaver orientale*), Blütezeit Juni/Juli, Höhe 50–100 cm. Diese Staude mit den riesengroßen, seidigen Blüten gehört zu den altvertrauten Gestalten des Gartens. Wir wollen den Türkischen Mohn so in die Pflanzung einbauen, daß er ab Sommer durch andere Arten verdeckt ist, denn nach der Blüte zieht er sofort ein. Neben feurigroten Sorten gibt es rosafarbene und weiße.

Feinstrahl (*Erigeron*-Hybriden), Blütezeit Juni/Juli und August/September, Höhe 40–60 cm. Diese überreich blühende Staude ist in Kreisen der Gartenliebhaber noch weitgehend unbekannt. Schade, denn sie gehört mit zum Schönsten. Je mehr Blumen im Juni/Juli ge-

schnitten werden, desto größer wird der 2. Blütenflor.

Die sehr schönen Blumen halten sich 2 Wochen in der Vase; wir schneiden sie vollerblüht, da sich die Knospen in der Vase nicht öffnen. Farben: Blau, Rosa und Weiß. Als Nachbarn können wir zu *Erigeron* Sonnenbraut, Sonnenauge, Sonnenhut, Schleierkraut u. a. pflanzen. Sehr hübsch sehen auch Rosen und Gräser daneben aus.

Rittersporn (*Delphinium*-Hybriden), Blütezeit Juni/Juli und September/Oktober, Höhe meist 130–180 cm. Wer würde sie nicht kennen, diese Prachtstaude, deren majestätische Blütenrispen über zierlich geschlitzten Blättern aufragen.

Es gibt unter den Stauden viele gute Partner, die wir dem Rittersporn zugesellen können: Weiße Madonnenlilien, rosa und rote Bartnelken, gelber Felberich, Rosen usw.

Als Schnittblume eignet sich Rittersporn besonders für Bodenvasen. Mit den zierlichen Seitenrispen läßt sich ein hübscher Tischschmuck erzielen.

Nur bei genügend Platz kann sich diese Prachtstaude, von der es Sorten in den verschiedensten Blautönen gibt, zu voller Schönheit entwickeln. Sie kann viele Jahre hindurch am gleichen Platz bleiben, wir müssen nur immer wieder mit Düngung nachhelfen und in Trockenperioden ausgiebig wässern.

Die Blütenrispen müssen rechtzeitig gestäbt werden, damit sie nicht bei starkem Wind oder Regen umknicken. Sofort nach der ersten Blüte werden die Pflanzen bis auf Handbreite über dem Boden zurückgeschnitten. Vorsicht, Schnecken! Es erfolgt dann ein neuer Austrieb, und die Pflanzen blühen im Herbst ein zweites Mal.

Eine Sonderstellung unter den vielen Sorten nimmt 'Völkerfrieden' ein. Die Pflanzen werden nur 100 cm hoch, die Farbe ist ein hübsches, leuchtendes Blau. Nachdem die Hauptrispe verblüht ist und abgeschnitten wird, kommen zahlreiche duftige Seitenrispen zur Blüte.

Brennende Liebe (*Lychnis chalcedonica*), Blütezeit Juni/Juli, Höhe bis 100 cm. Es ist wirklich ein brennendes Rot, das diese Staude in unseren Garten bringt. Zusammenpflanzen können wir sie mit spätblühenden Rittersporen (z. B. 'Völkerfrieden'), dunkelblauem Eisenhut und weißen Sommermargeriten.

Goldfelberich (*Lysimachia punctata*), Blütezeit Juni/August, Höhe 80 cm. Diese Wildstaude paßt nicht nur in naturnahe Pflanzungen. Auch für das Prachtstaudenbeet ist sie bestens geeignet, sind doch die goldgelben Blüten viele Wo-

Rittersporn mit majestätisch aufragenden Blütenrispen. Hier die sehr standfeste Sorte 'Schildknappe'.

chen hindurch in so großer Zahl vorhanden, daß die Blätter völlig verschwinden. In der Prachtstaudenpflanzung steht der Goldfelberich wegen seiner gelben Farbe gut in der Nähe von Rittersporn, Eisenhut oder roten Rosen. Mit seinen Ausläufern breitet er sich nach überall hin aus, so daß wir ihn ab und zu mit dem Spaten in seine Grenzen verweisen müssen, damit er nicht andere Pflanzen verdrängt.

Mädchenauge *(Coreopsis verticillata)*, Blütezeit Juni–Oktober, Höhe 50 cm. Uns interessiert hier die Form *C. verticillata* 'Grandiflora' und die niedrige 'Zagreb', denn sie sind mit ihrer Leuchtkraft und Blühfreudigkeit ein Edelstein in der Staudenpflanzung. Diese Staude mit den fast nadelartigen Blättern blüht nämlich unermüdlich vom Juni/Juli bis in den Oktober hinein in einem weithin leuchtenden Gelb und sieht immer sauber aus. Alle 3 Jahre teilen und neu aufpflanzen!

Sonnenbraut *(Helenium-*Hybriden)*, Blütezeit Juni–Oktober (je nach Sorte), Höhe meist 80–130 cm. Eine der dankbarsten Prachtstauden, von der es viele Sorten in gelben und rotbraunen Farbtönen gibt. Die bereits im Juni/Juli blühenden Frühsorten sind niedriger als die späten. Die Blüten werden stark von Bienen beflogen. Herrlich zum Schnitt geeignet; zusammen mit Rittersporn, Sommerphlox, Sonnenhut, Herbstastern und anderen Blumen lassen sich farbenfrohe Sträuße zusammenstellen, die an Schönheit ihresgleichen suchen. Diese Arten sind auch gute Begleiter in der Staudenpflanzung.

Eisenhut *(Aconitum)*, Blütezeit Juli bis September, je nach Art; Höhe 80–150 cm. Ebenso wie Pfingstrosen, Phlox und Madonnenlilien gehört der im Juli/August blühende Eisenhut *(A. napellus)* zum eisernen Bestand alter Bauerngärten. Die Pflanzen wollen möglichst lange an ihrem Platz bleiben.
Für das gute Gedeihen sind kräftige Düngung und genügend Feuchtigkeit wichtig. Für eine farbenfrohe Staudenpflanzung erscheint er mir unentbehrlich, setzt doch der Eisenhut das Blau des Rittersporns fort. Im Herbst blüht die 150 cm hohe Art *A. wilsonii* und die nur 80 cm hohe *A. × arendsii*.
Als Partner geben wir dem im Sommer blühenden Eisenhut weiße Margeriten, Sommerphlox und all die vielen gelben Stauden bei, die um diese Zeit blühen.

Schafgarbe, Goldgarbe *(Achillea)*, Blütezeit Juli–September, Höhe 80–140 cm, je nach Art und Sorte. Jeder Gartenboden ist dieser anspruchslosen und dabei sehr wirkungsvollen Staude recht. Ihre volle Schönheit erreicht sie allerdings nur auf gutem, nahrhaftem Boden, der nicht zu trocken sein sollte. Des öfteren ist in Gärten die 120–140 cm hohe Goldgarbe *A. filipendulina* 'Parker's Varietät' zu se-

Sonnenbraut (rotbraun) und Sonnenauge (gelb), zwei bewährte Beetstauden.

hen, z. B. in Verbindung mit blauem Eisenhut und der rotblühenden Brennenden Liebe. Niedriger (70–80 cm) bleibt die wertvolle *A. filipendulina* 'Coronation Gold' mit leuchtend goldgelben Blüten. Und wer eine hübsche dunkelrote Schafgarbe pflanzen möchte, dem sei *A. millefolium* 'Kelwayi' (40 cm) empfohlen.

Katzenminze *(Nepeta × faassenii)*, Blütezeit Juni–September, Höhe 20–30 cm. Unermüdlich blüht diese kleinwüchsige Staude den ganzen Sommer über. Mit den lavendelblauen Blüten und graugrünen Blättchen läßt sie sich nicht nur in der Prachtstaudenpflanzung, sondern auch für andere Zwecke im Garten gut verwenden. Neben ihr sollten gelb blühende Pflanzen und Rosen stehen.

Weiße Sommermargerite *(Chrysanthemum maximum)*, Blütezeit Juli–September, Höhe 70–100 cm. Von dieser bekannten Staude gibt es wertvolle Sorten, von denen die großblumigen, einfachblühenden auf dem Staudenbeet besonders gut wirken. Wir dürfen sie aber nur sparsam verwenden, da ihr leuchtendes Weiß alles andere überstrahlt. Gute Partner sind Eisenhut, Phlox und andere. Damit sie kräftig blühen, sollten wir die Pflanzen alle 3–4 Jahre teilen und neu setzen.

Sommerphlox *(Phlox paniculata)*, Blütezeit Juli–September (je nach Sorte), Höhe 80–120 cm. Eine der wertvollsten Blütenstauden, die in keiner Pflanzung fehlen darf! Es gibt Phloxsorten in zauberhaften Farben, nur reines Blau und Gelb fehlen. Der Boden soll kräftig sein, vor alle müssen wir immer rechtzeitig gießen, denn es handelt sich bei Phlox um einen typischen Flachwurzler.

Durch einen kleinen Kniff können wir die Blütezeit verlängern. Wir brauchen nur bei beginnender Knospenbildung etwa ein Drittel der Triebe zu entspitzen, dann entstehen aus den Blattachseln neue Triebe mit Blütenknospen, die sich erst später entfalten.

Um gelbe und bräunliche Töne in die Nähe von Phlox zu bringen, pflanzen wir Goldfelberich, Sonnenauge, Mädchenauge oder Sonnenbraut *(Helenium)* dazu. Eine gute weiße Begleitpflanze ist die Margerite, während der Eisenhut das um diese Jahreszeit rare Blau liefert.

Sonnenauge *(Heliopsis)*, Blütezeit Juli bis September, Höhe 80–130 cm, je nach Sorte. Den ganzen Sommer hindurch blüht das Sonnenauge in leuchtendem Gelb. Dabei ist diese Staude sehr standfest und kann viele Jahre am gleichen Platz verbleiben. Gegen Trockenheit ist sie recht unempfindlich; wird ihr Durst aber einmal unerträglich, so zeigt sie uns dies durch das Schlappen der Blätter an.

Für Volldüngergaben während des Sommers besteht immer Bedarf.

Wertvolle Begleitpflanzen sind Rittersporn, oder Eisenhut, bunte Sommerphloxe, weiße Margeriten, rosa und violetter Feinstrahl, rotbraune Sonnenbrautsorten und schließlich Herbstastern in Blau und Lila. Das Sonnenauge ist so reichblühend, daß es gar nicht auffällt, wenn wir einige Blüten für die Vase schneiden.

Goldrute *(Solidago*-Hybriden), Blütezeit Juli–September, Höhe meist 60–80 cm. Bei mancher der neuen, wertvollen Goldrutensorten erinnern die locker aufgebauten Blütenrispen an die gelben Mimosenblüten der Mittelmeerländer. Ebenso wie bei Sonnenbraut und den Herbstastern summen in den gelben Blüten im Spätsommer die Bienen, um den Pollen als begehrtes Winterfutter einzubringen.

Sollte die Mitte eines umfangreichen Stockes nach Jahren zu kümmern beginnen, dann nehmen wir die Pflanze aus dem Boden, teilen und setzen sie neu. Rotbraune Sonnenbrautsorten sowie blaue und violette Herbstastern sind gute Partner. In der Vase sind Goldruten

lange haltbar. Besonders in Verbindung mit Skabiosen sehen sie ganz entzückend aus.

Sonnenhut *(Rudbeckia)*, Blütezeit Juli bis Oktober (je nach Art), Höhe 50–200 cm (je nach Art). Alle zur Gattung *Rudbeckia* gehörenden Stauden zeichnen sich durch die gelbe Farbe und eine lange Blühdauer aus. In unserer Pflanzung stehen sie deshalb mit an erster Stelle; ebenso wertvoll sind sie zum Schnitt. Auch Halbschatten wird von den Sonnenhüten noch gut vertragen.

Eine weitverbreitete Art – und dies mit Recht – ist *R. fulgida* 'Goldsturm', mit goldgelben Blüten und schwarzem Kopf, also einem Mexikaner-Hut ähnlich. Sie blüht unermüdlich.

Herbstastern nennen wir die viele Jahre hindurch ausdauernden Astern, die von September bis Oktober blühen. Unter diese Sammelbezeichnung fallen auch die Rauhblattastern *(Aster novae-angliae)* mit einer Höhe von 120–150 cm. Wegen ihrer Mächtigkeit pflanzen wir sie einzeln, wenn es der Platz erlaubt aber in Wiederholung, denn sie gehören mit zum eisernen Bestand unserer Stauden-

Rechts: Sommerphlox, eine der wertvollsten Blütenstauden. Hier die kräftig rosa Sorte 'Württembergia', dahinter die leuchtend lilarosa 'Alpha'.
Sommermargeriten, Glockenblumen und leuchtkräftige Strohblumen 'Hot Bikini'.

Sonnenhut; hier die 2 m hohe Fallschirm-Rudbeckie *(R. nitida)*.

Rauhblattastern: links 'Alma Pötschke', rechts 'Rudelsburg', dahinter 'Barr's Blue'. Davor Kissenaster 'Silberblaukissen'.

pflanzung und sind alljährlich zuverlässig zur Stelle. Es gibt Sorten von erstaunlicher Leuchtkraft.

Als Begleitpflanzen wählen wir niedrige Herbstastern in geeigneten Farben, späte Goldruten, Sonnenhüte und Gartenchrysanthemen. So leuchtet das Staudenbeet noch einmal farbenfroh auf. Diese Astern sind auch für Halbschatten geeignet. Leider schließen sie ihre Blüten bei trübem Wetter und gegen Abend etwas.

Die Glattblattaster *(A. novi-belgii)* blüht zur gleichen Zeit und wird je nach Sorte 80–130 cm hoch. Ebenso wie die vorhin genannte Art braucht auch sie kräftigen Boden und reichlich Nährstoffe zum Aufbau der großen Büsche. An sonnigen Herbsttagen gut wässern, sonst werden die Pflanzen ballentrocken!

Leider müssen wir die sehr leuchtkräftigen Sorten rechtzeitig aufbinden, damit sie bei Regenwetter nicht auseinanderfallen. Ein weiterer Schönheitsfehler: Viele Sorten sind sehr mehltauanfällig.

Die Kissenaster *(A. Dumosus-Hybriden)* wird nur 20–50 cm hoch. Wir sollten sie immer in größeren Gruppen pflanzen, und zwar in voller Sonne, damit die Farben so richtig aufleuchten können. Sie wachsen rasch zusammen und bilden dadurch geschlossene Blütenteppiche.

Gartenchrysantheme *(Chrysanthemum × hortorum)*, Blütezeit September–November, je nach Sorte; Höhe 40–90 cm, je nach Sorte. Eine farbenprächtige Herbststaude, deren schönste Sorten noch viel zuwenig in den Gärten zu sehen sind! Alle Farben, außer Blau, sind hier vertreten. Ein weiterer Vorteil ist es, daß sich Chrysanthemen noch im Knospenzustand, ja selbst in voller Blüte gut verpflanzen lassen.

Für die Vase können wir von ihnen fröhlich-bunte Sträuße schneiden, die sich 2 Wochen lang halten. Besonders duftig finde ich die einfachblühenden Sorten, die mit ihrer goldgelben Mitte wie bunte Margeriten aussehen. Die kleinen, pomponblütigen halten sich dagegen in der Vase besonders lange. Meist sind es im September/Oktober nur wenige Frostnächte, in denen die Blüten gefährdet sind. Darauf folgt dann wieder wärmere Witterung. In diesen paar Nächten lohnt es sich, empfindlichere Sorten mit Folien, Sackleinen u. ä. zu schützen. Sie blühen dann noch lange weiter.

Wenn Gartenchrysanthemen auswintern oder eingehen, dann meist wegen Nässe.

Es hat sich bewährt, die Pflanzen nach der Blüte aus dem Boden zu nehmen und dicht an der Hauswand einzuschlagen (Ost- oder Nordseite). Dort ist der Boden den Winter über ausreichend trocken. Im Frühjahr pflanzen wir sie wieder an die vorgesehene Stelle, an der sie ohne besondere Störung weiterwachsen.

Gartenchrysanthemen zählen zu den farbenprächtigsten Beetstauden.

Eine blühende Gartenecke 14 m² Prachtstauden und Sommerblumen

Die meisten Pflanzen wirken nur, wenn sie mit anderen zusammenstehen und sich hinsichtlich Farbe, aber auch durch ihre Gestalt und Höhe ergänzen, ja steigern. Gartenbilder, an denen wir Freude haben, lassen sich nur erreichen, wenn wir die richtigen Partner zueinander bringen.

Jedem fortgeschrittenen Hobbygärtner ist dies möglich. Aber auch der Anfänger sollte nicht hier und dort etwas hinpflanzen, wie Kraut und Rüben durcheinander, sondern Pflanzengemeinschaften mit Blühschwerpunkten gestalten.

Und wenn dabei ein kleiner Fehler unterläuft – nun, was soll's. Pflanzen sind recht geduldig und lassen sich, wenn die gewünschte Wirkung nicht gleich auf Anhieb erreicht wird, mit Hilfe des Spatens im nächsten Herbst oder Frühjahr umrangieren.

Das hier gezeigte Bepflanzungsbeispiel soll zu einem eigenen Versuch anregen. Aus dem maßstabsgerechten Plan lassen sich die verwendeten Pflanzen und die Pflanzabstände ersehen, während das Farbbild die Gartenecke in Blüte zeigt, fotografiert im 2. Jahr nach der Anlage.

So kann jeder entscheiden, ob ihm der Vorschlag gefällt und ob er sich im eigenen Garten unterbringen läßt.

Aus nebenstehendem Plan ist zu ersehen, daß zwischen den Stauden, die über viele Jahre hindurch ausdauern, bewußt Platz für Einjahrsblumen freigelassen wurde. Anstelle von Zinnien, Verbenen, Kosmeen u. a. können selbstverständlich auch andere zu Stauden passende Arten vorgesehen werden; man kann jedes Jahr ein wenig variieren. Damit auch im Frühjahr reichlich Farbe vorhanden ist, pflanzen wir nach dem Abblühen der Sommerblumen kleine Gruppen von Stiefmütterchen, Vergißmeinnicht, Bellis und Goldlack an die leergewordenen Stellen und bringen Tulpen in Pflanzschalen (siehe S. 96) dazwischen. Diese können gleich nach dem Abblühen entnommen werden; sie machen im Mai den Sommerblumen Platz.

Der Vollständigkeit halber sei erwähnt, daß sich die Pflanzung von Prachtstauden und Sommerblumen nach rechts und links noch um einige Meter fortsetzt. Für den Bepflanzungsplan wurde nur ein Ausschnitt von 14 m² gewählt, Blühhöhepunkt Juli/August. Doch auch die Wochen danach, bis in den Herbst hinein, ist Farbe vorhanden.

Um die Frühjahrsmonate zu überbrücken, sind im Hintergrund der Pflanzung Gruppen von Tulpen, Narzissen und anderen Frühjahrsblühern eingestreut. Die vergilbenden Blätter dieser Frühjahrsblüher werden ab Mai/Juni von den inzwischen austreibenden Prachtstauden verdeckt und können ungestört einziehen.

Wegen der kleinen Fläche auf der sich die Pflanzung befindet, eignet sich das Beispiel auch für einen Reihenhaus- oder Kleingarten. Andererseits ist es ein Leichtes, die Pflanzung in einem größeren Garten auszudehnen und weitere Blühpartner hinzuzufügen. Das Beispiel soll nicht als Schnittmusterbogen aufgefaßt werden, den man getreu »nachschneidert«, es soll nur Anregungen geben zu eigenem schöpferischen Tun.

Bereits eine kleine Fläche genügt, um das sommerlich bunte Blühen von Stauden und Einjahrsblumen in den Garten zu holen.

Stauden

1 Sonnenauge (*Heliopsis scabra* 'Karat')
2 Eisenhut *(Aconitum napellus)*
3 *Phlox (Phlox paniculata* 'Starfire')
4 Weiße Sommermargerite
   (*Chrysanthemum maximum* 'Gruppenstolz')
5 Lampenputzergras *(Pennisetum compressum)*
6a Mädchenauge
   (*Coreopsis lanceolata* 'Sonnenkind')
6b Mädchenauge *(Coreopsis grandiflora)*
7 Skabiose (*Scabiosa caucasica* 'Clive Greaves')

Einjahrsblumen

8 Dahlie (*Dahlia variabilis* 'Feuergeist')
9 Zinnie (*Zinnia elegans* 'Scarlet Flamé')
10 Verbene *(Verbena venosa)*
11 Verbene *(Verbena patagonica)*
12 China-Aster *(Aster chinensis)*
13 Kosmee (*Cosmos sulphureus* 'Sunset')
14 Kosmee (*Cosmos bipinnatus* 'Unschuld')

Astilben, duftig in der Blüte und dabei vollkommen winterhart.

gen Stellen besonders gut gedeihen und reich blühen. Zu ihnen zählen die Christrose, die bereits im Winter zu blühen beginnt, dann Veilchen, Kissenprimeln, Schlüsselblumen und Kugelprimeln, gefolgt von einigen etwa 50 cm hohen Arten, wie der Elfenblume mit gelblichen und rötlichen Blüten, dem lieblichen Kaukasus-Vergißmeinnicht und der unverwüstlichen Bergenie mit herzförmigen, lederartigen Blättern und Blüten in Rosa, Rot und Weiß. Etwa 60 cm hoch wird die Akelei, eine altbekannte Staude aus den Bauerngärten, die im Mai/Juni blüht.

Ungefähr um dieselbe Zeit, eher ein wenig früher, ist es das Tränende Herz, das die Blicke auf sich lenkt und das besonders hübsch aussieht, wenn wir es mit dem Kaukasus-Vergißmeinnicht und einfachblühenden, cremefarbenen Narzissen zusammenpflanzen. Blüten von großer Leuchtkraft bringt die Nelkenwurz *(Geum)*, die je nach Sorte von Mai bis in den August hinein die Staudenpflanzung mit orangeroten, kräftiggelben oder karminroten Farbtupfen belebt.

Im Juni/Juli blüht der Fingerhut, der gut in eine solche Pflanzung paßt. Am besten steht er in einer größeren Gruppe zusammen und nicht allzuweit vom Waldgeißbart entfernt, einer mächtigen, unverwüstlichen Staude. Sie wird 2 m hoch und wirkt am besten, wenn sie einzeln inmitten niedriger Bodenbedecker herausragt. Um diese Zeit zeigen sich auch verschiedene Etagenprimeln von ihrer schönsten Seite.

Jetzt beginnt auch eine farbenprächtige Gruppe zu blühen, die sich sogar im vollen Schatten prächtig entwickelt, wenn nur der Boden nahrhaft und genügend feucht ist: die Astilben.

Um es gleich vorweg zu sagen, unter flachwurzelnden Gehölzen eignen sie sich nicht; sie kümmern an solchen Stellen, kläglich dahin, weil ihnen das Wasser fehlt. Besonders üppig und reichblühend entwickeln sich Astilben, wenn es im Frühsommer viel regnet.

Je nach Sorte erscheinen die graziösen, duftigen Blüten von Ende Juni bis in den September hinein. Es gibt weiße, rosa- und lilafarbene sowie tiefrote Astilbensorten, meist 50–100 cm hoch. Astilben sollten möglichst in Gruppen gepflanzt werden.

In Höhe und Farbe sind sie so unterschiedlich, daß wir auf Begleitpflanzen durchaus verzichten können. Gut passen aber Farne, Silberkerzen und Funkien

dazu. Am schönsten wirken sie in ihren Pastellfarben vor dunklen Gehölzen.

Astilben können durchaus auch für sich allein auf ein Beet gepflanzt werden. Wenn wir an das eine Ende des Beetes die ausladende Pflanzengestalt einer Herbstanemone oder einer noch spät im Jahr blühenden Silberkerze stellen und zwischen die Astilben Tulpenzwiebeln legen, haben wir lange Wochen hindurch Farbe. Astilben wirken aber nicht nur während der Blüte. Bereits der rötliche Austrieb ist von eigener Schönheit, und auch nach der Blüte sehen die Pflanzen mit ihren zierlichen Blättern sehr gepflegt aus.

Doch zurück zu unserem bunten Staudenbeet: Im Juli folgt das Blau des Eisenhuts, von dem es auch wertvolle Arten gibt, die erst im Herbst in Blüte stehen (siehe S. 103). In lichtem Schatten fühlt sich diese Staude besonders wohl. Sehr wertvoll sind die verschiedenen Silberkerzen mit 2 m hoch aufragenden weißen

Stauden für den Halbschatten

Nicht immer werden wir für unsere Staudenpflanzung einen Platz in voller Sonne finden. Vielfach ist nur eine Fläche dafür vorhanden, die mehrere Stunden oder sogar mehr als den halben Tag im Schatten liegt. Wenn hierfür auch klassische Prachtstauden wie Pfingstrosen, Phlox, Weiße Sommermargeriten und fast alle, die das Wort »Sonne« in ihrem Namen führen, ausscheiden müssen, so verbleiben doch noch genügend, die sich auch hier wohl fühlen.

Von den bisher genannten sind noch Rittersporn und Hohe Herbstastern geeignet, während die gelbe Gemswurz, der Goldfelberich und der blaue Eisenhut gerade im Halbschatten ihre volle Schönheit entfalten.

Darüber hinaus gibt es eine ganze Reihe von prächtigen Stauden, die an schatti-

Blüten. Die Julisilberkerze *(Cimicifuga racemosa)* macht zur Hauptblütezeit der Astilben den Anfang, dann folgt die Lanzensilberkerze *(C. cordifolia)* und schließlich die Septembersilberkerze *(C. ramosa).* Diese nur 80 cm hoch werdende Art, bei der die zierlichen straffen Blütenkerzen über ahornähnlichen Blättern stehen, blüht im August/September.

Gute Nachbarn sind Farne und Herbstanemonen und selbstverständlich die verschiedensten schattenverträglichen Bodendecker.

Rechts: Rosa Wiesenknöterich *(Polygonum bistorta* 'Superbum'), Goldranunkel *(Ranunculus acre* 'Multiplex'), blaue Himmelsleiter *(Polemonium caeruleum)* u. a. Stauden an leicht schattiger Stelle.

Unten: Stimmungsvolle Pflanzung im Halbschatten: Azaleen ... Farne ... Bodendecker.

Vom Juli bis zum September und in einer Höhe von 30–80 cm blühen die Funkien, überaus dekorative Blattstauden. Besonders die Blätter sind hier ein wirkungsvoller Schmuck; sie können grün oder gelb, weißbunt oder stahlblau sein. Bei einigen Sorten sind aber auch die violetten oder weißen Blüten reizvoll. Ihre Schönheit kann sich erst voll entfalten, wenn sie, einzeln gestellt, aus niedrigen Stauden herausragen. Sonst sind Funkien denkbar anspruchslos, und man kann sogar sonst recht öde, dunkle Stellen mit ihnen sehr farbenfroh gestalten.

Eine besonders wichtige Gruppe für diese Staudenpflanzung sind die Herbstanemonen. Sie gehören zu unseren lieblichsten und dabei wertvollsten Stauden. Je nach Sorte blühen sie von August bis Oktober in Weiß, Rosa oder Dunkelrot, und immer leuchten aus der Mitte die goldgelben Staubgefäße. Die Höhe beträgt je nach Sorte 60–120 cm. Herbstanemonen zeigen das ganze Jahr über gesundes Laub; gegen Trockenheit aber sind sie außer *A. robustissima* etwas empfindlich. Mit Ausnahme der eben genannten und der Sorten von *Anemone vitifolia* bringen wir im Herbst auf die Pflanzen eine handhohe Laubschicht als Winterschutz.

Den Platz für die Herbstanemonen müssen wir überlegt auswählen, wollen sie doch ebenso wie z. B. Eisenhut und Silberkerze nach der Pflanzung nicht mehr gestört werden. Erst nach Jahren entfalten sie ihre volle Schönheit und beginnen, sich nach allen Seiten hin auszubreiten. Wir müssen also genügend Platz, je Pflanze etwa 1,5 m^2, vorsehen.

Bezaubernde Farbwirkungen lassen sich erzielen, wenn wir sie mit spätblühendem blauem Eisenhut, Astilben, Silberkerzen, Gräsern, Funkien u. ä. zusammenpflanzen. Im Herbst können wir Zwiebeln von Schneeglöckchen, Wildkrokussen *(Crocus tomasinianus u. a.)* Blausternchen oder Traubenhyazinthen zwischen die Herbstanemonen legen, damit es dort bereits im Frühjahr blüht.

Wertvolle Bodendecker

Bei den Blütenstauden für schattige Lagen wurde darauf hingewiesen, daß einige unter ihnen besonders gut wirken, wenn sie aus einer niedrigen, ruhigen Umgebung herausragen, wie z. B. Farne, Astilben, Silberkerzen, Funkien und Herbstanemonen. Mit Bodendeckern können wir diesen ruhigen Untergrund schaffen, sie sind aber auch geeignet, um als Rasenersatz zu dienen.

Auf sonnig gelegenen Prachtstaudenbeeten oder zwischen enggepflanzten Rosen haben Bodendecker dagegen nichts zu suchen, denn hier muß der Boden ständig offengehalten bzw. – bei Rosen – im Herbst angehäufelt werden. Sehr gut sind sie dagegen geeignet, um in naturnahen Pflanzungen einen bunten Teppich auf den Boden zu legen, aus dem dann – ähnlich wie im Halbschatten – einzeln oder in kleineren Gruppen Rosen, höhere Ziergräser und andere Pflanzen herausragen, die in eine solche Gemeinschaft passen.

Rechts oben: Teppich-Sedum (S. spurium). Darunter: Fiederpolster (Cotula squalida). Unten: Die Schaumblüte (Tiarella) ein zierlicher, hübscher Bodendecker für lichten Schatten.

Bodendecker für sonnige, trockene Stellen Hierfür eignen sich Thymian in seiner grünen oder gelbgrünen Form, verschiedene Arten von Fetthenne (z. B. *Sedum floriferum* 'Weihenstephaner Gold', *S. spurium*, *S. hybridum* 'Immergrünchen'), Habichtskraut *(Hieracium)* mit rotorangen Blütchen, silbergraues Ehrenpreis *(Veronica incana)* mit blauen Blüten und der silbergraue, niedrige Beifuß *(Artemisia schmidtiana* 'Nana') ausgezeichnet. Bei letztem stören mich die silbrigen Blüten; ich schneide sie gleich nach Erscheinen ab, damit dieser attraktive Bodendecker noch besser wirkt. Auch das Hornkraut *(Cerastium bibersteinii)* oder der Teppichphlox sind gut zu gebrauchen.

In Sonne und Halbschatten gleich gut gedeihen der Kriechende Günsel mit blauvioletten Blüten, das Fiederpolster *(Cotula squalida)* mit hübschem frischgrünem Laub und das goldgelb blühende Pfennigkraut. Wenn größere Flächen, vor allem im Bereich von Gehölzen, bedeckt werden sollen, ist auch das 30 bis 40 cm hohe Johanniskraut *(Hypericum calycinum)* zu empfehlen.

Weiter sind sehr empfehlenswert der völlig anspruchslose Kriechknöterich *(Polygonum affine)* mir rosa-roten Blüten und der unverwüstliche Wollige Ziest *(Sta-*

chys olympica), von dem wir auch besser die »unordentlich« aussehenden Blüten bei Erscheinen abschneiden, damit die Wirkung des geschlossenen, silbrigfilzigen Bodenbelags erhalten bleibt.

Für Halbschatten bis Vollschatten wählen wir das im Frühling blau blühende Gedenkemein *(Omphalodes verna)*, die immergrüne Haselwurz *(Asarum europaeum)*, das allen bekannte Maiglöckchen, den stark wuchernden und sehr anspruchslosen Waldmeister (er wird allerdings 20–30 cm hoch), den kleinblätterigen Efeu, den immergrünen Ysander *(Pachysandra terminalis)* mit einer Höhe von etwa 30 cm, das unverwüstliche Immergrün, die ebenso dicht deckende Golderdbeere *(Waldsteinia geoides)* und die dichtwachsende niedrige *Astilbe chinensis pumila.*

Für größere Flächen eignet sich im Schatten wie in der Sonne gleich gut die sehr stark wuchernde Goldnessel. Und zuletzt noch zwei Universal-Bodendecker, die unter allen Verhältnissen den Boden dicht zumachen, den Winter über grün bleiben und immer gut aussehen: Efeu und niedrige Felsenmispel *(Cotoneaster dammeri* mit den Formen 'Eichholz', 'Radicans' und 'Streib's Findling'). Während sich die genannten Kriech- bzw. Teppichmispeln für sonnige bis halbschattige Stellen eignen, ist der Efeu

den Steingarten, ebenso lassen sich mit ihnen Böschungen dicht bepflanzen, die uns dann im Mai als einzige blühende Farbfläche entgegenleuchten. Gepflanzt wird auf 30 bis 40 cm Abstand. Dies sieht zwar in den ersten beiden Jahren noch etwas lückenhaft aus, um so besser ist aber die spätere Wirkung.

Wertvoll sind für diesen Zweck das Steinkraut *(Alyssum)*, dessen strahlendes Gelb nicht fehlen darf. Dann die sehr reichblühenden weißen Polster der Gänsekresse *(Arabis)* und die sich flächig ausbreitenden Blaukissen *(Aubrieta)*. Ebenfalls weiß blüht die Schleifenblume *(Iberis)*, während es unter den Zwergschwertlilien *(Iris-Barbata-Nana*-Sorten) alle Farben gibt. Hellblaue Töne sind hier ebenso vertreten wie goldgelbe, rötliche, samtigviolette und ins Schwarz-Purpur gehende. Schließlich darf auf dieser bunten Frühlingspalette der Polsterphlox *(Phlox subulata)* nicht fehlen, von dem es weiße, schieferblaue und rosarote Sorten gibt.

Alle diese Polsterstauden blühen im April/Mai und werden nur 10–20 cm hoch. Wurden sie als Wegeinfassung verwendet, so bringen wir dicht hinter diese Pflanzen bunte Einjahrsblumen, sonst wäre das Bild entlang des Weges den Sommer über zu eintönig. Es gibt aber auch Polsterstauden, die erst im Frühsommer blühen, wie z. B. das Hornkraut *(Cerastium)*, die Grasnelke *(Armeria)* und verschiedene niedrige Nelken *(Dianthus gratianopolitanus, D. plumarius)*. Noch etwas: Diese niedrigen Stauden bilden keine gleichmäßig großen Polster aus, sie wachsen je nach Art etwas stärker in den Weg hinein und schwingen wieder zurück. Es wäre denkbar unschön, wollten wir alle nach einer Schnur schneiden, um eine gerade Wegkante zu erhalten. Nur wenn sich die Gänsekresse oder der Teppichphlox gar zu mächtig ausbreiten, zupfen wir mit den Händen etwas weg, aber immer so, daß man es hinterher nicht merkt. Dadurch wirkt der Weg natürlich und ungezwungen.

Oben: Ein Frühlingsbild, wie es schöner kaum sein kann. Entlang des Klinkerweges blühen in bunter Folge vielerlei Polsterstauden: weiße Schleifenblume, lila Polsterphlox, gelbes Steinkraut. Dazu gesellen sich Vergißmeinnicht, langstielige Tulpen und Tränendes Herz.

Rechts: Kiesweg mit Polsterstauden, die in den Weg hineinragen und wieder zurückschwingen. Wieviel hübscher ist doch solch eine lebendige Wegbegrenzung gegenüber einer steifen, nüchternen Betoneinfassung!

ein hervorragender Bodendecker für schattige bis extrem schattige Lagen. Es handelt sich hierbei zwar um niedrigwachsende Gehölze, nachdem sie aber für den gleichen Zweck benötigt werden wie die erwähnten bodendeckenden Stauden, werden sie hier genannt.

Niedrige Stauden als Wegeinfassungen

Dieser Gruppe kommt besondere Bedeutung zu. Einmal lassen sich unschöne Wegeinfassungen damit einsparen oder gut verdecken, und zum anderen wird die Farbenpracht im Frühjahr durch Polsterstauden wesentlich verstärkt. Pflanzen aus dieser Gruppe eignen sich gut für

Pflanzen rund ums Wasserbecken

Die Primadonna unter den Wasserpflanzen ist die Seerose. Während die uns allen bekannte heimische Art *(Nymphaea alba)* eine Wassertiefe von gut 1 m benötigt, genügen bei der bewährten kräftig wachsenden 'Richardsonii' 60–100 cm. Die reinweißen tassenförmigen Blüten dieser Sorte haben einen Durchmesser von 20 cm. Die rosarote, gut gefüllte 'James Brydon', die 'Escarboucle' mit großen roten Blüten und die 'Laydekeri Purpurata' sind mit einem Wasserstand von 40–80 cm zufrieden. Die beiden letztgenannten und die purpurrote 'Froebeli' kommen sogar mit einer Wassertiefe von 20–40 cm aus.

Wer eine Seerose für ein Becken mit sehr flachem Wasserstand von nur 5–20 cm sucht, dem sei die weißblühende Zwergseerose *N. pygmaea* 'Alba' empfohlen. Den Wasserstand rechnet man vom oberen Rand des Pflanzgefäßes, in dem sich

die Seerose befindet bis zur Wasseroberfläche.

Es gibt spezielle Wasserpflanzengärtnereien, die alle gewünschten Seerosen und andere Wasserpflanzen verschicken. Man lasse sich einen Katalog zusenden und kann dann Sorten aufgrund der gewünschten Farbe und der Wassertiefe bestellen. Auch in vielen Garten-Centern gibt es das Gewünschte.

Die Pflanzung erfolgt im Mai/Juni, entweder direkt in die Erde, die auf den Beckengrund aufgebracht wurde, oder aber in einen Weidenkorb, bzw. in dauerhafte Wasserpflanzkörbe aus Kunststoff. Runde Gefäße sollten einen Durchmesser von mindestens 30 cm haben (mehr schadet nicht), rechteckige Gefäße ein Innenmaß von ungefähr 30 × 30 cm. Die Tiefe der Behälter muß 20–30 cm betragen. Als Pflanzerde verwenden wir Gar-

Seerosen werden am besten im Mai/Juni gepflanzt. Anstelle von Weidenkörben verwendet man heute meist dauerhafte Pflanzgefäße aus Kunststoff. Um den idealen Wasserstand zu erreichen, kann das Pflanzgefäß mit Ziegelsteinen u. ä. unterlegt werden.

tenerde oder Rasenerde bzw. im Handel erhältliche frux Wasserpflanzenerde. Der Torfanteil dieses Substrats sorgt für Durchlüftung, der Tonanteil speichert die beigegebenen Nährstoffe und gibt sie in richtiger Dosierung ab.

Bevor wir das Pflanzgefäß mit der Seerose in das Becken bringen, sollte das Wasser bereits etwas angewärmt sein. Am besten ist es, wenn wir das Pflanzgefäß erst einmal auf untergelegte Steine setzen, so daß die Wasserhöhe über den austreibenden Blättern nicht mehr als 10–15 cm beträgt. Allmählich, immer mit dem fortschreitenden Wachstum der Blätter, senken wir das Gefäß tiefer ab, bis schließlich der gewünschte Wasserstand erreicht ist.

Links: Die Glockenprimel (*Primula florindae*) mit nickenden gelben Blüten liebt es den Sommer über feucht. Blütezeit: Juni/Juli.

Rechts: Schildblatt (*Peltiphyllum peltatum*), Blaustern (*Scilla hispanica*) und Taglilien beleben dieses etwas nüchterne, aber praktische Gießwasserbecken aus Beton.

Die Sumpfkalla *(Calla palustris)* liebt sauren, sumpfigen Boden, Wassertiefe: 0–10 cm. Die Seerose, die Primadonna unter den Wasserpflanzen (rechts).

Günstig ist es, wenn in das Becken Regenwasser eingefüllt wird. Einige im Becken ausgesetzte Goldfische halten das Wasser ungezieferfrei. Damit sich Pflanzen und Tiere wohl fühlen, muß das Wasserbecken in voller Sonne liegen.

In größeren Becken, in denen keine Gefahr besteht, daß das Wasser an den Pflanzstellen der Seerosen bis unten hin gefriert und auch den Fischen genügend offenes Wasser verbleibt, bleiben Pflanzen und Fische im Becken.

Einige andere durch ihre Blattgestaltung recht interessante Pflanzen wollen nur einen Wasserstand von 5–10 cm. Hierzu gehören der Froschlöffel *(Alisma plantago)* mit duftigen Blütenständen, der Tannenwedel *(Hippuris vulgaris)*, das Pfeilkraut *(Sagittaria sagittifolia)* und die Binse *(Scirpus lacustris)*, deren Stengel langen Zwiebelröhren gleichen. Die Art *S. tabernaemontani* 'Zebrinus' mit ihren zebraartig weiß und grün geringelten Stengeln sieht besonders apart aus. Hübsch wirkt auch ein Rohrkolben *(Typha)*. Für kleine Wasserflächen sind nur *T. angustifolia* mit schmalen Blättern von etwa 1 m Höhe und die nur etwa

70 cm hoch werdende Art *T. minima* geeignet, deren kleine Kolben entzückend aussehen.

Falsch wäre es, aus Begeisterung gleich alle die genannten Arten pflanzen zu wollen. Wir müssen uns beschränken, soll doch das Wasserbecken nur zu einem Drittel zugepflanzt werden. Alle die genannten Pflanzenarten wirken nur, wenn noch genügend Wasser zu sehen ist.

Bei kleinen Becken setzen wir jede Art für sich in einen Wasserpflanzenkorb – auch eine kleine Kiste oder ein Blechkübel genügen – und legen im Wasserbecken so viele Ziegelsteine unter, bis der Wasserstand von 5–15 cm erreicht ist. Das Pflanzen in einzelne Gefäße ist auch aus einem anderen Grund günstig: Rohrkolben, Froschlöffel und Pfeilkraut wuchern sehr.

Wenn wir neben dem Seerosenbecken noch ein Becken mit niedrigem Wasserstand haben, können wir aber auch direkt in dieses auspflanzen und von den sich zu üppig ausbreitenden Arten ab und zu einen Teil entfernen. Dies gilt auch für Becken mit flachem Uferverlauf, wie wir sie aus Folien bauen können.

Nicht nur in das Becken, auch in seine Umgebung wollen wir geeignete ausdauernde Pflanzen, also Stauden, bringen. Dazu eignen sich alle schmalblättrigen Arten wie beispielsweise Feuerpfeil oder Fackellilie *(Kniphofia)*, Schwertlilien *(Iris sibirica* u. a.), Taglilie *(Hemerocallis)* und andere. Sehr gut wirkt zu jeder Jahreszeit das an Bambus erinnernde winterharte Chinarohrgras *(Sinarundinaria murielae)*.

Auch Stauden mit großen, mastigen Blättern, denen man förmlich ihren stän-

Taglilie 'Jock Randall' zusammen mit Mädchenauge 'Zagreb', Scheinaster *(Boltonia asterioides)* und Lampenputzergras.

Auch die Gauklerblume paßt vorzüglich an's Wasserbecken. Hier *Mimulus* x *tigrinus* 'Grandiflorus' mit gelben, rotgefleckten Blüten.

digen Durst ansieht, passen gut ans Wasser. Hierher gehören beispielsweise die Ligularien, wobei die Art mit dem zungenbrechenden Namen *Ligularia przewalskii* für kleinere Gärten besonders geeignet ist. Auf Schnecken achten, sonst sehen die Blätter bald nicht mehr schön aus!

Von den bodendeckenden Stauden fügen sich das Pfennigkraut *(Lysimachia nummularia)*, der flachwachsende Knöterich *(Polygonum affine)* und verschiedene Fetthenne-Arten *(Sedum)* gut in die Umgebung des Wasserbeckens ein.

Eine besonders aparte, gut mannshoch werdende Einzelstaude ist die Weidenblättrige Sonnenblume *(Helianthus salicifolius)*. Bereits beim leisesten Windhauch bewegen sich ihre Blätter und spiegeln sich im Wasser wider. Sie gehört übrigens zu den wenigen Pflanzen, die mir besser ohne als mit Blüten gefallen. Die kleinen, gelben Blüten erscheinen aber erst im Spätherbst, so daß die überwiegende Zeit die elegante weidenartige Pflanze das Bild bestimmt.

Grazile Gräser

Auch sie gehören zum großen Reich der Stauden. Ich weiß, wenn der Gartenfreund von Gräsern hört, denkt er gleich an Unkraut und Unkrautbekämpfung, an die saure Zeit des ersten Beginnens, in der er mühselig Queckenwurzel um Queckenwurzel entfernte. Doch keine Angst, es werden hier nur grazile Gartengräser empfohlen.

Wer nicht allein von Blau, Gelb und Rot leben möchte, wer sich auch an schlichten, grazilen, duftigen Formen und am Spiel des Windes mit Blättern und Blüten erfreuen kann, für den sind Gräser genau das Richtige. Übrigens lassen sich Gräser und Blütenstauden durchaus kombinieren, wenn auch manche Gräser besser mit Wild- als mit hochgezüchteten Prachtstauden harmonieren.

Zum Zusammenpflanzen mit Beetstauden eignen sich besonders das Chinaschilf, die Rutenhirse, das Lampenputzergras, das Goldleistengras und die blaugrünen Horste des Blaustrahlhafers.

Bei manchen Gräsern müssen wir gelegentlich mit dem Spaten nachhelfen, damit sie sich nicht allzusehr ausdehnen. Manchmal braucht man dazu sogar den Pickel, wie bei den verschiedenen Arten von Chinaschilf. Wir können solche mächtig werdenden Gräser in einen Betonring oder einen alten Kübel, aus dem der Boden entfernt wird, pflanzen. So müssen sie sich auf den ihnen zugedachten Platz beschränken.

In der Sonne können wir all die verschiedenen Arten von Chinaschilf *(Miscanthus)* pflanzen. Es sind hohe, stattliche Gräser mit schilfartigen, meist überhängenden Blättern. Die Pflanzen wirken vor allem als malerische Blattbüsche. Das Riesenchinaschilf *(M. japonicus)* wird gut 3 m hoch, *M. sinensis* 'Gracillimus', mit schmalen, überhängenden Blättern wird dagegen nur etwa 120 cm hoch und eignet sich gut für kleinere Gärten. Interessant, aber etwas steif sieht das Stachelschweingras *(M. sinensis* 'Strictus') mit gelblichen Querstreifen auf den Blättern aus. Höhe: 150 cm. Sehr wertvoll ist

114

M. sinensis 'Silberfeder' mit einer Höhe von 200 cm, schmal überhängenden Blättern und silbrigen Blütenfahnen im Herbst. Es gilt als Ersatz für das empfindliche Pampasgras.

Beim Goldleistengras (*Spartina michauxiana* 'Aureomarginata'), Höhe 150 cm, sind die elegant überhängenden Blätter mit gelben Längsstreifen versehen.

Das Lampenputzergras (*Pennisetum compressum* 'Hameln') bildet 60 cm hohe, kräftige, sattgrüne Horste. Die attraktiven Blütenähren, die auch in der Vase gut wirken, entwickeln sich bereits ab Ende Juli. Der Blaustrahlhafer (*Avena sempervirens*) wird ebenfalls 80 cm hoch; die eleganten, 120 cm hohen Blüten sind bereits im Sommer vorhanden. Sehr zierlich sehen die verschiedenen Arten von Federgras (*Stipa barbata, St. capillata* und *St. pennata*) mit einer Höhe von 60–80 cm aus. Die langen, fedrigen Grannen bewegen sich beim leisesten Windhauch.

Star unter den hohen Ziergräsern ist das Pampasgras (*Cortaderia selloana*). Ein Anblick von überwältigender Schönheit, wen die übermannshohen, federbuschartigen Blüten aus dem Garten leuchten! Sehr gut wirkt es als Einzelpflanze oder

Mädchenhaargras *(Stipa pennata)*. Die langen fedrigen Grannen bewegen sich bereits beim leisesten Windhauch.

Das Wimperperlgras *(Melica ciliata)* eignet sich vorzüglich zur Auflockerung von Staudenpflanzungen

kleine Gruppe vor einem Gehölzhintergrund, an der Terrasse oder neben einem Wasserbecken. Es soll entweder im Rasen stehen oder inmitten von Bodendeckern. Sehr wichtig: Im Winter muß das Pampasgras trocken stehen und gegen Frost geschützt werden. Wir binden im Herbst die Blätter schopfartig zusammen, bedecken die ganze Pflanze gut kniehoch mit Laub und stülpen eine Kiste darüber. Während der Wachstumszeit braucht es viel Wasser, außerdem geben wir im Frühjahr eine flüssige Startdüngung.

Nun noch einige horstbildende, niedrige Gräser für volle Sonne. Sie können flächig oder aber in kleinen Gruppen gepflanzt werden, stets sind sie sehr wirkungsvoll. Auch für kleine Gärten bestens geeignet! Hierher gehört vor allem der Blauschwingel (*Festuca glauca*), ein robustes, nur 20 cm hohes, blaues Gras. Ebenso hübsch ist der Bärenfellschwingel (*F. scoparia*), der saftiggrüne, breite Horste bildet. Auch mit der Bergsegge (*Carex montana*) lassen sich hübsche Gartenbilder erzielen, wenn sie z. B. mit Farnen, Zwergnadelgehölzen u. ä. in Gruppen zusammengepflanzt wird. Diese Segge wird nur 20 cm hoch und bildet zartgrüne, überhängende Schöpfe, die sich im Herbst goldbraun oder dunkelbraun färben. Gedeiht sehr gut auch im Halbschatten.

Im Schatten fühlt sich die 100 cm hoch werdende Riesensegge *(Carex pendula)*, mit schmal überhängenden Blättern, wohl.

Das gleiche gilt für die Waldschmiele *(Deschampsia caespitosa)*, deren Horste nur 30 cm hoch werden und sich für flächige Bepflanzung eignen. Die im Sommer erscheinenden, gelblich-braunen Blütenähren erreichen eine Höhe von 80–120 cm. Nach der Blüte schneiden wir die Ähren ab, denn sie sind dann keine Zierde mehr. Die Blattschöpfe belassen wir dagegen bis zum Frühjahr. Dieses Gras ist auch für volle Sonne geeignet.

Sehr anspruchslos ist die Waldmarbel *(Luzula sylvatica)*. Dieses Gras wird 25 cm hoch und kann sogar unter flachwurzelnde Bäume als Bodendecker gepflanzt werden. Selbst unmittelbar am Stamm von starken Bodenräubern, z. B. Birken, haben die Blattschöpfe ein tadelloses Aussehen. Voller Schatten wird gut vertragen.

Japan-Segge *(Carex morrowii* 'Variegata') mit straff aufrechten Ähren

Lampenputzergras *(Pennisetum compressum* 'Hameln'). Im Hintergrund die silbernen Blütenfahnen von *Miscanthus sinensis* 'Silberfeder', eine wertvolle Auslese von Chinaschilf.

Alle die genannten Gräser werden im Frühjahr gepflanzt. Bei Herbstpflanzung gibt es allzuleicht Ausfälle. Die höheren Arten sollten als Solitärpflanzen behandelt, also einzeln gestellt werden; dann sind sie am wirkungsvollsten. Blätter, und soweit Blüten vorhanden sind auch diese, bleiben bei den meisten Arten auch den Winter über stehen. Sie wirken gerade bei Rauhreif und Schnee oft recht reizvoll. Im Frühjahr werden sie dann bis dicht über den Boden heruntergeschnitten. Manche horstbildende niedrigen Gräser, wie z. B. Blau- und Bärenfellschwingel, deren Blätter auch im Frühjahr noch blau bzw. grün sind, brauchen nicht zurückgeschnitten zu werden. Wir »kämmen« sie lediglich aus, d. h. dürre Blätter und vor allem die vergilbten Blüten werden mit der Hand herausgezogen.

Staudenvermehrung, Pflanzung, Pflege

Die Vermehrung ist bei verschiedenen Stauden sehr einfach: Sie werden aus dem Boden genommen und mit der Hand geteilt, wie z. B. die verschiedenen Fetthennenarten und viele andere Bodendecker, die niedrigen Gräser usw. Stauden, die verholzen, werden mit dem Messer oder dem Spaten in mehrere faustgroße Stücke zerlegt. An jedem Teilstück müssen selbstverständlich Knospen verbleiben. Hier wären zu nennen: Taglilie, Schafgarbe, Sommermargerite, Rittersporn, Sonnenauge, Sonnenhut, Sonnenbraut, Astilbe, Schwertlilie, Sommerphlox, Pfingstrose usw. Diese Teilung nehmen wir vor allem auch dann vor, wenn Stauden nach mehreren Jahren zu kümmern beginnen, vor allem im Stockinneren. Dann wird es Zeit zum Teilen und zu einer Neupflanzung.

Andere Stauden wiederum vermehrt man durch Stecklinge, Abrisse und Wurzelschnittlinge. Gesät werden die verschiedenen Primelarten, Mohn, Lupine, Nelkenarten, Akelei und viele andere. Gepflanzt wird meist von Anfang September bis Ende Oktober, und im Frühjahr von März bis Mitte Mai. Heute werden viele Stauden in Containern angeboten; sie können fast das ganze Jahr über (Frühjahr bis Herbst) gepflanzt werden. Bei Sumpf- und Wasserpflanzen liegt der richtige Zeitpunkt im Mai, wenn sich das Wasser ausreichend erwärmt hat. Alle Gräser, aber auch Farne, Fackellilien, Gartenchrysanthemen, Weiße Sommer-

Viele Stauden lassen sich mit dem Spaten oder von Hand in faustgroße Stücke teilen und neu pflanzen. Sie blühen dann wieder reicher.
Rechts: Eine wichtige sommerliche Pflegearbeit: Verblühte Teile entfernen.

margeriten, Staudenastern und Lupinen sind in jedem Fall im Frühjahr zu pflanzen, außer sie sind im Container. Lilien sind im Spätsommer und frühen Herbst zu pflanzen oder im Frühjahr. Nur die weiße Madonnenlilie bringen wir bereits im August an Ort und Stelle.

Ein Staudenbeet sollte nicht breiter als 2 m sein, sonst wird die Pflege sehr erschwert. Beim Pflanzen legen wir erst einmal die wenigen, hohen, langen ausdauernden Stauden auf dem Beet aus. Je m² kommen davon nicht mehr als 1–2 Stück. Sie sollen das Gerüst bilden. Diese hohen Stauden werden einzeln oder höchstens in Dreiergruppen mit dem Spaten bzw. mit der Pflanzkelle (Handspaten) gepflanzt. Dann erst legen wir die mittelhohen und gleichzeitig die

vielen niedrig bleibenden Stauden aus und bringen sie ebenfalls in den Boden. Von mittelhohen Stauden werden je m² 3–5 Stück gebraucht, von niedrigen 10–15 Stück.

Vor dieser Arbeit bzw. bereits vor dem Kauf der Pflanzware sollten wir uns eine Skizze im Maßstab 1 : 10 anfertigen. Dabei sollten wir auch Gruppen von Polyantha- bzw. Floribundarosen mit vorsehen und kleinere Flächen für Sommerblumen auf dem Staudenbeet freihalten. Nur so werden wir eine Farbwirkung von großer Schönheit erzielen. Auf keinen Fall darf das Staudenbeet mit hohen und mittelhohen Arten vollgestopft werden; das Ganze würde später einmal recht krautig und unbefriedigend wirken. Hübsch sieht es dagegen aus, wenn aus niederen Farbflächen nur vereinzelt bzw. in kleinen Gruppen mittelhohe und hohe Stauden herausragen.

Gepflanzt wird erst nach gründlicher Bodenvorbereitung und Verbesserung mit Kompost oder Torfersatzstoffen. Quekkenwurzeln und andere Dauerunkräuter sind dabei gründlich zu entfernen. Stauden ohne Container nur bei trübem Wetter pflanzen, weil die Wurzeln sehr emp-

findlich sind! Bei bewölktem Himmel und Windstille können wir auf kleineren Flächen sämtliche Pflanzen auf einmal auslegen und sie dann in Ruhe in den Boden bringen.

Wenn wir uns die Stauden von einer Gärtnerei schicken lassen und sie zu einem unpassenden Zeitpunkt eintreffen, so schlagen wir sie dicht an dicht nebeneinander an schattiger Stelle in den Boden ein. Der kleine Einschlagplatz wird vorher mit feuchtem Torf verbessert. Dort können die Pflanzen tagelang oder sogar über Wochen bleiben, ohne daß sie Schaden leiden. Damit wir bei der Pflanzung den gelockerten Boden nicht zusammentreten, arbeiten wir vom Weg aus, soll doch die Staudenrabatte auch später bearbeitet werden können, ohne daß wir sie betreten müssen. Notfalls legen wir ein breites Brett auf die Erde, auf dem wir beim Pflanzen stehen. Lange Faserwurzeln werden vor dem Pflanzen mit dem Messer auf Handbreite eingekürzt. Pfingstrosen und Iris sehr flach pflanzen! Anschließend alle Stauden mit der Gießkanne ohne Brause gießen.

Und nun zu den Pflegearbeiten: Sobald der Boden nach Regenfällen oberfläch-

Links: Vor dem Pflanzen werden die Stauden an die vorgesehenen Stellen ausgelegt.
Rechts: Immer einmal wieder muß das Unkraut zwischen den Stauden entfernt werden.

Im Herbst die Beetstauden dicht über dem Boden abschneiden, mit der Gartenschere oder im Häcksler zerkleinern und kompostieren.

Verschiedene Stauden brauchen einen Winterschutz. Es sind dies vor allem solche, deren Triebe und Blattrosetten über dem Erdboden überwintern. Hierher gehören zahlreiche Steingartenstauden, die ohne den idealen Winterschutz einer Schneedecke gefährdet sind. Wir bedecken sie leicht mit Fichtenzweigen, damit die Wintersonne abgehalten wird.

lich abgetrocknet ist, wird mit einem der auf S. 50 abgebildeten Geräte flach gelockert. Bereits ab zeitigem Frühjahr achten wir auf Schnecken, da von ihnen wertvolle Stauden wie Rittersporn, Herbstastern, Funkien u. a. an- bzw. abgefressen werden. Daß bei andauernder Trockenheit hin und wieder gründlich gegossen werden muß, dürfte sich eigentlich von selbst verstehen. Im Frühjahr bringen wir auf das Staudenbeet organische Stoffe wie Kompost u. a. etwa 2 cm hoch. Im April wird pro m^2 1 Handvoll eines Blau-Volldüngers gegeben. – Nicht auf die Blätter streuen!

Sehr bewährt haben sich zur Staudendüngung organisch-mineralische Dünger, von denen einige bekannte auf S. 79 genannt sind. Anwendung nach Angaben auf der Packung. Ebenso können organische Horn-Knochenmehl-Präparate nach der aufgedruckten Gebrauchsanweisung verwendet werden. Meist wird davon die doppelte Menge wie von Blau-Volldüngern benötigt. Sumpf- und Wasserpflanzenbecken brauchen nicht gedüngt zu werden, wenn der Erde bereits ein Horn-Knochenmehl-Präparat zugesetzt wurde.

Sehr wichtig: Diese Düngerrezepte gelten nur für die hochgezüchteten Pracht- oder Beetstauden. Keinesfalls sollte man Wildstauden oder die flachwachsenden Bodendecker düngen. Sie würden sonst zu sehr ins Kraut wachsen und ihre hübsche Form und Färbung verlie-

ren. Hier sollte nur Kompost gegeben werden. Viele alpine Pflanzen und sonstige Hungerkünstler wie z. B. Hauswurz-Arten, graufilzige Katzenpfötchen, Ehrenpreis, niedriger Beifuß *(Artemisia)*, Thymian usw. sind sogar dagegen »allergisch«. Sie wollen möglichst bescheiden leben.

Wichtig ist das Entfernen der verblühten Teile. Dadurch wird der Pflanze Kraft für weiteres Blühen gespart, die sonst für die Samenbildung verlorengehen würde. Meist zupft man die abgeblühten Teile weg oder schneidet sie mit der Schere ab. Rittersporn, Feinstrahl, Lupine u. a. schneiden wir nach der Blüte bis Handbreite über dem Boden zurück. Wir bekommen dadurch im Spätsommer eine zweite, wenn auch bescheidenere Blüte. Im Spätherbst werden von den Beetstauden die abgeblühten alten Triebe bis dicht über dem Boden zurückgeschnitten. Dann graben wir mit der Grabgabel zwischen den Stauden flach um, wobei die Wurzeln nicht verletzt werden dürfen, und entfernen alles vorhandene Unkraut.

Nach spätestens 5 Jahren muß der Großteil der Stauden verpflanzt werden. Sie werden aus dem Beet genommen, geteilt und nach Verbesserung des Bodens mit Kompost oder Torfersatzstoffen wieder neu ergänzt. Es gibt allerdings einige Stauden, die möglichst lange ungestört an ihrem Platz bleiben wollen. Dazu gehören Tränendes Herz, Kaiserkrone, Sonnenauge, Taglilie, Lilienarten, Pfingstrose, Christrose und einige Sonnenhutarten *(Rudbeckia laciniata, R. nitida)*. Viele Wildstauden, die ebenfalls lange an Ort und Stelle bleiben wollen, sind hier nicht genannt, nur die Christrose, weil sie sich häufig auf Staudenbeeten befindet.

Keine Rose ohne Stacheln

Verwendung im Garten

Ein Garten ohne Rosen ist undenkbar. Über 5000 Züchtungen soll es bereits Ende des letzten Jahrhunderts gegeben haben. Wie viele mögen es heute sein? Es gibt riesige Betriebe, die sich ausschließlich mit der Züchtung und Vermehrung neuer Sorten beschäftigen.

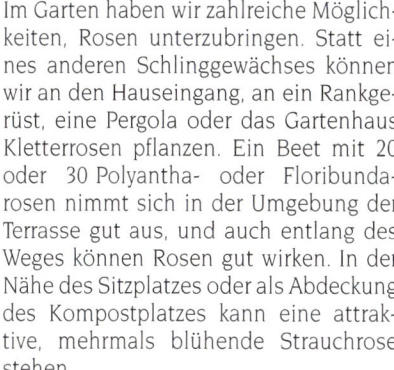

Im Garten haben wir zahlreiche Möglichkeiten, Rosen unterzubringen. Statt eines anderen Schlinggewächses können wir an den Hauseingang, an ein Rankgerüst, eine Pergola oder das Gartenhaus Kletterrosen pflanzen. Ein Beet mit 20 oder 30 Polyantha- oder Floribundarosen nimmt sich in der Umgebung der Terrasse gut aus, und auch entlang des Weges können Rosen gut wirken. In der Nähe des Sitzplatzes oder als Abdeckung des Kompostplatzes kann eine attraktive, mehrmals blühende Strauchrose stehen.

Polyantha- und Floribundarosen können zu Blütenstauden gesellt werden. Sehr hübsch wirken sie auch in Verbindung mit Ziergräsern. Die edlen Teehybridrosen schließlich bauen wir in den Gemüseteil ein. Sie ergeben im Ziergarten keine gute Gesamtwirkung; um so bezaubernder sind sie, wenn wir sie langstielig in die Vase stellen.

Ein Rosenliebhaber kann aber auch einen kleinen Garten oder einen Gartenteil zu einem regelrechten Rosengarten, zu einem Märchen von Duft und Farbe gestalten. In ein solches Rosengärtchen passen auch die großblumigen Teehybridrosen sehr gut hinein, vor allem, wenn wir sie sortenweise in kleine Quadrate oder Rechtecke pflanzen, und diese mit niedrigen Einfassungen aus geschnittenem Buchs oder Gamander *(Teucrium chamaedrys)* umgeben. Auch das duftige, weißblühende Schleierkraut *(Gypsophila)* kommt in einem solchen Rosengärtchen zu guter Wirkung.

Bildhübsch sieht es aus, wenn wir die Rosen auf einem größeren Beet etwas weiter auseinander als gewöhnlich pflanzen und dazwischen das einjährige Weiße Steinkraut *(Alyssum maritima = Lobularia maritima)* säen oder den Rosen als Partner verschiedene blaublühende Stauden wie Salbeiarten, Katzenminze, Lavendel, Feinstrahl und Rittersporn sowie elegante Gräser beigeben.

Eine Kletterrose wie aus dem Märchen, die Sorte 'Raubritter'. Vorbeugend gegen Mehltau behandeln, damit die Freude ungetrübt bleibt!

Einkauf, Pflanzung und Pflege

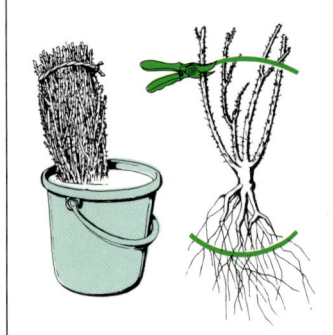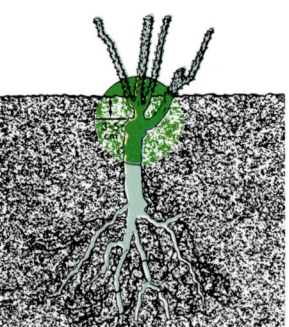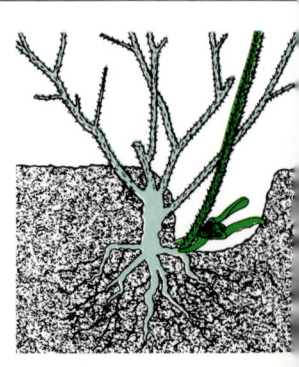

Um die Pflanzen im Herbst termingerecht zu bekommen, müssen wir die Bestellung bis spätestens Anfang Oktober aufgeben. Im Frühjahr sind oft verschiedene Sorten bereits vergriffen, und wir müssen uns häufig mit Ersatz begnügen. Außerdem kommt ein Überwinterungszuschlag von meist 10% hinzu. Die beste Pflanzzeit ist von Oktober bis November, auch noch im Dezember, wenn der Boden offen ist. Im Frühjahr wird gepflanzt, sobald der Boden abgetrocknet ist. Rosen in Containern können das ganze Jahr über gepflanzt werden.

Beziehen wir die Rosen von einer auswärtigen Baumschule, so wird die Sendung nach der Ankunft ausgepackt. Die Rosen werden mehrere Stunden mit den Wurzeln in Wasser gestellt und dann sofort gepflanzt. Ist dies nicht möglich, so schlagen wir sie zusammen mit feuchtem Torf bzw. Torfersatzstoffen dicht an dicht im Garten ein. Vor der Pflanzung werden die Wurzeln auf Handlänge eingekürzt.

Der Boden wird tiefgründig gegraben und die obere Bodenschicht mit Kompost oder anderen Humusstoffen verbessert. Je m² geben wir 1–2 Eimer voll. Sonst brauchen wir uns um die Düngung im ersten Jahr nach der Pflanzung nicht zu kümmern. Lehmiger Boden sagt den Rosen besonders zu. Sollte der Boden sehr schwer sein, kann er durch Zusatz

Links: Rosen nach Ankunft bzw. vor dem Pflanzen für einige Stunden ins Wasser stellen.
Mitte: Veredlungsstelle beim Pflanzen einige Zentimeter tief in die Erde bringen, anhäufeln.
Rechts: Wildtriebe an der Entstehungsstelle entfernen.

von Hygropor (Schaumstoff-Flocken) lockerer gemacht werden.

Teehybridrosen, Polyantharosen und andere werden so tief gepflanzt, daß die Veredelungsstelle, die als Verdickung am Wurzelhals zu sehen ist, anschließend 2–3 Finger breit unter der Bodenoberfläche liegt. Zu tiefes Pflanzen ist für die Entwicklung nicht gut. Sieht aber die Veredelungsstelle oben heraus, so können leicht Frostschäden auftreten.

Mit dem Spaten wird ein Pflanzloch ausgehoben, die Rose hineingehalten und die Erde eingefüllt. Dabei dürfen die Wurzeln nicht umgebogen werden. Nach dem kräftigen Angießen wird jede Pflanze mindestens 20 cm hoch mit Erde angehäufelt. Bei der Herbstpflanzung werden die Rosen nicht zurückgeschnitten. Nur wenn sie übermäßig lang sind,

Strauchrose (*Rosa gallica* 'Scharlachglut'), nur einmal blühend, aber zeitlos schön.

können wir sie um etwa ein Drittel einkürzen. Empfehlenswert ist es, die ganze Pflanzung vor Frosteintritt leicht mit Fichtenzweigen zu bedecken.

Bei Frühjahrspflanzung besteht die Gefahr, daß die Pflanzen auf dem Transport trocken geworden sind. Wir legen sie deshalb beim Eintreffen einen halben bis einen ganzen Tag in Wasser, damit sie sich richtig vollsaugen können. Beim Pflanzen wird gleich zurückgeschnitten und so hoch mit Erde oder weitgehend verrottetem Kompost angehäufelt, daß nur noch ein wenig von den Trieben sichtbar bleibt. Erst wenn die Pflanzen austreiben, wird dieses Material bei trüber, regnerischer Witterung entfernt. Nach der Pflanzung wird besonders kräftig angegossen, und dies bei trockener Frühjahrswitterung des öfteren wiederholt.

Hochstammrosen werden nach der Pflanzung im Herbst auf den Boden gelegt und die Krone etwa 20 cm hoch mit Erde bedeckt. Bei Frühjahrspflanzung entfällt dies.

Von niederen Beetrosen werden auf 1 m² etwa 9 Stück gepflanzt. Es genügt ein Abstand von 35–40 cm, bei stärkeren Sorten bis zu 50 cm. Bei Strauchrosen soll der Abstand 1–2 m betragen. Wollen wir sie aber als Rosenhecke aufpflanzen, dann dürfen die Pflanzen nicht mehr als 50–60 cm voneinander entfernt sein.

Vielfach wird in kleineren Gärten nur eine einzelne Strauchrose gepflanzt, um einen Punkt zu betonen. Damit ein solcher Rosenbusch besonders attraktiv aussieht, pflanzen wir 3 Strauchrosen im Dreieck zusammen, wobei der Abstand voneinander 60–80 cm sein sollte. Kletterrosen an Mauern werden mit 3–4 m Abstand gepflanzt, entlang eines Zaunes, der zu einer dichten, blühenden Rosenwand werden soll, genügt dagegen ein Abstand von 2 m.

Im Frühjahr, gegen Ende März bis Anfang April, werden die im Herbst gepflanzten Rosen abgehäufelt und geschnitten. Auch von Hochstammrosen wird die Erde entfernt. Sie werden aufgerichtet und an den Pfählen befestigt. Die Triebe der Polyantha-, Teehybriden- und Hochstammrosen schneiden wir auf etwa 3–5 Augen zurück. Unter »Augen« versteht man die Blatt- und Triebknospen der Rosen. Wir brauchen aber durchaus nicht ängstlich die Augen abzuzählen. Im allgemeinen wird mindestens die Hälfte, vielfach aber werden zwei Drittel oder drei Viertel der Trieblänge weggeschnitten. Das ist je nach Sorte verschieden, und wir werden durch eigene Beobachtungen in den folgenden Jahren bald das richtige Maß gefunden haben. Gleich bei der Pflanzung rate ich jedoch zu einem besonders kräftigen Rückschnitt. Meist zeigen uns die im letzten Herbst oder diesem Frühjahr gepflanzten Rosen von selbst an, wo sie zurückgeschnitten werden wollen, über dem Auge nämlich, das in den unteren Teilen der Pflanze besonders stark auszutreiben beginnt. Neugepflanzte Kletterrosen werden mindestens um die Hälfte eingekürzt.

Winterschutz Bei Beginn stärkerer Fröste, also etwa ab Mitte November, werden die Beetrosen 20 cm hoch angehäufelt. Entweder ziehen wir mit einer Hacke die Erde aus dem Rosenbeet an die einzelnen Stöcke oder aber wir bringen an jede Pflanze Komposterde oder im Handel befindliche Rosenerde und decken

Strauchrose 'Elmshorn', robust und bis weit in den Herbst hinein blühend.

eventuell noch mit Fichtenzweigen locker ab.

Geschnitten wird im Spätherbst nicht, es sei denn, die Rosensorte hat sehr lange Triebe, bzw. die Triebe sind recht unregelmäßig in der Höhe, was nicht gerade schön aussieht. In diesem Fall können wir die Pflanzen auf etwa Kniehöhe zurückschneiden.

Rosen-Hochstämmchen werden im Spätherbst vorsichtig zu Boden gebogen und die Krone mit Erde bedeckt. Sind die Stämmchen zum Herunterlegen bereits zu stark, so binden wir die Krone mit Fichtenzweigen ein. Das Innere der Krone wird vorher mit Stroh ausgefüllt, und auch den Stamm umwickeln wir mit Stroh. Vor der Verwendung von Kunst-

stoffolien oder Ölpapier sei gewarnt. Durch die Sonneneinstrahlungen wird es in solchen Hüllen untertags sehr warm, so daß im Winter extreme Temperaturschwankungen und somit Schäden auftreten können.

Bei Kletterrosen wird die Veredelungsstelle wie bei den Beetrosen gut angehäufelt. Da das Niederlegen wegen der kräftigen Triebe und der vielen Stacheln kaum zumutbar ist, sollten wir Kletterrosen mit Fichtenzweigen gegen Sonneneinstrahlung und austrocknende Winde schützen.

Frühjahrsarbeiten Gegen Mitte März wird das Deckreisig bei allen Rosen entfernt. Dem Ende des Monats zu wird abgehäufelt. Niedergelegte Hochstammrosen werden gegen Mitte März aus dem Boden genommen und an den Pfählen festgebunden. Dies soll nur bei trüber Witterung geschehen, da die bisher in Erde eingebetteten Triebe gegen Sonne empfindlich sind. Gegen Ende März bis Anfang April erfolgt dann der Rückschnitt, wie bereits bei der Pflanzung besprochen.

Winterschutz bei Kletterrosen, Hochstamm- und Beetrosen: Veredelungsstelle anhäufeln bzw. Erde aufbringen! Zusätzlich kann mit Fichtenzweigen abgedeckt werden.

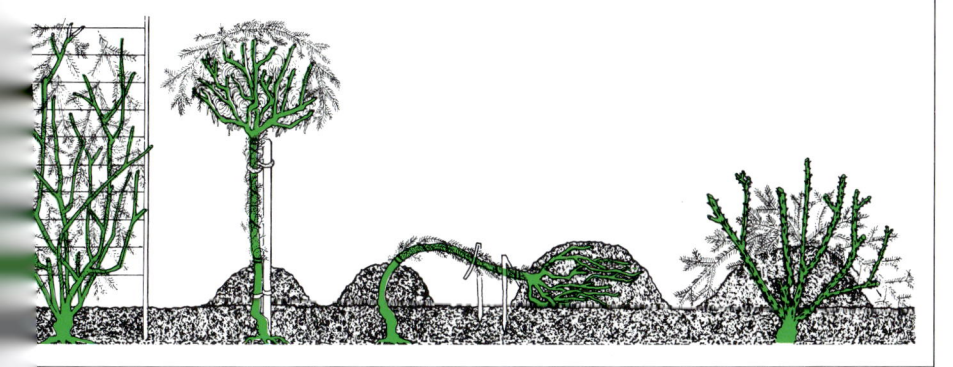

Bei Beet- und Hochstammrosen werden zuerst einmal alle dünnen und erfrorenen, dürren Teile ganz entfernt. Die verbleibenden Triebe nehmen wir dann auf etwa 3–5 Augen zurück, es können aber bei kräftig wachsenden Sorten auch durchaus einige Knospen mehr belassen werden. Grundsätzlich sollten schwachwüchsige Sorten kräftiger, starkwüchsige dagegen nicht so weit zurückgeschnitten werden. Wenn in kalten Wintern die Rosen weit zurückgefroren sein sollten, schneiden wir auf gesunde Augen zurück, auch wenn diese ganz dicht über der Veredelungsstelle sitzen.

Haben wir Polyanthahybriden oder Floribundarosen in freie Pflanzungen eingestreut, so brauchen diese nicht so scharf zurückgenommen zu werden wie Rosen, die auf geschlossenen Beeten zusammenstehen. Hier genügt es meistens, wenn alle schwachen und dürren Triebe entfernt und die verbleibenden nur um etwa ein Viertel bis ein Drittel ihrer Länge eingekürzt werden. Sollten sie in den unteren Partien im Laufe der Jahre verkahlen und im Blühen nachlassen, so werden sie kräftig verjüngt, d. h. ins alte Holz zurückgeschnitten.

Strauchrosen und strauchartig wachsende Wildrosen werden nur ausgelichtet, d. h. wir entfernen dürre und sehr dünne Triebe oder solche, die zu dicht stehen. Die natürliche Form muß erhalten bleiben. Je ungezwungener sie wachsen dürfen, desto schöner werden die Büsche. Nur bei Strauchrosensorten, die sehr lange einjährige Triebe bilden, werden diese um die Hälfte eingekürzt. Sie

würden sonst zu sehr auseinanderfallen, wenn an den Triebspitzen die schweren Blüten zu Dutzenden sitzen. Vor allem bei Regen besteht diese Gefahr.

Auch bei Kletterrosen sollten wir nicht viel herumschneiden. Hier werden nur dreijährige und noch ältere Triebe am Boden weggeschnitten, bzw. wenn sich an ihnen in Bodennähe kräftige Jungtriebe entwickelt haben, werden sie auf diese zurückgesetzt. Die kräftigen Jungtriebe dagegen, die oft für Wildtriebe gehalten werden, sind bei der Kletter-

Oben: Strauchrose 'Golden Wings'.
Unten: Strauchrose 'Westerland', stark duftend.

rose sehr wertvoll und dürfen auf keinen Fall entfernt werden. An Kletterrosen sollte also nicht viel herumgeschnitten, sondern lediglich ausgelichtet werden. Eine überalterte Kletterrose, deren untere Partien verkahlt sind, wird durch Verjüngung wieder zu neuem Leben erweckt. Entweder werden alle alten Teile bis auf Jungtriebe entfernt, oder noch radikaler – wir schneiden alle Triebe bis dicht über den Boden zurück. Meist erfolgt dann der erwünschte kräftige Austrieb. Genau so gehen wir vor, wenn nach einem strengen Winter die Kletterrose erfroren ist.

Sehr wichtig ist die Düngung. Bereits im März bringen wir zwischen den Rosen 2 Finger stark Kompost oder andere Humusstoffe auf und arbeiten diese flach ein. Gleichzeitig werden je m² 1 Handvoll eines Blau-Volldüngers gegeben. Vorzüglich eignet sich auch ein organisch-mineralischer Dünger wie Hornoska-Spezial, Manna, Hornphos u. a., denn die wichtigen Pflanzennährstoffe sind hier als Knochenmehl, Hornmehl und in mineralischer Form (Kali) enthalten. Im Mai, wenn sich die Knospen zeigen, gießen wir mit einem stickstoffarmen Volldünger wie Hakaphos blau. In einer Kanne Wasser wird dann ½ Handvoll gelöst. An jede Pflanze kommt etwa 1 l.

Gegen Mitte Juni wird die Frühjahrsdüngung vom März wiederholt. Wir verwenden also wieder einen Blau-Volldünger oder aber einen organisch-mineralischen Dünger. Die Wirkung tritt rasch ein und kommt der zweiten, spätsommerlichen Rosenblüte zugute.

Später darf auf keinen Fall mehr mit stickstoffhaltigen Volldüngern gearbeitet werden. Die Pflanzen würden sonst noch Neutriebe bilden, die bis zum Herbst hin nicht ausreifen könnten. Es hat sich bewährt, wenn im Spätherbst, also vor dem Einwintern etwa ½ Handvoll Kalimagnesia (Patentkali) ausgestreut werden. Durch die Kaligabe werden die Rosen besonders frosthart.

Die sommerliche Bodenbearbeitung unter Rosen soll flach sein, damit die Wurzeln nicht beschädigt werden. Gut hat sich das Mulchen bewährt, d. h. wir bringen den Rasenschnitt in einer Stärke von etwa 10 cm zwischen die Rosen. Dadurch

Beet- und Hochstammrosen vor und nach dem Schnitt. Schwache Triebe entfernen, übrige meist auf 3–5 Augen einkürzen. Bei kräftig wachsenden Rosen können mehr Augen (Knospen) verbleiben.

erübrigt sich eine Bodenlockerung. Außerdem bleibt der Boden unter der Mulchdecke gut feucht, so daß wir uns ein allzu häufiges Gießen ersparen können.

Muß bei längerer Trockenheit gegossen werden, so soll dies möglichst so geschehen, daß die Blätter nicht naß werden, also mit dem Schlauch gründlich zwischen den Pflanzen gießen. Blätter, die längere Zeit feucht sind, werden besonders stark von Sternrußtau, aber auch von Rosenrost (siehe S. 232, Tabelle Pflanzenschutz) befallen.

Über die wichtigsten Rosenkrankheiten und Schädlinge kann im Abschnitt Pflanzenschutz nachgelesen werden.

Während der Blüte brauchen wir nicht ängstlich zu sein, wenn wir die Rosen für die Vase schneiden. Wir sollten die Triebe sogar möglichst weit zurücknehmen, weil aus den unteren Blattachsen die kräftigsten Neutriebe nachkommen. Auch an der Pflanze verblühte Triebe sind mit etwa 2–3 Blättern zurückzuschneiden. Meist zeigt uns die Sorte die richtige Stelle schon durch eine austreibende Knospe an, über der wir die verblühenden Teile wegschneiden sollten. Wer in seinem Nutzgarten ein Beet mit Teehybridrosen gepflanzt hat, die nur für den Schnitt gedacht sind, muß beim Blumenschnitt darauf achten, daß noch 2–3 Blätter am Trieb verbleiben. Bei solchen Rosen wird auch der Frühjahrsschnitt besonders kurz durchgeführt. An jedem kräftigen Trieb sollen nur 2–3 Augen verbleiben. Dadurch bekommen wir lange Stiele und große Blumen.

An Wildrosen brauchen die verblühten Teile nicht weggenommen zu werden. Hier freuen wir uns auf die Hagebutten, die bei vielen Arten recht zierend aussehen. Bei mehrmals blühenden Strauchrosen und ebenso bei Kletterrosen darf diese Arbeit jedoch nicht übersehen werden, da es sonst zu Fruchtansatz kommt und die zweite Blüte nur recht schwach ausfällt.

Sortenwahl

Um dem Gartenfreund die Wahl aus den vielen Sorten zu erleichtern, werden hier einige genannt, mit denen ich gute Erfahrungen gemacht habe. Nachdem aber die Eignung mancher Sorte von Gegend zu Gegend schwankt, sollte sich jeder nach Möglichkeit selbst informieren. Wertvoll ist es, wenn wir uns in beschil-

Sternrußtau, eine häufig auftretende Pilzkrankheit. Links gesundes Blatt, daneben beginnender und starker Befall.

derten öffentlichen Anlagen, Rosengärten, Botanischen Gärten und anderen Schaupflanzungen einige Aufzeichnungen über Farbe, Höhe und Gesundheit von Sorten machen. Bebilderte Kataloge sind dabei eine wertvolle Hilfe.

Hier noch eine Einteilung der Beetrosen, soweit diese zum Verständnis der Kataloge und für unsere praktischen Zwecke wichtig ist: Unter Polyantharosen (z. B. die bekannte Sorte 'Orange Triumph') verstehen wir Sorten mit großen Blütendolden, aber kleinen Einzelblüten. Polyanthahybriden blühen ebenfalls in Büscheln, bringen aber bereits größere Einzelblüten. Floribundarosen zeichnen sich schließlich durch noch größere Einzelblüten aus. Sie sind bereits den Edelrosen ähnlich, blühen aber in großen Dolden.

Sorten aus diesen 3 Gruppen kommen

vor allem für die Bepflanzung von Beeten in Frage, denn mit ihnen läßt sich Farbe in den Garten zaubern. Sie werden deshalb häufig als »Beetrosen« zusammengefaßt. Die Teehybridrosen, auch Edelrosen genannt, sind dagegen speziell für den Schnitt geeignet. Sie bringen wenige, dafür jedoch sehr große Einzelblüten.

Alljährlich werden in den Katalogen neue Sorten angeboten, die – in der Werbesprache – alles Bisherige an Schönheit, Blütenreichtum und Duft zu übertreffen scheinen. Es macht Spaß, solche Neuheiten auszuprobieren. Selbstverständlich werden wir uns fürs erste mit 1 oder 3 Pflanzen begnügen, denn Enttäuschungen werden nicht ausbleiben. Für Liebhaber werden auch zahlreiche alte Rosensorten, Bodendeckerrosen und einmal blühende Strauchrosen bzw. Wildrosen angeboten.

Viele Rosensorten sind anfällig gegen Pilzkrankheiten und müssen deshalb mehrmals gespritzt werden. Vor allem der Sternrußtau und der Mehltau treten beinahe alljährlich auf, ähnlich wie bei den tierischen Schädlingen Blattläuse und Rosenzikaden. Gegen die Pilzkrankheiten sollte die erste Bekämpfung bereits gegen Ende Mai erfolgen, bzw. man beobachtet und spritzt, sobald die ersten Anzeichen von Befall erkennbar sind. Einzelheiten hierzu im Pflanzenschutzteil auf S. 232. Anfällige Sorten, die nicht behandelt werden, verlieren bereits im Sommer ihre Blätter, blühen dann kaum noch und gehen geschwächt in den Winter. Wer Spritzungen vermeiden möchte, sollte Sorten auswählen, die in der betreffenden Gegend von den genannten Krankheiten kaum befallen werden.

Wer möchte hier nicht gerne zum Fenster herausschauen? Duftende Kletterrose 'Gruß an Heidelberg'.

Bewährte Rosensorten

Strauchrosen

'Grandhotel' rot	Höhe 1,50–2 m. Die sehr großen leuchtend samtig-blutroten Blüten sind gut gefüllt. Die Pflanzen wachsen sehr buschig. Wohl die schönste Sorte in Blutrot.
'Dirigent' rot	Höhe 1,50–2 m. Die halbgefüllten, glühend blutroten Blüten sitzen in dichten Büscheln und erscheinen bis in den späten Herbst hinein. Breiter, kräftiger Wuchs. Die Farbe hält jedem Regenwetter stand. Für dauerhafte Hecken.
'Bischofsstadt Paderborn' rot	Höhe 1–1,50 m. Übersät mit einfachen, schalenförmigen Blüten in flammendem Zinnoberscharlach. Ideale Sorte für Hecken, da kräftiger, gut verzweigter Wuchs.
'Robusta' leuchtend rot	Höhe 1,80–2 m. Die schalenförmigen Blüten sind gut haltbar und reinigen sich selbst. Gesundes, dunkelgrünes Laub. Ideal für blühende Hecken, da sehr stark bestachelt, undurchdringlich; 3 Pflanzen/m; im Frühjahr etwa um ⅓ einkürzen.
'Westerland' orange	Höhe 1,50 m. Eine herrliche, farbenfreudige Sorte mit großen, weithin leuchtenden Blüten, aprikosenfarben mit Lichtgelb. Die Blumen sind halbgefüllt, haltbar und stark duftend. Früh- und reichblühend bis zum Frost.
'Stadt Rosenheim' lachsorange	Höhe 1,50 m. Edelrosenähnliche Blüten von intensiver Leuchtkraft. Glänzende, gesunde, hellgrüne Belaubung.
'Elmshorn' rosa	Höhe 1,50–2 m. Die zierlichen Blüten in kräftigem Rosa mit Lachsschein stehen in großen Büscheln zusammen. Gut zum Schnitt (kleine Gestecke). Üppiger Herbstflor.
'Centenaire de Lourdes' rosa	Höhe 1–1,80 m. Eine außergewöhnlich reichblühende Sorte mit beinahe edelrosengleichen, reinrosa Blüten. Duftend. Kräftig und sehr gesund wachsend.
'Lichtkönigin Lucia' gelb	Höhe 1,50 m. Reiche Blüte bis Spätherbst in leuchtendem Zitronengelb. Sehr gesunde, glänzend grüne Belaubung. Duftend! Spitzensorte in Gelb!
'Golden Wings' gelb	Höhe 2 m. Die großen, einfachen Blüten (Durchmesser 10–12 cm) sind schwefelgelb bis rahmgelb mit auffälligen orangeroten Staubfäden. Kräftiger, breitausladender Wuchs; im Herbst große, leuchtendgelbe Hagebutten.
'Schneewittchen' reinweiß	Höhe 1 m. Edelrosengleiche Blüten, sitzen zu vielen in großen Dolden zusammen, blüht ununterbrochen bis zum Frost; sehr wertvolle Sorte. Ideal für niedrige Hecken.

Kletterrosen

'Sympathie' rot	Wohl die schönste aller roten, öfterblühenden Kletterrosen mit edelrosengleichen Blüten von samtig-dunkelroter Farbe. Wildrosenduft! 3–4 m hoch.
'Gruß an Heidelberg' rot	Reichblühend bis in den späten Herbst hinein. Intensive, feurigrote Farbe und dunkelgrüne Belaubung. Duftend!
'Parkdirektor Riggers' rot	Sehr starkwüchsige Sorte; weithin leuchtende Blüten sitzen in Rispen zusammen. Reich und lange blühend! 3–4 m.
'Flammentanz' blutrot	Erreicht eine Höhe von 4–5 m. Mittelgroße, gefüllte Blüten. Sehr frostharte Sorte, einmal blühend im Juni/Juli.
'Rosanna' lachsrosa	Elegante Knospen, gefüllte, sehr große Blüten, einzeln und in Büscheln. Kräftiger Wildrosenduft. 2–2,50 m.
'Lawinia' reinrosa	Gefüllte große Blüten, duftend, wetterbeständig; öfterblühend.
'New Dawn' zartrosa	Altbekannte, wertvolle Sorte von zartrosa Farbe, duftend, blüht bis in den Herbst hinein, gesunder Wuchs und gesunde Belaubung, gute Winterhärte, geeignet zum Schnitt. 2–3 m.
'Goldstern' gelb	Die großen, tiefgoldgelben Blüten sind haltbar und verblassen nicht. Robuste Sorte. 2–3 m, sehr gesund, sehr winterhart.
'Schwanensee' weiß	Leuchtend reinweiße Blüten mit rosa Hauch und zartem Duft. Die gefüllten Blumen blühen in Büscheln. Kräftiger Wuchs.

Strauchrose 'Conrad Ferdinand Meyer'.

Kletterrose 'Sympathie'.

Wertvolle Polyanthahybriden und Floribundarosen (Beetrosen)

'Gruß an Bayern' blutrot	Höhe 60–70 cm. Eine wertvolle Beetsorte mit halbgefüllten, leuchtend samtig-blutroten Blüten. Wildrosenduft. Winterhart.
'Tornado' blutrot	Höhe 50–60 cm. Haltbare, robuste, pflegeleichte Sorte. Farbbeständig bei Regen und Sonne. Sehr winterhart. Ideale Beetsorte.
'Lilli Marleen' dunkelrot	Höhe 50–70 cm. Eine der schönsten unter den samtig-dunkelroten Beetrosen. Die Sorte blüht unendlich reich bis in den späten Herbst hinein. Sehr gesunde, sattgrüne Belaubung.
'Cordula' rot	Höhe 30–40 cm. Gefüllte Blüten in leuchtendem Blutrot mit Orange. Belaubung dunkelgrün, glänzend. Sauber verblühend, auch bei ungünstigem Wetter. Ideal für niedrigbleibende Rosenbeete, also auch für den kleinen Garten geeignet.
'Europeana' rot	Höhe 40–50 cm. Die leuchtend blutroten gefüllten Blüten sind stark duftend und erscheinen in großer Fülle. Sehr gesundes Laub!
'Sarabande' rot	Höhe 50 cm. Das Rot der einfachen, geranienroten Blüten ist von ungewöhnlicher Leuchtkraft. Gesunder Wuchs, lange, reich blühend.
'Irish Wonder' rot	Höhe 50 cm. Einzigartige samtig-blutorange Farbe, sehr gleichmäßig, verblaßt kaum, ungeheuer reichblühend, weithin leuchtend.
'Meteor' rot	Höhe 40 cm. Die zinnoberroten edlen Blüten haben enorme Leuchtkraft, ähnlich wie 'Irish Wonder', nur etwas heller. Reich blühend.
'Olala' rot	Höhe 70 cm. Große einfache, blutrote Blüten, in der Mitte heller. Sehr hart, keine Krankheiten, deshalb »Standardrose«, die bis zum Herbst durchblüht. Alte robuste Sorte.
'Escapade' lilarosa	Höhe 60–80 cm. Überreich in großen Büscheln blühend. Die lilarosa Blüten wirken vor allem durch die goldgelben Staubfäden über der weißen Mitte ganz außergewöhnlich. Kräftig wachsend. Zarter Duft.
'Bonica 82' rosa	Höhe 50–70 cm. Weitgehend gefüllte Blüten in großer Zahl von zart bis kräftig rosa Farbe. Sehr frosthart, auch für extreme Lagen.
'IGA 83 München' rosa	Höhe 70–80 cm. Eine Neuheit des weltberühmten französischen Rosenzüchters Meilland. Halbgefüllte Blüten, gute Selbstreinigung, leichter Wildrosenduft. Anlehnung an Gehölzgruppen!
'Tip Top' rosa	Höhe 40 cm. Niedrige Beetrose mit halbgefüllten, reinrosa Blüten. Große Haltbarkeit und reine Farben. Wildrosenduft!
'The Queen Elizabeth Rose' rosa	Höhe 80 cm. Enormer Blütenreichtum bis in den November hinein. Blüten in der Knospe edelrosengleich, sehr groß und gefüllt. Farbe: Reinrosa, in zartes Hellrosa übergehend. Sehr gesund!
'The Fairy' rosa	Höhe 60 cm. Eine bildhübsche Bodendeckerrose mit ungezählten kleinen zartrosa Blüten. Pflanze breitwüchsig, elegant überhängend. Gute Wirkung zusammen mit Lavendel, Katzenminze und Duftsteinrich (*Alyssum*).
'Allgold' goldgelb	Höhe 40 cm. Blüten in rein-goldgelber Farbe, unempfindlich gegen schlechte Witterung, großer Blütenreichtum, sehr gesund.
'Friesia' gelb	Höhe 60–70 cm. Bewährte Sorte in leuchtendem Goldgelb, das sich bis zum sauberen Verblühen hält. Lieblich duftend, winterhart.
'Borduere Rose' weißlich-rosa	Höhe 40–50 cm. Eine ungewöhnliche Beetrose. Enorm reichblühend. Niedrig, aber kräftig wachsend, so daß zwischen den Pflanzen kaum Boden sichtbar ist. Blütenfarbe Weißlich-Rosa.
'Edelweiß' weiß	Höhe 40 cm. Cremeweiß blühende, attraktive Floribunda. Belaubung glänzend, dunkelgrün; Wuchs kompakt und breit.
'Helga' reinweiß	Höhe 60–70 cm. Reichblühend mit beinahe edelrosengleichen Blüten, hellgrünes Laub.

Teehybriden (Gartenrosen, Edelrosen, Schnittrosen)

Aus dieser umfangreichen Gruppe eine kleine Auswahl:

'Erotika' dunkelrot	Diese Edelrose bringt samtig-dunkelrote Blüten auf kräftigen, aufrechten Stielen. Stark duftend!
'Papa Meilland' dunkelrot	Edle Knospenform und samtig-dunkelrote Blüten von 12 cm Durchmesser. Kräftig duftende Schnitt- und Beetrose. Mehltauanfällig.
'Baronne E. de Rothschild' purpurrot	Regenfeste Schnitt- und Beetrose. Intensiv duftend und außergewöhnliche purpurrote Farbe.
'Duftwolke' rot	Haltbare Blüte von reinem Blutorange. Wundervoll duftend.
'Roter Stern' rot	Aus langgestreckten Knospen, gutgefüllte, sehr haltbare, mennigrote Blüten. Hervorragend zum Schnitt geeignet.
'Königin der Rosen' orangerot	Die Knospen sind beim Aufblühen lachsorange, die Außenseiten goldgelb. Bei Sonne leuchtendes Orangerot. Herrlicher Rosenduft.
'Wimi' rosa	Nach Willi Millowitsch benannte Teehybride bringt große, vollkommen gefüllte, zweifarbige Blüten: rosa, Rand lila-rot; starkduftend.
'Carina' rosa	Wundervolle Rose mit reinrosa Blüten. Hervorragend zum Schnitt geeignet.
'Aachener Dom' lachsrosa/kirschrot	Die dichtgefüllten Blüten sind 2–15 cm groß und sehen wie aus Seidenpapier aus. Gesundes Laub. Unterhalb der Hauptblüte entwickeln sich häufig 3–5 weitere Blüten.
'Picadilly' lachs	Ungewöhnliche Sorte in lachs-gelb-rotem Farbton, man glaubt, eine Kerze würde hinter jeder Blüte brennen; bezaubernder Duft.
'Superstar' orange	Eine bekannte Sorte, deren Blütenfarbe nicht genau zu beschreiben ist (salmorange). Sehr gesund, duftend, blüht bis in den Herbst hinein.
'Gloria Dei' goldgelb	Riesengroße, lange haltbare Blüten. Die Blütenblätter sind erst goldgelb, im Verblühen hellgelb und rötlich überhaucht. Außerordentlich robust, gesund und sehr winterhart.
'Sutters Gold' gelb	Eine der prächtigsten Schnittrosen, goldgelbe Blüten mit rötlichem Schimmer, intensivem Duft und sehr gesunder Belaubung.
'King's Ransom' gelb	Wohlgeformte, leuchtend goldgelbe, große Blüten; hervorragend zum Schnitt geeignet und stark duftend. Belaubung glänzend.
'Pascali' weiß	Edle, reinweiße Blumen! Starkwachsend und reichblühend. Unter den weißen Sorten mit die beste Winterhärte.

Ziergehölze für viele Zwecke

Mit Ziergehölzen schaffen wir entlang der Gartengrenze oder in Terrassennähe einen guten Sichtschutz. Es ist unmöglich, im Rahmen dieses Buches all die Arten zu nennen und zu beschreiben, die für eine solche Pflanzung in Frage kommen. Dies ist auch unnötig, denn Beschreibungen, Abbildungen und Sortenangaben bringt jeder gute Baumschulkatalog. Noch besser ist es, wenn wir uns in der Schaupflanzung einer Baumschule umsehen, um uns einen möglichst naturgetreuen Eindruck vom späteren Aussehen der verschiedenen Gehölze machen zu können. Der erfahrene Baumschulgärtner wird uns sicher gut beraten, wenn wir ihm sagen, was wir uns vorstellen und wie viele Meter Grundstücksgrenze angepflanzt werden sollen.

Gut wird es sein, wenn wir bereits vorher in unserem Gartenplan die Ziersträucher in Form kleinerer Kreise und vereinzelte größer werdende Laub- und Nadelgehölze entsprechend größer einzeichnen. Damit sich die meisten Ziersträucher zu voller Schönheit entwickeln können, sollten wir sie im Abstand von etwa 1,50 m und immer etwas versetzt pflanzen, so daß keine langweilige Reihe entsteht. Hier soll nur eine Anzahl von Ziersträuchern in der Reihenfolge ihrer Blütezeit aufgeführt werden. Es handelt sich also um eine bewährte Grundausstattung, bei der nichts schiefgehen kann.

In die Randpflanzung um unser Grundstück lassen sich auch Strauchrosen gut einfügen. Ich möchte aber raten, diese nur einzeln oder in kleinen Gruppen vor die grüne Wand der vorhin genannten altbewährten Sträucher zu stellen. In regenreichen Sommern können sie nämlich – wenn wir die nötigen Spritzungen übersehen – weitgehend entblättert dastehen, und dann hätte unsere Sichtschutzpflanzung ein unschönes Loch.

Das gleiche gilt für den Schmetterlingsstrauch, auch Sommerflieder genannt *(Buddleia davidii)*. Er friert im Winter leicht zurück, so daß im Frühsommer eine Lücke in unserer Pflanzung ist. An einer anderen Stelle im Garten, für sich allein gestellt, wirkt die Buddleie sehr hübsch – und vor allem freuen sich die Kinder, wenn die Blüten von vielen Schmetterlingen besucht werden.

Wer Sträucher mit farbigen Blättern in seiner Pflanzung haben möchte, dem rate ich zur weißbuntblätterigen Kornelkirsche (*Cornus alba* 'Alba-marginata Elegans'), einem robusten Gehölz, welches immer gut aussieht. Gehölze mit kräftig roten Blättern sind die Bluthasel (*Corylus maxima* 'Purpurea'), dann die dunkelrotlaubige Berberitze (*Berberis ottawensis* 'Superba') und die Blutpflaume (*Prunus cerasifera* 'Nigra') mit schwarzrotem Laub. Letztere wird allerdings im Laufe der Jahre ein mächtiger

Elfenbeinginster mit Vergißmeinnicht und Tulpen als Blühpartner.

Strauch von gut 6–7 m Höhe und entsprechendem Durchmesser, was wir bei der Pflanzung berücksichtigen müssen. Ein hübsches gelbbuntblättriges Gehölz von 5–7 m Höhe ist eine besondere Form des Eschenahorns mit dem botanischen Namen *Acer negundo* 'Aureo-variegatum'.

Robuste Ziersträucher, die sich wegen ihres hübschen Wuchscharakters oder einer besonders attraktiven Blüte für eine Einzelstellung (Solitär) eignen, sind die Sommerbuddleie (*Buddleja alternifolia*) mit elegant überhängenden hellvioletten Blütentrieben im Juni, oder der bereits vorhin genannte Schmetterlingsstrauch (*Buddleia davidii*).

Sehr duftig wirkt die Frühlingstamariske (*Tamarix parviflora*) mit zartrosa Blüten im April/Mai. Ein Strauch mit überhängenden Trieben und reicher weißer Blüte ist die rechts genannte *Spiraea nipponica*. Besonders in freier Stellung kann sich diese Spiräe zu voller Schönheit entfalten. Bei der Felsmispel *Cotoneaster dielsianus* wirkt der sehr dekorative, überhängende Wuchs.

Gefüllter Schneeball zusammen mit Weigelie. Blütezeit: Mai/Juni.

Ziersträucher,
die sich zur Abpflanzung des Gartens eignen

Name	Blütezeit	Höhe in m	Bemerkungen
Duftschneeball *Viburnum fragrans*	Februar/ März	2–3	Wohlriechend. Ein Blütenstrauch, der in milden Wintern schon ab Dezember seine rosaweißen Blüten öffnet.
Goldglöckchen *Forsythia intermedia* in versch. Sorten	März/ April	2–3	Bekannter, weitbogig überhängender Zierstrauch, der im Frühjahr wie mit Gold überschüttet aus den Gärten leuchtet.
Scheinquitte, Zierquitte *Chaenomeles lagenaria*	März/ April	2–3	Auffallender Blütenstrauch mit leuchtend roten Blüten in Büscheln. Wuchs sparrig aufgelockert.
Brautspiere, Schneespiere *Spiraea arguta*	April/Mai	1,50–2	Sieht zur Blütezeit wie mit frischem Schnee bedeckt aus.
Felsenbirne *Amelanchier laevis*	April/Mai	2,50–3,50	Mehrstämmiger, locker wachsender Deckstrauch. Duftige, reiche Blüte, orangefarbene Herbstfärbung. Sehr gut auch in Einzelstellung im Garten zu verwenden.
Blutjohannisbeere *Ribes sanguineum* 'Atrorubens'	April/Mai	2	Locker aufrecht wachsende Triebe. Dunkelrote Blütentrauben.
Edelflieder *Syringa-Vulgaris-*Veredelungen	Mai	2–3	Bewährte Sorten sind: 'Andenken an Ludwig Späth', dunkelpurpurrot, einfach; 'Charles Joly', purpurrot, gefüllt; 'Michael Buchner', rosa, gefüllt; 'Marie Legraye', weiß, einfach; 'Mme. Lemoine', weiß, gefüllt.
Prachtspiere *Spiraea × vanhouttei*	Mai/Juni	2–2,50	Strauch zur Blütezeit über und über mit weißen Dolden bedeckt.
Gefüllter Schneeball *Viburnum opulus* 'Sterile'	Mai/Juni	2,50–3	Der deutsche Name trifft hier ins Schwarze. Gefüllte, kugelige, schneeballartige Blütenstände. Wertvoll sind auch einige wohlriechende Schneeball-Arten *(Viburnum × burkwoodii, V. carlcephalum)*, die gut 2 m hoch wachsen und während der Blütezeit im Mai Duftwolken verströmen.
Heckenkirsche *Lonicera tatarica* u. a. Arten	Mai/Juni	3	Anspruchslose, breit ausladende Deck- und Schattensträucher.
Ranunkelstrauch *Kerria japonica* 'Pleniflora'	Mai/Juni	1,50–2	Die einfache Form blüht im Mai/Juni, die genannte gefülltblühende von Mai bis September.

Name	Blütezeit	Höhe in m	Bemerkungen
Falscher Jasmin, Pfeifenstrauch *Philadelphus coronarius* u. a. Arten	Mai/Juni	2–3	Bewährte, reichblühende Sträucher, die gut decken.
Chinesischer Flieder *Syringa × chinensis*	Mai/Juni	3–4	Großer Blütenstrauch mit ausladenden, überhängenden Trieben und lilarosa, duftenden Blüten. Wertvoll auch zur Einzelstellung.
Weigelie *Weigelia-*Hybriden	Mai/ August	1,50–3	Im Mai/Juni blüht die karminrote 'Bristol Ruby' (2–3 m), im Juni/Juli die tiefrote 'Newport Red' (2–3 m), und von Juni bis August die breitbogig überhängende, karminrote Sorte 'Eva Rathke' (1,50 m).
Maiglöckchenstrauch *Deutzia* in verschiedenen Arten	Juni	2–3	Bekannter Zierstrauch, der je nach Art weiß oder rosa blüht.
Kolkwitzie *Kolkwitzia amabilis*	Juni	2–3	Auffallender, hübscher Blütenstrauch mit bogig überhängenden Zweigen. Wirkt im Juni wie eine rosa Blütenkaskade, da zu dieser Zeit die Blätter völlig in den Hintergrund treten.
Bogenflieder *Syringa reflexa, S. swegiflexa*	Juni/Juli	3–4	Große Sträucher mit trichterförmigen Grundtrieben. Triebe im oberen Bereich und Seitentriebe hängen elegant bogig über. Blüten in hängenden Rispen. Die Art *S. swegiflexa* wächst etwas kräftiger und lockerer, die Blüten sind größer und im Aufblühen tiefrot.
Spierstrauch *Spiraea nipponica*	Juni/Juli	2–2,50	Ein prächtiger Blütenstrauch, der die früher blühenden Arten an Schönheit beinahe noch übertrifft. Die cremeweißen Doldentrauben sitzen dicht an dicht entlang der vorjährigen Triebe. Sehr gut auch zur Einzelstellung geeignet.
Felsenmispel *Cotoneaster dielsianus, C. multiflorus* u. a. Arten	Juni/Juli	2–2,50	Verschiedene strauchartig wachsende Felsenmispel-Arten eignen sich in einer gemischten Rahmenbepflanzung sehr gut, um den Garten nach außen hin abzuschirmen.

127

Die Eberesche (Vogelbeere) eignet sich auch für kleinere Gärten.

Der Korkflügelstrauch *(Euonymus alatus)* in feurig-roter Herbstfärbung.

Etwas höher werdende, meist strauchartig wachsende Gehölze, die sich zur Abpflanzung des Gartens eignen

Name	Blütezeit	Höhe in m	Bemerkungen
Feuer-Ahorn *Acer ginnala*	Mai	4–6	Blätter glänzend dunkelgrün, feurigrote Herbstfärbung.
Kornelkirsche *Cornus mas*	März/ April	5–7	Wertvoller Großstrauch. Auffallende goldgelbe Blüte am alten Holz.
Haselnuß *Corylus avellana*	März	5–7	Bekannter Großstrauch mit gelbgrünen Kätzchen und eßbaren Nüssen.
Goldregen *Laburnum × watereri* 'Vossii'	Mai/Juni	4–5	Prächtiger hoher Blütenstrauch, der im Mai zusammen mit Flieder, Spiräen u. a. blüht. Rinde und Fruchtstände giftig.
Blutpflaume *Prunus cerasifera* 'Nigra'	April	6–7	Kleiner Baum oder Großstrauch mit sehr dichter Krone, der nach 5–10 Jahren rosarot blüht. Belaubung braun bis tiefschwarzrot mit metallischem Glanz.
Japanische Zierkirsche *Prunus sargentii* 'Accolade'	April	3–4	Überaus elegante Zierkirsche mit zierlichen, leicht überhängenden Zweigen. Die Blüten sind leicht gefüllt. Sehr reichblühend.
Japanische Nelkenkirsche *Prunus serrulata* 'Kanzan'	April	7–8	Mittelgroßer Baum bzw. Großstrauch mit trichterförmigen, etwas steif wirkenden, locker verzweigten Hauptästen. Im April fällt der Baum durch die dichtgefüllten, dunkelrosa Blüten auf.
Echte Salweide *Salix caprea mas*	März/April	3–5	Großstrauch oder kleiner Baum mit sparriger Krone und auffallend gelben Blütenkätzchen im März/April. Es gibt davon auch eine Hängeform (*S. caprea* 'Pendula'), die nur 2–3 m hoch wird und sich gut für Einzelstellung – auch in kleinen Gärten – eignet.
Vogelbeerbaum, Eberesche *Sorbus aucuparia*	Mai	7–10	Mittelhoher Baum oder mehrstämmiger Großstrauch mit gefiederten Blättern und weißen Blütendolden im Mai. Ab September dunkelrote Beeren.

Ziergehölze, die sich gut zur Einzelstellung eignen

Name	Blütezeit	Höhe in m	Bemerkungen
Felsenbirne *Amelanchier laevis*	April	2,50–3,50	Locker aufgebauter Strauch, weißblühend in hängenden Trauben. Austrieb leuchtend rot, später grün. Herbstfärbung orange.
Chinesischer Sommerflieder *Buddleia alternifolia*	Juni	2,50–3	Breitausladend, Seitentriebe lang und dünn. Auffallend purpurlila Blüten an letztjährigen, elegant überhängenden Trieben; stark duftend.
Schmetterlingsstrauch *Buddleia-Davidii-*Sorten	Juli–Okt.	2,50–3	Beliebt wegen der vielen Schmetterlinge, die sich an den Blütenrispen tummeln. Farbe je nach Sorte verschieden (rosa, blauviolett, dunkelviolett, purpurrot). Radikaler Rückschnitt nach Winterende bringt reiche Blüte.
Amerikanischer Blumen-Hartriegel *Cornus florida*	Mai	4–5	Typischer Blütenstrauch für Einzelstellung. Die weißen Blüten sind bis zu 8 cm groß, die Herbstfärbung ist leuchtendrot. Braucht bis zur vollen Entwicklung etwa 10 Jahre. Kalkempfindlich (saurer Boden!) und empfindlich gegen Hitze und Trockenheit. Die Form *C. florida* 'Rubra' rosa bis rot; noch intensivere Herbstfärbung.
Japanischer Blumen-Hartriegel *Cornus kousa*	Mai/Juni	5	Blüte wie bei oben genannter Art, aber später. Entwickelt sich ebenfalls erst nach etwa 10 Jahren zu voller Schönheit. Herbstfärbung scharlachrot.
Wintergrüne Felsenmispel *Cotoneaster salicifolius* var. *floccosus*	Juni	3	Großstrauch mit bogig überhängenden Trieben und immergrüner Belaubung. Weiße Blüten kaum auffallend. Ab August dicht besetzt mit hellrot leuchtenden Beeren.
Perückenstrauch *Cotinus coggygria*	Juni/Juli	3–4	Breitausladender Strauch mit grüngelben Blüten und auffallend rötlichen, perückenartigen Fruchtständen ab Ende Juli bis September. Herbstfärbung orangegelb.
Rotlaubiger Perückenstrauch *Cotinus coggygria* 'Royal Purple'	Juni/Juli	2–3	Wie die genannte Art, nur schwächer wachsend. Friert im Winter gelegentlich zurück, so daß man ihn in rauheren Gebieten nur 1–2 m hoch vorfindet. Laub metallisch glänzend, intensiv schwarzrot, später bräunlich. Auffallend grün-rote Blütenrispen im Juni/Juli, bis 20 cm lang.
Zaubernuß *Hamamelis japonica, H. mollis*	Febr.–April	2–3	Bizarr verzweigter, langsam wachsender Strauch, der bereits ab Februar goldgelb blüht, bevor das Laub kommt. Will schwach sauren bis neutralen Boden. Man sollte die Zaubernuß in Hausnähe oder an einem Weg pflanzen, damit man sich an den Blüten freuen kann, die wenig Fernwirkung haben.
Essigbaum geschlitztblättriger *Rhus typhina* 'Dissecta'	Juni/Juli	3–4	Diese schwächer wachsende Form des Essigbaums zeichnet sich durch tief geschlitzte Blätter und bizarren Wuchs aus.
Japanische Zierkirsche *Prunus sargentii* 'Accolade'	April	3–4	Eine bezaubernde Art mit zierlichen, leicht überhängenden Zweigen, die sich im April mit unzähligen rosaroten Blütenbüscheln schmücken. Ein eleganter Blütenstrauch.
Japanische Hänge-Nelkenkirsche *Prunus serrulata* 'Shidare Sakura'	April/Mai	3–4	Ein kleiner, auffallender Blütenbaum, dessen Äste überhängen und nach Jahren bis zum Boden reichen. Dichtgefüllte rosa Blütenbüschel.
Japanische Säulen-Zierkirsche *Prunus serrulata* 'Amanogawa'	April/Mai	4–5	Säulenförmig wachsende Zierkirsche, zur Blütezeit mit hellrosa Blüten über und über bedeckt.
Japanischer Schneeball *Viburnum tomentosum* 'Mariesii'	Mai/Juni	2–3	Breitausladender Zierstrauch mit beinahe etagenbildenden Seitentrieben und auffallend flachen, weißen Blütenzweigen.

Chinesischer Sommerflieder *(Buddleia alternifolia)* mit elegant überhängenden Blütentrieben.

Auch das Mandelröschen *(Prunus triloba)* eignet sich vorzüglich zur Einzelstellung.

Sträucher – Lebensgrundlage für die Vogelwelt

Vogelschutz sollte sich nicht nur in der Winterfütterung und dem Anbringen von Nisthöhlen erschöpfen. Beides ist zwar wichtig, kommt aber nur einer beschränkten Anzahl von Vogelarten zugute, die sich dann auf Kosten der nicht geförderten Arten übervermehren. Um möglichst viele Vogelarten in ihrem Bestand zu erhalten, bedarf es eines abwechslungsreichen Lebensraumes. Wir sollten deshalb Sträucher und Hecken pflanzen, die vielen Vogelarten Nahrung, Schutz, Aufenthalt, Übernachtungsmöglichkeiten und den Frei-Brütern natürliche Nistgelegenheiten bieten.

Hinsichtlich Boden und Wasserversorgung gibt es in Gärten mit meist heimischen Gehölzen kaum Schwierigkeiten.

Die hier empfohlenen Gehölze wachsen in jedem Garten. Lediglich in bezug auf Bodenfeuchtigkeit oder schattige Stellen sollten die unterschiedlichen Ansprüche beachtet werden. Die Tabelle soll anregen, möglichst solche Bäume und Sträucher zu pflanzen, die auch in der freien Landschaft vorkommen; sie ist nicht vollständig. Dies hat den Vorteil, daß die Gehölze bei richtiger Standortwahl sicher anwachsen und leicht zu pflegen sind.

Viele kleine Vögel überfliegen ungern weite deckungslose Strecken. Deshalb sollte man möglichst einen Anschluß an bereits vorhandene Gehölze versuchen. Bei Hecken gilt: Ist genügend Platz vorhanden, pflanzen wir Sträucher und Bäume in möglichst bunter Mischung, Abstand 1–2 m, einreihig oder auf Lücke. Man darf sich dabei nicht vom mageren Aussehen, der meist noch kleinen Jungpflanzen beeindrucken lassen, also auf keinen Fall zu eng setzen!

Bei wenig Platz wird besser eine strenggeschnittene Hecke gewählt. Pflanzabstand bei Laubgehölzen 30–40 cm, bei Nadelgehölzen 40–50 cm. In diesem Fall entscheiden wir uns für nur eine Pflanzenart wie Hainbuche (Weißbuche), Kornelkirsche, Feldahorn, Weißdorn, Liguster, Fichte, Thuje oder Eibe. Wichtig ist, daß die Hecke nach dem Schnitt unten immer breiter als oben ist. Dann bleibt sie auch im unteren Bereich dicht, während sie sonst von unten her verkohlen würde.

Bei der Pflanzung von freiwachsenden Gehölzen oder Hecken immer vorgeschriebenen Abstand zur Nachbargrenze einhalten, um späteren Ärger zu vermeiden! Fallaub im Herbst unter den Sträuchern und Hecken liegen lassen! Es dient als Mulch, also als natürliche Bodendecke, düngt, fördert die Bodengare, beherbergt eine Unzahl von Kleinlebewesen und zieht viele Vögel fast magnetisch an.

Vogelschutzgehölze

Name	Höhe in m	Ansprüche/Bemerkungen
Alpenjohannisbeere *Ribes alpinum*	1–2,5	kalkhaltige Böden, schattenverträglich, bildet Nistquirle
Alpenjohannisbeere, Zwerg-*Ribes alpinum pumilum*	1	kalkhaltige Böden, schattenverträglich, sehr dicht
Brombeere *Rubus fruticosus*	0,5–2	nicht zu trockene und arme Böden, verträgt Halbschatten, undurchdringlich, Schutz, Früchte Vogelnahrung
Eibe *Taxus baccata*	bis 10	frische, kalkhaltige Böden, Schatten, langsamwüchsig, verträgt starken Schnitt
Feldahorn *Acer campestre*	bis 15	keine nassen Böden, Halbschatten, bildet selbständig Nestquirle, verträgt Schnitt
Hartriegel *Cornus sanguinea*	2–4	verträgt starke Beschattung, Früchte Vogelnahrung
Haselnuß *Corylus avellana*	3–5	verträgt Halbschatten, bildet selbständig Nistquirle
Heckenkirsche *Lonicera xylosteum*	2	verträgt Schatten
Holunder, Schwarzer *Sambucus nigra*	bis 5	verträgt Halbschatten, Früchte Vogelnahrung
Holunder, Trauben- *Sambucus racemosa*	bis 4	verträgt Halbschatten, Früchte Vogelnahrung
Kornelkirsche *Cornus mas*	2–5	verträgt Halbschatten, Früchte Vogelnahrung
Lawsonzypresse *Chamaecyparis lawsoniana*	bis 20	braucht gute Böden, Schatten, säulenförmiger Wuchs, geeignet als Solitärpflanze
Liguster *Ligustrum vulgare*	2–3	auch auf mageren und feuchten Böden, verträgt Halbschatten, Beeren Vogelnahrung, verträgt starken Schnitt
Mahonie *Mahonia aquifolium*	0,5–1,5	verträgt Schatten, immergrün
Pfaffenhütchen *Euonymus europaeus*	2–3	Früchte Vogelnahrung, begünstigt Auftreten des Rotkehlchens
Schneeball, Gemeiner *Viburnum opulus*	2–3	für feuchte Standorte, verträgt Halbschatten, wertvoller Fruchtstrauch, allerdings blattlausanfällig
Schneeball, Wolliger *Viburnum lantana*	2–3	Halbschatten, Beeren erst rot, dann schwarz, Vogelfutter
Schneebeere *Symphoricarpos albus*	1–2	anspruchslos, verträgt Halbschatten, weiße Beeren
Weißbuche (Hainbuche) *Carpinus betulus*	bis 20	verträgt Schatten, verträgt starken Schnitt, auch bis zum Boden
Weißdorn, Eingriffeliger *Crataegus monogyna*	2–4	verträgt Halbschatten, verträgt starken Schnitt, auch bis zum Boden

Name	Höhe in m	Ansprüche/Bemerkungen
Weißdorn, Gemeiner *Crataegus oxyacantha*	2–4	verträgt Halbschatten, verträgt starken Schnitt, auch bis zum Boden
Besenginster *Cytisus scoparius*	0,5–2	keine nassen Böden, lichtbedürftig, goldgelb und reichblühend
Bocksdorn *Lycium halmifolium*	1–3	warme, lockere, nährstoffreiche Böden, lichtbedürftig, bildet selbständig Nestquirle, undurchdringlich
Eberesche *Sorbus aucuparia*	15	anspruchslos, Früchte Vogelnahrung; es gibt auch Züchtungen mit eßbaren Früchten
Erbsenstrauch *Caragana arborescens*	bis 5	anspruchslos, Bodenverbesserer, verträgt Schnitt
Faulbaum *Rhamnus frangula*	2–6	anspruchslos, auch feuchte Böden, Beeren erst rot, dann schwarz
Fichte, Serbische *Picea omorica*	bis 30	mittlere, nicht zu trockene Böden, schlanker Wuchs, deshalb auch in Gärten für Hecken geeignet
Lebensbaum *Thuja occidentalis*	bis 15	auch auf Moorböden, verträgt Schnitt
Kreuzdorn *Rhamus cathartica*	bis 6	moorige, auch trockene, steinige Böden, wächst langsam, Dornen; als Zwischenwirt des Getreiderostes nicht in Ackerbaugebieten anpflanzen
Krummholzkiefer *Pinus montana*	2–10	anspruchslos, aber schattenempfindlich
Rose, Apfel- *Rosa rugosa*	2	auch für magere und trockene Böden, Früchte Vogelnahrung
Rose, Hecken- *Rosa canina*	2–3	Früchte Vogelnahrung
Sanddorn *Hippophae rhamnoides*	2–5	auch auf magersten Böden, zweihäusig, männliche und weibliche Exemplare gemeinsam pflanzen
Schlehe *Prunus spinosa*	1–3	für trockene, steinige Böden, lichtbedürftig, Früchte bilden Vogelnahrung, Schutz
Wacholder *Juniperus communis*	1–3	gedeiht auch auf trockenen Standorten, lichtbedürftig
Weide, Öhrchen- *Salix aurita*	2–3	für sumpfige Standorte
Weide, Grau- *Salix cinerea*	2	für sumpfige Standorte
Weide, Sal- *Salix caprea*	8	alle Böden, von extrem nassen bis extrem trockenen. Von der Gattung *Salix* gibt es unzählige Arten und Züchtungen, es wurden nur drei für extreme Standorte passende Vertreter aufgeführt.

Baum, Strauch und Stauden – Eine romantische Ecke zum Nachgestalten

Wie sehr eine Staudenpflanzung gewinnt, wenn wir Gehölze hinzufügen, soll dieses Beispiel zeigen. Stauden wollen sich an Baum und Strauch anlehnen, an ein dauerhaftes Gerüst, das auch im Winter, wenn die Stauden eingezogen sind, sichtbar bleibt. Zudem bieten Gehölze Windschutz und verbessern das Kleinklima.

Die naturnahe Pflanzung mit vorwiegend Wildstauden bedeckt nur eine Fläche von 6 × 6 m, läßt sich also auch in einem kleinen Garten nachahmen. Nichts »knallt« hier heraus, alles ist betont schlicht und einfach, aber gerade dadurch vermittelt diese Pflanzung ihren besonderen Reiz. »Zentrum«, um das sich alles übrige gruppiert, ist eine im Vordergrund befindliche Vogeltränke mit einem aus Weiden geflochtenen Vogelfutterhäuschen.

Die nicht allzu hoch werdenden Gehölze bilden, bis auf eine niedrigbleibende Zirbelkiefer und einen rotblättrigen Japanischen Fächerahorn an der Vogeltränke, den schützenden Rahmen der Pflanzung. Nach Süden und zum östlich angrenzenden Sitzplatz hin liegt sie offen da.

An Gehölzen wurden verwendet:

A **Hemlockstanne** *(Tsuga canadensis)*. Ein zierlich wirkendes und deshalb auch für kleinere Gärten geeignetes Nadelgehölz. Es kann zwar bis zu 15 m hoch und entsprechend breit werden, wächst aber sehr, sehr langsam. Notfalls läßt es sich durch Schnitt zurückhalten. Die Hemlockstanne liebt eine windgeschützte, feuchte, leicht schattige Stelle; an einem heißen, trockenen Standort kümmert sie. Der Boden sollte auf keinen Fall kalkhaltig, sondern sauer (unter pH 5,5) sein. Andernfalls werden die Nadeln chlorotisch, d. h. sie verfärben sich krankhaft gelblich.

B **Feuerdorn** *(Pyracantha coccinea)*. Die ungezählten kleinen, je nach Sorte orangeroten oder goldgelben Beeren dieses Strauches bringen von September bis in den Dezember hinein Farbe in den Garten, sofern sie nicht bis dahin von den Amseln geholt wurden. Blüte im Mai/Juni; weiße, dichte Dolden. Der Feuerdorn liebt warme, sonnige Lage; er fühlt sich eher auf einem trockenen als feuchten Boden wohl. Schorfresistente, frostharte Sorten wie 'Orange Glow', 'Soleil d'Or' u. a. bevorzugen!

C **Eibe** *(Taxus Hicksii)*. Sie folgt als nächste in der abschirmenden Gehölzreihe unseres Pflanzbeispiels. Diese Eibe kann bis zu 3 m hoch werden, wird aber kaum breiter als 1,50 m. Deshalb eignet sie sich auch für kleinere Gärten. Weitere Vorzüge: lockerer, säulenförmiger Wuchs, reicher Beerenschmuck, sehr frosthart, sonnenverträglich, wächst in jedem Gartenboden. Um bei der großen Zahl von Eibenarten bzw. -formen eine Verwechslung auszuschließen, immer mit vollem botanischen Namen bestellen! Dies gilt auch für andere Gehölze und Stauden.

D **Fiederspiere** *(Sorbaria sorbifolia)*. Wegen der gefiederten Blätter ein recht malerisches Kleingehölz, das aufrecht wächst und nur 2–3 m hoch wird. Sehr dekorativ sind auch die weißen Blütenrispen im Mai/Juni. Anspruchslos an Boden und Klima wächst die Fiederspiere in voller Sonne, aber auch noch im lichten Schatten. Einziger Schönheitsfehler: Die *Sorbaria* verbreitet sich durch Wurzelausläufer, denen wir Einhalt gebieten müssen.

E **Wintergrüner Schneeball** *(Viburnum rhytidophyllum)*. Auch »Runzelblättriger Schneeball« genannt, weil die 25 cm langen immergrünen, glänzend dunkelgrünen Blätter stark runzelig geadert sind. Dieser Schneeball mit dem zungenbrechenden botanischen Namen wird an die 3–4 m hoch und wächst ebenso in die Breite. Gelblich-weiße flache Blütenstände im Mai/Juni, wenig auffallend. Liebt schwachsauren Boden, sonst keine besonderen Ansprüche. Einer der schönsten, immergrünen Großsträucher!

F **Erbsenstrauch** *(Caragana arborescens)*. Ein baumartiger, 3–5 m hoher, aufrechtwachsender Strauch mit kurzen gefiederten Blättern. Aus den gelben Schmetterlingsblüten, die sich im Mai öffnen, entstehen später tiefbraune, walzenförmige Fruchthülsen. Äußerst anspruchsloser Großstrauch für sonnige Lagen, der sich selbst noch für schlechteste, trockenste Böden eignet. Er ist stickstoffsammelnd und bietet Nistgelegenheiten für Vögel.

G **Sommerflieder, Schmetterlingsstrauch** *(Buddleia alternifolia)*. Ein Verwandter von *Buddleia davidii*, dem bekannten und vor allem auch bei Kindern beliebten Sommerflieder, an dessen langen Blütenrispen sich im Sommer viele Schmetterlinge tummeln.

Die in unserem Beispiel verwendete Art ist dagegen in den Gärten nur selten zu sehen. Dabei ist die 2–4 m hoch werdende *Buddleia alternifolia* recht winterhart und erstaunlich anspruchslos. Als Wüsten- und Steppenpflanze eignet sich dieser Strauch mit den elegant überhängenden Zweigen gut für trockene Stellen. Er braucht auch nicht geschnitten zu werden wie die anderen Schmetterlingssträucher. Im Gegenteil, ein Schnitt sollte unterbleiben, denn die stark duftenden, lebhaft hellila gefärbten Blüten sitzen ab Juni in verschwenderischer Fülle an den vorjährigen Trieben. Lediglich bei älteren Sträuchern kann ein Auslichten sinnvoll sein.

H **»Jasmin«, Pfeifenstrauch** *(Philadelphus lemoinei* 'Erectus')*. Dieser aber auch die übrigen »Jasmin«-Arten brauchen wenig Pflege und können durchaus gelegentlich zurückgeschnitten werden. Das Blühen wird dadurch sogar gefördert. Auch starker Schatten wird vom Falschen Jasmin vertragen, nur geht dies dann auf Kosten der Blühwilligkeit.

Die Form 'Erectus' wächst, wie der Name schon sagt, aufrecht und wird nur an die 1,50 m hoch. Aus diesem Grunde steht sie in unserer Pflanzung im Vordergrund. Die im Juni/Juli erscheinenden einfachen Blüten sind reinweiß und stark duftend. Wegen des sehr dichten Wuchses eignet sich die Form 'Erectus' auch vorzüglich für ungeschnittene Blütenhecken.

I **Zwerg-Zirbelkiefer** *(Pinus cembra* 'Nana')*. Wohl jeder Bergsteiger kennt die Zirbelkiefer, auch Arve genannt, die 10–20 m hoch werden kann und vor allem im Alter malerisch aussieht. An den Boden ist sie anspruchslos und fühlt sich vor allem in einem rauhen, feuchten Klima wohl. Auf eines sollten wir aber achten: freier Stand, weil sie sonst kahl wird. Die in unserem Beispiel gepflanzte Zwergform bleibt zeitlebens niedrig. Der Wuchs ist gestaucht, die Nadeln sind grün bis blau und an den Triebenden gedreht.

K **Rotblättriger japanischer Fächerahorn** *(Acer palmatum* 'Atropurpureum'). Ein kleiner Baum, mehr ein Strauch, der langsam wächst und auch später höchstens einmal 3 m hoch wird. Durch seine fünflappigen, schwarzroten Blätter bringt er den gewünschten Farbkontrast in die außerhalb der Blütezeit meist aus Grün- und Grautönen bestehende Pflanzung. Er verlangt schwachsauren Gartenboden ohne Staunässe und liebt eine geschützte Lage.

In der hier vorgestellten Gartenecke bildet dieses aparte Kleingehölz zusammen mit Vogelfutterhäuschen und Vogeltränke den Schwerpunkt, um den herum sich die übrige Pflanzung gruppiert. Überhaupt eignet sich dieser Fächerahorn am besten für Einzelstellung in großen und kleinen Gärten, für Dachgärten, größere Steingärten sowie für große Gartenkübel oder Pflanztröge.
Zur Zusammenstellung der Stauden sei folgendes vermerkt: Wer den Bepflanzungsplan genau ansieht, wird feststellen, daß sich die mehr schatten- und feuchtigkeitsliebenden Stauden im Bereich der Gehölze befinden, also westlich und nördlich vom Vogelfutterhäuschen. Die andere Hälfte der Pflanzung, also östlich von Futterhäuschen und Vogeltränke wird dagegen von überwiegend Sonne und Trockenheit liebenden Arten eingenommen. Dies gilt auch für die Gräser. So findet sich im mehr schattigen Bereich die Riesensegge, die übrigen im mehr sonnigen, trockeneren Teil der Pflanzung. Alle diese Gräser wirken entweder durch grazil im Wind schwankende Blütenähren oder als kugelige Horste.
Neben Gehölzen, höheren und mittelhohen Stauden sowie verschiedenen Gräsern sind es Bodendecker, die das Bild unserer Pflanzung bestimmen. Vor allem im vorderen Teil bis etwa zur Mitte hin sind solche vorhanden. Aus diesem Teppich flachwachsender Stauden, deren Triebe ineinander verwoben sind, ragen kleine Gruppen von höheren Stauden heraus, durch deren Vorhandensein eine vorbildliche räumliche Wirkung entsteht.

Ausschnitt aus der romantischen Ecke, wenige Jahre nach der Pflanzung. Siehe Plan auf der folgenden Seite.

Stauden

Hohe und mittelhohe

Nr.	Stück	Name lateinisch deutsch	Wuchs- höhe (cm)	Blüte- zeit	Blütenfarbe
①	3	*Pulmonaria saccharata* Lungenkraut	30	3–4	rotviolett, leuchtendrot; für Halbschatten
②	2	*Peltiphyllum peltatum* Schildblatt	80	5	blaßrosa, wenig attraktiv; Schönheit liegt in den langgestielten, schild- förmigen Blättern
③	3	*Lupinus*-Hybriden Lupine	80–120	5–6	zahlreiche Sorten in vielerlei Farbtönen
④	3	*Iris sibirica* Sibirische Wieseniris	50–120	6	hell- bis dunkelblau, violett, weiß
⑤	1	*Cimicifuga racemosa* Julisilberkerze	180	7–8	weiß; für halbschattige bis leicht schattige Stellen
⑥	3	*Anemone japonica* Japan-Anemone	60–80	8–10	rosa, lilarosa, dunkelrot, weiß (Farbe und Blüte- zeit) je nach Sorte unter- schiedlich
⑦	1	*Rodgersia aesculifolia* Schaublatt, kastanien- blättrig	100	6–7	weiße, dekorative Blü- tenrispen; dekoratives Blatt
⑧	5	*Lysimachia punctata* Goldfelberich	80	6–8	goldgelb; unverwüstlich, wuchert
⑨	3	*Monarda*-Hybriden Indianernessel	100–150	7–9	lachsrosa, purpurrot, purpurlila, weiß u. a.
⑩	3	*Aconitum × arendsii* Eisenhut	100	9–10	dunkelblauviolett; in allen Teilen giftig, vor allem Rhizome
⑪	1	*Aruncus sylvester* Waldgeißbart	180	6–7	weiß; liebt Halbschatten, möglichst viele Jahre am gleichen Platz belassen
⑫	6	*Geranium platypetalum* Storchschnabel	50	6–7	blauviolett; verträgt Trockenheit recht gut
⑬	5	*Anaphalis margaritacea* Perlkörbchen	50–80	7–9	weiß, Blätter silbrig behaart; liebt Sonne
⑭	3	*Nepeta × fasseenii* Katzenminze	25–30	5–9	lilablau; unermüdlicher Sommerblüher
⑮	3	*Allium albopilosum* Sternkugellauch	30–40	6–7	lila; nach Blüte attraktive kugelige Fruchtstände
⑯	5	*Lavandula angustifolia* Lavendel	40–50	7–8	lavendelblau; liebt volle Sonne
⑰	3	*Achillea filipendulina* Schafgarbe	70–120	6–9	goldgelb; Höhe je nach Sorte verschieden
⑱	3	*Stachys grandiflora* 'Superba' Ziest	30–50	7–8	purpurrosa; für Sonne und lichten Schatten

Gräser (hier Wuchshöhe: 1. Zahl = Höhe ohne Blüte, 2. Zahl = Höhe mit Blüte)

Nr.	Stück	Name lateinisch deutsch	Wuchs-höhe (cm)	Blüte-zeit	Blütenfarbe
⑲	3	*Carex pendula* Riesensegge	60/150	6–7	Über immergrünen Horsten im Sommer pendelnde Ähren; für halbschattige bis schattige Stellen
⑳	3	*Pennisetum compressum* Lampenputzergras	25/60	7–9	Sorte 'Hameln' bevorzugen, da sichere Blüte, frosthart, langlebig
㉑	3	*Avena sempervirens* Blaustrahlhafer	60/120	7–8	blaugrau; bei der Form 'Pendula' hängen die Blütenrispen besonders elegant über
㉒	8	*Festuca glauca* Blauschwingel	20/40	6–7	blaubereift; mit den nur 20 cm hohen Büscheln lassen sich interessante Farbkontraste erzielen

Bodendecker

Nr.	Stück	Name lateinisch deutsch	Wuchs-höhe (cm)	Blüte-zeit	Blütenfarbe
㉓	10	*Asperula odorata* Waldmeister	15	5	weiß; breitet sich zwischen anderen Pflanzen aus ohne zu »wuchern«, liebt lichten Schatten
㉔	5	*Astilbe chinensis* 'Pumila' Astilbe	25	8–9	lilarosa; verträgt Sonne und Trockenheit; ohne Blüten 10–20 cm hoch, am Boden kriechend
㉕	10	*Waldsteinia geoides* Waldsteinie, Golderdbeere		4–5	goldgelb; die erdbeerähnlichen wintergrünen Blätter bilden einen dichten Teppich; kann Trockenheit vertragen; liebt lichten Schatten
㉖	12	*Thymus serpyllum* Thymian	5	7–9	rosa; bekanntes Gewürzkraut; kriechende Polster für sonnige, trockene, magere Stellen
㉗	8	*Acaena buchananii* Stachelnüßchen	5–10	6–7	silber- oder graugrüne Blättchen; zierend auch die borstigen Fruchtstände im August; bildet geschlossene Bodendecke; für sonnige, trokkene Stellen
㉘	30	*Sedum floriferum* 'Weihenstephaner Gold' Fetthenne	20	7–8	goldgelb; bewährte Fetthenne für sonnige, trokkene Stellen, die dunkelgrünen Blätter sehen das ganze Jahr über gut aus
㉙	3	*Helianthemum*-Hybriden Sonnenröschen	20	6–8	dunkelrot ('Rubin' in unserem Pflanzbeispiel), hellgelbe, goldgelbe, rosarote, rote Sorten; anspruchslos, sonnenliebend, trockener Standort

Hecken pflanzen

Wer Hecken pflanzen will, muß sich darüber im klaren sein, daß sie im Jahr zweimal geschnitten werden müssen, im Juni und im Winter. Nur bei Nadelholzhecken genügt ein einmaliger Schnitt im Juli/August, wenn der Jungtrieb abgeschlossen ist. Hecken müssen unten breiter gehalten werden als oben. Das entspricht dem natürlichen Wuchs; im anderen Falle würden sie unten verkahlen.

Nadelholzhecken, also vor allem Fichtenhecken, sollten nur dort gepflanzt werden, wo die Fichte von Natur aus gut gedeiht und ausreichende Niederschläge vorhanden sind. Dort aber bekommen wir sehr dichte Hecken, die auch im Winter das Grundstück gut nach außen abschließen und im Gegensatz zu Thujen besser in ländliche Gebiete passen. Wenn möglich, soll bei einer Fichtenhecke kein Holzzaun verwendet werden, sie würde sonst in den unteren Teilen kahl. Ein Drahtzaun, durch den die Triebe durchwachsen können, ist dagegen gut geeignet.

Wer also die Schnittarbeit zur rechten Zeit durchführen kann, was durch elektrische Heckenscheren inzwischen sehr erleichtert wird, kann um sein Grundstück anstelle einer ungezwungenen Abpflanzung mit freiwachsenden Ziersträuchern ebensogut eine Hecke wählen. Hecken haben den Vorteil, daß sie wenig Platz benötigen und dabei nach außen hin dicht abschließen.

Bevor wir pflanzen, muß der Boden in wenigstens 50 cm Breite 2 Spaten tief umgegraben und wie bei Rosen und Stauden verbessert werden. Dauerunkräuter sind vor der Pflanzung zu entfernen. Je laufenden m brauchen wir gewöhnlich 4–5 Pflanzen, bei Thujen als Ballenware genügen 2,5 Stück, und bei Fichten, die bereits 60–80 cm hoch sind, kommt man mit 1,5–2 Stück aus. Haben wir dagegen bei Laub- und Nadelgehölzen sehr kleine Pflanzware, also zwei- bis dreijährige Jungpflanzen, so kann die Stückzahl auf 10 je m erhöht werden.

Nach der Bodenvorbereitung wird ein Graben ausgeworfen, etwa 20 cm breit und ebenso tief. In diesen werden die Pflanzen nach der Schnur in den entsprechenden Abständen gesetzt, mit Erde bedeckt, angetreten und gründlich eingeschwemmt. Bei höheren Heckenpflanzen und Ballenware Graben entsprechend breiter und tiefer ausheben.

Zwei- bis dreijährige Jungpflanzen werden anschließend kräftig eingekürzt, während wir höhere Heckenpflanzen, vor allem wenn sie Ballen haben, nur auf eine einheitliche Höhe zurückschneiden und auch seitlich etwas einkürzen, um ein ordentliches Bild und einen kräftigen

Oben: Laubgehölzhecken wie Hainbuche u. a. werden gegen Ende Juni/Anfang Juli und nochmals im Winter geschnitten.

Links: Pflanzung einer Hecke: Graben ausheben ... Pflanzerde mit Kompost oder feuchten Torfersatzstoffen mischen ... eine Person hält die Pflanze und sorgt dafür, daß sie nicht zu tief in den Boden kommt ... Bild unten: Die weitgehend fertige Hecke.

Austrieb zu erzielen. Laubhecken werden im Herbst oder Frühjahr gepflanzt, Fichtenhecken am besten im August/September sowie im Frühjahr.

Hecken von 40–100 cm Höhe Für niedrige, strenggeschnittene Hecken eignen sich der Gewöhnliche Liguster (*Ligustrum vulgare*), oder noch besser dessen vollständig winterharte immergrüne Form *L. vulgare* 'Atrovirens'. Weiter sind hier die Alpenjohannisbeere (*Ribes alpinum*) und die wegen ihrer tiefroten Blattfärbung beliebte Blutberberitze (*Berberis thunbergii* 'Atropurpurea') brauchbar. Auch Hainbuchen lassen sich durch Schnitt in der angegebenen Höhe halten.

Hecken von 100–200 cm Höhe Dies ist die Höhe, wie wir sie für die Einfriedung von Gartengrundstücken benötigen. Da es darauf ankommt, das Grundstück gegen Einsicht abzuschirmen, genügt im allgemeinen eine Hecke von 170 cm Höhe.

Freiwachsende Hecken Anstelle von strenggeschnittenen Hecken können auch Einfriedungen aus freiwachsenden Ziersträuchern gepflanzt werden. Diese brauchen aber mehr Platz. Wir müssen schon einen Pflanzstreifen von 1,50–2 m Breite um das Grundstück vorsehen. Ein regelmäßiger Schnitt entfällt. Die Sträucher werden lediglich ausgelichtet, erstmals nach mehreren Jahren, dann nach Bedarf. Das Auslichten erfolgt wie bei anderen Ziersträuchern auch: Die älteren Triebe werden entweder dicht über dem Boden entfernt oder bis auf einen jüngeren Trieb zurückgeschnitten. Mit der Heckenschere darf auf keinen Fall herangegangen werden, soll doch die natürliche Form der Sträucher erhalten bleiben. Freiwachsende Hecken machen weniger Arbeit, benötigen allerdings mehr Platz als streng geschnittene. Sie eignen sich deshalb vor allem für etwas größere Gärten, wo mit Pflanzfläche nicht gegeizt werden muß.

Auch hierfür können wir Liguster oder die rotblättrige Berberitze (nur 100–150 cm hoch) verwenden, doch werden wir wohl der schönsten laubabwerfenden Heckenpflanze, der Hainbuche, den Vorzug geben. Mit Hainbuchen läßt sich eine absolut dichte Hecke erzielen, bildhübsch im Austrieb. Das braune Laub behält sie größtenteils den Winter hindurch.

Weiter eignet sich der Feldahorn *(Acer campestre)*, der sich auch mit leichten, sandigen Böden zufriedengibt und selbst im Halbschatten wächst. Hübsch sind hier das lebendige Geäst und das Blatt. Auch die Kornelkirsche *(Cornus mas)* kann empfohlen werden.

Wenn in großstädtischen Gärten eine immergrüne, frostharte Hecke gewünscht wird, die sich ausgezeichnet im Schnitt halten läßt, wird man den Lebensbaum *(Thuja occidentalis)* den Vorzug einräumen. Wer etwas Besonderes möchte, sollte *Thuja gigantea* 'Aurescens' mit bronzegelben Zweigspitzen wählen.

Für Gärten an einem Bungalow oder einer vornehmen Villa mit südländischem Charakter sieht *Thuja occidentalis* 'Columna' prächtig aus. Diese Form behält auch im Winter ihre schöne grüne Farbe und bildet ohne seitlichen Schnitt schlanke, dichte Säulen. Wir brauchen lediglich die Spitzen in der gewünschten Höhe zurückzuschneiden.

In ländlichen Gebieten mit genügend Niederschlägen kann die gewöhnliche Fichte *(Picea abies)* oder die Serbische Fichte *(Picea omorica)* gepflanzt werden. Beide Arten ergeben dichte Hecken.

Für niedrigbleibende, freiwachsende Hecken sind geeignet

Name	Blütezeit	Höhe in m	Blütenfarbe
Deutzie *Deutzia gracilis*	Mai/Juni	1	weiß
Johannisstrauch *Hypericum patulum* 'Hidcote Gold'	Juni–Oktober	1	goldgelb
Falscher Jasmin *Philadelphus-Lemoinei-Hybriden*	Juni/Juli	1,20	weiß
Fingerstrauch *Potentilla fruticosa* 'Farreri'	Juni–Oktober	1	goldgelb
Spierstrauch *Spiraea-Bumalda-*Hybride 'Anthony Waterer'	Juli–August	0,80	dunkelrot
Spierstrauch *Spiraea-Bumalda-*Hybride 'Froebeli'	Juni/Juli	1	dunkelrosa

Für höhere, freiwachsende Hecken sind geeignet

Name	Blütezeit	Höhe in m	Blütenfarbe
Felsenmispel *Cotoneaster dielsianus, C. divaricatus*	Juni/Juli	1,80–2	im Herbst rote Beeren
Goldglöckchen *Forsythia intermedia* 'Lynwood Gold'	April/Mai	1,80–2	goldgelb
Goldglöckchen *Forsythia intermedia* 'Spring Glory'	April/Mai	1,80–2	lichtgelb
Schottische Zaunrose *Rosa rubiginosa*	Juni	2–3	dunkelrosa
Japanische Zaunrose *Rosa rugosa*	Mai–Oktober	1,50–2	rosa-hellrot
Spierstrauch *Spiraea arguta*	Mai	1,80–2	weiß
Spierstrauch *Spiraea × vanhouttei*	Mai/Juni	2	weiß
Korallenbeere *Symphoricarpos chenaultii*	Juni/Juli	1,20–1,50	im Herbst violettrote Beeren
Chinesischer Flieder *Syringa chinensis*	Mai	2,50–4	dunkellila

Schling- und Kletterpflanzen

Am Hauseingang gepflanzt, schafft eine Kletterpflanze eine innige Verbindung von Haus und Garten. Der von Blättern und Blüten umrankte Hauseingang vermittelt einen Hauch Romantik. Ebenso ist es mit Pergolen und Rankgerüsten. Erst durch Kletterpflanzen, die an Pfosten und Latten nach oben streben, wird solch ein Bauwerk lebendig. Auch eine alte Gartenhütte bekommt durch eine einzige Kletterpflanze neuen Glanz. Von Kletterrosen wurde bereits gesprochen. Hier einige andere:

Pfeifenwinde *(Aristolochia durior)* Sie entwickelt große, üppige, herzförmige Blätter, wächst sehr gesund und ist sehr winterhart. In zu kleinen Gärten ist allerdings Vorsicht geboten, damit die wuchtigen Blätter den Garten nicht optisch »erdrücken«. Gut geeignet für Sonne und Schatten.

Waldrebe (*Clematis*-Arten) Ganz entzückend sehen die kleinblütigen Arten aus: *Clematis montana* 'Rubens', die im Mai rosa blüht, dann *Clematis viticella* mit purpurvioletten Blüten im Juli/August, und *Clematis tangutica* mit gelben Blüten von Juni bis September. Letztere entwickelt reizende Fruchtstände, die wie silbrige Perücken aussehen. Sie klettert nur bis zu einer Höhe von etwa 3 m und eignet sich deshalb gut zum Beranken eines Zaunes oder eines Strauches. Am bekanntesten sind die großblumigen Hybriden, die es in verschiedenen Blautönen gibt, sowie in Rosa und Weiß.
Alle *Clematis*-Arten wollen einen schattigen »Fuß« haben. Beim Pflanzen bringen wir sie etwas tiefer in den Boden, als sie vorher gestanden haben. Die Pflanzerde sollte gut mit Kompost oder Torf verbessert werden. Den Wurzelstock nach der Pflanzung und in den darauffolgenden Jahren bedeckt halten (Laub, Torfmull) oder niedrige Stauden vorpflanzen. Am besten gedeihen *Clematis* an Ost- und Westseiten.

Efeu *(Hedera helix)* Eine bekannte Kletterpflanze, immergrün und mit kleinen Blättern, die es ohne weiteres schafft, ein Haus bis zur Dachrinne hin einzugrünen. Sehr gut für Halbschatten und vollen Schatten geeignet. Vorsicht, in späteren Jahren üppiger, ungezügelter Wuchs!

Geißblatt *(Lonicera)* Sehr hübsch ist die Art *L. heckrottii*, die von Juni bis in den Herbst hinein durch ihre elegant geformten Lippenblüten gefällt. Die Farbe ist Rosa-Karmin, geöffnet in Goldgelb übergehend. Höhe etwa 4 m. Vor der Blüte treten häufig in großer Zahl Blattläuse auf. Solange die Blüten noch geschlossen sind, kann mit einem Insektenmittel gespritzt werden.
Eine andere sehr hübsche Art ist *L. × tellmanniana*, die im Mai/Juni goldgelb blüht. Vor allem vor dunkelbraunem Holz wirkt sie sehr gut. Es gibt auch eine wertvolle wintergrüne Geißblatt-Art, *L. henryi*, die nur etwa 3–4 m hoch wird.

Wilder Wein *(Parthenocissus)* Diese Kletterpflanzen sind allgemein bekannt, so daß nicht viel dazu gesagt zu werden braucht. Verwendet werden vor allem die großblättrige Art *(P. quinquefolia)* und die kleinblättrige *P. tricuspidata* 'Veit-

Oben: Wilder Wein, Fruchtstände von *Clematis tangutica* und rosa Pelargonien (Geranien) verzaubern diese Hütte.

Oben links: Die Kletterhortensie *(Hydrangea petiolaris)* liebt genügend feuchten Boden, ist aber sonst recht anspruchslos.

Links: Die Pfeifenwinde mit tropisch anmutenden Blättern wächst sehr gesund und ist winterhart.

chii'. Die Blätter liegen bei der Letztgenannten der Wand flach an. Für Nordseiten sehr gut geeignet! Interessant ist vor allem die Rotfärbung im Herbst. Höhe bis zu 8 m und mehr.

Klettermaxe *(Fallopia aubertii* syn. *Polygonum)* Diese robuste Kletterpflanze ist überall dort am Platze, wo es gilt, große Flächen schnell zu verdecken. Bereits in einem Jahr entwickelt sie 3 m lange Triebe. Der duftig weiße Blütenschmuck von Sommer bis Herbst ist eine Zierde.

Für kleine Flächen ist die Pflanze allerdings nicht geeignet, weil sie bald alles andere unter sich erdrückt. Böse Zungen nennen sie »Architektentrost«.

Blauregen, Glycine *(Wisteria sinensis)* Eine eindrucksvolle Pflanze, die sich besonders an weißen Hauswänden gut macht, wenn diese mit einem Spanndraht versehen sind, bzw. an Pergolen und anderen Klettergerüsten. Die langen blauen Blütentrauben erscheinen im Mai. Die Glycine liebt Wärme und will unbedingt vor Wind geschützt stehen. Andernfalls kann man sich nur an den duftig aussehenden, gefiederten Blättern freuen, die sich auch an ungünstigen Stellen normal entwickeln.

Nadelgehölze und immergrüne Laubgehölze

Nadelgehölze machen den 6-Monats-Garten zum 12-Monats-Garten. Sie sehen das ganze Jahr über gut aus. Besonders wertvoll sind sie aber den Winter über, wenn die Stauden unter der Bodendecke schlafen und die Laubgehölze längst ihre Blätter abgeworfen haben. Und wenn sie dann gar noch mit Schnee bedeckt sind oder Rauhreifkristalle an den Nadeln glitzern, dann glaubt man, ein Bild aus einem Märchenbuch vor sich zu haben. Dabei sind Nadelgehölze, einmal angewachsen, denkbar anspruchslos. Wir brauchen uns das ganze Jahr über kaum um sie zu kümmern.

Kleine Fichten sehen richtig lieb aus, aber meist nur solange sie klein sind. Im »Normalgarten« würden sie später einmal alles erdrücken, denn sie erreichen immerhin eine Höhe von gut 25 m und einen Durchmesser von 5 m und darüber.

Mähnenfichte *(Picea breweriana).* Ein prächtiges Exemplar in Einzelstellung, Blickpunkt im Sommer und im Winter.

Das gleiche gilt von Tannen, Föhren und Lärchen. Es gibt aber unter all diesen vom Wald her bekannten Nadelgehölzen meist mehrere Formen, die wesentlich schwächer wachsen als die gewöhnliche Art. Die Serbische Fichte *(Picea omorica)* wird zwar auch hoch, sie bleibt aber zeitlebens sehr schlank. Aus diesem Grunde wird sie in Gärten viel verwendet. Nur bis zu 8 m hoch wird die im Austrieb goldgelbe Form der Morgenländischen Fichte *(Picea orientalis* 'Aureospica'). Eine einmalige Erscheinung, die einzeln gestellt werden sollte, ist die Mähnenfichte *(Picea breweriana).* Die dünnen Seitentriebe hängen bei dieser Art lang herunter, so daß sie bei Rauhreif wie ein mit Lametta behangener Christbaum im Garten steht. Auch sie wird kaum 10 m hoch und paßt deshalb, wie die Omorikafichte, noch in den normalen Hausgarten.

Unter den sonst mächtig werdenden Tannen, die nur für sehr große, parkartige Gärten in Frage kommen, gibt es eine Art, die für Hausgärten, ja sogar für Kleingärten bestens geeignet ist: die Koreatanne *(Abies koreana).* Sie wird bei uns meist nur 2–4 m hoch und bringt schon an jungen Pflanzen sehr viele purpurviolette Zapfen.

In manchem Garten kann man als besonderes Repräsentationsstück eine Blautanne sehen, die aber botanisch eine Fichte ist. Die bekannteste Form mit intensiv silberblau gefärbten Nadeln heißt *Picea pungens* 'Glauca Koster', und wird immerhin 10–20 m hoch. Also mit Vorsicht verwenden!

Wer eine Lärche im Garten haben möchte, kann die nur 5–6 m hohe Hängeform *(Larix leptolepis* 'Pendula') wählen. Mit stark herabhängenden Ästen ist sie ein Gehölz für Einzelstellung.

Unsere gewöhnliche Kiefer *(Pinus sylvestris)* ist zwar ein großer Waldbaum. Als Einzelpflanze hat sie aber auch im Normalgarten Platz und ist hier wegen ihres so eigenwilligen Wuchses von großem Wert. Gut können wir unter eine Kiefer (Föhre) Rhododendron pflanzen, denn sie spendet den begehrten lichten Schatten, ohne große Wurzelkonkurrenz zu machen. Universell verwendbar ist die Latsche oder Legföhre *(Pinus montana).* Sie ist anspruchslos in bezug auf Boden und Lage und wird nur 3–5 m hoch. Eine auffallende, langsam wachsende Kiefer mit silberblauer Benadelung ist die Blaue Mädchenkiefer *(Pinus parviflora* 'Glauca'). Diese dekorative Art ist auch

für kleinere Gärten (Höhe 5–10 m) bestens geeignet.

Ein elegantes Nadelgehölz mit zierlichen, überhängenden Trieben ist die Hemlockstanne *(Tsuga canadensis).* Sie wird zwar später einmal gut 10 m hoch, doch das dauert sehr lange. Durch die lichtgrüne Benadelung und den lockeren Aufbau ist dieses Gehölz sehr wirkungsvoll und läßt sich mit Azaleen oder Rhododendren zu hübschen Gruppen zusammenpflanzen. Wir sollten der Hemlockstanne allerdings eine windgeschützte Lage und genügend feuchten Boden bieten.

Außer den hier genannten, nicht allzu hoch werdenden Nadelgehölzen gibt es dann noch eine ganze Schar von immergrünen Gartenzwergen, die meist nur 2 m hoch werden, vielfach aber wesentlich niedriger bleiben. Sie lassen sich in jedem Garten, auch im allerkleinsten, vielseitig verwenden. Hierher gehört z. B. die Zuckerhutfichte, der Blauzedernwacholder und die Zwerglatsche – um nur ein paar der bekanntesten zu nennen. Jede

nanensis (Heckenkirsche), die Mahonie *(Mahonia aquifolium)*, der Feuerdorn *(Pyracantha coccinea* 'Kasan' u. a.) und der langblättrige Schneeball mit dem zungenbrechenden botanischen Namen *Viburnum rhytidophyllum.*

Gepflanzt werden die Nadelgehölze und die immergrünen Laubgehölze nach Abschluß des Triebes im August/September oder im Frühjahr kurz vor Beginn des Triebes. Wir kaufen die Pflanzen mit Wurzelballen. Wenn kleinere Ballen auf dem Transport trocken geworden sind, stellen wir sie für einige Stunden in Wasser. Besonders Rhododendron sollte vor dem Pflanzen einen Tag über in eine Wanne mit Wasser gestellt werden.

Das Pflanzloch muß genügend groß sein, die Pflanzerde vermischen wir mit feuchtem Torf. Dann wird die Pflanze in das Loch gestellt und der freie Raum zwischen Ballen und Erdreich mit der Pflanzerde aufgefüllt. Das den Ballen umgebende Sacktuch knüpfen wir nur oben auf, belassen es aber an der Pflanze. Dann gießen wir gut an und decken den Boden mit Rasenschnitt, Rindenmulch o. ä. ab.

Höhere Nadelgehölze werden mit 3 Drähten fest im Boden verankert. Da-

mit die Drähte nicht den Stamm einschnüren, muß ein Stück eines alten Fahrradreifens, Sackleinen o. ä. Material untergelegt werden. Bei Trockenheit werden die frisch gepflanzten Gehölze jede Woche gründlich gewässert.

Sobald höhere Nadelgehölze angewachsen sind, also in etwa einem Jahr, muß die Drahtverspannung gelöst werden. Andernfalls kann der Draht trotz Unterlage den dicker werdenden Stamm einschnüren, und dieser bei einem Sturm abbrechen.

In den kommenden Jahren ist es wichtig, daß wir die Nadelgehölze (Koniferen) und immergrünen Laubgehölze im Spätherbst nochmals gründlich wässern. Andernfalls kann es leicht zu Trockenschäden kommen, denn die Nadeln (Blätter) verdunsten zwar den ganzen Winter über, die Wurzeln können aber aus dem oft bis in größere Tiefe gefrorenen Boden kein Wasser aufnehmen.

Auch an einen Schutz gegen Schneebruch sollten wir denken, vor allem im Bereich von Dachlawinen. Meist genügt es, wenn wir ein zeltartiges Gestell aus Dachlatten, umgeben von Drahtgeflecht über gefährdete Gehölze bauen, oder andere bei starkem Schneefall abschütteln.

Oben: Rhododendren lieben einen gut durchlüfteten, sauren Boden; sie sind empfindlich gegen Kalk, Trockenheit aber ebenso auch gegen stagnierende Nässe. Nur wenn dies beachtet wird, erleben wir solch eine verschwenderische Blütenpracht wie auf dem Bild.

Rechts: Azaleen stellen ähnliche Ansprüche. Vor allem die Hybriden in vielerlei Farben und auffallend großen Blüten begeistern durch enorme Leuchtkraft.

Baumschule hält diese Zwerge in den verschiedensten Grün-, Gelb- und Blaufärbungen in großer Auswahl bereit.

Aber auch unter den Laubgehölzen gibt es eine ganze Reihe, die den Winter über ihre Blätter behalten. Allgemein bekannt sind die Rhododendren, die lichten Schatten, sauren Boden (Torfmull) und viel Feuchtigkeit benötigen. Eine dekorative, immergrüne Felsenmispel mit überhängenden Zweigen ist *Cotoneaster salicifolius floccosus.*

Immergrün sind ferner die Stechpalmenarten *(Ilex)*, *Lonicera pileata* f. *yun-*

Der grüne Teppich

Der Rasen ist der Mittelpunkt vieler Gärten, er ist gleichsam der ruhende Pol inmitten der Pflanzungen aus Rosen, Blütenstauden und verschiedenen Gehölzen. Sein Grün ist eine Wohltat für das Auge; wir können auf ihm spielen oder uns in den lichten Schatten eines Baumes legen.

Sinnvoll ist es, wenn der Rasen unmittelbar an die Terrasse anschließt. Wenigstens zum Teil sollte er Verbindung mit dem Sitzplatz haben, dann können wir von dort aus die wohltuende räumliche Wirkung genießen: Der Garten erscheint größer. Ein schönes Einzelgehölz – auch ein Obst-Halb- oder Hochstamm ist hierfür gut geeignet – kann die Rasenfläche in dem vom Sitzplatz abgelegenen Drittel unterbrechen. Dadurch erhöht sich die Tiefenwirkung. Keinesfalls sollten wir aber in die Rasenfläche mehrere Obstbäume mit Baumscheiben oder kleine, verspielte Blumenbeete bringen. Die großzügige Wirkung der Rasenfläche, die optische Vergrößerung unseres Gartens würde sonst zerstört. Blumenbeete und andere Pflanzungen gehören an den Rand des Rasens, auch aus Pflegegründen.

Eine Rasenfläche muß leicht zu mähen sein. Wo sie an Wege- oder Beetflächen angrenzt, muß sie deshalb in gleicher Ebene liegen.

Schwer zugängliche Ecken sollten keinesfalls mit Rasen besät werden, sonst müssen wir uns mit der Handrasenschere abplagen.

Wird eine Rasenfläche in einer Richtung sehr häufig begangen, so können Trittplatten gelegt werden. Wir verteilen sie auf Schrittlänge (Abstand von Platten-mitte zu Plattenmitte 65 cm) und lassen sie in den Boden ein. Um ein Hochfrieren im Winter zu vermeiden, legen wir sie auf eine 5 cm starke Sandschicht.

Die als Rasen vorgesehene Fläche braucht nur einen Spatenstich tief umgegraben oder gefräst zu werden; dabei gleichen wir Unebenheiten aus. Die Rasenfläche braucht aber keineswegs von der Terrasse aus bretteben zu werden. Eine leichte, aber großzügige Mulde, vom Sitzplatz ausgehend und zum Rand der Rasenfläche hin wieder ansteigend, kann wesentlich kurzweiliger wirken und den Garten optisch vergrößern.

Eine Rasenfläche bildet die Mitte dieses mit Stauden und Gehölzen umpflanzten Gartens. Sie ist Ruhepunkt für das Auge.

142

Über die Bodenverbesserung haben wir bereits im 1. Abschnitt (S. 25) gelesen. Sehr wertvoll ist es, wenn Torfersatzstoffe wie 'Nährhumus' u.a. eingebracht werden; aber nur in die oberste Bodenschicht, denn Gräser sind Flachwurzler und dringen nur bis zu 15 cm in den Boden ein.

Wer es noch halbwegs erwarten kann – ich weiß, dies ist schwer, denn man möchte rasch alles grün haben –, sollte die fertig planierte Rasenfläche noch etwa 3 Wochen ohne Einsaat liegen lassen. In dieser Zeit gehen nämlich Tausende von Unkräutern auf.

Sehr wichtig ist die Rasenmischung. Von den mehr als 4000 Gräsern, die es gibt, spielen für unseren Garten nur wenige Gattungen und Arten eine Rolle. Ein Rasen soll immer aus mehreren Grasarten bestehen. Eine gute Mischung enthält sowohl horstbildende als auch ausläufertreibende Gräser. Die horstbildenden Gräser werden von den Ausläufern anderer Gräser umwachsen, wodurch eine dichte Grasnarbe entsteht.

Welcher Rasen aber ist für uns ideal? Nun, der Luxusrasen ist in seiner Wirkung nicht zu überbieten. Das samtartige Grün ist einfach zum Verlieben, aber – wir sollten ihn möglichst nur von der Terrasse oder vom Fenster aus genießen. Außerdem braucht er sehr viel und regelmäßige Pflege, damit diese Schönheit erhalten bleibt. Nur wenige Gartenbesitzer werden sich deshalb solch einen Rasenluxus leisten können und – wollen.

Für uns wird die ideale Lösung ein guter Gebrauchsrasen sein. Schließlich soll der Rasen keine »heilige Kuh« werden, sondern wir wollen mit unseren Kindern und Gästen nach Herzenslust darauf spielen und herumtollen können, ohne daß es der grüne Teppich gleich übelnimmt. Nur die ersten 2 Monate nach der Aussaat sollten wir ihn schonen, dann aber, nach einigen Schnitten, kann er strapaziert werden.

In den meisten Fällen werden wir uns für einen Parkrasen entscheiden, also einen grünen Idealrasen. Bei regelmäßiger Pflege, Düngung und Schnitt ergibt diese Mischung einen saftig grünen Teppich, also eine ruhige Fläche, in deren Umgebung farbenfrohe Blumenbeete erst so richtig zur Wirkung kommen können. Ein Strapazierrasen ist dagegen weniger anspruchsvoll, hinsichtlich Bewässerung, Düngung und Pflege, sieht aber trotzdem noch recht passabel aus. Gräser, die in einer Sportrasenmischung enthalten

sind, lassen sich noch wesentlich mehr strapazieren, allerdings fällt ein solcher Rasen gegenüber einer gepflegten Zierrasenfläche erheblich ab. Für schattige Stellen hält der Fachhandel eine Mischung schattenverträglicher Gräser bereit.

Wer darüber hinaus Sonderwünsche hat,

Um ein Bild von der Saatdichte zu haben, Grassamen für 1 m² abwiegen und ausstreuen, dann Samen flach einharken und mit Brettern an den Füßen andrücken ... bzw. hierzu eine Walze verwenden.

vor allem auch, wenn ein extrem »englischer« Zierrasen gewünscht wird, sollte sich an ein Rasen-Spezialgeschäft wenden, während die gebräuchlichen, oben genannten Grassamenmischungen beim örtlichen Fachhandel erhältlich sind. Um einen dichten Rasen zu bekommen, streut man 40–50 g/m² davon aus, von teuren Spezialmischungen genügen meist 15 g/m².

Wenn wir den Boden wie vorhin beschrieben vorbereitet haben, kann es ans Säen gehen. Der beste Zeitpunkt für die Aussaat liegt von Ende April bis in den Juni hinein, und dann wieder im September.

Vor dem Säen stecken wir uns 1 m² ab und verteilen darauf die auf der Briefwaage abgewogene Saatgutmenge. Wir haben dann ein Bild von der Saatdichte. Vorher schütteln wir den Grassamen im Sack oder in der Plastiktüte gründlich durch, damit die unterschiedlichen Korngrößen gut durcheinander kommen. In leicht gebückter Haltung wird dann das Saatgut gleichmäßig über die oberflächlich abgetrocknete Fläche ausgestreut, und mit einem Rechen (Harke) flach, etwa 1–2 cm tief, in den Boden eingebracht. Vor dem Säen binden wir unter die Schuhe Tretbretter (aus Kistendeckeln o.ä. Material angefertigt) und treten anschließend die gesamte Fläche gleichmäßig fest.

Bei warmer und feuchter Witterung beginnt das Saatgut bereits nach 1 Woche zu keimen. Da Samen während der Keimung sehr empfindlich gegen das Austrocknen ist, halten wir die Fläche, bis sie sich begrünt hat, möglichst gleichmäßig feucht.

Sehr wichtig ist der 1. Schnitt; sobald die Gräser etwa 6–8 cm hoch geworden sind, wird er vorgenommen. Dabei ist besonders darauf zu achten, daß die Messer des Rasenmähers scharf sind, damit die jungen Gräser nicht herausgerupft werden. Der Mäher wird dabei möglichst hoch eingestellt, so daß gerade die Spitzen der Gräser gekappt werden. Es darf auf keinen Fall kurz geschnitten werden, denn die Blattfläche ist sehr wichtig zur Erzeugung von Baustoffen, welche der Wurzelentwicklung zugute kommen.

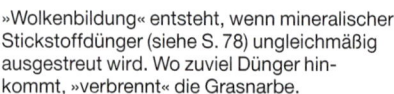

Mit Rollrasen läßt sich »über Nacht« ein grüner Teppich in den Garten zaubern. Mit dem Rasenkamm wird die Rasenfläche durchlüftet sowie von Moos und Filz gereinigt. Leichter geht dies mit dem Vertikutier-Roller oder einem Elektrogerät.

Und nun zur weiteren Pflege, wobei der Schnitt eine wichtige Rolle spielt. Wir sollten regelmäßig, aber nicht zu kurz schneiden. Im Frühjahr und Frühsommer, also zur Zeit des stärksten Wachstums, ist dies wöchentlich einmal erforderlich, im Sommer und gegen den Herbst zu seltener.

Die richtige Schnitthöhe liegt bei einem Luxusrasen bei 2,5–4 cm, beim Gebrauchsrasen bei 3–5 cm. Wird der Rasen einmal überlang, so sieht er nach dem Schnitt kränklich gelb aus und kann leicht ausbrennen. Besonders, wenn wir für mehrere Wochen verreist waren, kann dies der Fall sein. Wir sollten dann den Rasenmäher so hoch wie möglich einstellen und nur bei bewölkter Witterung mähen.

»Wolkenbildung« entsteht, wenn mineralischer Stickstoffdünger (siehe S. 78) ungleichmäßig ausgestreut wird. Wo zuviel Dünger hinkommt, »verbrennt« die Grasnarbe.

Der Rasen darf auch nicht kürzer, als vorhin angegeben, geschnitten werden. Einmal sieht dies bei uns nicht gut aus – bei hoher englischer Luftfeuchtigkeit ist das anders –, und zum anderen trocknet die Grasnarbe leicht aus. Nur wenn das Gras an der Oberfläche kräftig und dicht ist, kann sich auch ein kräftiges Wurzelwerk im Boden bilden. Da die Wurzeln etwa ebenso tief nach unten gehen wie der Rasen hoch ist, ist ein richtig geschnittener Rasen gegen Trockenperioden bei weitem nicht so empfindlich wie ein zu kurz »rasierter«.

Sehr wichtig: Die Messer des Mähers müssen unbedingt scharf sein. Bei Spindelmähern, also allen Handrasenmähern, müssen sie mindestens einmal jährlich (Winter), bei Sichelmähern dagegen öfters (meist nach zweimaligem Schnitt) nachgeschliffen werden. Andernfalls wird das Gras nicht abgeschnitten, sondern abgerupft, und die Rasenfläche sieht nach dem »Schnitt« nicht mehr wohltuend grün aus, sie schimmert vielmehr weißgrau.

Wenn Kinder auf dem Rasen spielen, sollte die ganze Fläche vor dem Schnitt nach größeren Gegenständen, Steinen, Eisenteilen u. ä. abgesucht werden. Beim Mähen kann es sonst einen lauten Knall geben. Ich habe einmal eine Baumschere »durchschnitten«, und ein anderesmal ging eine Fensterscheibe zu Bruch.

Ohne Düngung kein gepflegter Rasen! Selbst anfänglich spärlich aussehende Rasenflächen kann man durch richtige Düngung prächtig in Schwung bringen. Wenn wir uns überlegen, daß der Rasen durch den regelmäßigen Schnitt sehr viel lebenswichtige Grünmasse verliert, dann wird uns klar, wie nötig er eine laufende Ernährung braucht. Würden wir alle die abgeschnittenen Teile einer Rasenpflanze nebeneinanderlegen, so ergäbe

das in einer Vegetationsperiode eine Länge von gut 1 m.

Gräser lieben einen schwach sauren Boden. Ist die Erde zu sauer, so neigt der Rasen zum Verfilzen und zur Moosbildung. Ist der Boden dagegen zu kalkreich, so werden Unkräuter und grobe Gräser begünstigt.

Von den Nährstoffen spielt der Stickstoff für den Rasen eine wichtige Rolle, denn er sorgt für die dunkelgrüne Farbe und das üppige Wachstum der Gräser. Aber auch andere Nährstoffe und Spurenelemente spielen für die Gesundheit und Winterfestigkeit eine Rolle.

Um den Stickstoffbedarf des Rasens zu decken und einen sattgrünen Teppich zu bekommen, können wir während der Wachstumsperiode, also etwa von Mai bis Anfang September alle vier Wochen nach dem Rasenschnitt einen reinen Stickstoffdünger wie Schwefelsaures Ammoniak oder Ammonsulfatsalpeter, 20–25 g/m², also etwa eine halbe Handvoll geben. Diese Stickstoffdünger gibt es in landwirtschaftlichen Lagerhäusern. Wichtig ist, daß der Dünger möglichst gleichmäßig ausgestreut und anschließend eingeregnet wird. Andernfalls gibt es dort wo zu viel hinkommt, Verbrennungen oder es verbleiben hellgrüne Hungerstellen. Der Rasen sieht dann »wolkig« aus. Wesentlich einfacher können wir uns die Arbeit machen, wenn wir einen organisch-mineralischen Rasendünger verwenden bzw. einen Langzeitdünger wie z. B. Rasen-Floranid oder eine ähnlich wirkende »Hausmarke« des betreffenden Garten-Centers.

Solche Spezial-Rasendünger zeichnen sich durch eine langsam fließende Stickstoffquelle aus, d. h. durch die Langzeitwirkung wächst der Rasen stetig und langsam: also eine rasengerechte Nährstoffdosierung über Monate, kein Stoßwachstum, keine Verbrennungsgefahr. Es genügt wenn wir mit einem solchen Langzeitdünger 2× mit je 20 g/m² düngen, einmal im zeitigen Frühjahr, einmal im Spätsommer. Zwar bleibt die Fläche auch ohne Düngung grün, wenn auch nicht mehr so »saftig«. Wir brauchen nicht mehr so oft zu mähen, allerdings nisten sich vermehrt Unkräuter und Moose ein.

Der Rasen fühlt sich besonders wohl, wenn er zwar weniger oft, dafür aber durchdringend bewässert wird. Unter

Statt Rasen wurde hier eine farbenfrohe Feldblumen-Mischung eingesät. Wie bei einer Blumenwiese kann auch hier die Fläche während der Blüte nicht betreten werden.

Bäumen muß etwa doppelt so viel gewässert werden wie auf freien Flächen.

Sehr wichtig ist auch die Durchlüftung. Mit dem Rasenkamm kann im Frühjahr die Rasenfläche von Moos und Filz gereinigt werden. Die scharfen, messerartigen Zinken ritzen den Boden auf, der Austrieb der Gräser wird angeregt. Eine recht schweißtreibende Arbeit, die sich aber lohnt! Auch mit einer Stachelwalze oder einer Hohlgabel – Spezialgeräte für die exklusive Rasenpflege – kann Luft in den Boden gebracht werden. Auf kleinen Flächen genügt für diese Arbeit die Grabgabel.

Wenn der Rasen richtig gepflegt wird, spielen breitblättrige Unkräuter nur eine geringe Rolle. Also: regelmäßig und nicht zu kurz schneiden, düngen und Mährückstände nach dem Schnitt entfernen! Einzelne störende Unkrautpflanzen wie Löwenzahn oder Wegerich können ausgestochen werden.

Blumenwiese Eine Blumenwiese braucht nur zweimal im Jahr gemäht zu werden, das erstemal im Juni/Juli und dann noch einmal im September. Gedüngt wird nicht, denn nur wenn der Boden verhältnismäßig mager ist, können sich vielerlei Gräser und Wildblumen entwickeln.

Über eines sollte man sich aber im klaren sein: Eine Blumenwiese ist nur etwas zum Anschauen. Spielen kann man darauf nicht, denn die hochwachsenden Gräser und Wildblumen würden dabei zertrampelt und dann recht unschön aussehen. Wer Kinder hat oder sonst die Fläche während des Sommers benutzen möchte, wird sich deshalb auch weiterhin für den regelmäßig gemähten Rasen entscheiden. Auch in Verbindung mit bunten Staudenbeeten wirkt ein gleichmäßig grüner Rasen besser, denn eine farbenfrohe Pflanzung verlangt geradezu nach einer ruhigen Umgebung.

In größeren Gärten läßt sich beides kombinieren: Im Terrassenbereich eine regelmäßig geschnittene Rasenfläche und zum Rande des Grundstücks hin eine Blumenwiese.

Im Handel gibt es inzwischen fertig abgepackte Wiesenblumenmischungen. Es sollte sparsam gesät werden, so wie es in der aufgedruckten Gebrauchsanweisung angegeben ist. Sehr wichtig: Nach Aufgang der ersten Wiesenblumen muß die Fläche noch etwa 4 Wochen lang feucht gehalten werden, da verschiedene Arten erst wesentlich später keimen.

145

Zum Paradies
gehört der Apfel

Der Umgang mit Obstbäumen macht uns Freizeitgärtnern viel Spaß. Im Frühjahr ist es der Blütenschmuck und später die Ernte, an der wir unsere Freude haben. Eine saftige Birne, direkt vom Baum gepflückt, schmeckt einfach besser als die beste Birne aus dem Supermarkt.

So arbeite ich beispielsweise Anfang November besonders gerne am Kompostplatz, weil dort ein Zwetschenbaum steht, von dem es um diese Jahreszeit noch verhutzelte, zuckersüße Zwetschen zu holen gibt.

Mit einem einzelstehenden Apfel- und Birnbaum können wir einen gestalterischen Schwerpunkt im Garten schaffen, und mit einer Reihe von Spindelbüschen oder einer Obsthecke läßt sich die Grenze zum Nachbarn hin anpflanzen.

Sicher, es gibt Gärten, in denen Obstbau nicht möglich ist. Ich denke an spätfrostgefährdete Lagen und an »Kleinstgärten«. Doch das sind Ausnahmen.

Obstarten für kleine Flächen

Der **Apfel** kann selbst in sehr kleinen Gärten in Form eines Spindelbusches gepflanzt werden. Ungeeignete Lagen sind warme, trockene Südhänge. Die Pflanzen würden dort nur kümmerlich dahinvegetieren. Deshalb ist auch von einem Apfelspalier an einer Südwand abzuraten. Ausnahme: 'Weißer Winterkalvill'.

Die **Birne** ist weit weniger verbreitet. Je edler eine Sorte ist und je später sie reift, desto mehr Boden- und Luftwärme beansprucht sie. Kalte Böden beeinträchtigen die Qualität, besonders wenn als Unterlage die Quitte verwendet wurde. Wir pflanzen die Birne meist als Spindelbusch, also auf schwachwüchsiger Quittenunterlage veredelt. Ebenso kann diese Obstart auch als Halb- oder Hochstamm verwendet werden, besonders wenn wir den Baum als markanten Punkt vorsehen wollen oder wenn die erwähnten Bodenverhältnisse nicht erreicht werden. Halb- und Hochstämme sind auf Sämlingsunterlage veredelt und deshalb starkwüchsig. Birnen wachsen mehr in die Höhe als in die Breite.

Pflaumen, Zwetschen, Renekloden und Mirabellen sind in den Gärten weitverbreitet. Wohl deshalb, weil sie an den Boden keine großen Ansprüche stellen. Dies geht schon daraus hervor, daß sie in den meisten Gärten eine recht gesunde Entwicklung aufweisen, was für Apfel, Birne usw. nicht immer zutrifft. Zwar ziehen Renekloden und Mirabellen wärmere Böden vor, ganz allgemein gedeihen aber diese Obstarten auf leichten wie auch auf nicht allzu schweren Böden recht gut. Bevorzugte Baumform ist der Halbstamm.

Die **Sauerkirsche** pflanzen wir als Buschbaum oder als fächerartiges Spalier am Haus. Besonders die 'Schattenmorelle' bringt sehr regelmäßige Ernten. Gegen nasse Böden ist sie empfindlich, sonst aber recht anspruchslos. Je mehr Sonne der Baum bekommt, desto besser wächst er und desto schöner werden die Früchte. Also, nicht an Nordseiten pflanzen!

Pfirsiche sind vor allem in klimatisch günstigen Gebieten anzutreffen. Die frühe Blüte ist durch Spätfröste gefährdet, das Holz kann in kalten Wintern Schaden nehmen. Trotzdem soll dem Liebhaber auch in verhältnismäßig rauhen Gebieten nicht vom Pfirsichbaum abgeraten werden. Wenn auch die Blüte manchmal in 2 von 3 Jahren erfriert, so ist die Ernte in dem verbliebenen Ertragsjahr oft erstaunlich hoch. Erträge von 50 kg und mehr je Buschbaum sind dann keine Seltenheit.

Der Pfirsich will einen warmen, tiefgründigen Boden in möglichst warmer, geschützter Lage. Pfirsiche auf zu schweren, nassen Böden leiden stark unter Gummifluß.

Die **Aprikose** stellt noch höhere Ansprüche als der Pfirsich. Der Anbau kommt deshalb nur im Weinklima oder im Garten an einer geschützten, warmen Süd- oder Südwestseite (Hauswand) als Spalier in Frage. Sind diese Möglichkeiten nicht gegeben, so ist vom Anbau abzuraten. Die Aprikose ist die am frühesten blühende Obstart (nach der Haselnuß) und wird deshalb besonders oft durch Frost geschädigt. Im Holz ist sie allerdings frosthärter als der Pfirsich; man findet sie darum in nach Süden geöffneten Bergtälern als Spalier gepflanzt.

Wenn der Baum trägt, gibt es Früchte von köstlichem Aroma. Oft fliegen zur frühen Blütezeit keine oder nur wenige Bienen. Wir können dann den Blütenstaub mit einem feinen Pinsel auf die Narben der Blüten übertragen. Auch das Spritzen mit einer Zuckerwasserlösung hilft: Die wenigen Bienen werden angelockt und befliegen die Blüten.

Ein **Quittenbusch** kann den Kompostplatz gegen Sicht abschirmen, oder wir pflanzen ihn unter die anderen Ziersträucher. Auch als Solitärstrauch bzw. als Hochstämmchen auf Rotdorn veredelt läßt sich die Quitte im Garten gut verwenden. Allerdings ist die Quitte frostempfindlich im Holz und will einen humusreichen, warmen Standort. Die

Blüte, das schöne Laub und die gelben, pelzigen Früchte geben dem Strauch das ganze Jahr über ein gutes Aussehen.

Die **Haselnuß** hat ebenfalls Zierwert. Für kleinere Gärten wird sie vielfach zu groß. Oftmals wird man der Bluthasel den Vorzug geben, um dunkelrote Farbe in die grüne Gehölzkulisse zu bringen. Bluthaseln bringen besonders wohlschmeckende Nüsse. Auch edle Sorten wie 'Hallesche Riesen', 'Webbs Preisnuß' u. a. sind nicht so starkwüchsig wie die gewöhnliche Hasel *(Corylus avellana)*, tragen aber um so größere Früchte. Leider werden diese gerne von Eichhörnchen geholt. Wer sich nicht nur an den hübschen Kätzchen freuen will, sondern auf Ertrag Wert legt, muß mindestens 2 verschiedene Sorten (Bestäubung) zusammenpflanzen. Sehr gut eignet sich zur Bestäubung die Waldhasel. Alle Haseln lieben einen kräftigen, leicht feuchten, humusreichen Boden.

Obstarten für größere Gärten

Die **Süßkirsche** liebt eine tiefgründigen, lehmhaltigen, lockeren Boden. Auf ausgesprochen schweren, undurchlässigen, nassen Böden leidet sie sehr bald unter Gummifluß und anderen Krankheiten. Als Folge treten häufig Schäden im Winter auf. Es können aber außerdem ganze Äste und schließlich auch der ganze Baum absterben. Diese Obstart sollte deshalb nur bei zusagenden Verhältnissen gepflanzt werden. Als weiterer Nachteil kommt hinzu, daß wir von einzeln stehenden Bäumen kaum etwas ernten, denn die hohen Kronen können gegen Amseln, Stare und Wacholderdrosseln nicht mit Kunststoffnetzen geschützt werden, wie das bei einem kleinkronigen Sauerkirschenbusch durchaus möglich ist.

Eine erfreuliche Nachricht: seit kurzem gibt es die kleinbleibende, frostharte Süßkirsche 'Compact Lampert'. Sie wurde an der niederbayerischen Lehr- und Versuchswirtschaft für Obstbau in Deutenkofen nach 15jähriger Prüfung aus Hunderten von Bäumen ausgelesen. Bäume dieser Sorte werden ohne Schnitt nur 4 m hoch, auch wenn sie auf die starkwachsende Vogelkirsche veredelt sind. Bei richtigem Schnitt läßt sich die Höhe sogar auf 2,50 bis maximal 3 m begrenzen. Die Pflanzung kann als Buschbaum mit 0,60–0,80 m Stammhöhe im Abstand von 2,50–3,00 m oder als Wandspalier erfolgen.

Der Ertrag setzt oft bereits im 1. Jahr nach der Pflanzung ein: im eigenen Garten konnten von einem solchen Jungbaum bereits 13 Kirschen geerntet werden! Ab 4. Standjahr kann man mit 5 kg, nach etwa 10 Jahren mit 15 kg rechnen. Gute Befruchtersorten sind 'Hedelfinger', 'Van', 'Sam' sowie die Sauerkirschensorte 'Morellenfeuer'. Nachdem in unserem Garten kein Platz für einen weiteren Kirschbaum der genannten Sorten vorhanden war, habe ich zur Blütezeit ein paar Zweige eines auf der Flur stehenden Vogelkirschenbaumes abgeschnitten und diese in ein mit Wasser gefülltes Glas dicht an das kleine Kirschbäumchen gestellt. An sonnigen Tagen flogen die Bienen zwischen den Blüten der Vogelkirsche und der 'Compact Lampert' hin und her: 13 köstliche Früchte waren der Erfolg. Ich habe gleichzeitig auch in einigen anderen Gärten diese neue

Ideale Kronenerziehung! Apfel-Buschbaum mit nur 3 kräftigen Leitästen, locker gestreuten Fruchtästen (Seitenästen) und viel gut belichtetem Fruchtholz. In gleicher Weise wird die Krone von Halb- und Hochstämmen aufgebaut.

Oben: Klein bleibende Spindelbüsche blühen und tragen meist im 2. Jahr nach der Pflanzung.

Rechts: Solch ein großkroniger alter Birnbaum ist ein Schmuckstück in der freien Landschaft und ebenso im großen Garten.

kleinbleibende Süßkirsche gepflanzt, aber ohne Möglichkeit einer Fremdbefruchtung. An diesen gleichaltrigen Bäumchen gab es im selben Jahr keine Ernte.

Die Früchte von 'Compact Lampert' reifen gegen Ende der Kirschenzeit. Wegen der geringen Höhe des Baumes ist ein Schutz gegen Vögel mit Netzen sowie mit Folien gegen Aufplatzen bei viel Regen leicht möglich. Schnitt: Grundlegender Kronenaufbau mit 5–6 Hauptästen, danach nur gelegentlich auslichten.

Die **Walnuß** ist ein prachtvoller Baum. Für kleine und mittlere Gärten würde er viel zu mächtig. In einem größeren Garten kann er aber eine beherrschende Rolle spielen. Für die Kinder ist er ein ausgezeichneter Kletterbaum, und auch sonst eignet er sich für Spiele: Die »Würstchen« (männliche Blütenkätzchen) können »verkauft« oder »gebraten« werden. Dazu kommt das Ernten und Aufknacken der Nüsse. Im eigenen Garten habe ich den Bau des Hauses nach einem alten Walnußbaum ausgerichtet und bin recht glücklich darüber, denn die Terrasse hat dadurch einen festen »Halt« bekommen und ist zur Hälfte beschattet. Außerdem hält der Duft lästige Mücken fern.

Der Boden soll möglichst warm, tiefgründig und durchlässig sein. Bei Neupflanzung ist einem veredelten Walnußbaum der Vorzug zu geben, denn bei einem Sämling weiß man nie, was in bezug auf Fruchtgröße und -qualität herauskommt. Man kann Glück haben und Nüsse ernten, die vorzüglich schmecken und sich leicht von Hand öffnen lassen, indem man zwei Nüsse gegeneinander drückt.

Baumformen und Unterlagen

Spindelbusch

Mit einer Stammhöhe von nur 40–60 cm ist er die moderne Baumform schlechthin, wenigstens bei Apfel und Birne. Er ist für den kleinen Garten ideal, ebenso aber auch für den mittleren und größeren Hausgarten, wenn wir im Nutzgartenteil entlang des Zaunes eine Reihe reichtragender Obstbäumchen pflanzen wollen. Im Kleingarten wird diese Baumform gerne benützt, um entlang der Parzellengrenze einen fruchttragenden Sicht- und Windschutz zu erzielen. Bei vorwiegender Verwendung des Spindelbusches bleibt der größte Teil der Gartenfläche auch in späteren Jahren in voller Sonne.

Was nützt uns ein Hoch- oder Halbstamm, der jährlich 5 Zentner oder noch mehr Früchte bringt, vor allem, wenn es sich dabei um eine Herbstsorte handelt? Wir werden das Apfelessen bald satt bekommen! Der Spindelbusch trägt dagegen »nur« 10 kg, vielfach jedoch 20–30 kg und mehr. Da wir wegen des geringen Platzbedarfes an die Stelle eines einzigen großkronigen Halb- oder Hochstammes 8–10 solcher Spindelbüsche in verschiedenen Sorten pflanzen können, reifen die Früchte nacheinander und können ohne Schwierigkeiten im eigenen Haushalt verbraucht werden.

Meist pflanzen wir nur eine Reihe von diesen kleinbleibenden Bäumchen, so daß je nach Unterlage und Kronenerziehung 1,20–2,20 m als Abstand von Baum zu Baum genügen. Wegen der geringen Höhe des Spindelbusches (2–3 m) lassen sich alle nötigen Arbeiten bequem durchführen: der Schnitt, die Schädlingsbekämpfung und die Ernte. Die Arbeit macht richtig Spaß, denn wir brauchen dazu keine Leiter. Außerdem können wir diese kleinen Bäumchen sozusagen im Vorbeigehen im Auge behalten, so daß es kaum zu einem unbemerkten Auftreten von Krankheiten und Schädlingen kommen kann, wie dies bei hohen Bäumen oft der Fall ist.

Auf die Unterlage kommt es an Entscheidend für den Erfolg mit Spindelbüschen ist die richtige Unterlage. Die meisten Obstbäume bestehen nämlich aus 2 Partnern: der Unterlage und der Edelsorte. Vielfach ist diese Unterlage ein aus einem Apfel- oder Birnenkern gezogener Sämling (Viertel-, Halb- oder Hochstamm). Daneben kennen wir sogenannte Typenunterlagen, die nicht durch Aussaat, sondern auf vegetativem (ungeschlechtlichem) Weg vermehrt werden. Jede Unterlage, die auf diese Weise gewonnen wird, hat die gleichen erblichen Eigenschaften wie die Ausgangspflanze. Unter einem Typ verstehen wir also Unterlagen, die in ihrem Ursprung auf eine einzige ausgelesene Mutterpflanze zurückgehen. Es gibt stark und schwächer wachsende Typen.

Die Unterlage für den Spindelbusch darf keinesfalls zu starkwüchsig sein, sonst würde der Pflanzabstand von 1,20–2,20 m nicht ausreichen und ein dichtes Gewirr von Trieben und Ästen entstehen, das wir kaum mehr bändigen können. In der Praxis werden wir immer wieder auf Gärten stoßen, in denen die Spindelbüsche viel zu stark wachsen: Die Sorten wurden auf falscher Unterlage veredelt gekauft und der Gartenbesitzer hat mit seinen Bäumen wenig Freude. Also: Beim Baumkauf auf das Markenetikett achten! Neben der Sorte ist dort auch die Unterlage angegeben.

Typenunterlagen beim Apfel M 27 ist sehr schwachwüchsig. Es handelt sich bei dieser Unterlage um eine aus East Malling/England (obstbauliche Versuchsstation) stammende Neuheit. Sie wächst äußerst schwach, noch schwächer als der weitverbreitete Typ M 9. Dadurch eignet sich M 27 vor allem als Spindelbuschunterlage für starkwüchsige Sorten (z. B. 'Alkmene', 'Roter Boskoop', 'Berlepsch' u. a.), vor allem wenn diese auf gute, nährstoffreiche Böden gepflanzt werden, M 27 ist sehr widerstandsfähig gegen Kragenfäule. Da die Bäume wegen des schwachen Wurzelwerks nicht standfest sind, brauchen sie zeitlebens einen Pfahl, ein Spaliergerüst o. ä.

M 9 ist schwachwüchsig und die für Apfel-Spindelbüsche am meisten verwendete Unterlage. Die darauf veredelten Sorten zeichnen sich ebenso wie bei M 27 durch sehr frühe und reiche Fruchtbarkeit aus. Der Ertrag setzt meist schon im ersten bzw. darauffolgenden Jahr nach der Pflanzung ein. Die Früchte werden groß, sind gut gefärbt und fein im Geschmack. Spindelbüsche auf dieser Unterlage verlangen allerdings beste Bodenverhältnisse, wie wir sie im Garten durch Zusatz von Kompost und anderen Humusstoffen schaffen können. Der schwachen Wurzeln wegen brauchen auch Spindelbüsche auf M 9 ständig einen Pfahl. Bei guter Pflege werden Bäumchen auf M 9 etwa 20–25 Jahre alt.

M 26 hat ähnliche Eigenschaften wie M 9. Er eignet sich als mittelstarkwüchsige Unterlage für alle Apfelbäumchen, die klein bleiben sollen. Dieser Typ wächst allerdings stärker als M 9 und wird deshalb bevorzugt auf Böden verwendet, die nicht ganz so ideal sind wie für M 27 und M 9 nötig. Auch schwächer wachsende Edelsorten ('Klarapfel', 'James Grieve', 'Prinz Albrecht von Preußen' u. a.), die

Birnspalier, originell-bizarr gezogen. Geschickt wurden die Äste an der Hauswand verteilt.

auf M 27 bzw. M 9 zu zwergig bleiben würden, sollten besser auf M 26 gepflanzt werden. Spindelbüsche dieser Sorten würden sich außerdem auf M 27 und M 9 allzuleicht in Fruchtbarkeit erschöpfen und frühzeitig vergreisen.
Diese 3 Typenunterlagen werden heute in den Baumschulen für Spindelbüsche am meisten verwendet, M 26 auch für Buschbäume. Daneben gibt es noch die mittelstark wachsenden Typen M 7 und M 4, die sich bei weniger guten Bodenverhältnissen und in Kombination mit besonders schwachwüchsigen Sorten eignen. Die meisten Baumschulen führen heute MM 106, der die Typen M 7 und M 4 ersetzt. Pflanzabstand etwa 4 m. Schließlich gibt es noch die starkwachsende, standfeste Unterlage M 2, die mit 8 m Abstand – also ähnlich einem Hochstamm – gepflanzt werden soll. Sie ist anspruchslos an Boden und Klima setzt aber erst nach 4–7 Standjahren mit dem Ertrag ein.

Typenunterlagen bei der Birne Hier spielt nur Typ A (Quitte von Angers) eine Rolle. Leider hat diese Unterlage einige Schönheitsfehler: Sie ist etwas frostempfindlich und mit verschiedenen Birnensorten unverträglich. Der Baumschuler muß deshalb oft eine Zwischenveredelung durchführen: Auf die Quitte Typ A wird eine mit dieser verträglichen Sorte ('Gellerts', 'Pastorenbirne') veredelt und erst darauf kommt die Edelsorte. Gegen Frostschäden häufeln wir die Stämme von Birnspindelbüschen vor Wintereintritt an und decken den Boden mit Laub, Stallmist oder ähnlichem Material ab. Der Vorteil des Typs A liegt in dem frühen Ertragsbeginn, den kleinbleibenden Kronen und einer guten Aroma-Ausbildung.

Die Obsthecke

Statt einer Reihe Spindelbüsche können wir auch eine Obsthecke ziehen. Ernte und Sichtschutz lassen sich auf diese Weise gut kombinieren. Außerdem benötigen wir noch weniger Platz, weil sich die stärkeren Triebe (Fruchtäste) nur nach 2 Seiten hin entwickeln. Wir verwenden das gleiche Pflanzmaterial wie beim Spindelbusch, also ein- bis zweijährige Veredelungen auf schwachwachsenden Unterlagen.
Der Abstand von Baum zu Baum soll 2,50 m betragen. Statt Pfählen ist ein Spaliergerüst notwendig. Mindestens alle 5 m wird ein imprägnierter Holzpfahl

in den Boden geschlagen oder – noch dauerhafter – ein Eisenrohr einbetoniert. Das Spaliergerüst soll etwa 1,60 m hoch sein. Der erste verzinkte Draht wird 50 cm über dem Boden gespannt. In Abständen von jeweils 50 cm folgen 2 weitere Drahtreihen.

Der Pflanzschnitt wird wie beim Spindelbusch durchgeführt. Entlang der Drähte ziehen wir stärkere Triebe, an denen sich das Fruchtholz entwickeln soll. Alle Triebe werden entweder bereits im Sommer in eine waagrechte Lage gebracht oder – wenn sie zu dicht stehen – ganz entfernt. Vom Jahr nach der Pflanzung an wird nur noch der Mitteltrieb zurückgeschnitten, bis die gewünschte Höhe erreicht ist. Im übrigen ist der Schnitt recht einfach, denn er beschränkt sich im allgemeinen auf das Entfernen zu dicht stehender Triebe und auf die Fruchtholzverjüngung.

Das Spalier am Haus

An die Hauswand können wir eine Birne, einen Pfirsich, eine Aprikose oder eine Sauerkirsche pflanzen. Bei der Birne eignen sich besonders die Sorten 'Williams Christbirne', 'Clapps Liebling', 'Gute Luise', 'Vereins-Dechantsbirne', 'Alexander Lucas' und 'Madame Verté'.
Voraussetzung ist ein stabiles Spaliergerüst, das der Last der fruchtbehangenen Zweige standhalten kann. Außerdem legen wir vor der Hausmauer einen mindestens 1 m breiten Streifen an, den wir auf 60 cm Tiefe bearbeiten und mit Kompost oder anderen Humusstoffen verbessern. Bei Neubauten wird man an die Hauswand, die für ein Spalier vorgesehen ist, von vornherein genügend Mutterboden mit dem Schieber heranbringen lassen. Die Tiefe von 60 cm ist erforderlich, weil Birnbäume an einer Hauswand meist auf der starkwüchsigen, aber langlebigen Sämlingsunterlage gepflanzt werden, deren Wurzeln weiter in den Boden hinunterreichen, als dies bei Typenunterlagen der Fall ist. Handelt es sich dagegen um eine Gartenhaus- oder Garagenwand so wird die Birne auf Quittenunterlage bevorzugt.
Durch entsprechenden Rückschnitt der Stammmitte und der Äste erzielen wir eine ungezwungene Fächerform, wobei die Äste bei Birnen Abstände von etwa 50 cm, bei Pfirsich, Aprikose und Sauerkirsche von etwa 60–80 cm haben sollen. An den

Eine Obsthecke bleibt immer schmal, da die mit Fruchtholz garnierten Äste nur nach 2 Seiten gezogen werden.

Ästen, die an das Spaliergerüst angebunden werden, soll gut verteilt das Fruchtholz entstehen. Auch ist darauf zu achten, daß die unteren Äste bei einem Spalierbaum stets länger sein müssen, als die nach oben folgenden. Grund. Je weiter unten sich die Äste eines Baumes befinden, desto weniger werden sie wuchsmäßig gefördert und umgekehrt. Siehe auch unter »Obstbaumschnitt«, ab S. 160.

Buschbaum

Mit einer Stammhöhe von 40–60 cm ist diese Baumform im Haus- und Kleingarten nur für Sauerkirschen und Pfirsiche empfehlenswert. Diese beiden Obstarten bleiben verhältnismäßig kleinkronig, nehmen also auch in der Form des Buschbaumes nicht sehr viel Platz in Anspruch. Außerdem erfordern beide einen jährlichen scharfen Schnitt, der am Buschbaum mit geringer Stammhöhe leicht durchzuführen ist. Bei Sauerkirschen kommt noch hinzu, daß wir kleinere Bäume mit Kunststoff- oder Fischernetzen verhältnismäßig leicht gegen Amseln und Stare schützen können. Dies ist nach wie vor der beste Schutz gegen schädliche Vögel. Im Winde knisternde Stanniolstreifen, Raubvogelattrappen, aufgehängte Heringe und ähnliche Abschreckungsmittel verlieren dagegen meist schon nach wenigen Tagen ihre Wirkung.

Spaliere verschönern jede Hauswand. Hinzu kommt die Ernte wohlschmeckender Früchte.

Bei Äpfeln möchte ich dagegen vom Buschbaum abraten, da bei einem Kronendurchmesser von etwa 5 m viel Platz beansprucht wird und wir uns wegen der geringen Höhe unter einem solchen Baum nicht bewegen können. Bei der Birne ist es ähnlich, doch ist hier der Buschbaum noch eher geeignet, sofern es sich um Sorten handelt, die mehr in die Höhe als in die Breite wachsen.

Halb- und Hochstamm

Beim Hochstamm mit 1,60–1,80 m Stammhöhe sind Pflegearbeiten schwieriger und nur mit einer längeren Leiter durchzuführen. Dagegen ist er die ideale Baumform, wenn ein Apfel, eine Birne oder eine Walnuß aus gestalterischen Gründen an der Terrasse oder an einer anderen markanten Stelle gepflanzt werden soll. Bei einer Zwetsche eignet sich der Hochstamm, wenn diese z. B. als Schattenbaum am Kompostplatz vorgesehen ist. An all diesen Stellen hat der Hochstamm den Vorteil, daß wir uns bequem unter seiner Krone bewegen können.

Manchmal genügt auch der Halbstamm mit einer Stammhöhe von 1,00–1,20 m für die genannten Zwecke. Vor allem aber ist der Halbstamm die meistverwendete Baumform für Pflaumen, Zwetschen, Renekloden und Mirabellen.

Als Unterlage für Halb- und Hochstämme bei Apfel und Birne wird der Sämling verwendet. Sämlinge sind zwar – im Gegensatz zu Typenunterlagen – uneinheitlich in ihren Eigenschaften, sie verursachen aber ein kräftiges Wachstum der Edelsorte, wie es beim Halb- oder Hochstamm erwünscht ist. Für Pflaumen, Zwetschen usw. nimmt der Baumschuler dagegen meist ungeschlechtlich (vegetativ) vermehrte Pflaumenunterlagen.

Sortenwahl

Bei der Wahl der richtigen Obstsorten für unsere Gegend kann uns ein Berater beim Landkreis oder beim Gartenamt wertvolle Ratschläge geben. Wenn an unserem Wohnort ein Gartenbauverein besteht, sollten wir uns dort erkundigen, denn der Rat alter, erfahrener Praktiker kann gar nicht hoch genug geschätzt werden. In Kleingartenvereinen gibt es ehrenamtlich tätige Fachberater, die uns so manchen guten Tip geben können.

Vor allem sollten Lokalsorten berücksichtigt werden, die ich in diesem Buch nicht beschreiben kann, weil sie eben – wie es der Name sagt – nur in bestimmten Gegenden zu Hause sind und sich dort seit vielen Jahrzehnten bestens bewährt haben. Solche Sorten sind zwar meist nicht absolute Spitze, dafür jedoch recht anspruchslos und unermüdlich im Ertrag. Hinzu kommt, daß bewährte Lokalsorten oft wenig unter Krankheiten und Schädlingen zu leiden haben. Vor allem, wenn wir Halb- oder Hochstämme im Ziergarten aus gestalterischen Gründen pflanzen wollen, sollten wir auf solche robusten Sorten zurückgreifen.

In meinem Garten stehen z. B. die schmackhaften, aber besonders empfindlichen Sorten als Spindelbüsche im Nutzgartenteil und können so die nötige Pflege bekommen. In der Rasenfläche aber befindet sich als attraktives Gehölz ein alter Apfelbaum mit gut 15 m Kronendurchmesser der alten, unempfindlichen Sorte 'Grahams Jubiläumsapfel'. Dieser Baum wird nie gespritzt – das wäre viel zu arbeitsaufwendig –, und trotzdem trägt er Jahr für Jahr einige Zentner goldgelber Äpfel, die sich hervorragend zum Kochen, vor allem für einen köstlichen Apfelstrudel eignen. Der Baum ist so robust, daß er kaum Schorf bekommt noch von irgendeinem Schädling stärker befallen wird. Die Sorte blüht außerdem so spät – erst Mitte bis Ende Mai –, daß die Blüte kaum einmal erfriert. Zu diesem Zeitpunkt ist der rosa-weiß überschüttete Apfelbaum ein Prachtstück, das sich neben jedem Ziergehölz sehen lassen kann.

Ab der nächsten Seite folgt eine Auswahl bewährter, geschmacklich wertvoller Obstsorten, die zwar der Pflege bedürfen, mit denen wir aber in den meisten Gärten Erfolg haben. Für eine obstbauliche Nutzung werden diese geschmacklich wertvollen Sorten im Haus- und Kleingarten meist als Spindelbusch (Apfel, Birne), Buschbaum (Sauerkirsche, Pfirsich) oder als Halbstamm (Zwetsche usw.) gepflanzt.

Entgegen den auf S. 153/155 genannten Apfel- und Birnensorten, die sich vor allem für kleinbleibende Baumformen (Spindelbusch, Obsthecke, Spaliere) eignen, sind die auf S. 154/155 genannten älteren Apfel- und Birnensorten besonders als Halb- und Hochstamm wertvoll. Sie sind außerdem weitgehend anspruchslos hinsichtlich Pflege und Klima sowie gegen Krankheiten und Schädlinge vielfach recht widerstandsfähig, so daß bei einigen von ihnen Spritzungen ganz unterbleiben können. Besonders Gartenfreunde, die auch auf ein Mindestmaß an chemischem Pflanzenschutz verzichten wollen, sollten sich vermehrt diesen Sorten zuwenden, die in letzter Zeit wieder in einigen Baumschulen angeboten werden.

Bewährte Obstsorten

Apfelsorten

'Stark Earliest'	Baum- und Genußreife Mitte Juli/Anfang August – gute Rotfärbung und besserer Fruchtgeschmack als bei 'Weißer Klarapfel' – trägt reich, daher kräftiger Schnitt und Ausdünnen der Früchte empfehlenswert.
'James Grieve'	Baumreife Anfang/Mitte September, Genußreife September/Mitte November – Ersatz für 'Gravensteiner' – trägt reich und regelmäßig – Spindelbüsche sollen auf M 26, 7 oder 4 stehen, da sie sich auf M 9 zu leicht erschöpfen und schwach wachsen – der 'Rote James Grieve' hat außer der Fruchtfarbe keine weiteren Vorteile.
'Alkmene'	Baumreife Anfang/Mitte September, Genußreife von der Ernte bis Ende November – in Form und Farbe der 'Goldparmäne' ähnelnd – Geschmack erfrischend aromatisch – Ertrag früh einsetzend und reich.
'Geheimrat Oldenburg'	Baumreife Mitte September/Anfang Oktober, Genußreife Oktober/Dezember – sehr hohe, regelmäßige Erträge und gute Fruchtfärbung – geschmacklich allerdings nicht überragend.
'Goldparmäne'	Baumreife Anfang Oktober, Genußreife Oktober/Dezember – nach wie vor eine unserer wertvollsten Sorten – gute Fruchtfärbung – sehr geschätzt zur Weihnachtszeit – sehr wohlschmeckend – früher und reicher Ertrag – Behang vielfach so reich, daß Ausdünnen zu empfehlen ist.
'Prinz Albrecht von Preußen'	Baumreife Anfang Oktober, Genußreife Oktober/Januar – trägt regelmäßig und sehr reich und ist deshalb bei Gartenfreunden sehr beliebt – Wirtschaftsapfel – sehr frosthart.
'Cox' Orangenrenette'	Baumreife Anfang/Mitte Oktober, Genußreife November/Januar – edelster und höchstbezahlter Tafelapfel – leider sehr empfindlich gegen Schorf, Mehltau, Frost usw., ja sogar gegen Spritzmittel (Kupfer, Schwefel) – sehr pflegebedürftig – nur für beste Standorte.
'Jonagold'	Baumreife Ende September/Mitte Oktober, Genußreife Oktober/März – Farbe im vollreifen Zustand sattgelb, sonnenseits verwaschen – Geschmack süßlich-feinsäuerlich – reichtragend.
'Freiherr von Berlepsch'	Baumreife Ende Oktober, Genußreife November/März – trägt meist regelmäßig, wenn auch nicht besonders reich – ausgezeichneter Geschmack – hoher Vitamin-C-Gehalt.
'Roter Boskoop'	Baumreife Mitte Oktober, Genußreife Ende Dezember/Ende März – sehr großfruchtig – würziger frischer Geschmack (hoher Säuregehalt) – Bratapfel – trägt auf Typ M 9 (Spindelbusch) früh und regelmäßig – zum Aufpropfen auf schwachwüchsigere Bäume (auch Halb- bzw. Hochstämme) gut geeignet.
'Golden Delicious'	Baumreife Ende Oktober, Genußreife Dezember/März –nur in warmen Gebieten mit viel Sonnenschein (Weinklima) anbauen – Kronen gut lichten, da sonst Fruchtfarbe und Geschmack zu wünschen übriglassen – Fruchtbarkeit regelmäßig und hoch, jedoch sehr schorfanfällig.
'Schöner aus Nordhausen'	Baumreife Mitte Oktober, Genußreife Dezember/März – sehr wertvolle Sorte für ungünstige Lagen, da sowohl im Holz als auch in der Blüte sehr frostwiderstandsfähig – Fruchtfleisch würzig und angenehm spritzig – früh, reich und regelmäßig tragend – als Spindelbusch auf M 26 oder 7, 4 bzw. MM 106.
'Melrose'	Baumreife Anfang/Mitte Oktober, Genußreife Dezember/Mai – Farbe dunkelrot mit braun auf gelbem Grund – Früchte mittelgroß bis groß – Geschmack fruchtig-süßlich, aromatisch.
'Ontario'	Baumreife Ende Oktober, Genußreife Januar/April – Farbe wird auf Lager gelb – wertvoll wegen der langen Haltbarkeit – früh und reich tragend – Schorfanfälligkeit gering – im Holz empfindlich, in der Blüte dagegen sehr unempfindlich gegen Kälte – in schweren Böden krebsanfällig.

'Mantet', ein gut gefärbter Frühapfel, der bereits Anfang August reift.

'James Grieve', eine beliebte Herbstsorte, die reich und regelmäßig trägt.

'Prinz Albert von Preußen', bei Gartenfreunden sehr beliebt, hält sich bis Januar.

Ältere robuste Apfelsorten

'Berner Rosenapfel'	Genußreife November/Januar – beliebter Weihnachtsapfel.
'Ernst Bosch'	Genußreife Oktober/November – sichere und reiche Erträge auch bei weniger günstigen Böden und Lagen.
'Goldrenette von Blenheim'	Genußreife November/März – gesunder Wuchs – kaum schorfanfällig.
'Grahams Jubiläumsapfel'	Genußreife September/Januar – wertvoller Kochapfel – kaum krankheitsanfällig – auch für rauhe Lagen – blüht erst in der 2. Maihälfte, deshalb kaum Ausfälle durch Blütenfrost.
'Gravensteiner'	Genußreife September/Oktober – geschmacklich wertvoller Frühapfel – nur für gute Anbaulagen.
'Jakob Fischer'	Genußreife September/Oktober – bewährter Herbstapfel für baldigen Verbrauch.
'Jakob Lebel'	Genußreife Oktober/Januar – auf leichten Böden auch für rauhere Lagen geeignet.
'Kaiser Wilhelm'	Genußreife November/März – wertvoller Apfel für Most- und Süßmostbereitung – in späteren Jahren reiche und regelmäßige Erträge – auch für mittlere Höhenlagen.
'Krügers Dickstiel'	Genußreife Dezember/Februar – widerstandsfähige Sorte mit guter Fruchtqualität.
'Landsberger Renette'	Genußreife Oktober/Februar – robuster Tafel- und Verwertungsapfel – besonders für Süßmost geeignet. Allerdings in warmfeuchtem Klima schorfanfällig.
'Lohrer Rambur'	Genußreife Februar/April – wertvoller Wirtschaftsapfel für rauhe Lagen – kaum krankheitsanfällig – guter Mostapfel.
'Riesenboiken'	Genußreife Februar/Mai – Lagerapfel für Höhenlagen.
'Schöner aus Herrenhut'	Genußreife Oktober/Februar – robuster Tafel- und Verwertungsapfel – auch für rauhere Lagen.
'Schöner aus Wiltshire'	Genußreife November/März – wertvoller Tafel- und Wirtschaftsapfel mit großer Anpassungsfähigkeit, besonders widerstandsfähig gegen Schorf.
'Schweizer Orangenapfel'	Genußreife Dezember/März – Tafel- und Wirtschaftsapfel für wärmere Lagen.
'Winterrambour'	Genußreife Dezember/März – Wirtschaftsapfel für den bäuerlichen Anbau.
'Zabergäurenette'	Genußreife Dezember/März – robuster guter Tafelapfel mit feinem Aroma.

Birnensorten

'Williams Christbirne'	Baumreife Mitte August, Genußreife Ende August/Anfang September – gleichmäßig gelbgefärbte Frucht von unregelmäßiger Form – trägt hauptsächlich am kurzen Fruchtholz, deshalb auch für Spalier geeignet – Fruchtbarkeit früh und reich – weißes, saftig-würziges Fruchtfleisch – bestens zur Konservierung geeignet.

'Gute Luise'.

'Kaiser Wilhelm', sehr widerstandsfähig gegen Schorf.

Birnensorten

'Frühe von Trevoux'	Baum- und Genußreife Mitte August – wenig empfindlich während der Blüte, daher auch für ungünstige Lagen geeignet – saftiges, aromatisches Fleisch – Ertrag sehr regelmäßig.
'Gute Luise'	Baumreife Anfang/Mitte September, Genußreife Ende September/Oktober – saftig-süß, hervorragender Geschmack – reich tragend – in eingeschlossenen Lagen und bei dichter Baumkrone sehr schorfanfällig, deshalb Baum frei stellen und Krone sehr licht halten – vorzüglich als Spalier.
'Köstliche von Charneu'	Baumreife Mitte/Ende September, Genußreife ab Oktober – reichtragend – ziemlich süß, saftig, wohlschmeckend, wertvoll für Wandspaliere.
'Tongern'	Baumreife Ende September, sobald grüne Grundfarbe gelb wird (nicht zu spät) ernten, Genußreife Oktober – Fruchtfarbe braunrot – saftig, aromatisch – Erträge hoch und regelmäßig.
'Bosc's Flaschenbirne'	Baumreife Oktober, Haltbarkeit 3–4 Wochen – nur für warme Lagen, dort auch auf Obstwiesen – Blüte spät, widerstandsfähig – nicht schorfanfällig.
'Alexander Lucas'	Baumreife Mitte Oktober, Genußreife November/Dezember – nur empfehlenswert in klimatisch günstigen Lagen, da frostempfindlich – Frucht groß bis sehr groß – früh einsetzende, regelmäßige Fruchtbarkeit, kaum Schorf, wertvoll als Spalier.
'Madame Verté'	Baumreife Ende Oktober, Genußreife Januar/Februar – sehr wertvolle Wintersorte, auch für klimatisch weniger günstige Gebiete – das köstliche, zimtartige Aroma entwickelt sich ab Januar – die Fruchtbarkeit beginnt erst mittelfrüh, ist dann aber regelmäßig und reich – in rauhen Lagen etwas geschützt pflanzen – gut als Spalier geeignet.

Ältere robuste Birnensorten

'Bosc's Flaschenbirne'	Genußreife Oktober, Haltbarkeit 3–4 Wochen – nur für warme Lagen, dort auch auf Obstwiesen – Blüte spät, widerstandsfähig – nicht schorfanfällig.
'Bunte Julibirne'	Genußreife Mitte Juli bis Anfang August – beliebte Frühbirne – auch für weniger günstige Standorte – wenig schorfanfällig.
'Clapps Liebling'	Genußreife Mitte August, Haltbarkeit 1–2 Wochen – eine der wertvollsten Frühbirnen – saftiges Fleisch und würziges Aroma – nicht sehr windfest – Ernte sollte 8–10 Tage vor Vollreife erfolgen, Früchte werden bei später Ernte rasch teigig.
'Gute Graue'	Genußreife September, Halbarkeit 2 Wochen – eine Frühbirne, die auch vorzügliches Dörrobst liefert.
'Neue Poiteau'	Genußreife Oktober, Haltbarkeit 6 Wochen – hohe Ertragssicherheit auch in rauheren Lagen.

Pflaumen-, Zwetschen-, Renekloden- und Mirabellensorten

'Zimmers Frühzwetsche'	Reife Anfang August – Frucht mittelgroß, dunkelblau – gut steinlösend – vielseitig verwertbar – Ertrag reich und regelmäßig.
'Ontario-Pflaume'	Reife Anfang August – Frucht groß bis sehr groß, kugelig und von goldgelber Farbe – wohlschmeckend – gut für Konservierung geeignet – Baum starkwüchsig, wenig anspruchsvoll – oft zu reich tragend.
'Graf Althans Reneklode'	Reife August – Frucht groß bis sehr groß, kugelig, von violettrosa Farbe mit bläulichem Hauch – Fleisch gelb, saftig und sehr aromatisch – gut vom Stein lösend – der Baum ist starkwachsend – Erträge früh einsetzend und regelmäßig – auch zum Einkochen vorzüglich geeignet.
'Mirabelle von Nancy'	Reife Mitte/Ende August – kleine bis mittelgroße, rundliche Früchte von gelber Farbe – gut steinlösend – süßer, würziger Geschmack – bestens geeignet zur Konservierung – kann fast in jedem Boden gepflanzt werden, jedoch geschützte Lagen bevorzugen, da Holz und Blüte frostempfindlich.
'Wangenheims Frühzwetsche'	Reife Mitte August/Mitte September – Früchte rötlich-blau, bereift – sehr süß – vorzüglich als Kuchenbelag geeignet – beginnt früh mit dem Ertrag – sehr reichtragend – Ersatz für 'Hauszwetsche' in rauhen Gebieten.
'Große grüne Reneklode'	Reife Ende August/Mitte September – Frucht mittelgroß, rund, dunkelgrün – Fleisch gut vom Stein lösend, saftig und von bestem Geschmack – hervorragend für Frischgenuß und zur Konservierung.
'Hauszwetsche'	Reife ab Mitte September – sollte in keinem Garten fehlen, da für alle Zwecke geeignet – sehr wichtig: nur wertvollen Typ pflanzen! – Frucht länglich, tiefblau und leicht steinlösend – Baum starkwüchsig und reichtragend.

Die 'Hauszwetsche', vielseitig verwertbar und reichtragend.

Sauerkirschensorten

'Schatten-morelle'	Für den Liebhaber die wertvollste Sorte – selbstfruchtbar – sehr reichtragend – Baum trägt am einjährigen Holz, deshalb jährlich nach der Ernte scharfer Schnitt, um die Neu-triebbildung anzuregen.
'Morellenfeuer' (= 'Kelleriis Nr. 16')	Mit am frosthärtesten in der Blüte und ge-schmacklich mit an der Spitze aller Sauerkir-schensorten – selbstfruchtbar – kein regel-mäßiger Schnitt erforderlich, sondern nur gelegentliches Auslichten – Frucht etwa ein Drittel kleiner als bei 'Schattenmorelle' – reift ca. 10–14 Tage vor 'Schattenmorelle'.

Süßkirschensorten

'Hedelfinger' 'Schneiders Späte Knorpelkirsche'	Sollten ausnahmsweise Süßkirschen ge-pflanzt werden, so sei zu diesen beiden Sor-ten geraten. Süßkirschen sind auf Fremd-befruchtung angewiesen; diese beiden wert-vollen Sorten ergänzen sich darin.

Pfirsichsorten

Edle Frühsorten sind nur für warmes Klima geeignet. In allen übrigen Gebieten wollen wir uns auf mittelfrüh- und spät-reifende Sorten beschränken.

'Frau Anneliese Rudolf'	Reife Mitte August – sehr große Frucht – Fleisch saftig und sehr wohlschmeckend – relativ frostharte Sorte.
'Rekord aus Alfter'	Reife Mitte August/September – die Frucht ist gut steinlösend, saftig und wohlschmek-kend – verhältnismäßig widerstandsfähig.
'Roter Ellerstädter'	Auch 'Kernechter vom Vorgebirge' genannt – gilt als beste Einmachfrucht – Frucht mit-telgroß, saftig, aromatisch – Ansprüche an den Standort gering, geeignet für weniger günstige Verhältnisse – Reife erst im Sep-tember.
'South Haven'	Reife Anfang September – sehr groß, gelb-fleischig, saftig, süß, herrliche Einmach-frucht – starkwüchsig.

Aprikosensorten

'Ungarische Beste', 'Aprikose von Nancy'	Beide Sorten sind verhältnismäßig widerstandsfähig. Trotzdem ist der Anbau nur in sehr günstigen klimatischen Gebieten zu empfehlen.

Quittensorten

'Portugiesische Quitte'	Birnenförmige, große Früchte von rein gel-ber Farbe – früh- und reichtragend – frost-empfindlich im Holz – selbstfruchtbar.
"Konstan-tinopeler'	Früchte apfelförmig und groß – früh- und reichtragend – weniger frostempfindlich als obige – selbstfruchtbar.

Walnußsorten

Die Walnuß eignet sich wegen ihrer später sehr umfangreichen Krone für große Gärten, etwa ab 1000 m² aufwärts, vor allem auch als Hofbaum in bäuerlichen Anwesen. Es gibt inzwischen Sorten, die unter Nummern-Bezeichnungen angeboten wer-den und auf *Juglans nigra* veredelt sind. Diese Bäume bleiben kleinkroniger.

Nr. 26	Wuchs mittel bis stark – Austrieb und Blüte spät, deshalb wenig spätfrostgefährdet – keine Fremd-befruchtung erforderlich – Nußgröße mittel – Ertrag früh, hoch und regelmäßig.
Nr. 120	Wuchs stark, breite, lockere Krone – Fremdbefruch-tung erforderlich – Nuß groß bis sehr groß – hoher Ertrag.
Nr. 139	Wuchs mittel – Austrieb spät, deshalb wenig spät-frostgefährdet – keine Fremdbefruchtung erforderlich – Nußgröße mittel – Ertrag früh, sehr hoch, regel-mäßig.

Haselnußsorten

'Hallesche Riesen'	Nüsse sehr groß, rundlich – Reifezeit Ende September.
'Wunder aus Bollweiler'	Nüsse sehr groß, kegelförmig – Reifezeit September.

Die Süßkirsche braucht Befruchtersorten.

Sauerkirschen reifen Ende Juli.

Vollreife Aprikosen schmecken köstlich.

Ein Quittenbusch kann durchaus in die Anpflanzung des Grundstücks, als Zierstrauch, mit eingebaut werden. Er sieht das ganze Jahr über gesund aus, Blüten und Früchte sind eine Zierde.

Einkauf in der Baumschule

Obstbäume haben eine lange Lebensdauer. Deshalb sollte nur das Beste gepflanzt werden. Einwandfreie äußere Qualität, wie kräftiges Wurzelwerk, gesunder, gerader Stamm und wüchsige Krone sind für den Erfolg entscheidend. Hinzu kommen die »inneren« Eigenschaften, die uns beim Kauf verborgen bleiben, wie Sorte und Unterlage. Es hätte keinen Sinn, kräftig und gesund aussehende Spindelbüsche zu kaufen, die auf einer zu stark wachsenden Unterlage veredelt sind. Dieser Fehler wird leider häufig gemacht, weil Spindelbüsche auf den besonders schwachwüchsigen M 27, M 9, M 26 usw. für das Auge etwa »mager« aussehen.

Meist werden wir die Bäume bei einer ortsansässigen Baumschule oder einem Garten-Center kaufen. Ebensogut können wir uns die Pflanzware aber auch von einer auswärtigen Markenbaumschule schicken lassen. Wichtig ist nur, daß Sorte, Unterlage und Baumform für unsere Verhältnisse passen und die Ware gesund und wüchsig ist. Da die Wurzeln auf dem Transport leicht trocken werden, sollten die Bäume sofort nach Erhalt ausgepackt, für einige Stunden in Wasser gestellt und dann gepflanzt bzw. eingeschlagen werden.

Baumkauf ist Vertrauenssache. Wir kaufen deshalb nur in Qualitätsbaumschulen, deren Ware das Markenetikett trägt. In einer Gartenbaumschule bzw. in einem Garten-Center kann der Kunde in Ruhe auswählen.

Natürlich wird der Freizeitgärtner hier vielfach zum Kauf weiterer Pflanzen verlockt. Wollte er ursprünglich nur 5 Rosen kaufen, so verläßt er schließlich mit 2 zusätzlichen Omorikafichten, einer niedlich aussehenden Birke und einem Walnußbaum den Laden. Statt des geplanten Betrags hat er ein Vielfaches davon ausgegeben. Dies ist aber nicht das Schlimmste: Nachteiliger ist es, daß in den Garten Gehölze kommen, die gar nicht vorgesehen waren und deshalb keinen Platz haben. Es entstehen Urwälder, die uns Licht, Luft und Sonne wegnehmen. Machen wir es deshalb wie die kluge Hausfrau und schreiben uns beim Einkauf nur solche Pflanzen auf, die wir wirklich benötigen.

Einige Baumschulen, die alte Obstsorten führen:
(Reihenfolge nach Postleitzahlen)

Hermann Cordes, Lülanden 4, 2000 Wedel/Holstein

Peter Klock, Stutsmoor 42, 2000 Hamburg

Detlev Wolters, Hillenberg 2, 2808 Syke-Wachendorf

Gert Müller, Gothel 2, 2847 Eydelstedt

Gerold Brüntjen, Portsloge, 2905 Edewecht

Franz Bergt, Thaler Landstr. 26, 3280 Bad Pyrmont

Günter H., Bonner Str. 26–32, 5309 Meckenheim

Münkel, 6987 Külsheim-Hundheim

Klaus Ganter, Forchheimer Str./Baumweg 2, 7831 Wyhl am Kaiserstuhl

Fischer, 8049 Fahrenzhausen-Bärnau

Brenninger, Hofstarring 57, 8251 Steinkirchen

Gerhard Baumgartner, Hauptstr. 2, 8341 Nöham

Werner Oppel, Dillenbergstr. 13, 8506 Langenzenn/Stinzendorf

Pflanz- und Grenzabstände

Zunächst die Pflanzabstände:

Apfel-Hoch-/Halbstamm	8–10 m
Apfel-Buschbaum	4–5 m
Apfel-Spindelbusch	1,2–2,2 m
Birnen-Hoch-/Halbstamm	6–8 m
Birnen-Buschbaum	4–5 m
Birnen-Spindelbusch	2,5 m
Pflaumen-, Zwetschen-, Renekloden-, Mirabellen-Halbstamm/Hochstamm	5–6 m
Süßkirschen-Hoch-/Halbstamm	8–10 m
Sauerkirschen-Buschbaum	4–5 m
Pfirsich-Buschbaum	4–5 m
Quitten-Busch	3–4 m

Die Zahlen dienen als Anhaltspunkt für die später zu erwartende Kronenausdehnung des betreffenden Obstgehölzes. Die genannten Mindestabstände sollten deshalb nicht unterschritten werden. Oft erscheinen sie bei der Pflanzung entschieden zu groß. Es gibt deshalb Gar-

Pflanzung eines Spindelbusches: Pfahl einschlagen ... darauf achten, daß die Veredlungsstelle über dem Boden bleibt und möglichst mit Kompost oder Torfersatzstoffen verbesserte Erde an die Wurzeln kommt. Wird zu tief gepflanzt, besteht die Gefahr, daß sich die Unterlage »freimacht«, d. h. sie entwickelt Wurzeln aus der Edelsorte und wächst dann so stark wie ein Hochstamm.

tenfreunde, die zwischen 2 Bäumen einen dritten pflanzen in der Absicht, ihn herauszunehmen, sobald der Platz nicht mehr ausreicht. Die Erfahrung lehrt aber, daß solche Zwischenpflanzungen nie mehr entfernt werden, weil man dies einfach nicht übers Herz bringt. Deshalb: keine Zwischenpflanzung!

Beinahe noch wichtiger sind die Grenzabstände. Immer wieder wird ein gutnachbarliches Verhältnis durch einen über die Grenze wachsenden Baum oder Strauch getrübt, und in manchen Fällen werden dann sogar Gerichte und Sachverständige bemüht.

Es ist nicht möglich, hier die Grenzabstände für die einzelnen Obstarten – dies gilt auch für Ziergehölze – aufzuführen, weil die Bestimmungen in den einzelnen Bundesländern unterschiedlich sind. Es gibt aber ein sehr einfaches Rezept, ganz gleich, ob unser Garten in Köln oder

Berlin, in Hamburg, Stuttgart, München oder aber in einem kleinen Dorf in Niedersachsen liegt. Die simple Formel heißt:

> Grenzabstand = halber Pflanzabstand, bzw. halber späterer Kronendurchmesser.

Für den Apfelspindelbusch ist beispielsweise der Pflanzabstand 2,20 m, d. h., es sollte ein Grenzabstand von mindestens 1,10 m eingehalten werden.

In den Ausführungsbestimmungen zum BGB für Bayern ist beispielsweise vorgeschrieben, daß Gehölze, die mehr als 2 m Höhe erreichen, mindestens 2 m von der Nachbargrenze entfernt sein müssen. Das entspricht keineswegs den praktischen Erfordernissen, denn ein Süßkirschenbaum erreicht bei zusagenden Bodenverhältnissen einen Kronendurchmesser von 8–10 m und darüber. Die Äste werden also nach einigen Jahren zum Nachbargarten hinüberwachsen.

Den praktischen Bedürfnissen besser angepaßt sind dagegen die Grenzabstände, wie sie beispielsweise in Baden-Württemberg vorgeschrieben sind.

Nähere Auskünfte über die gesetzlich vorgeschriebenen Grenzabstände erhalten wir beim Gartenbauamt, Landratsamt (Fachberater für Gartenbau) oder bei der Gemeindeverwaltung unseres Wohnortes.

Wir pflanzen einen Obstbaum

Wichtigste Arbeit: gründliche Bodenvorbereitung. Bei Spindelbüschen, die wir im Haus- oder Kleingarten meist in einer Reihe pflanzen, wird die gesamte Fläche in der nötigen Länge, einer Breite von etwa 2 m und 40 cm tief – also 2 Spatenstiche – bearbeitet. Stets muß dabei die unterste Bodenschicht unten, die oberste Bodenschicht, also der Mutterboden, oben bleiben. Größere Steine und Dauerunkräuter werden entfernt.

Außerdem verbessern wir den Boden mit Kompost oder anderen Humusstoffen (S. 25/26). Eine Bodenuntersuchung (S. 70) gibt Aufschluß, ob vor der Pflanzung eine Vorratsdüngung in Form von Thomasphosphat und Kalimagnesia (Patentkali) eingebracht werden soll. Solche Dünger, deren Wirkung über viele Jahre hindurch anhält, werden dann gleichmäßig in die untere und obere Bodenschicht (Mutterboden) eingearbeitet.

Für einen einzelnen Baum (Hoch-/Halbstamm, Buschbaum) wird eine Pflanzgrube ausgehoben: 1,20 × 1,20 m und 50 cm tief. Den oberen Spatenstich (Mutterboden) bringen wir auf die eine, den zweiten Spatenstich auf die andere Seite. Die Sohle der Grube braucht lediglich mit der Grabgabel oder – bei schwerem Boden – mit dem Pickel gelockert zu werden.

Wie es mit dem Nährstoffgehalt aussieht, läßt sich nur durch eine Bodenprobe ermitteln, die wir in einer der auf S. 233 genannten Untersuchungsanstalten analysieren lassen. Wenn dabei Mangel festgestellt wird, verteilen wir die nötige Vorratsdüngung (Thomasphosphat, Kalimagnesia) auf den gesamten Bodenaushub. Auch in die gelockerte Sohle der Grube bringen wir einen Teil der empfohlenen Düngermenge ein.

Beim darauffolgenden Einfüllen werden die Bodenschichten genauso in die Grube gebracht, wie sie vorher gelegen haben. Bis auf eine kleine Vertiefung an der eigentlichen Pflanzstelle wird die Grube restlos eingefüllt. Gepflanzt wird am besten ab Mitte Oktober bis in den Dezember hinein, oder aber im Frühjahr, sobald der Boden offen und etwas abgetrocknet ist. Inzwischen ist eine Pflanzung den ganzen Sommer über möglich, denn in Garten-Baumschulen werden heute Obstbäume auch in Containern angeboten. Der Preis liegt allerdings wegen des Mehraufwands höher als bei normaler Pflanzware.

Bei Spindelbüschen schlagen wir vor der Pflanzung einen Pfahl ein, der imprägniert oder wenigstens angebrannt sein soll. Der Baumpfahl mit einer Länge von 2,20–2,50 m und einem oberen Durchmesser von etwa 7–8 cm wird etwa 40–50 cm tief in den Boden geschlagen. Er hat dann gerade die richtige Länge, damit der Spindelbusch auch in den kommenden Jahren mehrmals entlang seines Stammes angebunden werden kann. Bei allen übrigen Baumformen können wir auf einen Pfahl verzichten. Der Spindelbusch braucht ihn dagegen zeitlebens, weil er auf einer schwachwüchsigen, flachwurzelnden Unterlage veredelt ist.

Vor der Pflanzung des Baumes wird nur ein kleines Loch zur Aufnahme der Wurzeln auf der vorbereiteten Fläche ausgehoben, sofern dies nicht bereits beim Vorbereiten der Pflanzfläche berücksichtigt wurde. Zu lange oder beschädigte Wurzeln werden bis auf gesunde Teile zurückgeschnitten. Die Pflanzerde wird mit Torfersatzstoffen vermischt. Während eine Person die im Pflanzloch ausgebreiteten Wurzeln mit diesem Erde-Torf-Gemisch bedeckt, schüttelt eine zweite Person den Baum durch ständiges Heben und Senken, so daß die Erde in alle Hohlräume zwischen den Wurzeln kommt. Anschließend wird um den Stamm herum leicht angetreten. Dann werfen wir einen Gießrand auf und schwemmen den Baum mit mehreren Gießkannen voll Wasser oder mit dem Schlauch kräftig ein. Dadurch wird die

Pflanzung eines Hoch- oder Halbstammes: Pflanzgrube groß genug ausheben, Sohle mit Grabgabel oder Pickel lockern . . . beim Pflanzen hält eine Person den Baum und rüttelt ihn etwas, damit die Erde in alle Hohlräume zwischen die Wurzeln kommt, während eine zweite Person das Pflanzloch mit Erde füllt . . . abschließend Gießrand aufwerfen, kräftig angießen, Pflanzstelle mit Mulchmaterial abdecken.

Erde auch an die feinsten Wurzeln gespült. Schließlich wird die ganze Baumscheibe mit halbverrottetem Kompost oder Stallmist abgedeckt, damit sich die Feuchtigkeit möglichst lange hält.

Zu beachten ist, daß der Baum bei der Pflanzung nicht tiefer zu stehen kommt als in der Baumschule. Hat sich der Baum gesetzt, so muß die wulstartige Veredelungsstelle noch sichtbar sein. Das ist besonders bei Spindelbüschen auf schwachwachsender Unterlage wichtig. Wir pflanzen deshalb bewußt etwas höher, damit sich der Baum nach dem Setzen des Erdreichs in richtiger Höhe befindet. Eine waagrecht liegende Latte erleichtert uns diese Arbeit.

Spindelbüsche werden nach dem Pflanzen mit einem Kokosfaserstrick oder ähnlichem Material an den Pfahl in Form einer 8 angebunden. Der Baum muß aber nach dem Anbinden noch genügend »Luft« haben, um sich setzen zu können. Die eigentliche Pflanzung geht sehr rasch vor sich, viel Zeit beansprucht dagegen die vorhergehende gründliche Bodenvorbereitung. Dies ist eine schwere Arbeit, so daß mancher Gartenfreund versucht ist, nur ein kleines blumentopfartiges Loch auszuheben und in dieses die Wurzeln hineinzuquetschen. Kein Wunder, wenn sich die Spindelbüsche und Hochstämme dann nicht zu wüchsigen, reichtragenden Bäumen entwickeln. Deshalb besser statt überstürzt im Frühjahr, erst im Herbst pflanzen und sich Zeit nehmen für die Bodenvorbereitung. Obstbäume bleiben schließlich über Jahrzehnte, ja ein ganzes Menschenalter an der Stelle, an die wir sie pflanzen.

Obstbaumschnitt will gekonnt sein

Der Schnitt des Spindelbusches

Der Spindelbusch wird mit einer durchgehenden Stammverlängerung erzogen. An ihr entlang sollen sich in Abständen von 20–30 cm nach allen Himmelsrichtungen locker verteilte Äste entwickeln. Jungtriebe, die zwischen diesen Ästen an der Stammverlängerung entstehen, werden waagrecht gebunden (Fruchtholz). Nur wenn sich diese Triebe beengen, wird der eine oder andere entfernt. Das meiste Fruchtholz bildet sich an den Ästen.

Wird im Herbst gepflanzt, so erfolgt der Pflanzschnitt im Frühjahr darauf; bei Frühjahrspflanzung unmittelbar danach. Entlang der Stammverlängerung eines solchen Spindelbusches befinden sich meist mehrere einjährige Seitentriebe. Wir wählen aus diesen 3–5 aus, die entlang des Stammes gut verteilt sind. Diese Triebe sollten in einem möglichst flachen Winkel aus dem Stamm wachsen und erst dann leicht ansteigen. Steil stehende Triebe werden dagegen beim Pflanzschnitt bis »auf Astring« (Verdickung an der Ansatzstelle) entfernt. In jedem Fall ist der Konkurrenztrieb wegzuschneiden. Darunter versteht man den

Trieb, der gleich nach der Stammverlängerung folgt und meist sehr steil steht. Alle anderen Seitentriebe der jungen Spindelbuschkrone werden als künftige Fruchtäste belassen. Um möglichst schnell Fruchtholz zu erzielen, binden wir sie waagrecht.

Die Stammverlängerung (Mitteltrieb) und die 3–5 Seitentriebe werden dann kräftig zurückgeschnitten. Je nach Länge nehmen wir jeden dieser Triebe auf 2–4 Knospen zurück; je weiter oben am Stamm, um so kürzer. Dabei wird grundsätzlich auf eine nach außen zeigende Knospe geschnitten, damit sich der Trieb nach außen fortsetzen kann und möglichst viel Luft und Licht in das Kroneninnere eindringen können. Schließlich wird die Stammverlängerung auf 6–8 Knospen eingekürzt, so daß wir schließlich einen spitzpyramidalen Spindelbusch vor uns haben.

Nach einem Jahr ist der junge Spindelbusch erneut zu schneiden. Wir sprechen jetzt vom Erziehungsschnitt. Als erstes werden dabei Konkurrenztriebe entfernt, ganz gleich ob sie sich an der Stammverlängerung oder an den Seitentrieben entwickelt haben. Gelegentlich steht der Konkurrenztrieb günstiger oder ist kräftiger entwickelt als die eigentliche Stamm- bzw. Astverlängerung. Dann wird dieser Trieb entfernt und der Konkurrenztrieb belassen.

Als nächstes werden aus der jungen Krone sämtliche kräftigen, nach innen wachsenden Triebe entfernt. Dann folgt das Einkürzen der Stammverlängerung und der Seitentriebverlängerung (Fruchtäste) auf eine nach außen stehende Knospe (auch »Auge« genannt). Hat der Spindelbusch im vergangenen Jahr kräftige Triebe entwickelt, so nehmen wir sie um ein Drittel bis zur Hälfte zurück. Ist dagegen der Trieb sehr schwach gewesen, d. h., sind über der

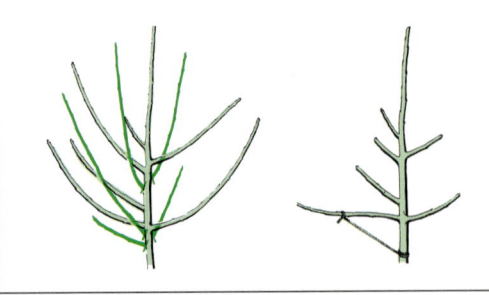

Pflanzschnitt beim Spindelbusch: Es verbleiben nur wenige Triebe als künftige Fruchtäste, die stark eingekürzt werden.

vorjährigen Schnittstelle nur einige Zentimeter lange Spieße entstanden, so unterbleibt ein Rückschnitt.

Wie bereits beim Pflanzschnitt, so achten wir auch beim Erziehungsschnitt darauf, daß sich die Fruchtäste nach allen Seiten am Stamm verteilen. Fruchtäste, die wir weiter oben an der Stammverlängerung entstehen lassen, sollen sich also immer auf Lücke zwischen den darunter befindlichen entwickeln.

Nach dem Schnitt im 2. Jahr soll der Spindelbusch wieder eine spitzpyramidale Form haben. Noch etwas ist zu beachten: Während die Konkurrenztriebe und andere kräftige, in das Kroneninnere gerichtete Triebe entfernt werden, belassen wir alle übrigen, auch wenn sie wegen zu geringer Abstände nicht als Fruchtäste zu gebrauchen sind. Soweit diese Triebe nicht bereits waagrecht stehen, binden wir sie mit Bast in eine waagrechte Stellung. Keinesfalls dürfen wir sie – im Gegensatz zu den Fruchtästen und der Stammverlängerung – einkürzen, denn jeder Rückschnitt regt den Trieb an. Neutrieb wünschen wir aber nur bei den Fruchtästen und bei der Stammverlängerung. Die übrigen Triebe sollen bald zur Fruchtbarkeit übergehen; wir lassen sie deshalb in Ruhe.

An unseren Bäumen werden wir bald folgendes feststellen: Je waagrechter ein Trieb im Baum steht, desto schwächer wächst er, desto mehr neigt er aber zum Blühen.

Grundsätzlich gilt daher für den Obstbaumschnitt, und zwar nicht nur beim Spindelbusch:

- Alle Triebe, die wir zum Aufbau des Kronengerüstes brauchen (beim Spindelbusch: Stammverlängerung und Fruchtäste), werden jährlich zu-

Ein vierjähriger Apfel-Spindelbusch vor und nach dem Schnitt. Konkurrenztriebe und Triebe aus der Astoberseite, die den Lichtzutritt ins Kroneninnere versperrten, wurden vorrangig entfernt.
Rechts: Förderung des Fruchtansatzes durch Waagrechtbinden.

160

rückgeschnitten. Dadurch entsteht die erwünschte kräftige Triebfortsetzung und Fruchtholz.

- Konkurrenztriebe, steile und zu dicht stehende Triebe, die den Lichtzutritt ins Kroneninnere behindern, werden bis auf Astring zurückgeschnitten.
- Alle übrige Triebe bleiben unbeschnitten und werden, wenn nötig, waagrecht gebunden.

In der Praxis gehen wir dabei so vor: Erst werden die unbrauchbaren Triebe entfernt, dann die nicht zum Kronenaufbau benötigten in eine waagrechte Stellung gebracht, und erst zum Schluß schneiden wir Stammverlängerung und Fruchtäste auf nach außen gerichtete Knospen zurück. Am Schluß soll der Spindelbusch eine spitzpyramidale Form haben. Das hat praktische Gründe und geschieht nicht wegen der Schönheit: Die Triebe weiter oben an der Stammverlängerung werden im Wachstum stärker gefördert als die weiter unten befindlichen. Sie müssen kürzer gehalten werden, um ein »Überbauen« der unteren Fruchtäste zu verhindern.

Einen Teil der soeben beschriebenen Arbeiten können wir bereits im Sommer vorwegnehmen.

Beim Sommerschnitt im Juli/August werden alle Konkurrenztriebe und die sonstigen in der Krone nicht benötigten Triebe entfernt. Auch das Waagrechtbinden von Trieben, die nicht für das Kronengerüst benötigt werden, ist jetzt leicht möglich: Die jungen Triebe sind noch weich. In der waagrechten Lage läßt das Wachstum nach, und die Triebe werden zu Fruchtholz. Bis zum Herbst sind sie verholzt und bleiben dann von selbst in der gewünschten waagrechten Stellung.

Führen wir diese Sommerbehandlung jedes Jahr durch, so bleibt uns beim Winterschnitt nicht mehr viel zu tun. Nur der Rückschnitt der Stamm- und Fruchtastverlängerungen wird erst im Winter bzw. im zeitigen Frühjahr vorgenommen. Sobald der Spindelbusch seine endgültige Form und Größe erreicht hat, setzt der Instandhaltungsschnitt ein.

Durch alljährlichen Schnitt, in Verbindung mit Düngung und Pflanzenschutz, wollen wir den Baum in diesem Stadium weiterhin lebendig erhalten. Alljährlich werden deshalb die Verlängerungen des Stammes und der Fruchtäste auf etwas tiefer stehende Jungtriebe zurückgesetzt. Dadurch ist ein ständiger Triebanreiz gegeben.

Pflanzschnitt bei Halb- und Hochstamm. Hier eine Zwetsche vor- und nachher. Es sind nur 3 günstig gestellte Triebe als künftige Leitäste vorblieben

Die einzelnen Arbeitsschritte wie Entfernen des Konkurrenztriebes, der überzähligen starken Triebe usw. sind auf der folgenden Seite abgebildet. Übrigens, keine Angst, daß die Zwetsche infolge des kräftigen Pflanzschnittes eingehen könnte. Im Gegenteil, sie wird sich zu einem prächtigen Baum mit lichter Krone entwickeln.

Während wir in den Jahren des Kronenaufbaus bemüht waren, möglichst viel Fruchtholz durch Waagrechtbinden zu erhalten, gehen wir jetzt dazu über, abgetragenes Fruchtholz zu entfernen bzw. zu verjüngen. Dabei werden die älteren, abgetragenen, meist herabhängenden äußeren Triebteile beseitigt bzw. auf einen Jungtrieb, der sich auf ihrer Oberseite entwickelt hat, zurückgesetzt. Sobald dieser Trieb Früchte trägt, senkt auch er sich unter der Last nach unten.

Der Schnitt des Halb- und Hochstammes

Im Gegensatz zum Spindelbusch sind beim Halb- und Hochstamm außer der Stammverlängerung 3 Leitäste nötig, an denen sich später locker gestreut die

Seitenäste entwickeln können. An all diesen kräftigen Kronenteilen soll gut belichtetes Fruchtholz entstehen. Dies gilt für alle Obstarten, die als Halb- oder Hochstamm gepflanzt werden.

Pflanzschnitt: Wir suchen uns in der jungen Krone 3 kräftige, günstig am Stamm verteilte Triebe aus. Diese 3 Triebe – die späteren Leitäste – sollten nicht an einem Punkt des Stammes entstanden, sondern auf einer Stammlänge von 30–60 cm verteilt sein. Dadurch sind sie gut »verankert«.

Sollten die 3 »idealen« Leitäste noch fehlen, so belassen wir provisorisch die 3 geeignetsten, ersetzen aber im nächsten oder übernächsten Jahr 1 oder 2 davon durch günstiger gestellte Triebe, die sich inzwischen an der Stammverlängerung entwickelt haben.

Der Winkel der 3 Leitäste zum Stamm soll möglichst flach sein. Erst etwas vom Stamm entfernt sollen die 3 Triebe in einem Winkel von etwa 45° ansteigen. Spitzwinklig angesetzte Triebe kommen als Leitäste nicht in Frage, weil bei ihnen die Gefahr besteht, daß sie später einmal abschlitzen.

Alle kräftigen, steil stehenden Triebe werden also aus der jungen Baumkrone entfernt, vor allem der Konkurrenztrieb. Steht einer der 3 als künftige Leitäste belassenen Triebe etwas zu steil, so wird er abgespreizt. Bei zu flacher Stellung binden wir ihn hoch.

Der Rückschnitt der 3 Seitentriebe – die späteren Leitäste – erfolgt auf eine nach außen gerichtete Knospe. Nach dem Rückschnitt sollen die Schnittflächen der 3 Triebe ungefähr in einer Höhe liegen. Nur einen überdurchschnittlich kräftigen Trieb werden wir etwas kürzer halten. Die Stammverlängerung (Mittel-

Konkurrenztrieb entfernen . . . abspreizen zu steil stehender Triebe . . . kräftiger Rückschnitt der Leitäste auf ein nach außen gerichtetes Auge (Knospe) . . . einkürzen der Stammverlängerung. Derselbe Baum vor und nach dem Pflanzschnitt siehe Abb. S. 161.

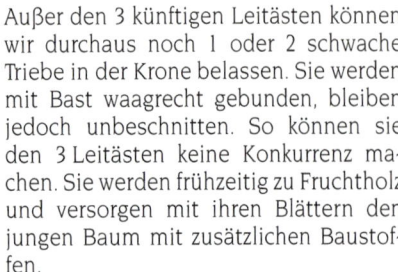

Außer den 3 künftigen Leitästen können wir durchaus noch 1 oder 2 schwache Triebe in der Krone belassen. Sie werden mit Bast waagrecht gebunden, bleiben jedoch unbeschnitten. So können sie den 3 Leitästen keine Konkurrenz machen. Sie werden frühzeitig zu Fruchtholz und versorgen mit ihren Blättern den jungen Baum mit zusätzlichen Baustoffen.

Ab Frühjahr des 2. Jahres wird der Erziehungsschnitt durchgeführt. Spreizhölzer, Stäbe oder Bastfäden, die vom Pflanzschnitt her noch in der Krone sind, werden entfernt, soweit dies nicht bereits im Sommer geschehen ist. Danach wählen wir die 3 Leitäste aus.

Anschließend werden alle Triebe, die das Kronengerüst bilden, zurückgeschnitten. Wir beginnen beim schwächsten Seitentrieb, nach dem sich die Stärke des Rückschnittes zu richten hat. Je schwächer er ist, desto stärker wird er eingekürzt. Im allgemeinen nehmen wir bei Kernobst die Triebe um gut ein Drittel ihrer Länge zurück, beim Steinobst schneiden wir wesentlich schärfer. Nur so treiben sämtliche Knospen aus, und die Leitäste bekleiden sich von der Ansatzstelle an mit Fruchtholz.

Außerdem fördert der starke Rückschnitt das Dickenwachstum der künftigen Leitäste. Je kräftiger der Rückschnitt, desto stärker der Austrieb!

Bei der Pflanzung hat der Baum viel Wurzelmasse verloren. Die verbleibenden Wurzeln können die Kronentriebe nicht genügend mit Wasser und Nährstoffen versorgen, so daß es vorteilhaft ist, durch scharfen Rückschnitt das Gleichgewicht wiederherzustellen.

trieb) soll nach dem Rückschnitt die 3 Seitentriebe um Handbreite überragen. Wir schneiden sie über eine Knospe, die eine möglichst gerade Triebfortsetzung verspricht. Im Normalfall wird diese Knospe über der letztjährigen Schnittfläche stehen. Weht oft starker Wind aus vorwiegend einer Richtung, so wird der Mitteltrieb über einer in Windrichtung stehenden Knospe geschnitten. Sollte der Mitteltrieb in einer jungen Krone sehr schwach entwickelt sein, so ist es am besten, ihn bis auf einen kurzen Zapfen zurückzuschneiden, damit man daran den nächstfolgenden kräftigen Trieb mit Bast anbinden kann. Sobald dieser Trieb die gewünschte Stellung hat, wird der Zapfen weggeschnitten.

Wenn das nicht bereits beim Pflanzschnitt möglich war, können wir jetzt Korrekturen durchführen. Konkurrenztriebe, zu dicht stehende oder auf den Astoberseiten entstandene kräftige Triebe werden beim Erziehungsschnitt an den Ansatzstellen entfernt. Die übrigen neugebildeten Triebe werden in eine waagrechte Lage gebracht, sofern sie nicht schon von selbst weitgehend waagrecht stehen.

Anschließend werden Stamm- und Leitastverlängerungen zurückgeschnitten. Die Stärke des Rückschnittes richtet sich ganz nach der Wuchsstärke des Baumes. Kräftige Neutriebe brauchen wir nicht mehr so stark zurückzunehmen wie bei der Pflanzung. Hat der Baum jedoch auf den Pflanzschnitt nur mit sehr schwachem Austrieb reagiert, so unterlassen wir diesmal ausnahmsweise den Rückschnitt. Die Triebfortsetzungen entwickeln sich dann aus den kräftigen Endknospen.

Um die Stärke des Rückschnittes richtig zu beurteilen, müssen wir uns folgendes überlegen: Durch den Rückschnitt der Stamm- und Leitastverlängerung wollen wir den Austrieb sämtlicher Knospen entlang des zurückgeschnittenen Triebes erreichen. Angenommen, wir schneiden einen Leitast zu wenig zurück, so werden zwar die oberen Knospen durchtreiben, nicht aber die im unteren Drittel befindlichen. Folge: Der Leitast garniert sich zu wenig mit Fruchtholz; er verkahlt teilweise und bleibt schwach. Schneiden wir dagegen zu stark zurück, so treiben sämtliche Knospen aus, jedoch wesentlich stärker, als uns angenehm ist. Wir bekommen kaum Fruchtholz, sondern viele kräftige Holztriebe, die wir wegen ihrer zu dichten Stellung zum Teil wieder entfernen müssen.

Man muß also beim Rückschnitt die Wuchsstärke des jeweiligen Baumes richtig beurteilen. Der Rückschnitt der Stamm- und Leitastverlängerungen muß so stark sein, daß zwar sämtliche Knospen austreiben, sich jedoch nur wenige kräftige, aber zahlreiche schwache, als Fruchtholz geeignete Triebe entwickeln. Diese Gesetzmäßigkeit gilt ganz allgemein.

Im 3. Standjahr und die Jahre danach bleiben die Schnittarbeiten die gleichen. Neu hingegen kommt die Erziehung von Seitenästen (Fruchtästen) hinzu. Etwa 80–120 cm vom Stamm entfernt lassen wir an den Leitästen die ersten Fruchtäste entstehen. In ihrer Länge bleiben sie den Leitästen untergeordnet. Nach weiteren 80–120 cm können weitere Fruchtäste folgen; sie sollten am Leitast wechselseitig stehen.

Auch entlang der Stammverlängerung sollen sich in lockerer Streuung einige Fruchtäste bilden. Wir erziehen sie so, daß sie auf Lücke stehen und die darunter befindlichen Äste möglichst nicht beschatten.

Beim Erziehungsausschnitt des Halb- und Hochstammes kommt es also im wesentlichen auf folgendes an:

- Beurteilung des Neutriebes aufgrund des vorjährigen Schnittes. Sind die Stamm- und Leitastverlängerungen in ihren unteren Partien kahl geblieben, so müssen sie diesmal schärfer zurückgenommen werden. Haben sich dagegen aus allen Knospen zu kräftige Triebe entwickelt, so schneiden wir die Verlängerungen nur schwach zurück.
- Spreizhölzer, die beim letzten Schnitt verwendet wurden, werden entfernt; ebenso Bastfäden, die einzuschnüren beginnen.
- Entfernen aller störenden Triebe: Konkurrenztriebe, kräftige Triebe auf den Astoberseiten und Triebe, die in das Kroneninnere wachsen.
- Auswahl günstig stehender Fruchtäste (Seitenäste).
- Waagrechtbinden aller verbleibenden Triebe, soweit sie nicht als Leit- oder Fruchtäste vorgesehen sind oder sich bereits weitgehend in der waagrechten Lage befinden.
- Rückschnitt der Verlängerungen von Stamm und Leitästen.

Das Kronengerüst des fertig aufgebauten Halb- oder Hochstammes besteht aus:
- Stamm bzw. Stammverlängerung;
- 3 gut verteilten, kräftigen Leitästen; bei schwachwüchsigen Steinobstarten wie Zwetschen, Pflaumen, Sauerkirschen können es auch 4 sein;
- mehreren locker gestreuten Seitenästen (Fruchtästen) entlang der Stammverlängerung und der Leitäste;
- Fruchtholz, das über alle diese kräftigen Kronenteile gleichmäßig verteilt ist. Es soll möglichst waagrecht stehen, gut belichtet sein und ständig Neutrieb zeigen.

Der Erziehungsschnitt sollte in den ersten Jahren durch eine Sommerbehandlung (Sommerschnitt) ergänzt werden. Dabei werden alle für den Kronenaufbau entbehrlichen Teile (Konkurrenztriebe, zu dicht stehende Triebe usw.) bereits im Juli entfernt. Die übrigen Triebe, soweit sie nicht für das Kronengerüst benötigt werden, binden wir dabei waagrecht. Auf diese Weise kommen alle von den Wurzeln aufgenommenen bzw. in den Blättern erzeugten Stoffe ausschließlich den zum Kronenaufbau benötigten Trieben zugute. Im Winter bzw. zeitigen Frühjahr brauchen dann nach einer Sommerbe-

Ideal aufgebaute Krone: An 3 gut verteilten Leitästen befinden sich locker gestreut Seitenäste (Fruchtäste) und an all diesen kräftigen Teilen gut belichtetes Fruchtholz.

Zwetschenbaum vor und nach dem Instandhaltungsschnitt. Dabei werden vor allem auf
den Astoberseiten befindliche, ins Kroneninnere wachsende Triebe entfernt..

Steilwachsende Triebe, die wir rasch zum
Fruchten bringen wollen, werden bereits im
Sommer waagrecht gebunden.

handlung nur noch die Stamm- und Leitastverlängerungen ihrer Triebstärke entsprechend zurückgeschnitten zu werden.

Die Vorteile einer Sommerbehandlung sind:

1. Der Kronenaufbau wird beschleunigt.
2. Der Winterschnitt wird zum großen Teil vorweggenommen; es friert uns nicht dabei (vor allem beim Waagrechtbinden).
3. Rasche Wundheilung, denn die Bäume sind im Wachsen.

Sobald die Krone nach etwa 6 Jahren fertig aufgebaut ist, halten wir sie mit dem Instandhaltungsschnitt in Ordnung. Wichtig ist dabei die ständige Fruchtholzerneuerung, wie sie bereits beim Spindelbusch besprochen wurde. In all den folgenden Jahren muß die Krone licht bleiben. Dazu wird vor allem das mehr als 3jährige, stark nach unten hängende Fruchtholz entfernt bzw. auf nach oben oder schräg nach außen stehende Triebe abgesetzt. Jungtriebe, die in der Krone zu dicht stehen, werden ganz entfernt, die übrigen als Fruchtholz belassen bzw. zu Fruchtholz umgebildet.

Vielfach stehen in den Gärten ältere Apfel-, Birn- oder Pflaumenbäume, an denen seit Jahren nichts mehr getan wurde. Ihre Kronen sind meist viel zu dicht. Fruchtholz fehlt im Kroneninneren meist völlig. Um so mehr Triebe haben sich dafür an den Enden der stärkeren Äste entwickelt, so daß ein dichtes Blätterdach kaum mehr einen Lichtstrahl in das Innere der Kronen läßt. In diesem Fall werden zunächst sämtliche zu dicht stehende Äste an den Ansatzstellen entfernt, ebenso starke Holztriebe (Ständer, Reiter), die auf den Astoberseiten entstanden sind und den Lichteinfall versperren. Die verstellbare Baumsäge ist

hierzu das wichtigste Werkzeug. Alle Wunden, die größer als ein Fünfmarkstück sind, werden anschließend mit Wundverschlußmittel sauber verstrichen.

Das zu dichte Triebgewirr an den Außenpartien einer seit Jahren ungepflegten Krone wird mit der Schere gelichtet. Alte, mit viel Quirlholz besetzte Äste werden auf Jungtriebe zurückgesetzt, die sich auf diesen gebildet haben. Zu hohe Kronen werden auf tieferstehende Äste »abgesetzt«, so daß Pflege und Erntearbeiten erleichtert werden. Am Ende dieser Durchforstung muß die Krone eine stumpfpyramidale Form haben.

Schnittbesonderheiten bei einzelnen Obstarten Bei Birnen ist die Stammverlängerung vom Pflanzschnitt an bewußt kurz zu halten. Sie soll die Leitäste nur wenig überragen. Dies gilt auch für den Erziehungsschnitt, denn Birnbäume schießen von Natur aus mit ihrer Mitte meist steil in die Höhe. Dem können wir entgegenwirken.

Süßkirschen sind sehr starkwüchsig. Deshalb empfiehlt es sich, die Leitäste besonders weit am Stamm zu streuen. Ist das Kronengerüst aufgebaut, wird nur noch ausgelichtet. Eine Fruchtholzbehandlung entfällt. Grobe Schnittarbeiten, wie das Entfernen größerer Äste oder ein Verjüngen der gesamten Krone, führen wir am besten gleich nach der Ernte durch. Bei der Verjüngung ist darauf zu achten, daß an den Schnittstellen stärkerer Äste junge Triebe oder Nebenäste sitzen. Dies gilt für alle Obstarten.

Pflaumen und andere Steinobstarten sind bei der Pflanzung besonders stark zurückzuschneiden. Steinobst ist gegen direkte Sonnenstrahlung auf starke Astteile sehr empfindlich. Stammverlängerung sowie Leit- und Fruchtäste sollten deshalb reichlich mit Fruchtholz garniert sein. Wir lassen bei diesen Obstarten deshalb mehr Fruchtholz stehen als bei Apfel und Birne. Im übrigen wird die Kronenerziehung in der gleichen Weise durchgeführt wie vorhin beschrieben. Anstelle von 3 Leitästen können auch 4 belassen werden.

Der Schnitt des Buschbaumes

Wie bereits erwähnt, hat im Haus- und Kleingarten der Buschbaum nur bei Sauerkirsche und Pfirsich eine größere Be-

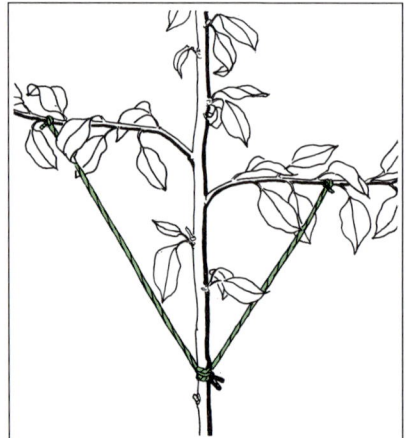

Ein Sommerschnitt (Juli/August) empfiehlt sich besonders bei Jungbäumen und Spindelbüschen. Hier der Baum vor ...

... und nach dem Schnitt. Einzelheiten siehe im Text »Sommerschnitt« (S. 163/164).

Stärkere Äste, wie hier gezeigt, absägen. So wird vermieden, daß sie abschlitzen und große Stammwunden entstehen. Kleine »Kleiderhaken« am Stamm stehenlassen! Wunden verstreichen!

Fruchtholzverjüngung: Älteres Fruchtholz auf einen Jungtrieb zurücksetzen; dadurch bessere Fruchtqualität.

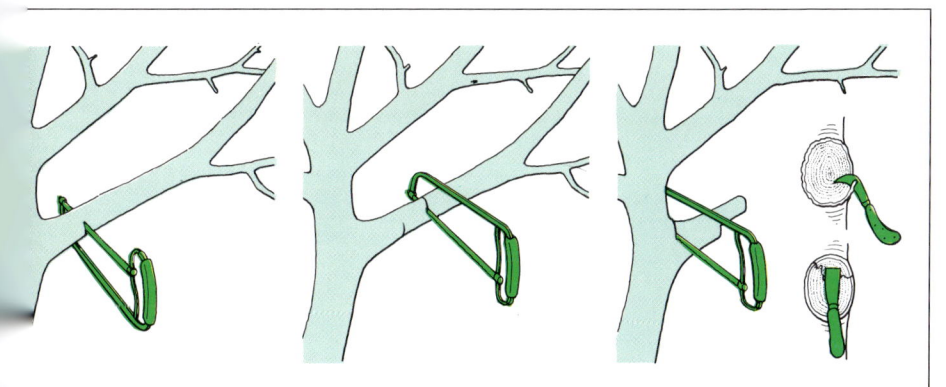

Vorbildlich erzogener Zwetschen-Halbstamm mit wenigen kräftigen Ästen und viel gut belichtetem Fruchtholz.

deutung. Während bei Apfel- und Birnbuschbäumen alle Schnittarbeiten wie beim Halb- und Hochstamm vorgenommen werden, müssen wir uns mit der Sauerkirsche und dem Pfirsich gesondert befassen.

Sauerkirschen werden meist als einjährige Veredelungen gepflanzt, mit einer Stammhöhe von etwa 40 cm. Darüber befinden sich sogenannte vorzeitige Triebe, d. h. Triebe, die bereits während des Sommers an einem im gleichen Jahr entwickelten Trieb entstanden sind. Es empfiehlt sich, die unteren dieser vorzeitigen Triebe nach der Pflanzung wegzuschneiden, so daß wir eine Stammhöhe von etwa 60 cm erhalten. Dadurch wird die spätere Bodenbearbeitung unter dem Baum erleichtert. Über diesem 60 cm hohen Stamm lassen wir 3–4 vorzeitige Triebe stehen und kürzen sie auf 2–3 Augen ein. Wir führen also einen sehr scharfen Pflanzschnitt durch.

Der Mitteltrieb wird eine Handspanne darüber auf eine gut ausgebildete Knospe zurückgeschnitten. Es kann sein, daß eine solche Knospe fehlt, weil in Rückschnitthöhe des Stammes nur vorzeitige Triebe vorhanden sind. Dann schneiden wir den Mitteltrieb bis auf

einen vorzeitigen Trieb zurück und kürzen diesen bis auf die unterste Knospe ein.

Nach diesem kräftigen Rückschnitt wird der Baum stark durchtreiben. Im nächsten Frühjahr wählen wir aus den zahlreichen Trieben 3 günstig gestellte, möglichst gleichmäßig um den Stamm verteilte Triebe aus und schneiden sie bis auf etwa ein Drittel ihrer Länge zurück. Der weitere Aufbau vollzieht sich wie beim Halb- und Hochstamm.

Weil im Garten fast ausschließlich die sehr wertvolle Sorte 'Schattenmorelle' gepflanzt wird, ist noch etwas über die besondere Art der hier erforderlichen Fruchtholzbehandlung zu sagen: Die Schattenmorelle trägt nur an den Trieben, die sich im Vorjahr entwickelt haben, d. h., wir müssen durch entsprechende Schnittmaßnahmen dafür sorgen, daß alljährlich viele kräftige Jungtriebe entstehen.

Unterlassen wir die Fruchtholzbehandlung, so verlängern sich die Triebe jährlich nur um ein kleines Stückchen. An diesem kurzen Neutrieb werden im nächsten Jahr Blüten und Früchte gebildet; der dahinter liegende Teil verkahlt. Unbehandelte ältere Schattenmorellen gleichen deshalb Trauerweiden. Die Früchte, die sich an den kurzen, schwachen Neutrieben bilden, werden merklich kleiner.

Um dies zu verhindern, nehmen wir jeweils nach der Ernte die abgetragenen Triebe bis auf Jungtriebe zurück, die sich in der Nähe stärkerer Kronenteile (Stamm, Äste) entwickelt haben. Diese Jungtriebe kürzen wir nicht ein, weil sie gerade im oberen Drittel die meisten Blüten und Früchte tragen.

Durch diese ständige Fruchtholzverjüngung nach der Ernte bleibt der Schattenmorellenbaum lebendig. Jährlich entstehen zahlreiche kräftige Neutriebe. Die Früchte werden wesentlich größer als an unbehandelten Bäumen.

Alte, trauerweidenähnliche Schattenmorellen-Büsche verjüngen wir unmittelbar nach der Ernte oder auch im Winter. Erst werden alle zu dicht stehenden Äste aus der Krone entfernt, dann das verbleibende Kronengerüst um etwa ein Drittel zurückgenommen. Danach entfernen wir den größten Teil der langen, peitschenartigen Triebe. Soweit möglich, werden die kahlen Triebe auf Jungtriebe zurückgenommen, die sich an ihrem unteren Drittel entwickelt haben. Ein Schattenmorellenbaum sieht nach dieser rigoro-

sen Behandlung zwar sehr licht aus, aber ein kräftiger Austrieb an allen stärkeren Ästen und am Stamm wird die Folge sein.

Der Pfirsich wird ebenfalls meist als einjährige Veredelung gepflanzt. Pflanzschnitt wie bei Sauerkirsche. Statt einer Pyramidenkrone mit Stammverlängerung, Leit- und Fruchtästen können wir auch eine Hohlkrone aufbauen, die sich beim Pfirsich bewährt hat. Beim Erziehungsschnitt im Jahr nach der Pflanzung bleiben dann nur 3 gut im Luftraum verteilte Leitäste stehen, während die

Apfel-Buschbaum vor und nach dem winterlichen Schnitt. Das mit Fruchtholz besetzte Kronengerüst ist gut zu erkennen.

Ideal aufgebauter Sauerkirschen-Buschbaum (Sorte 'Schattenmorelle') mit wenigen kräftigen Ästen und vielen Fruchttrieben.

Links: Scharfer Pflanzschnitt bei Sauerkirsche und Pfirsich. Dadurch kräftiger Neutrieb bereits im ersten Jahr.
Rechts: Abgetragene Triebe bei 'Schattenmorelle' gleich nach der Ernte auf Jungtriebe zurückschneiden.

Stammverlängerung herausgeschnitten wird. Der weitere Aufbau der Leit- und Fruchtäste (Nebenäste) erfolgt wie bei einer normalen Baumkrone.

Der Pfirsich neigt von Natur aus besonders stark zur Spitzenförderung, d. h., die unteren Teile der Baumkrone verkahlen leicht, wenn der Baum nicht ständig in scharfem Schnitt gehalten wird. Wie die Schattenmorelle, so trägt auch der Pfirsich nur an den im Vorjahr gebildeten Trieben. Durch Schnitt müssen wir also auch hier für jährlichen Neutrieb sorgen. Die schönsten Früchte werden an den sogenannten »wahren Fruchttrieben« entwickelt. Diese Triebe sind etwa bleistiftstark und haben eine Länge von 50 cm und mehr. Meist stehen an ihnen 3 Knospen zusammen: Zwischen 2 rundlichen Blütenknospen ist eine spitze Holzknospe eingebettet. Diese wahren Fruchttriebe werden um etwa die Hälfte eingekürzt. Dadurch entstehen beson-

ders schöne Früchte und außerdem ein kräftiger Neutrieb, also wahre Fruchttriebe für das kommende Jahr.

»Falsche Fruchttriebe«, die erheblich schwächer, kürzer und beinahe ausschließlich mit Blütenknospen besetzt sind, werden bis auf kurze Stummel von 1–2 Knospen zurückgeschnitten. Früchte werden an solchen Trieben kaum ausgebildet. Durch den scharfen Rückschnitt erreichen wir aber einen kräftigen Neutrieb, es werden »wahre Fruchttriebe« für das nächste Jahr gebildet.

Holztriebe, die auf ihrer ganzen Länge nur mit länglich-spitzen Holzknospen besetzt sind, werden eingekürzt, wenn wir sie als Verlängerung von Leit- oder Nebenästen benötigen; andernfalls werden sie ganz entfernt. Im Pfirsichbaum befinden sich darüber hinaus sehr kurze, mit vielen Blüten besetzte Bukettriebe, die nicht geschnitten werden.

Auch beim Pfirsich ist zu einem Sommerschnitt zu raten. Bereits im Juli werden sämtliche Konkurrenztriebe sowie zu dicht stehende und nach innen wachsende Triebe beseitigt.

Der Rückschnitt der Leit- und Seitenäste und der Schnitt der wahren und falschen Fruchttriebe kann während oder nach der Blüte erfolgen. Ich ziehe letzteren Zeitpunkt vor, besonders in klimatisch ungünstigen Lagen, in denen die Pfirsichblüte des öfteren erfriert. Sind näm-

Älterer, bisher ungeschnittener Schattenmorellenbaum. Er gleicht einer Trauerweide.

»Wahrer Fruchttrieb« beim Pirsich zum Zeitpunkt des Knospenschwellens und zur Blütezeit. In der Mitte befindet sich jeweils eine Blattknospe, links und rechts davon je eine Blütenknospe.

Wichtige Pflege-arbeiten

Spindelbüsche auf sehr flachwurzelnden Unterlagen befriedigen meist nur, wenn sie in offenem Boden stehen. Dies gilt besonders für Gebiete mit geringen Niederschlägen. Bewährt hat es sich, den Boden darunter den Sommer über zu mulchen: Rasenschnitt, Grünabfälle oder kurzes Stroh werden gut handhoch auf dem Boden ausgebreitet, der dadurch beschattet wird und feucht bleibt. Ab Mitte Januar beginnen sich an sonnigen Tagen die Baumstämme an der Südseite merklich zu erwärmen, während in klaren Nächten die Temperaturen stark absinken. Dadurch entstehen Spannungen im Rindengewebe, die schließlich zu Frostrissen führen können. Zum Schutz vor Sonnenstrahlen und damit vor starken Temperaturschwankungen sollten die Baumstämme ab Mitte Januar gekalkt werden. Noch einfacher ist es, wenn wir an die Südseite jedes Baumstammes ein Brett stellen.

Bäume, die im Ertrag oder in bezug auf Qualität nicht befriedigen, können umveredelt werden. Das hat aber nur Sinn, wenn der betreffende Baum noch verhältnismäßig jung und wüchsig ist. Andernfalls ist es besser, ihn zu roden und einen neuen Baum zu pflanzen.

Obstbäume, deren Sorte nicht befriedigt, kann man umveredeln: Am einfachsten ist das Pfropfen hinter die Rinde im April/Mai.

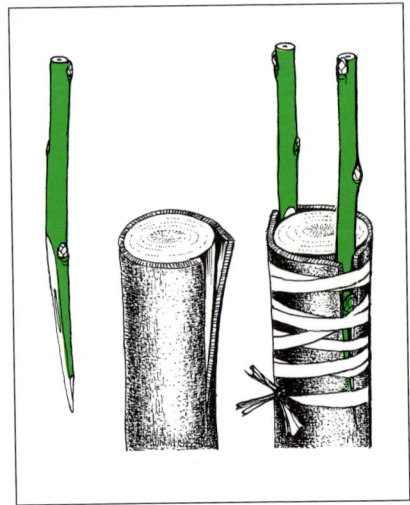

Bereits im Winter vor dem Umveredeln wird die gesamte Baumkrone weit ins alte Holz hinein zurückgenommen (»abgeworfen«). Die stärkeren Äste sollten anschließend nur noch 1–1,50 m lang sein, die Krone ein dachförmiges Aussehen (Winkel 100–120°) haben. Der Durchmesser der Äste an den Schnittstellen sollte 10 cm nicht wesentlich überschreiten, weil sonst die Verheilung der Pfropfköpfe zu lange dauern würde. Einige schwächere und tiefer hängende Äste bleiben unbehandelt; wir belassen sie als »Zugäste«. Sobald sich die Rinde gut vom Holz löst, im Mai, wird veredelt. Kurz vorher werden die einzelnen Pfropfköpfe um 10–20 cm zurückgeschnitten. Die Edelreiser werden kurz vor dem Pfropfen auf 3–5 Augen (Knospen) geschnitten und mit einem möglichst langen Kopulationsschnitt versehen. Die Rinde des Pfropfkopfes erhält ebenfalls einen Einschnitt. Dann werden die beiden Rindenflügel mit dem Messerrücken leicht angehoben, und das Edelreis wird dazwischengeschoben. Anschließend wird mit Bast verbunden und mit Baumwachs verstrichen. Der Pfropfkopf und das obere Ende des Edelreises dürfen dabei nicht vergessen werden.

Die bleistiftstarken, einjährigen Edelreiser werden bereits im Januar/Februar von einem reichtragenden Baum der gewünschten Sorte geschnitten und an der Nordseite des Hauses oder in einem kühlen Kellerraum tief in die Erde oder in leicht feuchten Sand eingeschlagen.

Wichtig ist die Nachbehandlung umveredelter Bäume in den folgenden Jahren. Dabei gelten die gleichen Grundsätze, wie sie beim Obstbaumschnitt besprochen wurden. Ebenso wie dieser, kann auch das Veredeln nur in der Praxis (Kurse) richtig erlernt werden.

Eine wichtige obstbauliche Pflegearbeit ist die Düngung. Von ihr hängen Regelmäßigkeit und Höhe der Erträge entscheidend ab. Die Versorgung des Bodens mit organischen Stoffen hat auch im Obstbau größte Bedeutung. Wir geben deshalb jährlich Kompost oder Stallmist.

Wer eine größere Fläche mit Obstbäumen bepflanzen oder eine lange Spindelbuschreihe anlegen möchte, sollte vorher eine Bodenprobe entnehmen und diese untersuchen lassen (siehe S. 70). Zusätzlich zum Oberboden (Mutterboden) wird eine Mischprobe aus dem Unterboden (20–40 cm Tiefe) entnommen, beide Proben gekennzeichnet und ge-

lich die Blüten bzw. die jungen Früchte erfroren, so schneiden wir nicht nur die falschen, sondern auch die wahren Fruchttriebe bis auf kurze Stummeln zurück. Da wir in einem solchen Jahr ohnehin keine Früchte ernten, erzielen wir durch diesen scharfen Rückschnitt wenigstens einen kräftigen Neutrieb und damit zahlreiche wahre Fruchttriebe für das kommende Jahr. In kalten Wintern treten beim Pfirsich leicht Schäden auf. Ist die Krone teilweise zurückgefroren, so werden die abgestorbenen Teile bis auf weiter unten befindliche Jungtriebe zurückgeschnitten und mit diesen eine neue Krone aufgebaut.

Ist ein Pfirsichbusch in seinen unteren Teilen verkahlt, so sollte ein Verjüngungsschnitt erfolgen; am besten im Sommer nach der Ernte. Leitäste und die an diesen befindlichen Seitenäste (Fruchtäste) werden dabei weit ins alte Holz hinein zurückgenommen. Zu beachten ist, daß sich an den größeren Schnittstellen jüngere Triebe befinden, die als Verlängerungen der betreffenden Äste dienen können. Das Verstreichen aller größeren Wunden mit einem Wundverschlußmittel (Lac-Balsam, Wundwachs) ist besonders beim Pfirsich wichtig.

Stammwunden ausschneiden und mit Wund-
verschlußmittel verstreichen. Rechts derselbe
Baum zehn Jahre später mit gut sichtbarer
Überwallung von den Rändern her.

Bei Jungbäumen im Rasen möglichst Baumscheibe offenhalten und mulchen, damit
Wasser und Nährstoffe nicht dem Rasen,
sondern dem Jungbaum zugute kommen.
Sobald dann die Krone entwickelt ist, kann auf
die Baumscheibe verzichtet werden.

trennt verpackt an die nächstgelegene
Bodenuntersuchungsanstalt geschickt.
Auf diese Weise erfahren wir, wie es um
den Nährstoffhaushalt bestellt ist und
können gezielt düngen. So ersparen wir
uns Arbeit und Kosten, vor allem aber
wollen wir aus Gründen des Umweltschutzes dem Boden nicht mehr Nährstoffe zuführen als wirklich benötigt werden. In bestehenden Obstgärten kann es
durchaus sein, daß durch wiederholte
Volldüngergaben ein überhöhter Pho-
sphat- und Kaligehalt vorliegt, wie zahlreiche Proben aus Haus- und Kleingärten in letzter Zeit gezeigt haben. In solchen Fällen sollte auf Blau-Volldünger
verzichtet und ausschließlich Stickstoff
in organischer oder mineralischer Form
ausgebracht werden. Es kann sein, daß
sogar eine regelmäßige Kompostgabe
genügt.

Nährstoffe in Wasser aufgelöst wirken besonders rasch. Über die Kronentraufe hinaus düngen, denn hier befinden sich die Wurzelspitzen!

Doch auch ohne Bodenuntersuchung, durch bloße Beobachtung, können wir feststellen, ob unsere Bäume einer Düngung bedürfen: Wenn sie reich und regelmäßig tragen, dabei Neutrieb entwickeln und gleichzeitig Blütenknospen für das kommende Jahr ansetzen, befinden sie sich im Idealzustand. Der Fachmann spricht dann vom »physiologischen Gleichgewicht«. In diesem Fall lassen wir das Düngen bleiben, bis sich Bedarf zeigt. Und so gehen wir in der Praxis vor: Unter Spindelbüschen und Beerensträuchern, also auf offenem Boden, bringen wir im März Kompost aus und streuen zusätzlich 40–50 g/m² Blau-Volldünger, also etwa eine Handvoll auf die von Wurzeln durchzogene Fläche bzw. richten uns nach dem Ergebnis einer Bodenuntersuchung. Wer einen organisch-mineralischen Dünger bevorzugt, richtet sich nach dem Aufdruck (Menge) und der Packung.

Fehlt ausschließlich Stickstoff, weil die übrigen Nährstoffe in ausreichender Menge (Bodenuntersuchung) vorhanden sind, so genügt es meist, wenn wir 20–25 g/m², also etwa eine halbe Handvoll Kalkammonsalpeter u. a. oberflächlich einarbeiten.

Bei Obstbäumen, die im Rasen stehen, düngen wir flüssig: 250 g Blau-Volldünger bzw. 100 g Kalkammonsalpeter in 10 Liter Wasser (Gießkanne) auflösen. Dann im gesamten Wurzelbereich, also etwa 2 m über der Kronentraufe hinausreichend, mit der Grabgabel je Quadratmeter 2–3 schmale Spalten öffnen, in die je 1 knapper Liter der Düngerlösung gegossen wird. So kommen die Nährstoffe unmittelbar in den Wurzelbereich und stehen zu Triebbeginn zur Verfügung. Wer viele Obstbäume besitzt, kann zu dieser Arbeit eine Düngelanze verwenden, mit der sich die Düngerlösung besonders rasch und gleichmäßig in den Wurzelbereich einbringen läßt. Bäumen mit reichlichem Fruchtbehang und mäßiger Triebentwicklung können wir Ende Mai einen kleinen Nachschlag geben: Blau-Volldünger 20–40 g/m², Stickstoffdünger (Kalkammonsalpeter u. a.) 10–20 g/m², also eine knappe halbe Handvoll.

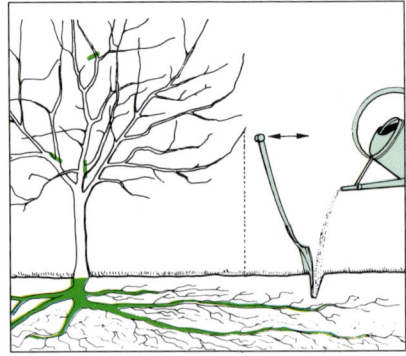

Ernte und Lagerung

Um in den Genuß des vollen Aromas zu kommen, muß man den richtigen Erntezeitpunkt kennen. Fruchtfarbe, Qualität und Haltbarkeit werden davon beeinflußt.

Frühsorten von Äpfeln und Birnen werden baumreif geerntet. Nachdem die Früchte unterschiedlich reifen, sollten wir die Bäume mehrmals durchpflücken. Bleiben die Früchte zu lange am Baum, so werden die Äpfel mehlig, die Birnen teigig. Herbstsorten (z. B. 'James Grieve', 'Oldenburg', 'Gute Luise' u. a.) sollen bis zur vollen Reife am Baum verbleiben; Grund- und Deckfarbe müssen also gut ausgebildet sein. Die Früchte lassen sich bei leichtem Anheben oder mit einer Drehung mühelos vom Fruchtholz lösen. Apfelspätsorten wie 'Boskoop', 'Zabergäu', 'Jonathan', 'Berlepsch' usw. werden etwas vor der vollen Baumreife abgenommen, weil dies die Lagerfähigkeit verbessert. Das ist meist Mitte Oktober

Erntekisten mit Wellpappe auskleiden, damit die Früchte nicht beschädigt werden.

der Fall. Birnenspätsorten wie 'Gräfin von Paris', 'Madame Verté' u. a. Lagerbirnen nehmen wir erst gegen Ende Oktober ab. Bei zu früher Ernte besteht die Gefahr, daß sie ihr typisches Aroma nicht ausbilden und rübenartig schmecken. Leichte Nachtfröste schaden den Früchten nicht, nur dürfen wir sie nach einer kalten Nacht nicht gleich mit den Händen anfassen.

Bei Quitten reifen die Früchte am Busch nicht aus. Wir warten mit der Ernte bis zu den ersten Frösten und lassen sie dann in der Wohnung nachreifen. Zu lange sollten sie allerdings bis zur Verarbeitung nicht liegenbleiben.

Beim Steinobst zeigt uns eine Kostprobe, ob die Ernte beginnen kann. Auch stärkerer Fruchtfall ist bei manchen Arten ein sicheres Zeichen dafür. Zwetschen und Mirabellen können durchaus geschüttelt werden, während die empfindlichen Reneklloden und Pflaumen besser von Hand gepflückt werden. Hauszwetschen und andere späte Sorten sollten möglichst lange am Baum hängenbleiben. Erst wenn die ersten Früchte zu schrumpeln beginnen, gehen wir an die Ernte. Leichte Nachtfröste schaden nicht.

Bei allen Obstarten wird die Ernte möglichst schonend vorgenommen, damit wir uns nicht um den Lohn unserer Mühe bringen. Empfindliche Apfel- und Birnensorten pflücken wir in gepolsterte Handkörbe oder in Plastikeimer. Weniger empfindliche Apfel- und Birnensorten können in größeren gepolsterten Weidekörben, in Obstkisten und Flachsteigen transportiert werden. Kirschen, Pflaumen usw. geben wir in größere Spankörbe.

Reife Äpfel, Birnen und Pfirsiche werden bei der Ernte mit der ganzen Hand umfaßt. Durch leichtes Drehen und Anheben der Frucht löst sie sich vom Fruchtholz.

Süßkirschen werden mit Stiel geerntet. Dazu zwicken wir die Stiele mit den Fingernägeln vom Fruchtholz ab, oder wir drehen sie ab. Besonders saftige Sorten werden am besten mit der Schere geerntet.

Sauerkirschsorten, die sich schlecht ablösen lassen, ernten wir ebenfalls mit der Schere. Für die häusliche Verwertung können die meisten Sauerkirschsorten aber auch ohne Stiel gepflückt werden.

Walnüsse müssen vollreif geerntet werden, d. h., wenn sie von selbst aus der grünen Hülle herausfallen. Dies ist von

September bis Mitte Oktober der Fall. Keinesfalls sollten Walnüsse mit Stangen heruntergeschlagen werden.

Während Beerenobst und Kirschen im modernen Haushalt vielfach in der Gefriertruhe aufbewahrt werden, ergeben sich für Spätobst meist Lagerprobleme. Wir haben keinen Obstlagerraum wie im Erwerbsobstbau und müssen uns deshalb anderweitig behelfen. In zu warmen, trockenen Räumen beginnen die Früchte bald zu schrumpfen, besonders die rauhschaligen. Meist werden wir die Früchte im Keller lagern oder in einem anderen sehr kühlen Raum. Als günstigste Temperaturen gelten +3–5°C; wärmer als 8°C sollte der Lagerraum nach Möglichkeit nicht sein. Die relative Luftfeuchtigkeit soll 85–90% betragen. Ist der Keller zu trocken, so wird der Boden hin und wieder mit der Gießkanne überbraust,

Reicher Erntesegen! Doch ein Zuviel ist meist gar nicht erwünscht, so daß uns nach einem Rekorderntejahr das Auslichten der Baumkronen leichter fällt.

was sich auf die Haltbarkeit günstig auswirkt.

Vor dem Einlagern wird der Kellerraum gründlich gereinigt, am besten geweißelt. Dabei kann ein zugelassenes Desinfektionsmittel zugesetzt werden. Auch die Stellagen, Obsthorden usw. sollten mit einer solchen Desinfektionslösung gebürstet werden. Bei kühlen Außentemperaturen, also nachts, öffnen wir die Fenster.

Äpfel und Birnen werden am besten in richtigen Obsthorden oder aber in Flachsteigen gelagert, wie wir sie in jedem Lebensmittelgeschäft gratis bekommen können. Durch Übereinanderstellen läßt sich der Raum gut ausnutzen. In solchen Flachsteigen lassen sich die Früchte gut überwachen. Es werden nur gesunde Früchte eingelagert, und der Obstlagerraum wird allwöchentlich durchgesehen. Faulende Früchte dabei auslesen.

Wenn wir in einem zu warmen, trockenen Raum wertvolle Spätsorten möglichst lange aufbewahren wollen, so können wir dazu luftfeuchten Torfmull verwenden. Die einzelnen Früchte werden in

Seidenpapier eingewickelt. In eine Obstkiste wird eine 5 cm hohe Torfmullschicht gebracht und darauf die erste Schicht Äpfel gelegt. Nun folgt abwechselnd eine Torfschicht und dann wieder eine Schicht Äpfel bzw. Birnen. Selbstverständlich werden wir uns diese Mühe nur mit wirklich erstklassigen, gesunden Früchten machen.

Um eine längere Haltbarkeit zu erzielen, können wir auch eine Kiste mit einem genügend großen Stück Folie ausschlagen. Wenn das Obst eingefüllt ist, werden die Enden der Folie darüber zusammengeschlagen. Die Verdunstung ist dadurch eingeschränkt.

Auch mit Folienbeuteln kann die Lagerzeit und Haltbarkeit verlängert bzw. verbessert werden. Es kommen aber nur mittelgroße, völlig gesunde Früchte hierfür in Frage. Nachdem die Früchte in die Beutel eingefüllt sind, bleiben diese erst 2–3 Tage offen stehen, bis der Temperaturausgleich hergestellt ist. Erst dann können die Folienbeutel verschlossen werden. Schwitzwasser unter der Folie vermeiden!

Die süßesten Früchte

Kein Garten ohne Beerenobst

Mag die Gestaltung eines Gartens auch noch so verschieden sein, Erdbeeren, Johannisbeeren und Stachelbeeren gehören auf jeden Fall dazu. Die Sträucher lassen sich sogar gut am Rand des Ziergartens unterbringen.

Die Beliebtheit des Beerenobstes kommt nicht von ungefähr. Einmal ist es die vielseitige Verwertbarkeit, zum anderen sind die meisten Beerenobstarten sehr sicher im Ertrag. Ist auch die übrige Obstblüte erfroren, Beerenobst ernten wir beinahe in jedem Jahr. Dazu kommt seine Anpassungsfähigkeit an Boden und Klima. Und noch etwas: Beerenobst ist in den letzten Jahren am Markt sehr teuer geworden, bedingt durch die hohen Erntekosten. Auch aus dieser Sicht lohnt sich der Anbau im eigenen Garten. Und welch ein Genuß ist es, wenn wir die Erdbeeren bis zur vollen Reife hängen lassen können, um sie dann von der Hand in den Mund zu ernten.

Sehr wichtig ist die Herkunft des Pflanzmaterials. Wir kaufen nur in anerkannten Qualitätsbaumschulen, deren Beerenobstbestände unter Kontrolle stehen. Langjährige Versuche haben eindeutig gezeigt, daß neben der Sorte auch die Herkunft und der Gesundheitszustand des Pflanzgutes für die Höhe des Ertrages entscheidend sind.

Was die Sorten betrifft, so können wir uns im Garten auf wenige beschränken. Das Beste ist für uns gerade gut genug!

Erdbeeren

Erdbeeren sind die am weitesten verbreitete Beerenobstart. Selbst im kleinsten Garten ist sie vertreten.

Haben wir bereits eine der neueren, ertragreichen Sorten im Garten, so gehen wir zu Erntebeginn die einzelnen Pflanzen durch und kennzeichnen die gesunden, besten Träger mit Holzstäben oder ähnlichem. Die Auslese kann gar nicht streng genug sein.

Nach der Ernte werden sämtliche nicht gekennzeichneten Pflanzen vom Beet entfernt. Zwischen die gesunden Bestträger bringen wir Kompost oder Torfersatzstoffe. Dabei wird der Boden oberflächlich gelockert. Bei Trockenheit ist zu gießen. Die Ausläufer finden nach dieser Vorbereitung einen lockeren, feuchten Boden vor, in dem sie rasch Wurzeln bilden können. Gegen Ende Juli/Anfang August können wir sie meist verpflanzen. Eine andere Möglichkeit ist es, zwischen den verbleibenden Mutterpflanzen etwa 5 cm hoch Torfkultursubstrat (TKS, Plantahum) aufzubringen, den Boden dabei aber nicht zu lockern. Bei genügend Feuchtigkeit bewurzeln sich die Ausläufer in diesem Substrat ausgezeichnet und können mit kräftigen Ballen verpflanzt werden. Wir können die jungen Ausläufer aber auch in kleine Ton- oder Torftöpfchen, die auf dem Beet eingesenkt werden, hineinstupfen und nach erfolgter Bewurzelung auspflanzen.

Das Beet für die Neupflanzung wird mit der Grabgabel umgegraben. Dabei bringen wir Kompost oder verrotteten Stallmist in die obere Schicht mit ein. Um den Nährstoffbedarf der neuen Kultur zu befriedigen, werden je m² 1½ Handvoll eines Blau-Volldüngers ausgestreut und oberflächlich eingearbeitet, und zwar je zur Hälfte 2 Wochen vor der Pflanzung und Ende August/Anfang September. Auf keinen Fall darf der Dünger mit in das Pflanzloch gegeben werden. Wer einen langsam wirkenden organischen Volldünger vorzieht, gibt davon vor der Pflanzung etwa die doppelte Menge.

Auf ein Beet von 1,20 m Breite pflanzen wir bei den meisten Sorten 3 Reihen. Soll die Kultur nach der ersten Ernte weiterhin stehenbleiben, so entfernen wir die Mittelreihe. Die größer gewordenen Pflanzen haben dann genügend Platz. Innerhalb der Reihen wird bei der Pflanzung ein Abstand von 30 cm eingehalten. Tags zuvor wird das Mutterpflanzenbeet mit den bewurzelten Ausläufern gründlich gegossen. Die Jungpflanzen werden mit einem Handspaten (Pflanzkelle) aus dem Boden gehoben, so daß der Wurzelballen nicht gestört wird, und sofort auf das neue Beet gepflanzt. So wachsen sie ohne nennenswerte Störung weiter.

Jede Pflanze wird mit der Gießkanne ohne Brause angegossen und dies in den kommenden Wochen bei Bedarf wiederholt. Bereits im Spätherbst haben sich die Jungpflanzen so kräftig entwickelt, daß man sie für eine zweijährige Kultur halten könnte. Wichtig ist nur, daß die Pflanzung ab Ende Juli bis spätestens 10. August erfolgt.

Warnen möchte ich vor Überdüngung. Es gibt Gartenfreunde, die das Mehrfache der vorhin genannten Düngermenge ge-

Hier eine andere Möglichkeit der Erdbeervermehrung: Von reichtragenden Pflanzen nach der Ernte Ausläufer abnehmen und Ranken entfernen... in Obststeigen oder Kunststoffschalen pikieren... angießen und mit Schlitzfolie abdecken, um die Bewurzelung zu fördern.

ben und dann stolz auf ihre stark entwickelten Erdbeerpflanzen sind. Geerntet wird aber auf keinen Fall die mehrfache Menge. Im Gegenteil, die Ernte ist in solchen Fällen sehr gering, weil die Pflanzen allzusehr ins Kraut wachsen und die Früchte besonders anfällig gegen Grauschimmel sind.

Im nächsten Frühjahr braucht das neugepflanzte Beet kaum gedüngt zu werden, es sei denn, die Pflanzen haben in einem strengen Winter zu sehr gelitten und zeigen nur kümmerliches Wachstum. In diesem Fall geben wir eine kleine Startdüngung.

Bei der Ernte im Juni verfahren wir wie bereits beschrieben: Auslese – schlechte Träger entfernen, Boden zwischen verbleibenden Mutterpflanzen verbessern – Ende Juli/Anfang August die Jungpflanzen mit Wurzelballen auf ein neues Beet bringen... Auf diese Weise können wir einjährige Erdbeerkultur betreiben, mit der verschiedene Vorteile verbunden sind: Die Früchte werden besonders groß, sie reifen auch etwas früher. Der Hauptvorteil ist aber, daß die Pflanzen wegen der geringeren Laubmasse nach Regen rasch abtrocknen, so daß Grauschimmelbefall weitgehend zurückgehalten wird. Wir können diese Krankheit

zwar mit einigen Spritzungen bekämpfen, der Gartenfreund möchte dies aber gerade bei Erdbeeren gerne vermeiden. Einjährige Kultur ist also eine vorbeugende Pflanzenschutzmaßnahme.

Soll das Beet jedoch ein 2. Jahr stehenbleiben, so werden sofort nach der Ernte die Pflanzen abgerankt und die mittlere Reihe entfernt, damit die Pflanzen genügend Platz haben. Wenn die Blätter durch Fleckenkrankheiten befallen sind, so empfiehlt es sich, das Laub abzumähen. Zwischen den Erdbeeren wird der Boden oberflächlich gelockert, vorhandenes Unkraut bekämpft und je m² 1½–2 Handvoll eines blauen Volldüngers leicht eingearbeitet. Selbstverständlich sollte auch Komposterde gegeben und bei Trockenheit häufig gegossen werden. So haben wir alles getan, um das Beet für die nächstjährige Ernte wieder in Form zu bringen. Länger als ein 3. Jahr sollte jedoch das Beet auf keinen Fall stehenbleiben.

Die Vermehrung von Erdbeerpflanzgut sollten wir nicht länger als 3 Jahre fortsetzen. Dann aber wird es Zeit für frisches Hochzuchtpflanzgut, denn die neueren Sorten bringen nicht nur erstaunlich hohe Erträge, sie bauen auch rasch ab.

Noch einige Kulturhinweise: Um die reifenden Früchte vor Fäulnis zu schützen, kann Holzwolle untergelegt werden. Besser – leider teuer – ist jedoch Styroporwolle, weil dieses Material nach Regen rasch abtrocknet. Gut haben sich auch Pappringe bzw. Ringe aus Styropor bewährt, die um die Pflanzen gelegt werden. Auch niedrig gespannte Drähte entlang der Erdbeerreihen, auf die dann die reifenden Fruchtstände gelegt werden, sind praktisch. Die Früchte können nach

Regen rasch abtrocknen und werden kaum beschmutzt. Gegen Amseln und Stare sind Kunststoffnetze der beste Schutz.

Manchmal kann man Erdbeerbeete sehen, die mit schwarzer Folie abgedeckt sind. Wenn die Kultur 2–3 Jahre auf dem Beet verbleiben soll, hat dies gewisse Vorteile: keine Unkrautbekämpfung, Verdunstungsschutz, keine Verschmutzung der Früchte, höhere Erträge und frühere Ernten. Die Nachteile sind die Anschaffungskosten, mehr Arbeit beim Pflanzen, erhöhte Frostgefahr und vor allem: keine bewurzelten Jungpflanzen.

Netze sind nach wie vor der beste Schutz gegen Vogelfraß (Amseln, Stare). Auf diese Weise können wir die Erdbeeren hängen lassen, bis sie vollreif sind und ihr köstliches Aroma entwickelt haben.

Damit die Früchte nicht zu klein bleiben, benötigen Erdbeeren während der Ernte genügend Wasser. Aber nicht erst in den späten Abendstunden gießen, sonst wird ein Befall durch Grauschimmel begünstigt: die feuchten Blätter sollen rasch abtrocknen können.

Wertvolle Erdbeersorten: 'Elvira' früh, hervorragendes Aroma, gesund, schwachwüchsig, kleinfrüchtig ab 2. Ertragsjahr; 'Senga Sengana', mittelfrüh, bekannt, vielseitig verwertbar, zum Tiefgefrieren bestens geeignet; 'Elsanta', mittelfrüh, sehr ertragreich, von gutem Geschmack, aber empfindlich gegen Barfröste (= Frost ohne Schneedecke); 'Hummi Stugarta', mittelfrüh, starkwachsend, mit großen leuchtendroten Früchten, ertragreich; 'Tenira', mittelspät, hoher Ertrag, Früchte leuchtend ziegelrot, obwohl geschmacklich etwas abfallend vorzüglich als Kuchenbelag; 'Ostara' und 'Hummi Gento', spätreifende mehrmalstragende Sorten. Wenn von diesen die erste Blüte entfernt wird, beginnt die Ernte erst gegen Ende Juli und dauert bis in den Herbst hinein.

Eine Sonderstellung nehmen im Garten die Monatserdbeeren ein. Für uns ist der Garten Liebhaberei, die Arbeitszeit spielt nicht die wichtigste Rolle. Deshalb können wir bei den Monatserdbeeren die vermehrte Pflückarbeit durchaus in Kauf nehmen. Wir werden dafür belohnt, denn Monatserdbeeren tragen unermüdlich das ganze Jahr über bis in den späten Herbst hinein, und die Früchte haben ein köstliches Aroma. Zum Frischgenuß, als Kuchenbelag oder zum Verzieren sind die Beeren gleich gut verwendbar. Und wie sich erst die Kinder freuen!

Monatserdbeeren bilden keine Ausläufer. Sie eignen sich deshalb bestens als Wegeinfassung im Gemüsegarten. Als gute Sorten gelten nach wie vor 'Rügen' und 'Baron Solemacher'.

Wir können uns die Pflanzen durch Aussaat leicht selbst ziehen. Der in einem Fachgeschäft gekaufte Samen wird ab April in Schalen oder einem größeren Topf ausgesät.

Nach leichtem Übersieben mit feiner Erde wird das Kistchen schattig gestellt und stets feucht gehalten. Darauf ist zu achten, sonst vertrocknet die Saat.

Sobald die Sämlinge das 1. Laubblatt gebildet haben, werden sie auf 5 cm Abstand pikiert. Sind die Pflanzen genügend erstarkt, können wir sie auf ein Beet oder entlang des Weges auspflanzen.

Monatserdbeeren werden durch Aussaat vermehrt. Die aromatischen kleinen Beeren sind bei Kindern und Erwachsenen (Nachspeisen!) beliebt.

Wem würde hier nicht das Wasser im Munde zusammenlaufen? Kurzes Stroh, Holzwolle o. ä. schützt die Früchte vor Verschmutzen und Fäulnis.

Johannisbeeren

Nur kräftiges, gesundes Material aus einer anerkannten Qualitätsbaumschule verdient es, gepflanzt zu werden, am besten im Spätherbst. Dies gilt für das gesamte Strauchbeerenobst. Selbstverständlich kann die Pflanzung auch im Frühjahr erfolgen, aber nicht zu spät, denn die Sträucher treiben sehr zeitig aus. Meist wird Strauchbeerenobst im Haus- und Kleingarten in einer Reihe gepflanzt, so daß nur die Abstände in der Reihe interessieren:

Schwarze Johannisbeeren	2 m
Sehr starkwüchsige Sorte 'Josta'	2,50–3 m
Rote Johannisbeeren, starkwüchsigen Sorten wie 'Rote Holländer', 'Rondom', 'Stanzá', 'Mulka', 'Rovada', 'Heinemanns Rote Spätlese' u. a.	1,80 m
schwachwüchsige Sorten wie 'Heros', 'Red Lake' und Weiße Johannisbeeren	1,50 m

Über die Bodenvorbereitung für Strauchbeeren siehe S. 25/26. Ob bei der Pflanzung eine Vorratsdüngung (Kali, Phosphat) gegeben werden soll, läßt sich nur durch eine Bodenuntersuchung (S. 70) feststellen. Diese Düngemittel arbeiten wir so in den Boden ein, daß sie nicht an die Wurzeln der frisch gepflanzten Sträucher kommen.

Schwarze Johannisbeersträucher werden ca. eine Handbreit tiefer gepflanzt, als sie in der Baumschule gestanden haben. Dadurch wird das Entstehen von jungen Trieben gefördert, die der ständigen Verjüngung dienen.

Es ist das gleiche zu beachten wie bei der Pflanzung von Obstbäumen, Ziergehölzen, Rosen oder Stauden. Dauert es vom Erhalt der Sträucher bis zur Pflanzung mehrere Tage, so werden sie in einem mit dem Spaten ausgehobenen flachen Graben dicht an dicht eingeschlagen, die Wurzeln mit Erde bzw. Torfersatzstoffen bedeckt und kräftig angegossen.

'Traubenwunder', eine tolle Sorte von Kordes' Rosenschulen (S. 232). Früh- und reichtragend, wohlschmeckend-süße Beeren in langen Trauben.

Nach dem Pflanzen erfolgt der Pflanzschnitt. Von den Trieben belassen wir nicht mehr als 5 besonders kräftige, die nach Möglichkeit gut verteilt sein sollen. Das Einkürzen erfolgt um etwa zwei Drittel der gesamten Trieblänge, so daß also nur mehr ein Drittel verbleibt. Wie beim Obstbaumschnitt, so gilt auch hier: Je schärfer der Rückschnitt, desto kräftiger der Austrieb.

Der Pflanz- und der Erziehungsschnitt sind bei Roten und Schwarzen Johannisbeeren gleich, aber dann gibt es Unterschiede.

Zuerst der Schnitt der Roten Johannisbeere: Ein Jahr nach der Pflanzung werden alle zu dicht stehenden Triebe entfernt. Die übrigen Triebverlängerungen werden um etwa ein Drittel ihrer Gesamtlänge eingekürzt, um eine gute Verzweigung zu erreichen. Der Strauch ist damit aufgebaut, denn bereits 8 kräftige, gut verteilte und reich verzweigte Triebe füllen den vorhandenen Platz restlos aus.

Die weitere Schnittbehandlung beschränkt sich auf ein jährliches Auslichten. Ein Rückschnitt der gut verzweigten Triebe starkwüchsiger Sorten ist nicht mehr erforderlich. Bei den anspruchsvolleren, schwachwüchsigen Sorten wie 'Heros' oder 'Red Lake' dürfen wir allerdings auch in den folgenden Jahren nicht darauf verzichten. Bei solchen schwachwüchsigen Sorten wird der Triebzuwachs in jedem Jahr um ein Drittel bzw. bis zur Hälfte eingekürzt. Nur so erreichen wir genügende Verzweigung und kräftige Triebe. Ohne Schnitt fallen dagegen die Triebe von schwachwüchsigen Sorten auseinander und liegen zum Teil am Boden.

Ganz gleich, ob stark- oder schwachwüchsige Sorten: Viel älter als 4–5 Jahre sollten die Triebe bei Roten Johannisbeeren nicht werden. Bei Bedarf entfernen wir deshalb jährlich 1–2 der älteren Triebe – erkenntlich am dunkleren Holz – und lassen dafür die gleiche Anzahl von kräftigen, aus dem Boden kommenden Jungtriebe stehen. Alle übrigen Bodentriebe werden dagegen weggeschnitten. Dadurch bleibt der Strauch ständig licht. Vielfach stehen in den Gärten Johannisbeersträucher mit 30, 40 und noch mehr dünnen, mageren Trieben herum. Die Früchte bleiben dann klein und sauer, das Ernten macht keinen Spaß. Also kräftig auslichten! Bei verkommenen Sträuchern gehen wir so vor, daß wir in erster Linie alle zu dicht stehenden, dünnen,

überalterten sowie die am Boden aufliegenden Triebe entfernen. Triebe, die dann noch verbleiben, stehen weitgehend frei, und in Verbindung mit Düngung werden wir bald wieder lebendige Sträucher haben.

Johannisbeersträucher gedeihen zwar auch noch im lichten Schatten. Nach Möglichkeit sollten wir das Strauchbeerenobst aber in volle Sonne pflanzen, denn Vitamin- und Zuckergehalt bleiben an schattigen Stellen geringer.

Die oben erläuterten Schnitt- bzw. Auslichtungsarbeiten sind beim gesamten Strauchbeerenobst bereits nach der Ernte möglich, ja sogar zu empfehlen. Wenn wir bereits im Sommer die älteren und unnützen Triebe entfernen, werden die verbleibenden Triebe im Wachstum stärker gefördert und die Blätter besser belichtet. Wir können aber auch im Herbst oder Winter schneiden. Nur: Beerenobst treibt sehr zeitig im Frühjahr aus, und bis dahin muß der Schnitt beendet sein.

Schwarze Johannisbeeren bringen die besten Erträge an einjährigen Trieben, also an Trieben, die sich im vergangenen Jahr entwickelt haben. Der Schnitt ist deshalb anders als bei Roten Johannisbeeren.

Gleich nach der Ernte werden die abgepflückten Triebe bis auf Jungtriebe zurückgenommen. Auch Jungtriebe, die aus dem Wurzelstock kommen, bleiben erhalten, wenn sie genügend Platz haben und nicht zu schwach sind. Auf diese Weise bestehen die Sträucher fast nur aus jungen Trieben, die sich nach der sommerlichen Schnittbehandlung noch sehr kräftig bis zum Herbst hin entwickeln können und bereits im nächsten Jahr reich tragen.

Selbstverständlich bestehen auf diese Weise Schwarze Johannisbeersträucher nicht nur aus 8, sondern aus weit mehr Trieben, die sich aber – da überwiegend einjährig – wenig verzweigen und deshalb in der Pflanze Platz haben. Nur wenn der eine oder andere Trieb zu dicht steht, wird er am Boden weggeschnitten. Sehr bequem ist es, Ernte und Schnitt gleich in einem Arbeitsgang durchzuführen. Wir schneiden dabei die mit reifen Früchten behangenen Triebe bis auf Jungtriebe zurück. Die abgeschnittenen fruchtbehangenen Triebe können dann bequem im Sitzen auf der Terrasse oder im Zimmer abgepflückt werden.

Falsch wäre es, die nach dem Schnitt im Strauch verbleibenden kräftigen Jung-

Alte Johannisbeersträucher, vor und nachdem sie kräftig ausgelichtet wurden. Alle überalterten, schwachen, zu dicht stehenden und auf dem Boden aufliegenden Triebe wurden dicht über dem Boden herausgeschnitten.

triebe einzukürzen. Dadurch bekämen wir zwar zahlreiche neue Triebe, die Ernte würde aber wesentlich verringert, denn gerade im oberen Drittel der einjährigen Triebe hängen die meisten Beeren. Nur einzelne, über den ganzen Strauch verteilte Jungtriebe können um etwa ein Drittel zurückgeschnitten werden, um so die Neutriebbildung zu fördern.

Der Bodenbearbeitung kommt beim gesamten Strauchbeerenobst besondere Bedeutung zu. Vor allem muß verhindert werden, daß sich Dauerunkräuter wie Giersch, Quecken, Ackerwinden u. a. einnisten. Sind solche hartnäckigen Unkräuter erst einmal in den Wurzelstock der Beerensträucher eingedrungen, können sie kaum mehr ganz entfernt werden. Die Wurzeln verlaufen beim Strauchbeerenobst sehr flach, in 2–20 cm Tiefe. Die Bodenbearbeitung muß deshalb ebenfalls sehr flach sein. Keinesfalls dürfen

Wertvolle rote Johannisbeersorten

Sorte	Reife	Fruchtgröße	Geschmack	Bemerkungen
'Heros'	Mitte Juni	große Beeren, lange Trauben	sehr wohlschmeckend, mild-aromatisch	reichtragend, schwachwüchsig, verlangt intensiven Schnitt; besonders für Erziehung am Drahtspalier geeignet.
'Red Lake'	Mitte Juni	große Beeren, die langen Trauben sind leicht zu ernten	sehr gut	reichtragend, etwas mehltauanfällig, mittelstarker Wuchs, für Spalier-Erziehung geeignet.
'Rondom'	Ende Juni	sehr große Trauben mit dichtem Beerenbesatz rund um den Stiel	hervorragend, säuerlich würzig	z. Zt. meistgekaufte Sorte, starker aufrechter Wuchs, geeignet für Spalier-Erziehung, reife Trauben vertragen verspätete Ernte.
'Rote Holländer'	Mitte Juli	große Beeren, verhältnismäßig lange Trauben	sehr wohlschmeckend	Massenträger, mehr breiter als hoher Wuchs.
'Rovada'	Mitte Juli	sehr lange Trauben mit großen, glänzenden Beeren	aromatisch	Neuzüchtung aus Holland, mittelstarker aufrechter Wuchs, Beeren verhältnismäßig platzfest bei Regen.
'Stanza'	Mitte Juli	große Beeren, Farbe dunkelrot	sehr wohlschmeckend	auch der Fruchtsaft ist dunkelrot, neue, äußerst reichtragende Spitzensorte.
'Mulka'	Mitte Juli	verhältnismäßig große Beeren, lange Trauben	sehr gut	hohe Erträge, hohe Saftausbeute, sehr kräftig wachsend, sehr winterhart.
'Heinemanns rote Spätlese'	Anfang August	großfrüchtig, lange Trauben	sehr wohlschmeckend	starker aufrechter Wuchs, sehr ertragreich, reift erst sechs Wochen nach den frühen Sorten, Schutz (Netze) gegen Amseln!

Wertvolle weiße Johannisbeersorten

Sorte	Reife	Fruchtgröße	Geschmack	Bemerkungen
'Weiße aus Jüteborg'	Anfang Juni	groß, lange, gutbesetzte Trauben	sehr süß	Fruchtfarbe gelblich weiß, trägt nicht so reich wie rote Sorten, doch wegen des Aromas ideal im Haus- und Kleingarten (1 Strauch); zur besseren Befruchtung möglichst rotfrüchtige Sorten dazupflanzen.
'Weiße Versailler'	Mitte Juni	langstielige Trauben mit locker verteilten Beeren	süß-säuerlich, aromatisch	altbewährte Liebhabersorte; ziemlich lichte Büsche mit straffen, wenig verzweigten Trieben; anspruchslos an Klima und Boden; selbstfruchtbar.

Wertvolle schwarze Johannisbeersorten

Sorte	Reife	Fruchtgröße	Geschmack	Bemerkungen
'Rosenthals Langtraubige Schwarze'	Ende Juni	sehr große tiefschwarze Beeren an langen Trauben	gut, hoher Vitamin-C- und Säuregehalt	bekannte, ältere Sorte; gesunder Wuchs; verhältnismäßig frostempfindlich; weitgehend auf Fremdbefruchtung angewiesen.
'Silvergieters Schwarze'	Ende Juni	große, nur mäßig saure Beeren an mittellangen Trauben	nicht so herb wie bei verschiedenen anderen Sorten	ältere Sorte mit starkem Wuchs und geringer seitlicher Verzweigung; bedingt selbstfruchtbar; ertragssicherer als 'Rosenthals'; gut zu Rohgenuß, da Beeren nacheinander reifen.
'Invigo'	Juli	große Beeren an langen Trauben	gut	Neuheit mit frühen und hohen Erträgen, robust; sehr winterhart und rieselfest.
'Strata'	Juni/Juli	Größe der Beeren übertrifft alle bisherigen Sorten	Früchte aromatisch, süß, angenehme Säure	Neuheit, Bestträger; sehr ertragssicher, da wenig spätfrostempfindlich.
'Josta'	Juli	sehr große schwarze Beeren	süß-säuerlich	eine Kreuzung zwischen Schwarzer Jo(hannisbeere) und Sta(chelbeere); sehr stark wachsend, deshalb Pflanzabstand 2,50–3 m; stachellose Triebe, selbstfruchtbar, kurze Trauben mit jeweils nur wenigen großen, schwarzen Beeren; im Verhältnis zu den großen Sträuchern meist enttäuschender Ertrag.

Schwarze Johannisbeeren sollte man bereits bei der Ernte oder gleich danach auf Jungtriebe zurückschneiden.

wir im Herbst mit dem Spaten zwischen den Beerensträuchern umgraben. Wir würden dabei eine Menge Faserwurzeln abstechen, die für die Wasser- und Nährstoffaufnahme dringend benötigt werden.

Unbedingt abzuraten ist von einer Beerenobstpflanzung in die Rasenfläche, da hierbei die Sträucher schwach bleiben und zusehends verkummern würden. Nachdem Johannis- und Stachelbeeren ein sehr flach verlaufendes Wurzelwerk ausbilden, nimmt ihnen der Rasen zuviel an Wasser und Nährstoffen weg, so daß der Ertrag gering und die Beeren klein bleiben.

Sehr wichtig ist die Düngung. Vor allem Humus in Form von Kompost oder verrottetem Stallmist sollte reichlich gegeben und nur ganz oberflächlich eingearbeitet werden. Zusätzlich streuen wir Anfang März je m² 1–1½ Handvoll eines Blau-Volldüngers bzw. die auf der Packung angegebene Menge oder einen organisch-mineralischen Volldünger aus, sofern nicht eine Bodenuntersuchung ergibt, daß kein Volldünger gegeben werden soll, weil der Boden ausreichend mit Kali und Phosphat versorgt ist. In diesem Fall nur Stickstoff in organischer oder mineralischer Form (z. B. Kalkammonsalpeter) ausbringen. Bei Verwendung eines mineralischen Düngers (Blau-Volldünger, Kalkammonsalpeter u. a. Stickstoffdünger) ist es ratsam, zwei Drittel der Düngung im zeitigen Frühjahr auszubringen und ein Drittel im Mai, wenn der Fruchtansatz erkennbar ist. Ist dieser infolge von Spätfrösten gering, kann man auf diese Nachdüngung verzichten.

Stachelbeeren

Pflanzung, Bodenbearbeitung und Düngung führen wir wie bei den Johannisbeeren durch. Die Abstände sollen gut 1,50 m betragen, bei Hochstämmchen genügen 1,20 m.

Durch den Schnitt können wir auch hier Wachstum, Ertrag und Fruchtqualität günstig beeinflussen. Der Pflanzschnitt ist wie bei Johannisbeeren: Zu schwache, ungünstig gestellte oder am Boden aufliegende Jungtriebe werden herausgenommen, die übrigen um die Hälfte und mehr eingekürzt.

Im Frühjahr des folgenden Jahres werden alle Triebe entfernt, die aus dem Boden gekommen sind und die wir nicht brauchen, um eine Lücke zu schließen. Ebenso werden Jungtriebe, die an den beim Pflanzschnitt eingekürzten Trieben entstanden sind und den Lichtzutritt in das Strauchinnere zu sehr hemmen, weggeschnitten. Es genügen auch hier meist 8 kräftige, gut verteilte und reichlich verzweigte Triebe. Die Spitzen dieser Triebe kürzen wir um etwa ein Drittel ein.

Nach dieser Schnittbehandlung entwik-

keln sich im 2. Jahr aus den 8 eingekürzten Leittrieben und aus dem Boden zahlreiche Jungtriebe. Beim Schnitt im darauffolgenden Winter belassen wir von den Bodentrieben nur die 2–4 kräftigsten, soweit wir sie zum Auffüllen von Lücken gebrauchen können. Sie werden um ein Drittel eingekürzt, während alle übrigen Triebe ohne Rückschnitt verbleiben, es sei denn, an den Triebspitzen zeigt sich Stachelbeermehltau.

Diese Schnittarbeit wiederholen wir jedes Jahr, denn wir wollen auch bei Stachelbeeren die Entwicklung von einjährigen Trieben fördern, die uns die besten Erträge bringen.

Wir können den Schnitt auch gleich nach der Ernte durchführen. Zu dieser Zeit fällt uns ein gründliches Auslichten wegen der soeben erst gemachten »stacheligen Ernteerfahrungen« sicherlich leichter.

Nach der Erziehung des jungen Stachelbeerstrauches gilt für die weiteren Jahre: Jungtriebe schonen, soweit sie nicht zu dicht stehen, älteres Holz, erkenntlich an der dunklen Farbe, entfernen.

In den Gärten stehen ungezählte überalterte Stachelbeersträucher mit einem

Stachelbeer-Hochstämmchen vor und nach dem Schnitt. Licht gehaltene Sträucher sind weniger anfällig für Pilzkrankheiten.

Statt Bast sollte Kokosfaserstrick o. ä. verwendet werden, um das reichtragende Hochstämmchen vor dem Abbrechen zu schützen.

179

Wertvolle Stachelbeersorten

Sorte	Reife	Fruchtgröße	Geschmack	Bemerkungen
'Hönings Früheste'	E. Juni/A. Juli	mittelgroß, rundlich bis oval	süß, sehr wohl- schmeckend	sehr beliebte gelbe Frühsorte, dünnschalig, dicht behaart; vorzüglich zum Essen vom Strauch oder Hochstämmchen, wenig mehl- tauanfällig.
'Weiße Neckartaler'	A. Juli	mittelgroß, kugelig	hochfein, edel, her- vorragendes Aroma	beliebte Tafelsorte, aber leider etwas mehltau- anfällig.
'Grüne Kugel'	Juli	groß, rundlich	ausgezeichnet, süß- säuerlich, aroma- tisch	trägt sehr reich, sowohl für Grünpflücke als auch für Frischverzehr geeignet, jedoch mehl- tauanfällig.
'Rote Triumphbeere'	M./E. Juli	groß, rundlich	süßsäuerlich	Massenträger, rote Beeren, sowohl für Grün- pflücke als auch zum Frischverzehr geeignet, robust, aber auf evtl. Mehltaubefall achten; ähnlich: 'Weiße Triumphbeere', 'Gelbe Triumphbeere'.
'Invicta'	M./E. Juli	groß, eiförmig	angenehm süßsäuerlich	Neuheit! Grüne Sorte aus England, wider- standsfähig gegen Mehltau.
'Reverta'	A. Juli	mittelgroß	sehr gutes Aroma	Ertrag mittel bis hoch; Hauptvorteil: resistent gegen Mehltau und wenig empfindlich gegen Spätfröste.
'Dr. Bauers Rokula'	M./E. Juli	groß	gutes Aroma	rotfrüchtig, sehr widerstandsfähig gegen Mehltau

dichten Gewirr von Zweigen. Wie können wir sie zu neuem Leben, zu neuer Frucht- barkeit »erwecken«? Sofort nach der Ernte, die wegen der kleinen Beeren und zerkratzten Finger mehr Ärger als Spaß macht, wird gründlich verjüngt. Nur noch 5 gut verteilte ältere Triebe bleiben ste- hen, alles übrige Holz entfernen wir dicht über dem Boden.

Im nächsten Frühjahr und die folgenden Jahre düngen wie bei Johannisbeeren (S. 179).

Von den entstehenden jungen Langtrie- ben wählen wir etwa 8 der kräftigsten aus und kürzen sie im Winter um ein Drittel ein. Der weitere Aufbau des Strauches erfolgt wie bereits besprochen.

Kurz noch zu den Stachelbeer-Hoch- stämmchen, die im Garten mit Recht sehr beliebt sind. Sie entstehen in der Baumschule dadurch, daß auf 90–110 cm lange Ruten der sehr gerade wachsenden Goldjohannisbeere wohl- schmeckende Stachelbeersorten vered- elt werden. Hochstämmchen haben keine so lange Lebensdauer wie Sträu- cher.

Der Beerenobsthochstamm ist etwas für den Genießer, der sich nicht bücken will, und ist durchaus zu empfehlen, weil wir so in der 2. Etage Beeren ernten können. Wichtig ist bei Hochstämmchen ein im- prägnierter Pfahl, der in die Krone hin- einreichen muß und an dem sowohl das

Stämmchen als auch kräftige Kronent- riebe angebunden werden. Noch besser sind 3 Pfähle im Dreieck, die oben mit Latten verbunden werden. Die fruchtbe- ladene Krone kann auf dem Lattendrei- eck sicher aufliegen und wird auch bei Sturm keinen Schaden nehmen. Das Stämmchen braucht nur an einem der 3 Pfähle angebunden zu werden.

Der Schnitt ist ähnlich wie beim Strauch: Bei der Pflanzung kräftiger Rückschnitt. In den kommenden Jahren ist dafür zu sorgen, daß die Krone licht bleibt und stets lange Jungtriebe nachgezogen wer- den, an denen dann die köstlichen Bee- ren wie an einer Perlenkette hängen. Zu dicht stehende Jungtriebe werden be- reits im Frühsommer, also noch vor der Ernte, herausgenommen, so daß alle ver- bleibenden Teile, einschließlich der Früchte, gut belichtet werden.

Himbeeren

Die Himbeere ist transportempfindlich. Schon aus diesem Grunde ist der Anbau im eigenen Garten besonders wertvoll. Wir können die Beeren bis zur letzten Reife an den Pflanzen belassen und kom- men in den Genuß des vollen Aromas. Allerdings, und das sollte nicht ver- schwiegen werden, an das köstliche Aroma der Waldhimbeeren kommen auch die besten Sorten von Gartenhim- beeren nicht heran.

Vielfach will man die Himbeeren wegen der oft sehr zahlreichen Ausläufer nicht gerne im Garten haben. Durch diesen Schönheitsfehler sollten wir uns aber nicht abschrecken lassen. Vielleicht kön- nen wir uns mit dem Nachbarn abspre- chen, daß auch er entlang seiner Grenze Himbeeren pflanzt. Wachsen dann Aus- läufer hinüber und herüber, so kommt es zu keinen »Grenzzwischenfällen«. Macht der Nachbar nicht mit, so kann entlang der Grenze eine etwa 40 cm tief in den Boden reichende, 5 cm starke Wand be- toniert werden. Auch mit Blech-, Eternit- abfällen u. ä. können wir uns behelfen. Im Garten werden Himbeeren meist nur in einer Reihe gepflanzt. Von Pflanze zu Pflanze ist ein Abstand von 40 cm einzu- halten. Beste Pflanzzeit: Herbst oder Frühjahr. Entscheidend für den Erfolg sind auch hier die Sorte und die Herkunft des Pflanzmaterials.

Ausgegrabene Ausläufer sollten wir uns nur schenken lassen, wenn wir uns selbst von der Qualität und der Ertragsmenge der Mutterpflanzen überzeugt haben. Sehr wichtig ist auch der Gesundheitszustand der Jungpflanzen, denn viele Himbeerkulturen leiden unter Mosaikvirus; gelblich-grüne Marmorierung und leichte Kräuselung der Blätter.

Die Vermehrung der Himbeere ist denkbar einfach: Ausläufer werden ausgegraben und wieder gepflanzt. Die Bodenbearbeitung vor der Pflanzung erfolgt wie beim übrigen Beerenobst. Zusätzlich brauchen wir bei Himbeeren noch ein einfaches Spaliergerüst: In Abständen von etwa 5 m werden imprägnierte Holzpfähle 50 cm tief in den Boden geschlagen; ihre Höhe über dem Boden soll etwa 1,30 m betragen. Nach 70 cm und nach weiteren 50 cm werden Drähte gespannt, an denen wir die Ruten mit Bast befestigen. Man kann aber auch an den Pfählen je 2 Querhölzer anbringen und

diese durch Doppeldrähte miteinander verbinden. Die Ruten wachsen dann zwischen den Drähten hoch und fallen nicht auseinander.

Gleich bei der Pflanzung erfolgt der Rückschnitt, bei dem die Ruten auf etwa 30 cm Länge eingekürzt werden. Würden wir sie in ihrer ursprünglichen Länge belassen, so bekämen wir zwar unmittelbar darauf einen kleinen Ertrag – die Bildung von Jungtrieben ließe aber zu wünschen übrig.

Bei der Himbeere ist im Sommer das Abdecken des Bodens mit grobem Kompost, Grasschnitt oder Stroh zu empfehlen. Nur dann fühlt sich diese Pflanze wohl und ist wüchsig, denn auch an ihrem natürlichen Standort, in Waldlichtungen, ist sie bedeckten Boden gewohnt. Das Mulchen erfolgt gleichzeitig vorbeugend gegen die Himbeerrutenkrankheit. Außer häufigen Humusgaben geben wir im Frühjahr nur Stickstoff, wie auf S. 179 bei Johannisbeeren.

Der Schnitt ist einfach: Gleich nach der Ernte werden alle abgetragenen und

schwächeren Ruten entfernt, so daß je Meter nur etwa 10–12 kräftige, licht gestellte Jungtriebe verbleiben.

Wertvolle Himbeersorten in der Reihenfolge ihrer Reife: 'Malling Promise', angenehm süß-aromatisch, etwas regen- und botrytisempfindlich (Grauschimmel); 'Zefa 2', festfleischige, aromatische Beeren, ertragreich, widerstandsfähig gegen Hitze; 'Himbostar', hervorragende neuere Sorte, hoher Ertrag, will genügend feuchten Boden und windgeschützten Standort; 'Schönemann', bewährte Sorte, sehr hoher Ertrag, säuerlich-aromatisch, Reife spät, eignet sich sehr gut für Marmeladen und Gelees, wenig empfindlich gegen Rutenkrankheiten; 'Korbfüller', spezielle Liebhabersorte, da zweimaltragend; Ernte an diesjährigen Ruten ab Mitte August bis zum Frosteintritt.

Brombeeren

Bei Himbeeren waren es die Ausläufer, die viele Gartenfreunde von der Pflanzung abhalten, bei Brombeeren ist es das Gewirr von stacheligen Trieben. Dabei zählen die außerordentlich aromatischen Brombeeren zu den gesündesten Früchten.

Als Sorte werden wir meist die rankende 'Theodor Reimers' bevorzugen, die sich vor allem zur Grenzpflanzung eignet. Sie entwickelt Triebe von 5 m Länge und mehr. Die Pflanzabstände in der Reihe müssen deshalb mindestens 4 m betragen.

Auch hier ist ein Spaliergerüst erforderlich. Alle 5 m wird ein imprägnierter Pfahl in den Boden geschlagen oder ein Eisenrohr einbetoniert. Das Spaliergerüst soll 1,80 m hoch sein. Der erste Draht wird 50 cm über dem Boden gespannt. In Abständen von 25 cm folgen 5 weitere.

Bei der Pflanzung im Frühjahr wird an einjährigen Pflanzen, wie sie heute meist verwendet werden, weder an den Ruten noch an den Wurzeln etwas zurückgeschnitten. Nach der Pflanzung sollten die Bodenknospen etwa 5 cm hoch mit Erde bedeckt sein.

Die sommerlichen Jungtriebe werden an den Drähten festgebunden. Triebe, die in deren Blattachseln entstehen, sind bis

Himbeeren ernten wir bei Vollreife, denn erst dann ist das Aroma voll ausgebildet.

beere«; 'Wilsons Frühe', aufrechtwachsend, Kultur wie Himbeere. Rankende, stachellose Sorten sind: 'Thornless Evergreen', 'Thornfree' (ausgesprochene Spätsorte, frosthart), 'Black Satin'. Neuheit: 'Hull Thornless', gleichmäßiger reifend und besser im Geschmack als 'Black Satin', d. h. sie hat gegenüber anderen »stachellosen« typisches Brombeer-Aroma.

Gartenheidelbeeren

Oft erleben Gartenfreunde mit Heidelbeeren eine Enttäuschung und schimpfen auf den schuldlosen Pflanzenlieferanten. Wichtigste Voraussetzung für den Erfolg ist ein sehr saurer Boden (pH-Wert 3,5–5), denn die Heidelbeere ist überaus kalkempfindlich. Kultivierte Hochmoorböden oder humusreiche Heideböden sind von Natur aus für die Kultur geeignet. Auf anderen Böden, und dies trifft für die meisten Gärten zu, muß eine Pflanzgrube von 1 m² und 50 cm Tiefe ausgehoben und überwiegend mit feuchtem, saurem Substrat gefüllt werden. Es sollte nur mit kalkarmem Gießwasser (Regenwasser) gegossen und nur mit weitgehend kalkfreien Düngemitteln gedüngt werden. Wir können hierzu im Frühjahr einen Blau-Volldünger, 1 Handvoll je m², verwenden oder einen organischen Volldünger. Ist der Trieb zu schwach oder zeigen die Blätter ungesunde gelbgrüne Färbung, so fehlt es meist an Stickstoff. In diesem Fall geben wir zusätzlich im Frühjahr je m² eine gute halbe Handvoll Schwefelsaures Ammoniak.

Bei der Pflanzung werden die Langtriebe der Sträucher um ein Drittel eingekürzt. Die weitere Schnittbehandlung beschränkt sich auf ein Auslichten des alten Holzes.

Nachdem die Beeren nacheinander reifen, besteht die Gefahr von Vogelfraß. Die Sträucher sind deshalb schon früh mit Netzen zu schützen. Wegen der Befruchtung sollten mindestens 2 Sorten gepflanzt werden.

Wertvolle Sorten von Gartenheidelbeeren: 'Coville', 'Bluecrop', 'Berkeley', 'Bluetta' u. a. Die robuste Neuheit 'Top Hat' eignet sich auch für kleine Gärten, da sie nur 20–30 cm hoch wird. Auch sie trägt große wohlschmeckende Früchte und gedeiht auch noch im Halbschatten.

Brombeeren erst ernten, wenn sie tiefschwarz sind. Rechts: Gartenheidelbeeren.

auf ein Blatt einzukürzen. Im Winter nach der Pflanzung entfernen wir alle Triebe bis auf 3 besonders kräftige, die wir bis auf die Hälfte einkürzen. Im 2. Jahr nach der Pflanzung entsteht dann aus dem Wurzelstock eine große Anzahl junger Triebe. Nur die 6 kräftigsten bleiben stehen und werden an den Drähten nach links und rechts festgebunden.

Die wichtigste Arbeit ist der Sommerschnitt. Versäumen wir ihn, so bildet sich in kurzer Zeit ein Triebgewirr, in dem wir uns kaum mehr zurechtfinden. Dieser Schnitt ist recht einfach: Die während des Sommers aus den Blattachseln der Jungtriebe entstehenden sogenannten vorzeitigen Triebe oder Geiztriebe kürzen wir, sobald sie etwa 50 cm Länge erreicht haben, bis auf 1–2 Blätter ein. Im Herbst werden in rauheren Lagen die jungen Ranken auf den Boden gelegt und abgedeckt.

Der Winterschnitt wird nach der Frostperiode, also erst im Frühjahr, durchgeführt. Dabei werden alle im letzten Jahr mit Beeren behangenen Triebe entfernt. Von den entstandenen Jungtrieben werden nur die 6 kräftigsten belassen und an den Drähten zu beiden Seiten der Pflanze angebunden. Dieses Binden kann bei sehr langen Ranken auch bogenförmig geschehen.

Die gleichmäßig an den Drähten befestigten Jungtriebe bringen Ertrag, während aus dem Wurzelstock gleichzeitig neue Triebe herauswachsen. Von diesen wählen wir wiederum die 6 kräftigsten aus und binden sie an den noch freien Drähten fest. Um ein gewisses System in die Arbeit zu bringen, kann man es so machen, daß in dem einen Jahr die 6 neugebildeten Triebe links und rechts

von der Pflanzenmitte an den 1., 3. und 5. Draht gebunden, während die Jungtriebe des nächsten Jahres am 2., 4. und 6. Draht befestigt werden. An den anderen Drähten sind dann die jeweils im betreffenden Jahr in Ertrag kommenden Ranken. Eine andere Möglichkeit besteht darin, daß man in dem einen Jahr die 6 belassenen Jungtriebe links von der Pflanzenmitte an die Drähte anbindet, während sich rechts davon die 6 tragenden Triebe befinden. Alljährlich ist an den Jungtrieben der Sommerschnitt durchzuführen, so wie er beschrieben wurde.

Die im Vorjahr entstandenen Ranken werden abgeerntet, sobald die Früchte richtig schwarz geworden sind. Vielfach wird zu früh geerntet, die Früchte sind dann noch sauer, das Aroma ist noch nicht richtig entwickelt. Die abgetragenen Ranken bleiben den Winter über am Spaliergerüst. Sie geben den jungen Trieben etwas Schutz und werden erst im Frühjahr entfernt.

Düngung wie bei Johannisbeeren (S. 179).

Wertvolle Brombeersorten: 'Theodor Reimers', altbekannt, vollreif süß und sehr aromatisch, hohe Erträge, reift Ende Juli bis Mitte September, vorzüglich zur Saftbereitung, auch für trockene Standorte, starke lange Ranken (Pflanzabstand 4 m), trotz der vielen Stacheln nach wie vor zu empfehlen, da typische »Brom-

Die Weinrebe

Weinreben sind in den meisten Gärten von nur geringer Bedeutung. Werden sie gepflanzt, so geschieht dies in vielen Fällen mehr zur Zierde, nicht aber wegen des Ertrages. Können wir trotzdem reife Trauben ernten, so ist die Freude groß.

An der Süd- oder Südwestseite eines Hauses oder zur Bekleidung einer offenen Laube ist der Weinstock am richtigen Platz. Auch in etwas rauheren Gebieten gedeiht die Weinrebe, sofern nur die Pflanzstelle kleinklimatisch begünstigt liegt. In vielen Gärten machen sich Amseln über die reifenden Trauben her. Nur mit einem Netz läßt sich wenigstens ein Teil der Ernte retten.

Nach der Pflanzung belassen wir nur einen kräftigen Trieb und schneiden diesen auf 2 Knospen zurück. Im Laufe des Sommers entstehen daraus 2 Triebe, von denen der schwächere nach Bildung mehrerer Blätter entspitzt wird. Der andere kann sich dann um so besser entwickeln.

Im nächsten Frühjahr wird der schwächere Trieb entfernt, der andere auf etwa die Hälfte eingekürzt. Beim Rückschnitt bleibt – im Gegensatz zu den übrigen Obstarten – über der angeschnittenen Knospe jeweils ein kleiner Zapfen von 2 cm Länge stehen. Dadurch wird ein Austrocknen der empfindlichen Knospen verhindert. Aus der obersten Knospe dieses Triebes entsteht die Verlängerung, die wir immer wieder anbinden, um eine gerade Mitte zu erhalten. Aus den übrigen Knospen sollen in Abständen von etwa 20 cm seitliche Triebe entstehen.

Ist eine größere Fläche zu bekleiden, so lassen wir im Abstand von 1 m Seitentriebe weiterwachsen und binden sie an das Spaliergerüst an. Es sollen daraus stärkere Äste werden, an denen ebenso wie am Mitteltrieb Fruchtholz entsteht. Alljährlich, im Frühjahr, werden die Verlängerungstriebe eingekürzt.

Ähnlich wie bei den Obstbäumen bauen wir also auch beim Weinstock erst ein Gerüst aus stärkeren Ästen auf, an denen zahlreiche seitliche Triebe (Fruchtholz) entstehen. Diese Seitentriebe, die in Abständen von etwa 20 cm aufeinander folgen sollen, werden nach dem Austrieb an das Spaliergerüst gebunden. Beim nächsten Winterschnitt, der nach Beendigung der Kälte vorgenommen wird, werden diese Seitentriebe auf 2 Knospen einge-kürzt, wobei über der äußeren Knospe wieder ein Zapfen verbleibt. Aus den beiden Knospen entwickeln sich 2 junge Triebe, die einer Sommerbehandlung bedürfen: Ende Mai werden sämtliche zu dicht stehenden Jungtriebe ausgebrochen, besonders Wasserschosse, die aus dem alten Holz entstanden sind. Je Zapfen verbleiben nur die 2 kräftigsten Triebe mit geschlossenen Blütenständen (Gescheine).

Während der Blüte, also etwa im Juni, binden wir die jungen Triebe mit Bast so am Spaliergerüst an, daß die Wandfläche möglichst gleichmäßig bedeckt ist. An Trieben, die länger als etwa 80 m geworden sind, wird die Spitze entfernt. Geiztriebe, die aus den Blattachseln entstanden sind, nehmen wir bis auf 1 Blatt zurück. Diese Arbeit wird den Sommer über fortgesetzt. Im August werden dann die fruchttragenden Triebe auf 3–5 Blätter über der obersten Traube eingekürzt. Beim darauffolgenden Winterschnitt wird von den beiden Jungtrieben, die aus den vorjährigen Zapfen entstanden sind, der äußere mit dem alten Zapfenteil abgeschnitten. Der andere Trieb bleibt stehen und wird wieder auf 2 Knospen zurückgeschnitten.

Wertvolle Rebsorten für Weinspaliere am Haus: 'Augusta Luise', von betont vornehmer, nicht aufdringlicher Muskatellerart, eine Würzburger Kreuzung; 'Weißer Gutedel', 'Roter Gutedel' und 'Muskat-Gutedel' zählen zu den ältesten Tafeltrauben, sehr guter Ertrag in nicht zu rauhen Lagen; die aus Ungarn stammenden Sorten 'Perle von Czaba' und 'Königin der Weingärten' reifen früh; sie zeichnen sich durch deutliches Muskataroma und hohen Ertrag aus; die Würzburger Züchtung 'Ortega' bringt zwar keine Höchsterträge, sie reift aber auch unter schwierigen Bedingungen und besticht durch feines Traubenaroma. 'Früher Malinger', reichtragend und altbekannt, bewährt sich auch im rauhen Klima sehr gut.

Kiwi

Die in subtropischen Regionen heimischen Kiwis wachsen bei uns nur an sehr warmen, sonnigen, windgeschützten Stellen. Der Austrieb im April/Mai ist empfindlich gegen Spätfröste. Die aparten Blüten öffnen sich erst im Juni. Ihre volle Süße und das typische Aroma entwickeln die Früchte nur, wenn wir sie bis Anfang November an den Pflanzen hängen lassen. Dabei halten sie Fröste bis −3 °C aus.

Man zieht Kiwis am besten an einer Hauswand oder Mauer, in wärmeren Gegenden auch an etwa 2 m hohen Draht- oder Holzgerüsten. Wichtig ist, daß wir ein Pärchen, also eine weibliche und eine männliche Kiwi, zusammenpflanzen; nur dann kommt es zum Fruchtansatz. Ein »Männchen« kann bis zu acht weibliche Pflanzen mit Blütenstaub versorgen. Der Boden soll tiefgründig und schwachsauer (pH 4,5−5,5) sein, also notfalls ein saures Substrat zusetzen. In trockenen Sommern gelegentlich wässern!

Beim Schnitt zu Ende des Winters wird das abgetragene, vorjährige Holz entfernt. Die Pflanzen sollen gut mit Fruchtzweigen garniert und licht gehalten werden. Ein zusätzlicher Sommerschnitt erfolgt im Juli/August, wenn die Früchte walnußgroß sind. Dabei kappen wir jeden Trieb über dem 5.–6. Blatt oberhalb der Früchte.

Sorten: 'Abbot', 'Bruno' u. a.; 'Hayward' bringt große aromatische Früchte, reift aber auch in warmen Jahren bei uns kaum aus. Die robuste 'Bayernkiwi' = 'Weiki' (Weihenstephaner Kiwi) eignet sich vorwiegend für Saft u. a. Verarbeitung. Neu ist 'Jenny' mit weiblichen und männlichen Blüten, d. h., 1 Pflanze genügt.

Kiwi lieben einen warmen, sonnigen, windgeschützten Platz.

Radieschen, Rettich und Rapunzel

Gemüsebau ist wieder »in«

Jeder Gartenfreund, der es arbeitsmäßig nur einigermaßen schaffen kann, sollte Gemüse anbauen. Vor allem solche Arten, die am besten schmecken, wenn sie frisch und vollreif geerntet werden: alle Salatarten, Radieschen, Rettiche, Zukkererbsen, Tomaten usw. Hinzu kommt, daß wir wesentlich mehr Gemüse essen, wenn wir es selbst anbauen, unsere Familie also gesünder ernähren.

Und den Pflanzenschutz haben wir auch unter Kontrolle! Wir werden im eigenen Garten Krankheiten und Schädlinge in erster Linie durch vorbeugende Maßnahmen zu beschränken suchen. Wenn aber schon gespritzt werden muß, dann fragen wir im Fachgeschäft nach Präparaten mit möglichst geringer Giftigkeit und kurzer Wartezeit. Eine notwendige, chemische Bekämpfung führen wir so frühzeitig durch, daß bis zur Ernte hin ein möglichst langer Zeitraum verbleibt, d. h., wir werden nicht nur die vorgeschriebene Wartezeit einhalten, sondern diesen Zeitraum sogar noch ausdehnen. Und noch etwas spricht für den Anbau von Gemüse: Er macht Spaß, denn gerade im Gemüsegarten rührt sich etwas, hier kann man förmlich zusehen, wie es wächst.

Gemüsebau ist wieder modern geworden, und gerade im Gemüsegarten ist der richtige Freizeitgärtner in seinem Element. Hier gibt es auch viel gesunde Bewegung, sei es beim Graben und Unkrautzupfen, beim Säen, Pflanzen, Gießen und Ernten.

Bodenpflege und Düngung

In den meisten Gärten wird das Gemüseland im Herbst mit dem Spaten grobschollig umgegraben. Auf schweren, zähen Böden sowie bei neu angelegten Gärten ist dies zweifellos richtig, denn die Herbstfeuchtigkeit kann in die Schollen eindringen, und der Frost sprengt sie auseinander, so daß wir im Frühjahr einen lockeren Boden vor uns haben. Böden allerdings, die bereits seit Jahren in Kultur sind und denen reichlich Humus zugeführt wurde, können auf die Einwirkung von Frost verzichten. Diesen be-

kommt es besser, wenn sie auch den Winter über eine Pflanzendecke tragen, sei es durch Kulturen wie Feldsalat, Spinat u. ä., oder aber durch die herbstliche Einsaat einer Gründüngung wie z. B. Roggen-Wicken-Gemenge. Vor allem fertig abgepackte Mischungen, wie sie im Handel angeboten werden, eignen sich hierzu.

Wir sollten hier von der Natur lernen, in der es keine nackte Bodenoberfläche gibt. Bereits in kurzer Zeit begrünt ein sich selbst überlassener Boden. Eine solche Pflanzendecke schützt auch den Winter über die wertvolle Krümelstruktur eines Gartenbodens vor Zerstörung durch Sonne und Regen. Das Bodenleben wird gefördert, und die Nährstoffe bleiben uns weitgehend erhalten.

Großversuche haben gezeigt, daß die Nährstoffauswaschung um so geringer ist, je länger ein Boden im Jahr beschattet, also genutzt wird. Außerdem fällt durch die Wurzeln zusätzlich Humus an. Im Frühjahr wird die Gründüngung in den Boden eingearbeitet oder aber auf den Komposthaufen gebracht. Nur auf Flächen, die sehr früh bestellt werden sollen, hat sich die herbstliche Aussaat einer Gründüngung nicht bewährt.

Wenn eine Gründüngung ausscheidet, weil die Beete bis zum Herbst hin mit Gemüse bestellt sind, sollte man einen reifen, in guter Kultur befindlichen Boden nicht mit dem Spaten umgraben. Damit die besonders lebendige obere Bodenschicht auch den Winter über oben bleibt, ist es in solchen Fällen besser, in kurzen Abständen mit der Grabgabel einzustechen und diese etwas hin- und herzubewegen. Dadurch entstehen Spalten, in die Wasser eindringen kann, so daß der Boden ebenfalls gelockert wird.

Im Frühjahr, vor dem Anlegen der Gemüsebeete, wird die Bodenbearbeitung meist mit dem Kultivator oder dem Krail durchgeführt. Der Boden wird gelockert, so daß gesät oder gepflanzt werden kann.

Sobald die Beete bestellt sind, setzt die sommerliche Bodenbearbeitung ein. Sie besteht aus einem häufigen, oberflächlichen Lockern des Bodens. Die Geräte hierzu wurden auf S. 50 genannt. Sobald nach Regenfällen oder nach kräftigem Gießen der Boden wieder oberflächlich abgetrocknet ist, werden die Beete flach durchzogen. Dadurch wird ein Verkrusten vermieden, Sauerstoff kann an die Wurzeln, und die dort gebildete Kohlen-

Auf Beete, die im Spätsommer nicht mehr benötigt werden, säen wir Gründüngung.

säure kann entweichen. Es verdunstet aber auch weniger Wasser: In kleinen Haarröhrchen, auch Kapillarröhrchen genannt, steigt das Wasser nach oben und verdunstet; werden nur die oberen 1–3 cm gelockert, so sind dort die Haarröhrchen zerstört, die Verdunstung ist gehemmt. »Das Gemüse will großgehackt werden« und »Zweimal gehackt ist einmal gedüngt«, lauten alte Gärtnerweisheiten, die nach wie vor ihre Berechtigung haben.

Anstelle von Bodenlockerung kann auch gemulcht werden. Besonders bei Kulturen, die viel Wasser benötigen, bei denen andererseits die Blätter aber möglichst

trocken bleiben sollen, da sich sonst Pilzkrankheiten ausbreiten, bewährt sich dies. Wir nehmen das Schnittgut von Rasen und bringen es 10 cm hoch zwischen den Selleriepflanzen, Tomaten u. a. Kulturen auf den Boden auf.

Die Wasserverdunstung aus dem Boden wird dadurch stark eingeschränkt, unter der Mulchdecke bleibt es feucht und kühl, man braucht kaum Unkraut zu bekämpfen, und die so behandelten Kulturen fühlen sich sichtlich wohl.

So wird ein Gemüsebeet angelegt

Sobald der Boden oberflächlich abgetrocknet ist, also im März/April, wird er mit dem Kultivator oder dem Krail (siehe S. 50) gelockert und anschließend mit einem Holz- oder Eisenrechen (Harke) ebenengezogen. Anschließend werden die Beete abgesteckt und abgetreten. Die normale Beetbreite beträgt 1,10–1,20 m. Auf kleinen Gemüseflächen mit kurzen Beeten können wir aber auch eine Beetbreite von 1 m oder 0,80 m wählen. Dies sieht dann für das Auge hübscher aus. Wir spannen eine Schnur und treten an dieser entlang einen Weg von etwa 30 cm Breite ab. Dann folgt das nächste Beet usw., bis schließlich die ganze Gemüsefläche unterteilt ist.

Anschließend werden Kompost oder Torfersatzstoffe zusammen mit einem organischen bzw. Blau-Volldünger ausgebracht. Mengenangabe siehe Packung! Ist der Boden reichlich mit Phosphat und Kali versorgt, wird ausschließlich ein mineralischer oder organischer Stickstoffdünger (siehe S. 78/79) auf die Beete gestreut und alles zusammen oberflächlich eingearbeitet. Diese Düngung bezeichnen wir als Grunddüngung

Kurzer Rasenschnitt eignet sich vorzüglich zum Mulchen, z. B. bei Tomaten.

im Gegensatz zur Kopfdüngung, die erst während der Kultur gegeben wird.

Nach dieser gründlichen Bodenvorbereitung und einer Düngung kann gesät oder gepflanzt werden. Die Saatrillen, z. B. für Petersilie, Möhren, Radieschen u. a., werden entlang einer Schnur 1,5 bis 3 cm tief mit dem Stiel eines Gartengerätes gezogen. Nach dem Säen ziehen wir sie mit dem Rechenrücken zu.

Beim Pflanzen spannen wir in der Beetmitte eine Schnur, um die Reihen einigermaßen gerade zu bekommen. Wer es ganz genau machen will, spannt die Schnur entlang jeder einzelnen Pflanzreihe. Es wird immer im Verband gepflanzt, d. h., die Pflanzen stehen zwischen denen der benachbarten Reihe. Kopfsalat und Sellerie werden sehr flach

Boden mit dem Krail o. ä. lockern . . . mit dem Rechen ebenziehen . . . Kompost oder Torfersatzstoffe sowie organische bzw. mineralische Dünger ausbringen . . . .

gepflanzt, Porree (Lauch) dagegen recht tief, damit wir später möglichst lange gebleichte Schäfte bekommen. Auch Kohlarten (ohne Kohlrabi) und Tomaten können unbedenklich tiefer gepflanzt werden, denn diese Gemüsearten entwickeln aus dem Strunk sogenannte Adventivwurzeln, mit denen sie ebenfalls Wasser und Nährstoffe aufnehmen können.

Zum Schluß der Pflanzarbeiten wird jede einzelne Gemüsepflanze mit der Gießkanne ohne Brause angegossen. Dadurch wird das feine Erdreich an die Wurzeln geschlämmt, und die Pflanzen können bald Fuß fassen.

Ist während der Kultur bei Trockenheit zu gießen, so sollte das immer sehr gründlich getan werden, damit man je nach Bodenart wieder einige Tage aussetzen kann. Auf jeden m^2 sollten auf einmal 15–20 l Wasser kommen; ob mit der Gießkanne, dem Schlauch oder einem Sprenger, ist egal. Wir sollten aber darauf achten, daß das Wasser beim Gießen mit dem Schlauch möglichst fein zerstäubt wird. Dabei erwärmt es sich in der Luft, und die Bodenteilchen werden nicht so leicht verschlämmt, wie dies bei scharfem Strahl der Fall ist. Abbildungen von Regnern, die das Wasser fein zerstäuben und so solide gebaut sind, daß sie ein Leben lang herhalten, finden sich auf S. 55. Aber auch kleinere und billigere Regner genügen für die meisten Gärten. Wenn wir gießen, dann am besten abends. Das Wasser kann über Nacht gut einwirken, es verdunstet kaum etwas, und die Pflanzen stehen am nächsten Morgen wie neugeboren auf den Beeten. Durch die Saugkraft haben sich die Zellen wieder prall mit Wasser gefüllt. Auch in den frühen Morgenstunden kann gegossen werden, jedoch möglichst nicht während der heißen Tageszeit.

Der Kultivator eignet sich ebenfalls für die Bodenbearbeitung im Frühjahr.

... und alles zusammen oberflächlich einarbeiten ... Jetzt kann gesät oder gepflanzt werden. Getopfte Pflanzen mit der Pflanzkelle in den Boden bringen, pikierte mit dem Setzholz ... anschließend kräftig angießen.

Düngung im Gemüsegarten

Gemüsearten, die viele Wochen lang auf den Beeten stehen, vor allem Kohlarten, Sellerie, Porree, Tomaten, Gurken usw., bekommen während der Kultur einmal oder mehrere Male eine Kopfdüngung. So können sie ständig aus dem Vollen schöpfen und sich flott entwickeln. Kopfdüngung heißt aber nicht, daß wir die Nährsalze auf den »Kopf« der Pflanze streuen, denn das würde zu Verbrennungen führen. Wir streuen den Dünger vielmehr unter die Pflanzen und gießen dann nach. Noch besser ist es, wenn wir die Düngemittel gleich in Wasser auflösen, weil dann den Pflanzen die Nährstoffe besonders rasch zur Verfügung stehen. Auf eine 10-Liter-Kanne geben wir 1 Handvoll und gießen damit ca. 2 m² Beetfläche.

Es ist zweckmäßig, die Gesamtdüngermenge in eine Grunddüngung vor der Saat oder Pflanzung und in 1–2 Kopfdüngergaben aufzuteilen. Dadurch stehen den Pflanzen laufend Nährstoffe zur Verfügung, andererseits kann Stickstoff kaum in tiefere Schichten (Grundwasser!) ausgewaschen werden.

Als Grunddüngung geben wir 40–50 g/m² eines Blau-Volldüngers, soweit nicht aufgrund einer Bodenuntersuchung etwas anderes empfohlen wird. Wer organische Dünger bevorzugt, kann Grunddüngung und Kopfdüngung zusammen geben, da diese Dünger eine lange anhaltende Nährstoffquelle darstellen.

Kulturen, die mit einer Grunddüngung auskommen, sind Kopfsalat, Feldsalat, Endivie, Zuckerhut, Chinakohl, Mairübchen, Spinat, Grünkohl, Radieschen, Rettiche, Rote Rüben, Erbsen und Zwiebeln.

Die übrigen haben höhere Nährstoffansprüche und sollten eine oder zwei Kopfdüngungen bekommen. Dazu verwenden wir im allgemeinen einen raschwirkenden Stickstoffdünger, z. B. Kalkammonsalpeter 20 g/m² = eine knappe halbe Handvoll.

Bei gesäten Gemüsearten wird die 1. Kopfdüngung nach Bildung der ersten Laubblätter gegeben, die 2. etwa 3–4 Wochen später. Bei gepflanzten Gemüsearten geben wir die 1. Kopfdüngergabe etwa 3–4 Wochen nach dem Setzen, die 2. Gabe – soweit erforderlich – etwa 3 Wochen später, sobald sich der Bestand schließt.

Bitte beachten Sie, daß durch Kompost dem Boden nicht nur organische Substanz, sondern auch Nährstoffe zugeführt werden. Ein 10-Liter-Eimer Kompost enthält etwa 10–20 g Stickstoff, 10 g Phosphat und 30 g Kali. Wer reichlich Kompost zur Verfügung hat, braucht entsprechend weniger mineralischen oder organischen Volldünger auszubringen.

Fruchtwechsel

Nach Möglichkeit wollen wir auf den einzelnen Beeten mit den Gemüsekulturen abwechseln. Wir bezeichnen dies als Fruchtwechsel. Durch einen Wechsel von Flachwurzlern (Gurken u. a.) und Tiefwurzlern (Porree, Salat, Spinat u. a.) werden die in tiefere Bodenschichten ausgewaschenen Nährstoffe besser genutzt und die verschiedenen Bodenschichten mit Humus (Wurzelrückstände) angereichert. Die Bodenstruktur wird verbessert, die Gefahr der Übertragung von Krankheiten und Schädlingen verringert und ein einseitiger Nährstoffentzug durch die Pflanzen vermieden.

Anbauplan

Bereits im Winter zeichnen wir auf ein Blatt Papier die Gemüsebeete und schreiben in die einzelnen Flächen die Vor-, Haupt- und Nachkultur sowie vorgesehene Zwischenkulturen. Je nach persönlichem Geschmack, nach Familiengröße und klimatischen Verhältnissen wird jeder Anbauplan etwas anders aussehen.

Beim ersten Versuch wird es sicher noch nicht so ganz gelingen – von einer Gemüseart werden wir zuviel im Garten haben, von einer anderen zuwenig. Wir müssen erst eigene Erfahrungen sammeln und diese aufschreiben. Solche Aufzeichnungen aus dem vorhergehenden Jahr werden uns bei der Erstellung eines Anbauplanes eine wertvolle Hilfe sein. Und noch etwas: Die Beete sollen nach dem Abernten einer Kultur nie lange leerstehen. Je schneller der Boden wieder beschattet ist, desto besser ist dies für die Bodenstruktur. Ein Blätterdach schützt die Bodenkrümel vor Platzregen und austrocknender Sonne. Um dies zu erreichen, können wir anstelle einer Kultur das freigewordene Beet ebensogut mit Gründüngungspflanzen einsäen. Besonders rasch entwickelt sich Senf. Er friert im Winter ab wie der Ölrettich, der sich ebenfalls für Herbstanbau eignet.

Das Hügelbeet, ideal für Mischkulturen

Vorteilhaft ist ein Hügelbeet vor allem in einem schmalen Reihenhaus- oder einem anderen kleinen Garten. Durch den Hügel wird die Pflanzfläche, die sich für Mischkulturen geradezu anbietet, vergrößert. In einem Reihenhausgarten, meist handtuchartig schmal, können außerdem die Proportionen verbessert werden, wenn wir den Hügel im hinteren Drittel querlegen. Nur zu klein sollte ein Hügelbeet nicht sein, sonst ähnelt es einem Maulwurfhaufen.

Besonders in einem kühlen, verregneten Jahr bewährt sich solch ein Hügelbeet: In seinem Innern verrotten die eingebrachten Gartenabfälle wie in einem Komposthaufen, es entsteht Wärme, was sich auf die Entwicklung von Frühgemüse und wärmeliebenden Gemüsearten gün-

stig auswirkt. Ein weiterer Vorteil: der gute Wasserabzug, es entsteht keine Staunässe. Dies wirkt sich allerdings in trockenen Jahren und Gegenden ungünstig aus, d. h. das Hügelbeet muß dann zusätzlich gegossen werden.

In einem noch »jungen« Garten macht das Anlegen eines Hügelbeetes viel Arbeit, muß doch das grobe Material für den Unterbau, also kleinere Äste und Zweige, aus dem Wald oder anderswo herbeigeholt werden. Eine Erneuerung fällt allerdings erst nach etwa fünf Jahren an.

Ein Hügelbeet bietet sich für Mischkulturen geradezu an. Wie es gebaut wird, zeigt die Zeichnung nebenan, wobei es bei den einzelnen Schichten selbstverständlich nicht auf den Zentimeter genau ankommt.

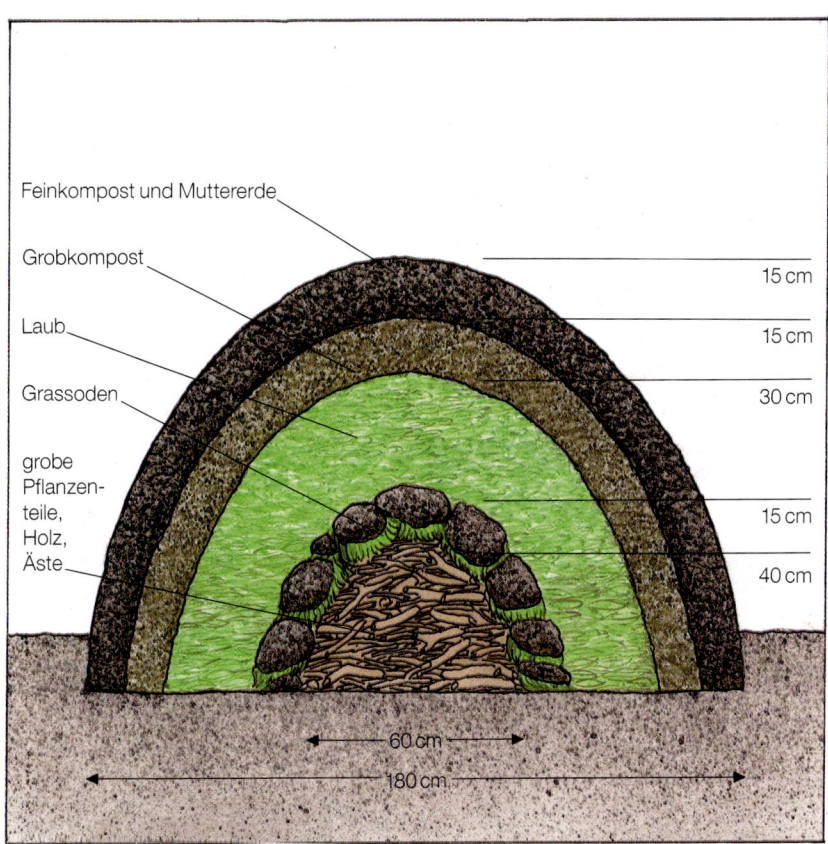

Feinkompost und Muttererde — 15 cm
Grobkompost — 15 cm
Laub — 30 cm
Grassoden
grobe Pflanzenteile, Holz, Äste — 15 cm
— 40 cm
60 cm
180 cm

Im Spätherbst oder Winter anlegen

Dies ist die günstigste Jahreszeit, denn beim herbstlichen Abräumen der Stauden- und Gemüsebeete sowie beim winterlichen Schnitt von Obstbäumen und Sträuchern fällt reichlich grobes Material an.

Das Hügelbeet – möglichst in Nord-Süd-Richtung verlaufend – kann beliebig lang sein, wenn es der Platz erlaubt nicht unter 4–5 m, und bis zu 1,50 m breit; ein kleinerer Hügel wirkt verspielt und trocknet außerdem zu leicht aus. Nachdem die Fläche an sonniger Stelle abgesteckt ist, wird der Boden bis auf 25 cm Tiefe, also etwa spatentief, ausgehoben und seitlich gelagert.

Als unterste Schicht bringen wir grobe, schwer verrottbare Gartenabfälle ein, also Äste und Zweige, wie sie beim Schnitt von Obstbäumen, Sträuchern und Hecken anfallen, aber auch Tomaten- und Sonnenblumenstengel, verholzte Staudenteile u. a. Nachdem wir diese Gartenabfälle auf 30–40 cm Länge zerkleinert haben, schichten wir sie zu einem etwa 40 cm hohen Hügel auf und überstreuen sie mit Kalkstickstoff,

100 g/m², also etwa 2 Handvoll oder die doppelte Menge eines organischen Stickstoffdüngers.

Darauf folgt eine 15 cm hohe Schicht aus Rasensoden, die mit den Wurzeln nach oben aufgebracht wird bzw. in Ermangelung von Rasensoden ein Gemisch aus Grasschnitt, Stroh und Gartenabfällen. Die nächste 30 cm starke Schicht besteht aus Laub oder Stroh. Damit sie besser verrottet, überstreuen wir sie mit Spezial-Kalkstickstoff, 50 g/m², oder einem organischen Stickstoffdünger und gießen gut an. Es folgt eine 15 cm hohe Schicht aus Grobkompost, also kompostierte Gartenabfälle, die noch nicht völlig verrottet sind. Wurden nicht bereits beim Aufsetzen des Komposthaufens ausreichend organische Dünger zugesetzt, streuen wir jetzt 50 g/m², also eine gute Handvoll, über den Grobkompost. Schließlich wird die zu Beginn der Arbeit ausgehobene Gartenerde etwa 15 cm hoch aufgebracht und mit verrottetem Kompost verbessert. Damit ist das 80–90 cm hohe Hügelbeet fertig.

Das hört sich alles komplizierter an als es ist, doch in einem bestehenden Garten sind fast alle »Zutaten« vorhanden und müßten andernfalls kompostiert werden.

Ein Hochbeet bietet interessante gestalterische Möglichkeiten, vor allem braucht man sich bei der Arbeit nicht zu bücken.

Wärmeliebende Kulturen fühlen sich besonders wohl

Wenn wir im Frühjahr die ersten Kulturen mit »wachsender« Folie oder Vlies abdecken, wird die Ernte weiter verfrüht. Den Sommer über eignet sich das Hügelbeet vor allem für wärmeliebende Gemüsearten wie Tomaten, Gurken, Paprika. Die Tomaten pflanzen wir auf den Kamm des Hügels, die niedrigen Kulturen mehr nach unten zu. Dies gilt auch für Buschbohnen, verschiedene Salate und andere Gemüsearten. Wie bereits erwähnt, bietet sich das Hügelbeet für Mischkulturen geradezu an, also von jeder Gemüseart nur eine Reihe. Wenig geeignet ist es dagegen für Aussaaten, die allzuleicht vertrocknen.

Wer vor dem Auspflanzen der Tomaten entlang des Kammes eine Mulde formt, braucht weniger zu gießen, da sich hier das Regenwasser sammeln kann.

Ein Riesel- oder Tropfschlauch, in die Mulde gelegt, erspart ebenfalls Gießarbeit, vor allem aber decken wir den Boden zwischen den Tomatenpflanzen u. a. mit kurzem Grasschnitt oder Stroh ab, wir mulchen, um den Boden möglichst lange feucht zu halten. Besonders die flachwurzelnden Tomaten gedeihen prächtig auf gemulchtem Boden, der nicht gelockert zu werden braucht, so daß die empfindlichen Wurzeln nicht gestört werden.

Das Hochbeet, eine Variante des Hügelbeetes

ermöglicht ein bequemes Arbeiten. Es ist deshalb vor allem für ältere Gartenfreunde interessant, die sich mit dem Bücken schwertun. Selbst Rollstuhlfahrer können sich hier betätigen, wenn das Hochbeet von einem Plattenbelag umgeben ist.

Die Schichten werden ähnlich aufgesetzt wie beim Hügelbeet, nur sind die Gartenabfälle von einer festen Umrandung aus Rundhölzern umgeben. Die Himmelsrichtung spielt keine Rolle und das Hochbeet muß auch nicht innerhalb des Gemüsegartens stehen.

Wenn der Platz sonnig ist, kann es sich ebensogut in der Rasenfläche befinden, aus gestalterischen Gründen natürlich nicht mittendrin, sondern mehr am Rand. Vorzüglich eignet es sich, um einen langen, schmalen Reihenhausgarten optisch zu verkürzen. Wir stellen es im hinteren Drittel quer, so daß nur an einer Seite ein schmaler Durchgang bleibt. Vor dem Hochbeet könnte, getrennt durch einen Trittweg, ein Streifen mit Stauden und Sommerblumen bepflanzt werden, hinter dem Hochbeet bietet sich die restliche kleine Gartenfläche als Kompostplatz an. Auf diese Weise hätten wir das Nützliche mit dem Schönen verbunden.

Zur Anlage: Die Länge kann beliebig sein, doch gelten auch hier 4–5 m als günstiges Maß. Breite: 1,40 m, damit alle Arbeiten von beiden Seiten aus bequem erledigt werden können. Die Umrandung, bis zu 80 cm hoch, bauen wir aus Fichten – oder Föhrenrundhölzern, geschält oder mit Rinde, Durchmesser 8–10 cm. Zuerst wird der Boden 25 cm tief ausgehoben und seitlich gelagert. Dann schlägt man an den Ecken, entlang der Längsseiten auch in deren Mitte, Holzpfosten ein und schichtet die langen Rundhölzer aufeinander, meist 6–7 Stück. Bei Wühlmausgefahr werden Boden und Seitenwände mit feinmaschigem Drahtgeflecht ausgekleidet. Auch beim Hochbeet pflanzen wir in die Beetmitte bevorzugt Tomaten und Paprika. Vorzüglich wachsen Gemüsearten, die gegen Staunässe empfindlich sind, wie Petersilie, Möhren, Rettiche und alle Salatarten. Ebensogut können Radieschen, Eiszapfen u. a. ausgesät werden, denn die Samen können auch bei stärkeren Regenfällen nicht seitlich heruntergespült werden.

Hilfsmittel zur Ernteverfrühung

Gewächshaus

In einem Glashaus ohne zusätzliche Heizung können wir dreimal im Jahr ernten. Je nach Gegend kann bereits Anfang bis Mitte März mit dem Anbau begonnen werden.

Erste Kulturen: Kopfsalat, Eissalat, Kohlrabi, Rettiche, Radieschen, Gartenkresse. Selbst wenn die Temperaturen nachts unter den Gefrierpunkt sinken, treten kaum Schäden auf. Vorbeugend die Pflanzen bei Gefahr von Nachtfrost mit Vlies oder großen Blättern Zeitungspapier abdecken!

Sobald Anfang bis Mitte Mai die frühen Kulturen geerntet sind, können wir Tomaten, Gurken und Paprika pflanzen. Anstelle spezieller Gewächshausgurken, die nur bei Temperaturen möglichst nicht unter 15 °C gut gedeihen, bevorzugen wir weniger wärmebedürftige Sorten wie 'Highmark', 'Marketmore', 'Sprint' u. a., die sich gut an Schnüren hochleiten lassen.

Ab Mitte September bis Anfang Oktober kann Feldsalat gesät werden, der sich den ganzen Winter über ernten läßt. Wertvoll ist dabei, daß Feldsalat im Gewächshaus sauber bleibt, da er gegen Ölheizungsruß, wie er den Winter über im Freien niedergeht, abgeschirmt ist. Darüber hinaus können wir Mitte bis Ende September Spinat für die Frühjahrsernte säen bzw. Anfang September Endivie oder Zuckerhut pflanzen. Dazu nur kräftige Pflanzen mit Wurzelballen bzw. in Töpfen vorkultivierte Zuckerhutpflanzen verwenden!

Endivie kann man meist von Oktober bis Weihnachten ernten, Zuckerhut bis ins zeitige Frühjahr hinein. Auch Kopfsalat kann – ähnlich wie im Frühbeet – Ende August bis Anfang September gepflanzt und gleichzeitig können Radieschen gesät werden, so daß wir zu Allerheiligen letztmals im Jahr zarten Kopfsalat und knackige Radieschen ernten können.

Ist das Haus mit einer Zusatzheizung für kalte Nächte (z. B. Heizlüfter mit Thermostat) versehen, so können im Frühjahr die verschiedensten Gemüse- und Blumenpflanzen herangezogen werden, dann kann der erste Anbau von Gemüse noch früher beginnen, es können spezielle Treibgurkensorten verwendet und ab Spätherbst die Balkonpflanzen überwintert werden.

Hier noch einige Punkte, auf die beim Kauf eines Gewächshauses geachtet werden soll:

- Kein zu kleines Gewächshaus wählen. Als ideale Größen haben sich 12 m² (3 × 4 m) bis 15 m² bewährt.
- Für Gewächshäuser ohne Dauerbeheizung genügen Punktfundamente. Dazu werden an den vier Ecken – in windigen Gegenden auch dazwischen – mit einem Handbohrer etwa 80 cm tiefe Löcher mit 15–20 cm Durchmesser gebohrt und mit Beton gefüllt.
- Gewächshaus am sonnigsten Platz aufstellen! Daran denken, daß im Spätherbst und zeitigen Frühjahr größere Gebäude lange Schatten werfen. Die Pflanzen brauchen aber neben Wärme vor allem Licht und Luft!
- Bei nicht heizbaren Gewächshäusern bevorzugt man in Norddeutschland durchsichtiges Blankglas (Fensterglas), im süddeutschen Raum genörpeltes Gartenklarglas (genörpelte Seite nach innen). Starkes Sicherheitsglas, 3,8–4 mm stark, ist trotz des beinahe doppelt so hohen Preises dünneren Scheiben mit 3 mm Stärke vorzuziehen.
- Wer ein heizbares Glashaus aufstellen möchte, sollte anstelle von Glas isolierende Materialien wie Plexiglas-Doppelstegplatten, Sedo-Doppelglas o. ä. wählen, da diese bis zu 40% Energie einsparen.
- Anstelle eines Glashauses ist für die gemüsebauliche Nutzung auch ein preiswertes Foliengewächshaus geeignet. In diesem Fall UV-stabilisierte Polyäthylenfolie, 0,2 mm und mit 3jähriger Gütegarantie verwenden! Folie bei Temperaturen über 18°C aufspannen!
- Nicht mit Lüftungsfenstern sparen! Möglichst zwei Fenster an der Ostseite des Gewächshauses mit automatischen Fensteröffnern vorsehen, damit nicht ständig ans Lüften gedacht werden muß!
- Eine Wasserleitung am Gewächshaus vorsehen und möglichst auch eine Steckdose, damit bei Frostge-fahr ein Heizlüfter mit Thermostat (Frostwächter) aufgestellt werden kann.

Frühbeet

Das traditionelle Frühbeet mit den Fenstermaßen 100 × 150 cm und 80 × 150 cm braucht hier wohl nicht näher beschrieben zu werden.

Wichtig ist, daß der Kasten von Nord nach Süd eine Neigung von 5–10 cm hat und für den frühen Anbau nicht zu hoch aus dem Boden herausschaut; dadurch wird die Abkühlungsfläche verringert.

Der Frühbeetkasten kann ganz einfach aus Holz gebaut sein. Die Bretter werden vorher mit einem pflanzenunschädlichen Holzschutzmittel imprägniert.

Wesentlich dauerhafter ist ein Betonkasten. Praktisch sind Fertigteile aus Beton oder Holzbeton sowie Frühbeete aus Doppelstegplatten u. a. Materialien, die wir an Ort und Stelle zusammensetzen können.

Für den berufstätigen Gartenfreund oder für den wohnungsfern gelegenen Kleingarten haben sich selbstlüftende Fenster gut bewährt. Die stabilen Rahmen sind aus den Maßen 80 × 150 cm aus Leichtmetall gefertigt. Sie sind leicht und praktisch unbegrenzt haltbar. Jedes Fenster besteht aus 6 Scheiben, die kittlos einge-

In einem Gewächshaus läßt sich auch bei Regen gärtnern. Es eignet sich zur Anzucht von Jungpflanzen, wärmeliebenden Gemüsearten und Blumen.

Ein Frühbeetkasten Marke »Eigenbau«. Die Pflanzen wachsen kompakt heran, denn auch von den Seiten her bekommen sie reichlich Licht.

schoben werden. Bricht eine Scheibe, so kann sie jederzeit ausgewechselt werden. Die Scheiben können von Hand hochgedreht werden und klinken in der Endeinstellung ein. Beim Gießen und Ernten ist dies sehr praktisch, weil nicht das ganze Fenster abgehoben werden muß. Haben wird einen Kasten für 2 oder 3 Fenster, so genügt es bereits, wenn

wenigstens eines davon selbstlüftbar ist.

Bereits ab Anfang bis Mitte März können wir ohne Mistpackung mit dem Anbau beginnen. Wir haben es dann mit einem kalten Kasten zu tun. An den Abenden sollten zu dieser frühen Jahreszeit selbstverständlich auch selbstlüftbare Fenster mit Strohmatten, Brettern u. ä. abgedeckt werden, um die Wärme möglichst lange zu halten.

Folien

Mehr und mehr haben sich in den letzten Jahren Folien für die Ernteverfrühung bewährt. Die einfachste Methode ist es, eine Schlitzfolie, auch unter der Bezeichnung »wachsende« Folie bekannt, auf die frühen Aussaaten von Petersilie, Frühmöhren, Spinat und Radieschen zu legen. Damit der Wind die Folie nicht fortträgt, wird sie seitlich etwas eingegraben oder mit Ziegelsteinen oder ähnlichem beschwert.

Genauso macht man es, wenn Ende März/Anfang April Kopfsalat und Kohlrabi, Blumenkohl, Frühweißkraut u. a. ins Freie gepflanzt werden. Es ist erstaunlich, wie rasch die Gemüsepflanzen einwurzeln und wie sie auch bei kühler Witterung munter weiterwachsen. Je größer sie werden, desto mehr dehnt sich die »mitwachsende« Folie, hat sie doch Tausende kleiner Schlitze, die anfänglich geschlossen sind, sich aber allmählich, der Pflanzenentwicklung angepaßt, immer weiter öffnen.

Man braucht solche Schlitzfolien nicht zu lüften, und auch mit dem Gießen gibt es keine Probleme, denn das Wasser dringt durch die Vielzahl kleiner Schlitze hindurch. Trotzdem sollten wir ab und zu einen Blick unter die »wachsende« Folie werfen, denn in dem bevorzugten Klima schlüpfen Schnecken rasch aus den Wintereiern. Wir warten dann vergeblich auf das Keimen der Möhren, denn kaum, daß sie aus dem Boden spitzen, werden die winzigen Pflänzchen abgefressen.

Wichtig ist, daß die »wachsende« Folie im zeitigen Frühjahr gleich nach dem

Selbstlüftende Frühbeetfenster (Bezugsquelle S. 232) ersparen uns das Lüften und Ablüften von Hand. Sie sind nicht gerade billig, aber praktisch und zuverlässig.

Säen oder Pflanzen aufgelegt wird, um rasch das gewünschte Treibhausklima zu erzeugen. Erst wenn es dann so richtig warm wird, also gegen Mitte Mai, wird die Folie an einem trüben Tag abgenommen, aber nicht bei Sonnenschein und kaltem Wind, denn das wäre für die im Folien-Treibhausklima verwöhnten Pflanzen ein Schock.

Ebenso wie eine Schlitzfolie läßt sich im zeitigen Frühjahr transparentes Vlies auf die Kulturen auflegen. Es besteht aus feinen weißen Kunststoffäden, die völlig systemlos neben- und übereinanderliegen. Durch die vielen kleinen Öffnungen von unterschiedlicher Größe können Licht, Wasser und Luft hindurch.

Vorteilhaft macht sich vor allem die hohe Luftdurchlässigkeit bemerkbar, die Pflanzen wachsen dadurch gesund heran. Man kann das Vlies verhältnismäßig lange auf den Kulturen belassen, eben weil ein reichlicher Luftaustausch möglich ist. Bei Blumenkohl, Kohlrabi und anderen Frühkohlarten braucht man das Vlies erst 2 Wochen vor der Ernte zu entfernen, bei Gurken und Zucchini kurz vor Blühbeginn, bei Frühkartoffeln, wenn

Ernteverfrühung mit Hilfe von Folientunnels. Drahtbügel nicht zu weit voneinander in den Boden stecken, da sich sonst bei Regen oder Schneefall Wassersäcke bilden!

keine Spätfröste mehr zu befürchten sind. Bei Kopfsalat und Radieschen kann man das Material sogar bis Erntebeginn auf den Pflanzen belassen. Wie bei Folie darf auch Vlies nur bei bedecktem Himmel und Windstille entfernt werden. Der richtige Zeitpunkt liegt meist in der 2. Maihälfte.

Ebenso ist eine Ernteverfrühung mit Folientunnels möglich, die es im Handel fertig zu kaufen gibt. Am einfachsten und billigsten ist folgende Methode: Wir kaufen eine Rolle Draht von 5 mm Stärke und zwicken davon mit der Zange Stücke von etwa 1,50 m Länge ab. Diese Stücke sind bereits gebogen – da der Draht auf einer Rolle gewickelt war –, so daß wir die Bügel nur noch im Abstand von 50 cm auf das bereits angepflanzte bzw. angesäte Beet zu stecken brauchen. Die Entfernung von einem Drahtbügel zum anderen sollte nicht mehr als 50 cm betragen, weil sich sonst bei Regen oder Schneefall »Säcke« bilden und die Folie auf die Kulturen heruntergedrückt wird. Stecken die Bügel fest im Boden, so brauchen wir sie nur noch mit der Folie zu überspannen, die wir an den Beetenden reichlich überstehen lassen. An den Enden wird die Folie mit etwas Erde oder einigen Steinen beschwert, an den Drahtbügeln wird sie mit Wäscheklammern festgehalten. Dadurch wird das Lüften an warmen Tagen sehr einfach. Dies ist eine billige und dabei praktische Methode.

Versuche haben ergeben, daß die Verfrühung von Kopfsalat bei Verwendung eines lüftbaren Folientunnels 14–17 Tage beträgt. Selbstverständlich können wir uns auch Lattenrahmen zusammenbauen und diese an einem warmen Tag mit Folien in einer Stärke von 0,1 mm, 0,15 mm oder 0,2 mm überspannen. Wir bekommen dadurch leichte Frühbeetfenster, die auf einen Holzkasten aufgelegt werden können.

So haben wir ein geschütztes Beet, in dem Pflanzen herangezogen oder aber Gemüsearten verfrüht werden können. Je nach Größe des Lattenrahmens spannen wir einige Nylonschnüre, damit die Folie nicht durchhängt. Die Folie wird straff über den Rahmen gespannt und auf der Unterseite der Latten mit breitköpfigen, verzinkten Nägeln festgenagelt. Vorher wird, zur größeren Haltbarkeit, auf die Folie entlang der Rahmenunterseite eine Plastikschnur gespannt und in diese die Nägel eingeschlagen. Jeder Gartenfreund kann hier »Erfinder« spielen.

Radieschen unter »Wachsender« Folie. Die Ernteverfrühung ist deutlich zu erkennen.

Üppiges Wachstum in einem Folien-Gewächshaus. Zwar sieht es nicht so gut aus, ist aber preiswerter als ein »richtiges« Gewächshaus aus Glas.

Wertvolle Gemüsearten

Zuerst eine Übersicht über die Gemüsearten, die auf den folgenden Seiten behandelt werden. Mit ihnen können wir unsere Familie rund ums Jahr aus eigenem Garten versorgen.

Blattgemüse: Kopfsalat, Eissalat, Radicchio, Schnitt- und Pflücksalat, Endivie, Chicorée, Zichorie 'Zuckerhut', Feldsalat, Spinat, Mangold.

Fruchtgemüse: Gurken, Kürbis, Zucchini, Tomaten, Paprika.

Hülsenfrüchte: Buschbohnen, Stangenbohnen, Puffbohnen, Erbsen.

Kohlgemüse: Kohlrabi, Blumenkohl, Weißkohl, Rotkohl, Wirsing, Rosenkohl, Grünkohl, Chinakohl, Brokkoli.

Wurzelgemüse: Möhren, Pastinake, Rettich, Radieschen, Rote Bete, Knollensellerie, Schwarzwurzeln, Kohlrüben, Frühkartoffeln.

Zwiebelgemüse: Speisezwiebeln, Porree.

Dauerkulturen: Rhabarber, Grünspargel, Bleichspargel.

Gemüsearten, die nicht jeder kennt: Bleichsellerie, Fenchel, Zuckermais, Topinambur, Artischocken, Cardy.

Sorten: Bei den einzelnen Gemüsearten werden auf den folgenden Seiten nur wenige besonders bewährte Standardsorten genannt, bzw. darauf verzichtet, wenn wie bei Kopfsalat, Erbsen u. a. häufig neue Sorten hinzukommen. Informieren Sie sich im Garten-Center bzw. in Katalogen anhand der Abbildung und der Kurzbeschreibung auf der Rückseite der Samentüten über die Eigenschaften der jeweiligen Sorte und Eignung für Ihren Garten.

Blattgemüse

Kopfsalat An Salat ißt man sich nie über, im Gegenteil, eine Schüssel mit frischgrünem Salat auf dem Tisch regt geradezu den Appetit an, ganz besonders, wenn in den Salat Radieschen- oder Tomatenscheiben geschnitten wurden. Alle Salatarten lieben humusreichen, garen Boden und Feuchtigkeit. Besonders Blattgemüsearten müssen rasch wachsen, um zart zu bleiben. Wir gießen deshalb häufig, lockern den Boden und düngen. Beim Kopfsalat dürfen die Blätter beim Pflanzen nicht in den Boden kommen, weil sonst die Pflanzen leicht faulen und die Köpfe zu klein bleiben. Der Gärtner sagt: »Salat muß im Winde flattern.«

Kopfsalat kann vom Frühjahr bis Anfang August gepflanzt werden. Da er wenig Platz benötigt, kann er immer irgendwo dazwischengesetzt werden, so daß wir

Saat- und Pflanztermine der wichtigsten Gemüsearten

Gemüseart	Saat/Pflanzung von bis
Blumenkohl	Ⓟ A. April/E. Juli
Brokkoli	Ⓟ A. April/M. Juli
Buschbohnen	Ⓢ M. Mai/A. Juli
Chicorée	Ⓢ M. Mai/E. Mai
Chinakohl	Ⓢ M. Juli/A. Aug.
	Ⓟ A. Aug./M. Aug.
Eissalat	Ⓟ A. April/A. Aug.
Endivie	Ⓟ A. Juli/A. Aug.
Erbsen	Ⓟ A. April/M. April
Feldsalat,	
Herbsternte	Ⓢ A. Aug./E. Aug
Überwinterung	Ⓢ A. Sept./M. Sept.
Fenchel	Ⓢ M. Juni/M. Juli
Frühkartoffel	Ⓟ M. April
Grünkohl	Ⓟ E. Juni/A. Aug.
Gurken	Ⓢ + Ⓟ M. Mai/E. Mai
Kohlrabi	Ⓟ M. März/A. Aug.
Kopfkohl (Rotkohl,	Ⓟ A. April/M. April
Weißkohl,	
Wirsing) früh	
Kopfkohl (Rotkohl,	Ⓟ E. Mai/M. Juni
Weißkohl,	
Wirsing) spät	
Kopfsalat	Ⓟ E. März/M. Aug.
Möhren, früh	Ⓢ M. April/A. Juni
spät	Ⓢ M. April/A. Juni
Neuseeländer	
Spinat	Ⓟ M. Mai/E. Mai
Paprika (unter Glas)	Ⓟ M. Mai
oder Folienschutz	
Petersilie	Ⓢ E. März/M. Juni
Porree	Ⓟ E. April/E. Juni
Radieschen	Ⓢ E. März/E. Aug.
Rettich	Ⓢ E. März/A. Aug.
Rosenkohl	Ⓟ M. Mai/A. Juni
Rote Rüben	Ⓢ M. April/E. Juni
Schwarzwurzeln	Ⓢ M. März/A. April
Sellerie	
Knollensellerie	Ⓟ M. Mai/A. Juni
Bleichsellerie	Ⓟ M. Mai/A. Juli
Spinat,	
Ernte Frühjahr	Ⓢ M. März/E. April
Ernte Herbst	Ⓢ A. Aug./E. Aug.
Stangenbohnen	Ⓢ M. Mai/E. Juni
Tomaten	Ⓟ M. Mai/E.. Mai
Zichorie 'Zuckerhut'	Ⓢ M. Juni/E. Juni
Zucchini	Ⓟ M. Mai/M. Juni
Zuckermais	Ⓢ M. Mai/A. Juni
Zwiebeln	
Saatzwiebeln	Ⓢ M. März/A. April
Steckzwiebeln	Ⓟ M. März/M. April

A. = Anfang, M. = Mitte, E. = Ende
Ⓢ = Saat
Ⓟ = Pflanzung

Mischkultur in einem Folien-Gewächshaus:
Kopfsalat, Kohlrabi, Radieschen und Kresse.

laufend ernten können. Die ersten Pflanzen werden wir beim Gärtner kaufen, dann aber sollten wir alle 2–3 Wochen auf einem kleinen Saatbeet etwas Kopfsalat aussäen, um immer Pflanzmaterial zur Hand zu haben. Ab Mitte März wird Kopfsalat ins kalte Frühbeet oder unter Folie im Abstand von 25 × 25 cm ausgepflanzt, ab Anfang April ins Freie. Schließlich kann gegen Ende August noch einmal unter Glas oder Folie angebaut werden. Von der Pflanzung bis zur Ernte benötigt Kopfsalat 6–8 Wochen. Winterkopfsalat 'Maiwunder' oder 'Winter-Butterkopf' werden Mitte September bis Anfang Oktober gepflanzt und den Winter über als Schutz gegen Barfröste locker mit Fichtenzweigen bedeckt. Nach einer schwachen Kopfdüngung im März/April können wir ab Anfang Mai stattliche Köpfe ernten.

Beim Samenkauf darauf achten, ob sich die Sorte für Früh-, Sommer- oder Spätanbau eignet!

Römischer Salat, auch Bindesalat genannt, kommt aus der Römerzeit und war im Mittelalter in jedem Klostergarten zu finden. Die sich nach oben zu verjüngenden Köpfe erinnern an gotische Kirchenfenster, ich finde, sie sind bereits für das Auge ein Genuß. Diese Salatart kann von Frühjahr bis Ende Juli gepflanzt oder bis Mitte Juli direkt auf das Beet gesät werden. Pflanzabstände: 30 × 30 cm.

Eis- oder Krachsalat Er bildet große, kohlähnliche Köpfe, die von ausladenden Umblättern umgeben sind. Wegen dieser Größe und seiner längeren Entwicklungszeit braucht er etwa 10 Tage länger als Kopfsalat. Hitze und Trockenheit werden gut vertragen, und die fertigen Köpfe können 2–3 Wochen auf dem Beet verbleiben ohne zu schießen. Eissalat können wir von April bis Juli auf dem Saatbeet aussäen. Gepflanzt wird auf 35 cm Abstand. Die Köpfe sehen zwar derb aus, sind aber zart und haben beim Essen einen angenehmen »Biß«. Die Blätter werden bei der Zubereitung in 2 cm breite Streifen geschnitten.

Radicchio Diese Salatart hat einen festen »Biß«, der Geschmack ist leicht bitter, pikant. Radicchio (Radickio gesprochen) bildet im Herbst rote Rosetten und läßt sich zusammen mit anderen Salaten zu einem auch das Auge ansprechenden Mischsalat zubereiten. Die dekorativ aussehenden Salatblättchen eignen sich

auch zum Garnieren von grünen Salaten, kalten Platten, Braten und Rohkost recht gut. Für die Herbsternte wird von Mitte Juni bis Mitte Juli in Reihen von 20 cm Abstand gesät; in der Reihe wird nach dem Aufgang auf 15 cm vereinzelt. Die Blattrosetten bzw. lockeren kleinen Köpfe werden im Herbst bis Winter mit einem mehrere Zentimeter langen Stück der Pfahlwurzel geerntet, damit die Blätter nicht auseinanderfallen. Für die Herbsternte eignet sich die Sorte 'Palla Rossa' u. a., für die Frühjahrsernte 'Roter von Verona'.

Endivie, Spätsommernutzung eines Frühbeets. Die Ernte ist bei aufgelegten Fenstern bis in den Dezember hinein möglich.

Eissalat hat einen »Biß«. Er kann sommerliche Wärme gut vertragen.
Darunter: Radicchio schmeckt leicht bitter und pikant.

Schnitt- und Pflücksalat Beide können wir auch im Halbschatten anbauen, da hier keine Köpfe gebildet werden. Schnittsalat säen wir in Reihen von etwa 15 cm Abstand aus und verwenden dazu übriggebliebenes Kopfsalatsaatgut (2 g/m^2). Bereits nach 5 Wochen kann geerntet werden, d. h., die Salatpflänzchen werden dicht über dem Boden abgeschnitten. Pflücksalat kann ebenfalls ab Mitte April ausgesät werden (1 g/m^2). Der Reihenabstand soll hier 30 cm betragen. Nach dem Aufgang auf 25–30 cm Abstand in der Reihe verziehen oder Pflücksalat nach Vorkultur auf diese Abstände auspflanzen. Wenn die Pflanzen nach 5 Wochen 20 cm hoch sind, werden die äußeren Blätter erstmals abgepflückt. Die Pflanzen wachsen weiter, und es entstehen laufend neue Blätter, die verwertet werden können. Sorten: 'Red Salad Bowl' (rotblättrig), 'Australischer Gelber', 'Amerikanischer Brauner'.

Endivie Winterendivie säen wir Mitte Juni/Anfang Juli auf ein Anzuchtbeet recht dünn aus, damit sich kräftige Pflanzen entwickeln können. Ein Pikieren ist dann nicht erforderlich. Die Anzucht dauert etwa 4–5 Wochen, so daß wir ab Mitte Juli auf frei gewordenen Beeten im Abstand von 30 × 30 cm auspflanzen können. Ebenso wie bei Kopfsalat streuen wir vor der Pflanzung je m^2

Von links: Chicorée während der sommerlichen Kultur. Nach dem Roden wird das Kraut von den Wurzeln abgeschnitten ... und diese dicht an dicht in einen Behälter gestellt, auf dessen Boden vorher handbreit Erde eingefüllt wurde. Nach 4–5 Wochen Treibdauer an einem dunklen Platz können die weißgelben Chicorée-Blattschöpfe geerntet werden.

Bei Lichtmangel bilden sich dann die weißen bis goldgelben langen Salatzapfen; der Bitterstoffgehalt wird dadurch niedriger.

Gesät wird um Mitte Mai mit einem Reihenabstand von 40 cm und etwa 2 cm tief. Bald nach dem Aufgehen werden die Pflänzchen auf 8–10 cm in der Reihe ausgedünnt. Ende Oktober/Anfang November erntet man mit der Grabgabel. Damit die in den Blättern enthaltenen Stoffe in die Rüben einziehen können, läßt man die Ernte eine Woche lang auf einem Haufen liegen. Dann schneidet man die Blätter bis auf Daumenstärke über den Rüben ab und schlägt diese vorläufig in Erde ein oder lagert sie an einem frostfreien Ort. Rüben mit 3–8 cm Durchmesser bringen später die schönsten Austriebe.

Jetzt beginnt erst der Spaß: Wir suchen uns eine genügend tiefe Holzkiste, einen Blech- oder Pappe-Eimer und bringen am Boden einige Abzugslöcher an. Pappe-Eimer werden mit Folie ausgeschlagen, damit sie später nicht aufweichen. Nachdem auf den Behälterboden handbreit Erde gegeben wurde, stellen wir die Rüben dicht an dicht senkrecht ein. Darüber kommt eine gut daumenstarke Erdschicht, die mit Wasser zwischen die Rüben eingeschwemmt wird.

Zum Schluß decken wir die Rüben handhoch mit humusreicher Gartenerde – nicht mit Sand oder Torf – ab. Jetzt werden die Behälter bei einer Temperatur von 10–17 °C in einem dunklen Raum (Heizungskeller) aufgestellt. Je wärmer der Raum, desto schneller geht das Treiben vor sich. Bei mehr als 18 °C werden aber die Triebe zu locker. Sobald die weißgelben Chicoréezapfen nach etwa 5 Wochen ausgebildet sind, können wir sie von der Wurzel abbrechen und damit den anregenden Salat anrichten.

Neuere Sorten wie 'Mikado', 'Zoom' u. a. lassen sich ohne Deckerde treiben. Arbeitsvorgang: in Plastikeimer (12–15 Liter) mit Wasserabzugslöchern am Boden wie bereits beschrieben 10 cm hoch Erde einbringen, Rüben hineinstellen, 3 cm

1 Handvoll Volldünger und arbeiten diesen leicht ein. Da die Pflanzen lange Blätter haben, kürzen wir diese und die Wurzeln um ein Drittel ein. Dadurch wird die Verdunstung in der heißen Sommerzeit eingeschränkt und das Setzen erleichtert.

Des öfteren werden Pflanzen durch Erdraupen geschädigt, leicht erkenntlich am Welken der Blätter. Wir brauchen nur die Erde unter der welken Pflanze mit der Hand herauszuheben und finden dann die schmutziggraue Raupe, die wir vernichten. Es ist gut, wenn auf dem Saatbeet noch ein paar kräftige Reservepflanzen stehen, die mit kräftigem, möglichst unbeschädigtem Wurzelballen herausgehoben und an die Schadstellen gepflanzt werden können.

Von der Pflanzung bis zur Ernte dauert es etwa 8 Wochen. Die fertig entwickelten Pflanzen werden mit Bast oder Gummiringen bei trockener Witterung (Fäulnisgefahr) zum Bleichen zusammengebunden. Alle 10 Tage binden wir unseren nächsten Bedarf zusammen. Bis in den November hinein kann Endivie im Freien verbleiben, da Fröste bis – 5 °C vertragen werden. Später schlagen wir die Pflanzen in ein Frühbeet oder im Keller in sandige Erde ein. Sorten: 'Escariol grüner', frostunempfindlich, im Einschlag besonders gut haltbar; 'Diva', wird größer als vorige, aufrechter Wuchs, daher sehr gut selbstbleichend; früh und dicht gefüllt.

Chicorée Chicorée wird sowohl für erfrischende Salate als auch für Gemüse verwendet. Anders wie bei den übrigen Gemüsen erfolgt hier die Kultur in 2 getrennten Abschnitten: das Wachsen im Garten und dann – ab Herbst – das Treiben im Keller oder einem anderen warmen Raum bei völliger Dunkelheit.

hoch Erde darüberbreiten und diese zwischen die Rüben einschwemmen, damit sich feine Haarwurzeln bilden können. Eimer mit schwarzer Folie abdecken oder anderen Eimer darüberstülpen und in den Treibraum bringen, d. h. es muß vollkommen dunkel sein, damit sich kein Blattgrün bilden kann. Ist der Raum zu trocken, dann hin und wieder den Eimer für einige Stunden in ein mit Wasser gefülltes flaches Gefäß (Untersetzer) stellen, damit sich die Wurzeln vollsaugen können. Auf keinen Fall von oben gießen! Auch bei der Treiberei ohne Deckerde können wir nach 4–5 Wochen ernten.

Zichorie 'Zuckerhut' auch 'Vatters Zuckerhut' genannt, weil die bekannte Schweizer Samenfirma Vatter (Bern) diesen wertvollen Salat in den Handel gebracht hat. Wie Endivie und Chicorée gehört 'Zuckerhut' zu den Zichorienarten und schmeckt deshalb etwas bitter. Wertvoll ist 'Zuckerhut' vor allem, weil er erst von Mitte bis Ende Juni ausgesät zu werden braucht. Bei früherer Saat ist die Gefahr der Blütenbildung groß. Gesät wird in Reihen von 35 cm Abstand. Nach dem Auflaufen wird in der Reihe auf 40 cm verzogen. Wir können aber auch auf das Saatbeet säen und die noch ganz kleinen Pflänzchen, wenn sie etwa 3 bis 5 cm groß sind, auf 35 × 40 cm Abstand verpflanzen. Sobald die Pflanzen größer sind, lassen sie sich nur schlecht versetzen, weil sie eine Pfahlwurzel besitzen, die leicht abreißt.

Geerntet wird ab Anfang Oktober. Ein großer Vorteil des 'Zuckerhuts' ist seine Unempfindlichkeit gegen Kälte; er verträgt Temperaturen bis –10°C. Ende November werden die Pflanzen mit Wurzelballen aus dem Boden gestochen, die größeren Umblätter weggenommen und dann im Keller oder Frühbeet in Erde oder Sand eingeschlagen. Eine Lagerung der Köpfe ohne Wurzeln ist 3–4 Wochen lang möglich.

Wer den leichten Bitterstoff nicht liebt, kann ihn mildern, indem er die feingeschnittenen Blätter (ähnlich wie bei Endivie) kurz in warmes Wasser legt. Erst dann wird die Soße zugegeben, also Zitrone, Kräuteressig, Salz, Öl, Zucker und feingeschnittene Zwiebeln.

Feldsalat Ein bekannter Salat mit feinem Aroma, der am besten frisch im Garten geerntet und gleich zubereitet wird. Dabei werden die ganzen Pflänz-

chen, also die Rosetten, dicht über dem Boden abgeschnitten.

Aussaat Mitte August bis Mitte September mit 10 cm Reihenabstand, das sind 10–12 Reihen je Beet. Wenn der Boden weitgehend unkrautfrei ist, ziehe ich es vor, breitwürfig zu säen. Aussaat am besten in 2 Sätzen, damit die Ernte verlängert werden kann. Saatgutbedarf: 2–3 g/m^2, auf keinen Fall mehr, da sonst die Rosetten zu klein bleiben und viele gelbliche Blättchen anfallen. Je m^2 können wir etwa 500 g ernten.

Wertvolle Sorten: 'Vit' (mehltauresistent), 'Dunkelgrüner vollherziger', 'Polar' u. a.

'Zuckerhut', eine wertvolle Salatart, die etwas Kälte gut aushält.

Man muß aber nicht unbedingt eine der im Handel erhältlichen Sorten aussäen. Nach dem Wort der Schrift »Sie säen nicht und ernten doch« brauchen wir nur im April, wenn der Feldsalat in Blüte geht, ein paar Pflanzen stehen lassen; sie samen dann von selbst aus.

In meinem Garten gehen auf diese Weise ab August unzählige Feldsalatpflänzchen auf und bedecken an manchen Stellen bald den ganzen Boden, z. B. auf dem Tomatenbeet: Abgeerntete Pflanzen dann nicht mitsamt den Wurzeln herausreißen, sondern kräftige Tomatenstengel dicht über dem Boden abschneiden, so daß der Feldsalat nicht gestört wird! Nachdem Tomaten auf dem sonnigsten Beet angebaut werden, wächst der Feldsalat in den Herbsttagen kräftig weiter und kann an solch einer kleinklimatisch bevorzugten Stelle an vielen Wintertagen geerntet werden.

Eine Ernte fast während des ganzen Winters ist auch möglich, wenn wir Feldsalat auf einem sonnigen Beet entlang der Südseite des Hauses ansäen bzw. aussamen lassen. Laub, das von Obstbäumen oder anderen Gehölzen auf dieses Beet getrieben wird, darf durchaus liegen bleiben, natürlich nicht zu dicht, so daß die Feldsalatpflanzen noch ein wenig zwischen den trockenen Blättern herausschauen. Dies ergibt einen guten Schutz, der Boden ist an solchen Stellen meist nur kurzzeitig gefroren.

Feldsalat, im Oktober in ein leer gewordenes Frühbeet pikiert, kann den Winter über geerntet werden.

Neuseeländer Spinat ist wärmeliebend; er eignet sich für den Anbau im Sommer.

Mangold kann, im Gegensatz zu Spinat, den ganzen Sommer über geerntet werden. Hier die attraktive Sorte 'Vulkan'.

gelüftet. Ab Weihnachten bis zum Frühjahr kann geerntet werden, denn inzwischen haben die Pflanzen den Boden völlig bedeckt, also den Standraum von 10 × 10 cm ausgefüllt.

Spinat Frisch vom Beet geerntet schmeckt dieses Blattgemüse am besten. Vor allem wissen wir im eigenen Garten, wie wir düngen, und das ist wichtig, denn bei zu hohen Stickstoffgaben gibt es zwar bald Blattmasse, der Spinat wird aber schwerer bekömmlich. Vor allem Kleinkinder sind hier empfindlich.
Damit Spinat gut keimen kann, braucht er gelockerten Boden, aber auch einen festen Bodenschluß. Wir sollten deshalb das Beet nach der Aussaat mit einem Brett gut andrücken. Gesät wird in Reihen mit 20–25 cm Abstand; auf ein Normalbeet also 5–6 Reihen. Saatgutbedarf: 5–7 g/m². Vor der Saat wird knapp 1 Handvoll Volldünger je m² eingearbeitet, bei Winterspinat im nächsten Frühjahr zusätzlich ½ Handvoll gegeben.
Bei Frühjahrsaussaat im März/April kann im April/Mai geerntet werden. Herbstspinat wird von Mitte bis Ende August gesät und von Oktober bis November geerntet. Winterspinat von Mitte bis Ende September gesät und im März/April des nächsten Jahres geerntet. 'Matador' ist eine Universalsorte, die sich für Herbsternte und Überwinterung gleich gut eignet.
Im Sommer ist ein Spinatanbau nicht möglich, weil die Pflanzen sofort in Blüte gehen würden. Diese Lücke kann durch den Neuseeländer Spinat geschlossen werden. Aussaat Ende März in Ton- oder

Schließlich noch eine raffinierte, dabei aber sehr einfache Möglichkeit, um beinahe den ganzen Winter über Prachtexemplare von Feldsalat ernten zu können: wir nehmen im Oktober überall dort, wo Feldsalat zu dicht aufgegangen ist, einen Teil der kleinen Pflänzchen aus dem Boden und pikieren sie in einen von Gurken oder Paprika geräumten Frühbeetkasten. Abstand: 10 × 10 cm. Nach dem Angießen bleiben die Fenster erst einmal ein paar Tage geschlossen, sollten aber bei Sonne schattiert werden. Sobald die kleinen Feldsalatpflanzen Fuß gefaßt haben und zu wachsen beginnen, wird reichlich

Torftöpfchen im Frühbeet oder am Fensterbrett. In jeden Torf kommt nur 1 Korn (1 g = 10 Korn). Nach Mitte Mai wird auf das Beet nur eine Reihe ausgepflanzt. Abstand von Pflanze zu Pflanze: 50 cm. Für eine Familie genügen 5 Pflanzen. Von Ende Juni bis in den Oktober hinein, sobald die Triebe etwa 15 cm lang sind, werden Triebspitzen und Blätter geerntet. Die Pflanze bildet laufend neue Triebe. Wegen der großen Blattmassen ist der Wasser- und Nährstoffbedarf hoch.

Mangold Es gibt Blatt- und Rippenmangold. Blattmangold hat schmale Blattstiele, deshalb werden bei ihm die Blätter wie Spinat zubereitet. Beim Rippenmangold werden dagegen vorzugsweise die Rippen, insbesondere die Stiele wie Spargel verwendet.
Im Gegensatz zu Spinat kann Mangold den ganzen Sommer über geerntet werden. Gesät wird Ende April in Reihen von 30 cm Abstand. Dabei werden in der Reihe alle 25 cm 3 bis 4 Samenkörner jeweils 2–3 cm tief ausgelegt und nach dem Aufgang auf je 1 Pflanze vereinzelt.
Für eine vierköpfige Familie reichen etwa 10 Pflanzen. Wenn wir viel Wasser geben,

Das ganze Jahr Salat   ▬ Aussaat- bzw. Pflanztermin   ▬ Ernte

Salatart	Jan.	Febr.	März	April	Mai	Juni	Juli	Aug.	Sept.	Okt.	Nov.	Dez.
Kopfsalat				▬	▬	▬	▬	▬		▬		
Winterkopfsalat									▬	▬		
Eissalat (Krachsalat)					▬	▬	▬					
Römischer Salat					▬	▬						
Pflücksalat				▬								
Zuckerhut (Zichorie)					▬	▬						
Endivie						▬	▬	▬				
Radicchio					▬	▬						
Chicorée	▬	▬			▬							
Feldsalat							▬	▬				

bekommen wir eine reiche Ernte, die ab Mitte Juni beginnt und den ganzen Sommer über fortgesetzt werden kann. Dabei dürfen nur die äußeren breiten Blätter weggenommen werden, die inneren Herzblätter braucht die Pflanze zur weiteren Entwicklung. 'Lukullus' ist besonders ergiebig und als Rippen- und Schnittmangold bestens verwendbar; 'Vulkan' attraktiv wegen der roten Stiele und roten Blattrippen.

Fruchtgemüse

Gurken Treibgurken können wir im kalten Frühbeet oder in einem Folienkasten bereits ab Ende April auspflanzen. Bei Nacht mit Strohmatte u. ä. abdecken (Frostgefahr)! Je Fenster (1–1,5 m² Fläche) genügt 1 Pflanze, die wir uns entweder beim Gärtner besorgen oder Anfang April in Torf-, Ton- oder Plastiktöpfchen selbst aussäen. In jeden Topf kommen 2 Korn, die schwächere Pflanze wird später entfernt. An jeder Pflanzstelle wird reichlich verrotteter Mist oder Komposterde eingebracht, gut mit Erde abgedeckt und dann die Pflanze schräg in den Boden gesetzt, so daß die Wurzeln nicht zu tief kommen. Ideal wäre es, am Kompostplatz einen Haufen aufzusetzen, der schichtweise aus Rasensoden und Stallmist besteht. Nach mehrmaligem Umsetzen ergibt dies eine vorzügliche Gurkenerde, die vor dem Auspflanzen der

Setzlinge ins Frühbeet eingebracht wird. Wertvolle alte Sorte für Anbau unter Glas oder Folie: 'Hoffmanns Produkta'.

Im Freiland wird ab Mitte Mai je Beet eine Mittelreihe ausgesät bzw. gepflanzt. Vorher verbessern wir die Beetmitte besonders ausgiebig mit Komposterde, oder wir heben mit dem Spaten einen etwa 30 cm breiten, flachen Graben aus, der mit gut verrottetem Stallmist bzw. Komposterde gefüllt und mit dem Erdaushub abgedeckt wird. Entlang dieser Mittelreihe werden die Gurkenkerne in 10 cm Abstand ausgelegt und die Pflänzchen auf 30 cm Entfernung verzogen.

Wenn wir ein Frühbeet haben, können wir Mitte April in Töpfchen aussäen (je Topf 2 Korn) und ab Mitte Mai, im Abstand von 30–40 cm, eine Mittelreihe je Beet auspflanzen. Wir können die Pflanzen aber auch von einer Gärtnerei beziehen. Wichtig ist, daß sie einen guten Wurzelballen haben. Empfehlenswert sind für das Freiland die bitterfreien Sorten 'Tanja', 'Moneta' oder 'Sprint'. Auf schwarzer Mulchfolie ausgepflanzt, bringen die wärmeliebenden Gurken bis zu 40% höhere Erträge.

In rauheren Gebieten, in denen im Sommer mit stärkeren Temperaturschwankungen zu rechnen ist, sollten die Gurken mit einem einfachen Folientunnel überbaut werden. Nur dann werden wir Spaß haben und ein tropisch-üppiges Wachstum erleben. Bei einem öfteren Wechsel von Hitze mit kühler, regnerischer Witterung wird dagegen die Gurkenkultur bald zu kränkeln beginnen und absterben.

Während des Wachstums überbrausen wir des öfteren – auch untertags – mit von der Sonne (Wasserbecken) angewärmtem Wasser, denn Gurken wollen es

Die wärmeliebenden Gurken wachsen im Freiland besonders gut auf schwarzer Folie.

warm und feucht haben. Am besten ist es, wenn wir am Gurkenbeet immer eine Gießkanne mit Wasser stehen haben, das sich an sonnigen Tagen rasch erwärmt.

Die Gurkenernte beginnt Anfang Juli und erreicht Mitte August ihren Höhepunkt. Salatgurken sollte man mit etwa 500 g Gewicht ernten. Einlegegurken sollten nicht länger als 12 cm werden. Läßt man die Gurken schwerer bzw. größer werden, so geht dies auf Kosten des weiteren Fruchtansatzes.

Je nach klimatischer Lage können wir aus dem Frühbeet und Gewächshaus, aber auch vom Freiland bis gegen Ende September hin Gurken ernten. Dann werden die inzwischen gelb gewordenen Pflanzen aus dem Boden gezogen und kompostiert.

Bei rein weiblichen Gurkensorten bringt jede Blüte eine Frucht. Das tropisch-üppige Wachstum in diesem kleinen Gewächshaus begeistert wohl jeden Hobbygärtner. Rechts: Gurken, ideale Pflanzware.

Kürbisse, hier an der Hauswand an einem Gerüst aus Dachlatten hochgezogen.
Rechts: Von Zucchini kann von Ende Juni bis in den Herbst hinein geerntet werden.

Kürbis Eine Pflanze reicht für unseren Bedarf. Wir können sie im Frühbeet oder am Fensterbrett in einem Topf aussäen (April) und ab Mitte Mai auspflanzen oder ab Anfang Mai direkt ins Freie säen. Am besten gedeiht der Kürbis auf dem Komposthaufen. Nach der Vollreife werden die Riesenfrüchte mit Gewürzen, Essig, Zucker und Salz eingelegt und sind eine willkommene Beilage zu verschiedenen Speisen.

Zucchini Es gibt verschiedene Möglichkeiten, um die grünen Flaschenkürbisse zuzubereiten. Dieses Rezept aus dem bewährten Kochbuch von Hedwig Maria Stuber (Ich helf dir kochen, BLV-Verlag, München) ist besonders zu empfehlen: Schälen und in 0,5 cm dicke Scheiben schneiden. Scheiben mit Salz und Pfeffer bestreuen, mit Zitronensaft beträufeln und etwa 1 Stunde stehen lassen. Den sich bildenden Saft wegschütten, die Scheiben leicht abtrocknen, in Mehl wenden und in reichlich heißem Fett herausbacken. Sofort servieren, am besten mit französischem Stangenweißbrot und einem Gläschen Rotwein.
Wie bei Gurken kultivieren wir in Töpfchen ab Mitte April vor. Die kleinen Pflanzen bringen wir dann ab Mitte Mai im Abstand von mindestens 1 m auf den Komposthaufen. 2 oder 3 Pflanzen genügen für eine mittlere Familie vollkommen. Wenn dann gelegentlich etwas Volldünger gegeben und reichlich gewässert wird, entwickeln sich die Pflanzen sehr rasch in tropischer Üppigkeit. In kühlen, feuchten Witterungsperioden sind sie weniger empfindlich als Gurken und wachsen recht erfreulich weiter.
Sobald die langen, schlanken Früchte 20–25 cm lang geworden sind, werden sie geerntet. Man kann sie aber durchaus etwas länger werden lassen. Je Pflanze ist mit 6–8 Früchten zu rechnen. Vorsicht vor Schnecken! Besonders reichtragend ist die Sorte 'Diamant'. Zucchini haben keinen Eigengeschmack; sie schmecken nach dem, was wir »hinwürzen«.

Tomaten Wer weiß, wie herrlich vollreife, leuchtendrote Tomaten schmecken, wird sie trotz einiger Schwierigkeiten im eigenen Garten anbauen.
Wollen wir die Pflanzen selbst heranziehen, so muß bis Ende März ins Frühbeet oder im Zimmer ausgesät werden. Sobald die Sämlinge 2 Keimblätter entwickelt haben, pflanzen wir sie in 10-cm-Ton- oder Torftöpfe (Jiffy-Pots) und senken sie im Frühbeet ein. Die Töpfe müssen bald auseinander gerückt werden, damit sich die Pflanzen gedrungen entwickeln können.
Das Auspflanzen erfolgt Mitte bis Ende Mai; am besten nur 1 Reihe auf die Beetmitte mit 50 cm Abstand von Pflanze zu Pflanze. Wo es sich machen läßt, sollten die Tomaten einreihig an eine Südwand oder sonstige geschützte Stelle gepflanzt werden.

Bringen wir 2 Reihen Tomaten auf ein Beet, so ist ein Abstand von 60 × 50 cm einzuhalten. Bewährt hat es sich, die Tomaten mit Folie zu überbauen. Dadurch ergibt sich nicht nur eine Ernteverfrühung und -verlängerung, sondern auch ein sehr guter Schutz gegen die Kraut- und Braunfäule – eine verbreitete Pilzkrankheit. Die Folie sollte aber nur bis etwa 40 cm über den Boden reichen, damit genügend Luftaustausch erfolgen kann. Bei warmer Witterung ist viel zu lüften.
Bewährt hat es sich, das Tomatenbeet mit schwarzer Mulchfolie zu belegen und die Pflanzen in kreuzförmige Schlitze zu setzen. Die Folie sorgt für zusätzliche

Die Tomatenernte läßt sich verfrühen, wenn im Mai unter ein Folientunnel gepflanzt wird.

Wärme, außerdem bleibt der Boden darunter feucht und locker. Ähnlich vorteilhaft ist es, den Boden unter den Tomaten handhoch mit kurzem Rasenschnitt zu bedecken. Ich ziehe dies vor. Im gleichmäßig feuchten Boden unter der Mulchdecke fühlen sich die Pflanzen sichtlich wohl.

An jede Tomatenpflanze wird ein Holzpfahl gesteckt. Wir können aber auch je Tomatenreihe am Beetende 2 Holzpfähle einschlagen, so tief, daß sie noch etwa 1,50 m aus dem Boden herausschauen. Nachdem diese mit einem Spanndraht miteinander verbunden sind, wird je Tomatenpflanze ein Welldrahtstab in den Boden gesteckt und mit einer Drahtklammer oder einfach mit Draht am Spanndraht befestigt. Welldrahtstäbe sind unbegrenzt haltbar und brauchen wenig Platz für ihre Lagerung.

Die Pflege der Tomaten besteht im laufenden Festbinden an einen Holzpflock bzw. Welldrahtstab und im Entfernen der in den Blattachseln entstehenden Triebe (Geiztriebe). Das muß frühzeitig geschehen, solange die Triebe noch zart sind. Wir brauchen dann zu dieser Arbeit nur Daumen und Zeigefinger. Die dicht über dem Boden befindlichen 2 oder 3 Blätter werden ebenfalls entfernt. Dies ist eine Vorbeugungsmaßnahme gegen die Braunfäule, die vom Boden her gefördert wird.

Nach dem 5.–6. Blütenstand werden sämtliche weiteren Blütenstände mit dem Messer entfernt, nicht aber der Gipfel. Die Blätter sind zu schonen, weil sie Baustoffe erzeugen. Beim Gießen sollte nur der Boden, nicht aber die Blätter naß werden.

Gesunde, unreife Tomaten, die wir im Herbst wegen Frostgefahr abnehmen müssen, können wir zur Nachreife in einen Wohnraum legen oder in flachen Steigen in einen leeren Frühbeetkasten stellen.

Sorten: 'Hildares' und 'Hellfrucht', beide früh und reichtragend, sowie die Fleischtomaten 'Master' und 'Amfora' sind vorzügliche Sorten für den Liebhabergarten. Besonders bei Kindern beliebte Sorten sind 'Benarys Gartenfreude' oder die Obst-Tomate 'Sweet 100', denn sie bringen an langen Trauben viele kleine Früchte von vorzüglichem Aroma hervor. Ideal für die Reise, weil sich die Früchte auf einmal in den Mund stecken lassen!

Links: 'Hildares', eine frühe und reichtragende Sorte für den Anbau unter Glas und im Freiland.

Unten: Die Sorten 'Master' (links), 'Marmande' (Mitte), 'Amfora' (rechts oben), 'Sweet Cherry' (rechts unten).

Paprika Aus den bauchigen oder länglichen Schoten lassen sich vorzügliche Gerichte herstellen; in Streifen geschnitten und zusammen mit Tomaten als Salat zubereitet, schmeckt Paprika ausgezeichnet.

Die Vorkultur ist wie bei Tomaten. Ausgepflanzt wird ab Mitte Mai auf ein vollsonniges Beet im Abstand von 50 × 40 cm. Da bei uns die Sommerwitterung nicht ganz zuverlässig ist, sollte das Beet sofort mit Folie überbaut werden. Nur dann werden wir Spaß an der Kultur haben. Noch besser ist es, Paprika in das Frühbeet zu pflanzen und die Fenster, sobald die Pflanzen daran anstoßen, auf ein einfaches Dachlattengestell von 0,80–1 m Höhe hochzulegen. Die Fenster müssen gegen Sturm gut befestigt werden. Während des Sommers binden wir die höherwerdenden Pflanzen an Stäbe an. Gelegentlich wird eine leichte Kopfdüngung gegeben und bei Trockenheit reichlich gegossen.

Sobald Paprikapflanzen an die Fenster anstoßen, werden diese auf ein Gestell aus Dachlatten hochgelegt. So bekommen die Pflanzen reichlich Luft und Wärme. Das Glasdach schützt sie außerdem vor Regen.

Hülsenfrüchte

Buschbohnen Die zarten Hülsen sind ein begehrtes Gemüse. Auch zum Einfrieren sind sie ausgezeichnet geeignet und verlieren kaum an Qualität.

Ausgesät wird von Mitte Mai bis spätestens 10. Juli. Im Abstand von 40 cm werden Horste von jeweils 5–7 Korn ausgelegt. Die Samen kommen nur etwa 2 cm tief in den Boden und werden mit Komposterde abgedeckt, damit die jungen Keimlinge die Bodendecke rasch durchstoßen können. Saatgutbedarf: etwa 10–15 g/m^2.

Mit der Ernte kann nach 8–10 Wochen begonnen werden. Wertvoll ist es, das Buschbohnenbeet kurzfristig mit Folie zu überbauen, denn Bohnen sollen flott wachsen und brauchen gerade während der Keimung viel Wärme. Wir können auch in Töpfen von 10 cm Durchmesser (je Topf 5 Korn) vorkultivieren und die Pflanzen nach den Eisheiligen ins Freie bringen. Sie können dann nicht mehr von der Bohnenfliege befallen werden.

An Sorten können u. a. 'Cropper Teepee', 'Purple Teepee', vor allem aber die erstaunlich reichtragende Feinschmeckerbohne 'Delinel' empfohlen werden. Für die Vorkultur in Töpfen verwenden wir 'Pfälzer Juni', deren Hülsen bereits im Juni geerntet werden können. Gelbhülsige Wachsbohnen: 'Hildora', 'Rocdor' geben einen besonders feinen, geschmackvollen Salat.

Buschbohnensorte 'Delinel' mit fadenlosen Hülsen. Eine reichtragende französische Filetbohne, so richtig etwas für Feinschmecker. Die fadenlosen Hülsen sind besonders zart, wenn wir sie ganz jung, in Bleistiftstärke, pflücken.

Stangenbohnen Sie bringen gut den doppelten Ertrag von Buschbohnen. Mancher Gartenfreund schätzt auch den kräftigen Geschmack. Die Entwicklungszeit ist allerdings länger, die Ernte setzt ab Ende Juli ein.

Die Aussaat: Mitte Mai bis Ende Juni auf 90 × 50 cm, d. h., auf ein Beet kommen 2 Reihen. Erst werden die Stangen gesteckt und dann je Stange 6–8 Bohnen in einem zum Beetweg hin offenen Halbkreis in 3–4 cm Tiefe gelegt. Nicht zu tief, denn »die Bohnen müssen die Glocken läuten hören«. Saatgutbedarf ca. 10 g/m^2.

Bei Verwendung von Stahlstangen wird für jede Reihe an den Beetenden ein Pfahl eingeschlagen und diese Pfähle in 1,70–1,90 m Höhe mit einem Spanndraht verbunden. An diesem Draht werden die Stahlstangen mit Drahtklammern oder Draht befestigt.

Sorten: 'Neckarkönigin', sehr ertragreich, 'Rapid', sehr früh. Sehr robust und außerordentlich reichtragend (bis 5 kg/m^2) ist die Feuerbohne 'Preisgewinner', die sich wegen der roten Blüte ausgezeichnet zum Beranken von Zaun, Gartenlaube

u. ä. eignet. Ebenso wie für die weißblühende Prunkbohne 'Weiße Riesen' müssen die Stangen 110 × 80 cm auseinander stehen. Wegen der längeren Entwicklungszeit hat eine Aussaat nur Sinn, wenn sie bereits Mitte bis Ende Mai erfolgt.

Puffbohnen Zusammen mit Speck läßt sich mit ihnen ein herzhaftes Essen kochen, das besonders im Rheinland beliebt ist. Gesät wird im März. Im Abstand von 60 × 20 cm werden 2–3 Körner in 3 cm Tiefe ausgelegt und nach dem Aufgehen bis auf eine Pflanze verzogen. Saatgutbedarf 30 g/m². Sobald die Pflanzen 15 cm hoch sind, wird angehäufelt. Dies erhöht die Standfestigkeit. Die Ernte dauert von Ende Mai bis Ende Juni. Wir pflücken wöchentlich mindestens einmal durch, denn die Hülsen müssen noch grün, die darin enthaltenen Körner milchig-weiß sein.

Erbsen Junge Erbsen aus dem eigenen Garten zusammen mit frühen zarten Möhren sind so richtig eine Kombination für den Feinschmecker. Wir legen die kantigen Körner der Markerbsen ab Mitte April in 3 cm tiefe Rillen, die 40 cm voneinander entfernt sind. Abstand der Körner in der Reihe: 3 cm. Bei einem Saatgutbedarf von 20–30 g/m² können wir ab Ende Juni etwa 1 kg/m² ernten. Die Hülsen müssen prall gefüllt, aber noch grün sein. Wir pflücken also alle paar Tage durch, damit sie nicht überständig werden. Sorten: 'Progress Nr. 9', 'Markana' u. a.
Ein besonderer Leckerbissen sind Zukkererbsen, die wir unbedingt anbauen

sollten, zumal sie am Markt kaum erhältlich sind. Hier wird nicht das Korn verwendet, sondern die ganze Hülse. Die Ernte erfolgt, wenn das Korn noch kaum entwickelt ist. Die Sorten 'Zuga' und 'Frühe Heinrich' wachsen hoch und brauchen einen Halt an Reisig oder Drahtgeflecht.

Kohlgemüse

Kohlrabi Eine Kultur, die rasch wächst und wenig Platz benötigt. Die ersten Pflanzen bringen wir ab Mitte März in den kalten Kasten bzw. unter Folie, ab Anfang April ins Freie.
Pflanzen für den Sommer- und Herbstanbau können wir auf einem Freilandsaatbeet selbst heranziehen und von Mitte Mai bis Ende Juli auspflanzen. Pflanzabstände: bei Frühanbau genügen 30 × 30 cm, sonst ca. 30 × 40 cm. Von der Aussaat bis zur Ernte dauert die Entwicklung etwa 10 Tage länger als bei Kopfsalat. Die blauen Sorten wachsen langsamer als die weißen, bleiben aber länger zart.
Sorten: 'Azur Star' (blau) für Anbau unter Glas und sehr frühe Freilandkultur, da frostwiderstandsfähig; 'Lanro' (weiß), früh- und raschwüchsig, auch für Folgekulturen bis zum Herbst; 'Blauer Speck' bringt sehr große, zarte Knollen, deshalb besonders für Sommer- und Herbstanbau.

Blumenkohl Auch diese Kohlart erfreut sich im Liebhabergarten nach wie vor großer Beliebtheit, nicht zuletzt, weil es ein Genuß für das Auge ist, wenn die schneeweißen Köpfe aus dem Grün der Blätter herausleuchten. Sie eignen sich gut zum Einfrieren.
Den ersten Satz pflanzen wir Anfang/ Mitte April ins Freie. Meist werden wir die ersten Pflanzen in der Gärtnerei kaufen, während spätere Aussaaten auf dem Freilandsaatbeet vorgenommen werden können. Letzte Pflanzung Mitte bis Ende Juli. Pflanzabstände: 40 × 50 cm. Auf ein

Oben: Stangenbohnen bringen monatelang reichen Ertrag und sehen zudem recht malerisch aus. Links: Zuckererbsen werden jung mitsamt der Schale gegessen. Rechts: Durch Umknicken der Blätter wird der Blumenkohl vor zuviel Sonne geschützt und bleibt weiß.

Frühwirsing, im April gepflanzt, kann im Juni geerntet werden.

Beet kommen also 3 Reihen. Nach 7–9 Wochen kann geerntet werden. Sorten: 'Erfurter Zwerg', 'Neckarperle' u. a.
Blumenkohl ist eine besonders anspruchsvolle Kultur. Nährstoff- und Wassermangel führen zu Wachstumsstörungen; die Blume entwickelt sich früh und bleibt klein. Außer einer Grunddüngung werden deshalb 2–3 Kopfdüngungen gegeben (siehe S. 188). Sobald die Blume etwa faustgroß entwickelt ist, werden die äußeren Blätter nach innen umgeknickt. Ohne diesen Schutz würden sich die Blumen gelblich verfärben.

Grünkohl hält den Winter über im Freien aus. Er wird erst nach den ersten Frösten geerntet.

Weißkohl (Weißkraut), **Rotkohl** (Blaukraut), **Wirsing** Diese 3 Kohlarten können zusammengefaßt werden, weil ihre Ansprüche sehr ähnlich sind.
Im Liebhabergarten haben sie heute nur noch geringe Bedeutung. Wir nutzen die kleinen Flächen besser mit feineren Gemüsearten und kaufen Kohl im Laden. Nur Frühsorten haben für den Eigenanbau eine gewisse Bedeutung. Wir bringen sie Mitte April ins Freie auf 40 × 50 cm Abstand, also 3 Reihen je Beet. Bis zur Ernte dauert es bei Frühweißkohl und Frühwirsing gute 8 Wochen, bei Frührotkohl etwa 11 Wochen.

Rosenkohl und Grünkohl Das sind wieder Kohlarten, deren Anbau sich »lohnt«. Einmal gelingen sie ohne großes Zutun, und zum anderen können wir die Beete mit einer Vorkultur nutzen.
Die Aussaat erfolgt Ende April auf das Freilandsaatbeet, die Pflanzung bereits Anfang Juni. Als Abstände sollten bei Rosenkohl 50 × 60 cm, bei Grünkohl 40 × 50 cm eingehalten werden. Die Ernte dieser Gemüsearten sollte nicht vor Mitte November beginnen; erst nach einigen Frosttagen schmecken sie richtig gut.
Im Gegensatz zu Rosenkohl kann Grünkohl den ganzen Winter über im Freien verbleiben. Die Blätter werden, von unten beginnend, nach Bedarf geerntet. Rosenkohl überwintert nur in milden Wintern ohne Schaden. Dann genügt der Schutz der Blätter, die sich nach Frosteintritt dicht über die Rosen legen. Besser ist es, im Dezember die restlichen Rosen abzupflücken und in die Gefriertruhe zu geben. Wir können sie aber auch in eine Flachsteige legen und für einige Wochen in einem kühlen Raum lagern.
Wenn die Pflanzen bis Mitte September noch keine Röschen angesetzt haben, bricht man zu diesem Zeitpunkt – nicht später! – die Spitzenknospe jeder Pflanze aus. Dadurch bekommen wir einen höheren Ertrag. Auf keinen Fall dabei die Blätter beschädigen oder gar entfernen! Sie erzeugen Baustoffe (Assimilate), so daß sich die Röschen bis Wintereintritt weiter vergrößern können.

Wenn es uns an Platz mangelt, können wir Grünkohl auch noch Anfang August direkt auf ein Beet auf 20 cm voneinander entfernte Reihen aussäen. Je m² werden etwa 2 g Saatgut benötigt. Die Blätter können dann ab November den ganzen Winter über geerntet werden. Grünkohl ist anspruchslos und auch mit Halbschatten zufrieden.
Sorten: Bei Rosenkohl hat sich 'Hilds Ideal' als besonders winterhart bewährt, bei Grünkohl 'Niedriger grüner krauser' und die etwas höher werdende Sorte 'Lerchenzunge'.

Chinakohl Er wird im Herbst oder Winter entweder wie Endiviensalat zubereitet oder wie Wirsing. Ich finde, daß er feiner als dieser schmeckt, während er als Salat zubereitet nicht jedermanns Geschmack sein dürfte. Am besten ist es, wir probieren erst einige Pflanzen aus.
Gesät wird ab 10. bis spätestens Ende Juli, am besten gleich auf das vorgesehene Beet, weil Chinakohl im August lange zum Anwachsen braucht. Reihenabstand 30 cm und Verziehen nach dem Auflaufen auf 30 cm in der Reihe. Wird auf ein Saatbeet gesät, so braucht erst von Anfang bis Mitte August ausgepflanzt zu werden. Ebenso ist Vorkultur in Töpfchen möglich. Auf Erdflohbefall achten und bekämpfen!
Bewährte Sorten: 'Hongkong', 'Nagaoka', 'Nippon' u. a.

Brokkoli Eine Kohlart, die ohne Schwierigkeiten im Garten gedeiht und eine gewisse Ähnlichkeit mit dem Blumenkohl hat.
Im Juli bilden sich in der Pflanzenmitte Köpfe aus, die im Gegensatz zu Blumenkohl blaugrün gefärbt sind und auf 15–25 cm langen Stielen stehen. Kurz bevor sie aufzublühen beginnen, werden die festen Köpfchen mitsamt den Stielen herausgeschnitten. Die Stiele werden geschält, in 2–3 cm lange Stücke geschnitten und zusammen mit den Köpfchen kurz in Salzwasser weichgekocht (5–10 Minuten). Anschließend wird das Wasser abgeseiht, Butter über den Brokkoli gegeben und heiß serviert. Erkaltet läßt sich auch ein pikanter Salat zubereiten.
Das Interessante am Brokkoli ist, daß sich nach der ersten Ernte aus den Blattachseln wieder neue Triebe bilden, die genauso geerntet und verwertet werden wie oben beschrieben. Dieses Spiel wiederholt sich bis in die späten Herbst hinein. Erst stärkere Fröste beenden es.

Von Brokkoli läßt sich mehrmals ernten, weil sich aus den Blattachseln neue Triebe bilden.

Aus diesem Grunde reichen 6 bis 8 Pflanzen für eine durchschnittliche Familie aus, denn öfter als einmal in der Woche möchte man auch Brokkoli kaum essen. Im April wird auf ein Freilandsaatbeet ausgesät und Ende Mai im Abstand von 50 × 60 cm auf ein Beet ausgepflanzt. 1 Handvoll Volldünger je m², gelegentliches Gießen – das wär's, denn Brokkoli macht keine Schwierigkeiten und gedeiht in trockenen wie in feuchten Sommern.

Wurzelgemüse

Möhren Vor allem wer Kinder hat, weiß es zu schätzen, wenn er vom Frühsommer bis zum Spätherbst aus dem Möhrenbeet fortlaufend ernten kann. In letzter Zeit sind Sorten in den Handel gekommen, deren Karotingehalt doppelt so hoch ist, als dies bisher der Fall war. Auch die Farbe ist intensiver geworden. Frühe Sorten können bereits ab März ausgesät werden. Spätmöhren im April bis Ende Mai. Frühmöhren können außerdem als Folgekultur bis Mitte Juli gesät werden.

Frühe Sorten säen wir in Reihen mit 20 cm Abstand, bei späten Sorten sollten dagegen 30 cm Abstand eingehalten werden. Der Saatgutbedarf liegt bei 0,5 g/ m². Von 1 m² kann man etwa 5 kg Rüben ernten. Frühsorten werden ab Ende Juni geerntet, Spätmöhren und als Folgekultur ausgesäte Frühsorten ab Mitte Oktober bis in den November hinein. Haben wir ein Beet Frühmöhren, das im Juli

erntefähig ist, so brauchen wir nicht das ganze Beet auf einmal abzuernten. Wir können vielmehr Monate hindurch frische Möhren aus dem Beet herausziehen.

Möhrensaatgut keimt erst nach 3–4 Wochen. Um in der Zwischenzeit den Boden lockern zu können, geben wir den Saatreihen etwas Radies- oder Salatsaatgut bei. Diese Samen keimen sehr rasch, so daß wir die Reihen erkennen können. Wie alle Sägemüse verlangen auch Möhren lockeren Boden, jedoch Bodenschluß. Nachdem die Saatreihen mit dem Rechen zugezogen sind, drücken wir sie mit dem Rechenrücken oder einem Brett fest an.

Wer die Ernte verfrühen will, kann das Möhrenbeet mit »wachsender« Folie oder Vlies bedecken. Seitlich etwas eingraben, mit Ziegelsteinen beschweren oder entlang der Trittwege mit Lattenrosten beschweren, damit der Wind die Folie oder das Vlies nicht fortträgt. Vorsicht vor Schnecken! Sie schlüpfen im warmen Kleinklima rasch aus den Eiern und fallen über die keimenden Möhren her, so daß wir vergeblich auf den Aufgang der Saat warten.

Schöne Möhren bekommen wir nur, wenn die einzelnen Pflänzchen genügend weit voneinander entfernt sind. Deshalb vereinzeln wir in der Reihe schon bald auf 4–5 cm. Bekämpfung der Möhrenfliege (»wurmige« Möhren) siehe S. 231 (Pflanzenschutztabelle).

Spätmöhren halten sich gut, wenn wir sie im Garten in einer Miete einlagern. Sobald im Winter ein milder Tag ist, entnehmen wir den Bedarf für die nächsten Wochen und lagern diesen bis zum Verbrauch im Keller.

Von 'Nantaise', der bekanntesten Frühsorte, sind wertvolle Herkünfte wie 'Stamm Hilmar', 'Sperling's Frühbund', 'Tip Top' u. a. im Handel. Spätsorten mit hohem Carotin-Gehalt sind 'Juwarot' und 'Rotin'. Eine ertragreiche Lagermöhre ist die 'Lange rote Stumpfe ohne Herz'.

Pastinake (Hammelmöhren) Sie sind mit den Möhren verwandt, in Wuchs und Wurzeln diesen ähnlich. Man kann sie zusätzlich zu diesen oder aber an Stelle von Möhren säen, wenn diese immer wieder von der Möhrenfliege befallen werden. Das weiße Fleisch der Wurzeln schmeckt süßlich-aromatisch und ist durch den Gehalt an ätherischen Ölen und Vitaminen auch für die Diabetikerdiät wertvoll.

Gesät wird wie bei Möhren; dies ist bis in den Juni hinein möglich, wenn man die Rüben für den Winter einlagern will. Ansonsten Pflege wie bei Möhren. Die Wurzeln sind größer und verzweigen sich mehr, so daß man die junge Saat innerhalb der Reihen etwa auf Handbreite vereinzeln sollte. Pastinaken sind völlig winterhart. Man kann sie daher auf dem Beet belassen und an frostfreien Tagen den augenblicklichen Bedarf aus dem Boden nehmen. Da sie aber ein Leckerbissen für Wühlmäuse sind, dürfte es in vielen Gärten besser sein, die Wurzeln im Spätherbst zu ernten und einzuwintern.

Möhren nach dem Aufgang verziehen. Sie wachsen dann zu gleichmäßiger Größe heran. Bereits die rote Farbe regt den Appetit an und gesund sind Möhren obendrein.

Rettiche dicht und etwas vertieft säen, damit
sich der Keimstengel streckt ... Pflanzen bis
zu den Keimblättern in den Boden bringen ...
es entwickeln sich dann lange, gleichmäßig
geformte Rettiche.

Obwohl weniger bekannt als Möhren, besitzen auch Pastinaken einen hohen ge-
sundheitlichen Wert. Als vitaminreiches,
würziges Suppengemüse sind sie besonders im Winter wertvoll.

Rettich »Radi«, Butterbrot und eine
Maß Bier gehören zu einer richtigen
bayerischen Brotzeit. Wichtig ist, daß er
flott herangewachsen ist, denn nur dann
ist der Rettich zart und hat keinen scharfen Geschmack.
Treibrettiche können wir bereits im März
in den kalten Kasten oder unter Folien
auspflanzen. Frührettiche werden im
April, Sommerrettiche im Mai/Juni und
Winterrettiche gegen Ende Juli ausgesät.
Wollen wir auf abgeerntete Beete noch
bis Mitte August Rettiche säen, so kommen hierfür Früh- und Sommersorten in
Frage.
Rettiche werden mit dem Finger ge-
stupft. Im Abstand von 20×20 cm kommen je 2 bis 3 Samenkörner 1–2 cm tief
in den Boden. Sobald die Pflänzchen das
erste Laubblatt zeigen, wird verzogen
und nur jeweils 1 Pflanze belassen. Je m^2
werden etwa 2 g Saatgut benötigt. Bis zur
Ernte brauchen Rettiche 8–10, Winterrettiche etwa 12 Wochen. Man kann auch
Rettiche den ganzen Sommer über auf
ein Saatbeet aussäen und die kleinen
Pflänzchen mit 2 Keimblättern an einem
trüben, regnerischen Tag verpflanzen.

Schwarze Rettiche sind gesund und lassen
sich vorzüglich in einer Miete einwintern.

Das Pelzigwerden ist auf Wassermangel
und Hitze zurückzuführen oder darauf,
daß Rettiche zu lange auf dem Beet bleiben, also überständig wurden. Viel gießen!
Sorten: Zum frühen Anbau eignen sich
die Sorten 'Münchner weißer Treib- und
Setz', 'Rex', 'Fridolin' und 'Salvator'.
'Hilds roter Neckarruhm' ist ein Rettich
von leuchtendroter Farbe für Treib- und
Freilandanbau. Als Sommer- und
Herbstrettich kann 'Rex' empfohlen werden, Ernte in nur ca. 7 Wochen.
Wertvoll ist vor allem auch 'Benarys Re-
form', weil sie weniger Platz braucht und
bereits nach 6 Wochen bei einem oberen
Durchmesser von 5 cm geerntet werden

kann. Typische Winterrettiche sind
'Münchner Bier' und 'Runder Schwarzer'.
Sie werden erst ab Oktober geerntet und
können in einer Miete bis zum Frühjahr
gelagert werden.

Radieschen Eine Kultur, die sich noch
mehr als der Rettich auch für den allerkleinsten Garten eignet. Sie schmecken
am besten, wenn sie frisch aus dem Boden auf den Tisch kommen, und eignen
sich wegen ihrer leuchtend roten Farbe
sehr gut zum Garnieren von Salaten und
anderen Speisen.
Vom Frühjahr bis Anfang September
können Radieschen laufend ausgesät
werden. Auf 1 m^2 haben 150–200 Stück
Platz, doch säen wir nicht auf besondere
Beete, sondern immer zwischen andere,
längerlebige Kulturen. Das Saatgut, etwa
3 g/m^2, kommt in 1 cm tiefe Rillen.
Nach dem Aufgehen wird auf 4–5 cm
Abstand in der Reihe vereinzelt, denn

nur dann können wir schöne runde Knollen ernten. Durch Folie läßt sich im Frühjahr die Ernte verfrühen, im Herbst verlängern. Bei warmer Witterung viel lüften, damit die Pflanzen nicht zu lang werden!

Im Frühjahr dauert die Entwicklung etwa 6 Wochen, im Sommer 4–5 Wochen. Zarte Radieschen erzielen wir nur, wenn die Pflanzen flott heranwachsen. Also: häufig gießen und den Boden lockern!

Sorten: 'Cherry Belle' ist eine wertvolle kurzblättrige Sorte für Frühjahr und Herbst, 'Eterna' eignet sich vorzüglich für

Rüben schmeckt nicht nur pikant, wegen der Farbe spricht er auch das Auge an. Gesät wird von Mitte Mai bis Ende Juni an Ort und Stelle oder auf ein Freilandsaatbeet mit anschließendem Verpflanzen. Bei zu früher Aussaat treten bei kalter Witterung Schosser auf. Pflanzweite 30×15 cm, also je Beet 5 Reihen. Der Saatgutbedarf ist 1,5 g/m².

Bis zur Ernte müssen wir mit 12–15 Wochen rechnen. Im Spätherbst in eine Miete eingelagert, halten sich Rote Rüben bis zum Frühjahr frisch.

Sorten: 'Rote Kugel', rund, mit dunkelro-

Salat aus Roten Rüben schmeckt nicht nur pikant, er sieht wegen der roten Farbe auch recht ansprechend aus.

Um früh Radieschen ernten zu können, säen wir bereits ab Mitte Februar im warmen Zimmer aus und pikieren ins Frühbeet sobald die beiden Keimblätter ausgebildet sind.

tem Fleisch, und 'Forono' mit bis zu 30 cm langen Rüben von hervorragender Qualität und besonders hohem Ertrag. 'Amigo' ist eine Neuzüchtung von hervorragender Qualität. Die Rüben sind kugelrund mit dunkelroter glatter Haut und ausgezeichneter Qualität. Schoßfest, deshalb auch für frühen Anbau geeignet.

Frühjahr, Sommer und Herbst. Riesige, zarte Knollen mit einem Durchmesser bis 5 cm und darüber kann man von 'Hild's Sora' ernten. Sehr beliebt sind die 10–12 cm langen 'Eiszapfen', die tatsächlich wie Eiszapfen aussehen und sich zum Treiben und für frühen Freilandanbau vorzüglich eignen.

Rote Rüben, Rote Bete Hiervon genügt meist eine kleine Fläche von 1–2 m², die durchaus etwas schattig liegen kann. Salat aus den intensivroten

Die Sorte 'Sora' auf 8×10 cm Abstand ins Frühbeet pikiert, bringt Radieschen von erstaunlicher Größe und leuchtendem Rot.

Knollensellerie sollte flach gepflanzt werden. Er benötigt viel Wasser und Dünger.

Knollensellerie Große Sellerieknollen heben das Ansehen des Liebhabergärtners in seinem Bekanntenkreis ebenso wie prächtiger weißer Blumenkohl oder Riesengurken. Aber nicht nur die Knolle, auch das würzige Laub ist in der Küche begehrt. Um diese herrliche Würze auch im Winter nicht missen zu müssen, können wir das Laub zerkleinern und in die Gefriertruhe geben.

Die kräftigen pikierten Pflanzen, die wir meist vom Gärtner beziehen, bringen wir ab Ende Mai auf die Beete. Als Nachkultur kann Sellerie bis Anfang Juli gepflanzt werden. Auf keinen Fall darf dies wegen Frostgefahr vor den Eisheiligen geschehen.

Schwarzwurzeln, eine Delikatesse, werden im Frühjahr gesät und im Herbst geerntet. Vor der Aussaat wird der Boden gründlich und tief gelockert, damit sich lange, kräftige Wurzeln entwickeln können.

Sellerie wird im Abstand von 40 × 40 cm und möglichst flach gepflanzt. Andernfalls entstehen auf Kosten der Knollen viele Seitenwurzeln. Es ist falsch, die unteren Blätter generell zu entfernen, denn auch der Sellerie braucht das Blattgrün zu seiner Entwicklung. Für die Küche können wir selbstverständlich so hin und wieder ein Blatt »stehlen«. Bei größerem Bedarf sollten ein paar Pflanzen eigens für diesen Zweck gesetzt werden. Sellerie will viel Wasser und Dünger; deshalb geben wir, außer der Grunddüngung, bis zum September in Abständen von etwa 5 Wochen 2–3 Kopfdüngergaben. Wer Selleriepflanzen selbst heranziehen will, sollte die weißkochenden Sorten 'Alba' und 'Monarch' bevorzugen.

Schwarzwurzeln Ein Gemüse, das besonders im Winter schmeckt. So richtig etwas für den Kenner. Ein Nachteil ist lediglich die viele Arbeit bei der Zubereitung. Damit die Schwarzwurzeln eine Delikatesse bleiben, können wir uns im Normalhaushalt mit etwa 2 m² Beetfläche begnügen.

Das Saatgut hat oft nur geringe Keimkraft. Wir säen deshalb im März/April verhältnismäßig dicht bei einem Reihenabstand von 30 cm. Nach dem Auflaufen wird auf 5–8 cm verzogen. Saattiefe 2 cm, Saatgutbedarf 2–3 g/m². Ende Oktober können je m² 2 kg geerntet werden. Wichtig ist, daß der Boden gründlich und tief gelockert wird. Andernfalls verzweigen sich die Wurzeln zu sehr und bleiben klein. Die Wurzeln lassen sich den Winter hindurch gut lagern, wenn wir sie schichtenweise mit leicht feuchtem Torfmull in eine Obstkiste einlegen. Zusätzlich kann die Kiste mit Folie ausgeschlagen werden, die nach dem Einbringen der obersten Torfmullage über dieser zusammengelegt wird.

Als Sorte hat sich 'Hoffmanns schwarzer Pfahl' seit langem bewährt.

Kohlrüben Diese Gemüseart ist fast völlig in Vergessenheit geraten, bzw. man hat sie aus schlechten Zeiten her in unguter Erinnerung, da es damals kaum Fett gab, um die Kohlrüben schmackhaft zubereiten zu können. Heute ist dies anders. Vor allem im Winter werden wir sie gelegentlich gerne essen, denn Kohlrüben schmecken herzhaft und enthalten die für den Körper so wichtigen Ballaststoffe.

Die Aussaat erfolgt Mitte Mai auf einem kleinen Freilandbeet. Anfang Juli bringen

Mairüben der Sorte 'Tokyo Cross' werden bereits mit 6–8 cm Durchmesser geerntet.

wir die Pflanzen in 3 Reihen auf das Beet, in der Reihe mit 30–40 cm Abstand. Geerntet wird im Oktober. Im Anschluß daran werden die Kohlrüben im Keller oder in der Miete eingewintert, wo sie sich bis März/April halten.
Sorte: 'Wilhelmsburger Gelbe'.

Mairüben Die neuere Sorte 'Tokyo Cross' hebt sich von den üblichen Mairüben geschmacklich erheblich ab. Vorzüglich für Salate, aber auch gekocht, wie Kohlrabi. Die zarten Rüben erreichen bereits nach kurzer Kulturzeit 6–8 cm Durchmesser. Aussaat von Anfang April bis Ende Juli im Freien, von Februar bis Oktober im Gewächshaus.
Teltower Rübchen sind mit den Mairüben eng verwandt. Aussaat von Mitte April bis Mitte August. Kulturzeit etwa 6 Wochen. Besonders bei Herbsternte schmecken sie würzig fein und sind deshalb besonders in Frankreich beliebt. In einer Erdmiete oder in Sand können wir sie für den Verbrauch im Winter lagern.

Frühkartoffeln Um die Ernte zu verfrühen keimen wir das Kartoffel-Pflanzgut ab Anfang bis Mitte März vor, also etwa 4–5 Wochen vor dem Legen. Erwünscht ist, daß sich dabei kurze, gedrungene und kräftige Lichtkeime von etwa 2 cm Länge bilden. Zum Vorkeimen werden die Knollen nebeneinander in Steigen gelegt und diese in einem temperierten Raum bei 12–15 °C luftig und hell aufgestellt. An schönen Tagen können wir die Steigen ins Freie oder auf den Balkon stellen; das härtet ab und verhindert

Schäden. Durch das Vorkeimen kann die Ernte um gut 2 Wochen verfrüht werden, zudem kann man mit Mehrerträgen von 10–20% rechnen. Wer die Ernte zusätzlich verfrühen möchte, deckt die Kartoffeln mit »Wachsender« Folie oder Vlies bis Mitte Mai ab.

Mitte April werden die Kartoffeln in den gut gelockerten und mit Kompost sowie Volldünger versorgten Boden flach gelegt und nur mit einer 10 cm hohen Erdschicht bedeckt. Als Faustregel gilt, die Knolle so tief zu legen, wie sie dick ist; die Keime sollen dabei nach oben zeigen. Die Reihenweite beträgt 60–70 cm, der Abstand in der Reihe 30 cm.

Die weiteren Pflegearbeiten sind recht einfach: Sobald die Keime erscheinen – das ist je nach Witterung und Bodenverhältnissen nach 2–5 Wochen der Fall –, wird das inzwischen aufgegangene Unkraut entfernt. Gehackt wird erstmals, wenn das Kartoffelkraut 15–20 cm hoch gewachsen ist. Anschließend häufeln wir an. Ab der Blüte muß reichlich gegossen werden; der Ertrag läßt sich dadurch beträchtlich erhöhen.

Frühe Sorten können wir vor der Blüte, kurz vor dem Schließen des Bestandes, mit einem kupferhaltigen oder einem organischen Pilzbekämpfungsmittel gegen Braunfäule spritzen. Bei feuchtwarmer Witterung ist diese Spritzung nach der Blüte noch ein- oder sogar zweimal zu wiederholen.

Geht man von einem Knollenertrag von 1 kg je Pflanze aus, so kann man sich den Bedarf an Anbaufläche und Saatgut ausrechnen. Geerntet wird eher zu früh als zu spät, bei noch grünem Laub. Im allge-

meinen sind Frühkartoffeln ab Mitte bis Ende Juli erntereif. Im eigenen Garten nimmt man immer nur so viele Kartoffeln aus dem Boden, wie gerade gebraucht werden – dadurch sind die Knollen immer erdfrisch. Bewährt haben sich Frühkartoffeln als Vorkultur zu Erdbeeren. Auch mit Dauerunkräutern durchsetzten Boden bekommt man mit dieser Hackfrucht sauber.

Wertvolle Frühkartoffelsorten: 'Erstling', 'Christa', 'Gloria', anspruchsvoll, gelbfleischig, sehr früh, guter Geschmack, besonders für Anbau unter Folie geeignet; 'Saskia', anspruchslos, frühreifend; 'Prima', etwas später reifend, guter Ertrag.

Kartoffeln können wir auch in 10-Liter-Plastikeimern mit einigen Wasserabzugslöchern am Boden anbauen. Schwarze Gefäße eignen sich besonders, weil sie sich gut erwärmen. Eimer mit Gartenerde zu Dreiviertel füllen, eine Handvoll organischen Volldünger oder halbe Menge Blau-Volldünger untermischen und je Eimer 1 Kartoffel etwa 10 cm tief legen. Sobald die Pflanzen handhoch sind, den Eimer mit Erde auffüllen. Während der Kultur reichlich gießen und mehrmals mit einem wasserlöslichen Volldünger (Hakaphos, Mairol u. a., siehe S. 77) düngen, 1 Liter je Pflanze. Ernte: Etwa 2 kg je Eimer.

Um die Ernte zu verfrühen, kann man Kartoffelknollen ab März vorkeimen.

Die winterfeste 'Weiße Frühlingszwiebel' wird im August gesät und im Juni/Juli geerntet. Die Sorte ist auch als Bund-/Schalottenzwiebel gut zu verwenden.

Zwiebelgemüse

Speisezwiebel Das ganze Jahr über werden sie in der Küche benötigt, und es ist von Vorteil, wenn bereits den Sommer über halbfertige Zwiebelchen samt dem würzigen Laub aus dem Garten geholt werden können.

Die Aussaat von Säzwiebeln erfolgt von Mitte März bis Anfang April in Reihen mit 20 cm Abstand. Nach dem Auflaufen verziehen wir auf etwa 5 cm in der Reihe. Saatgutbedarf 2 g/m². Wir können erst auf etwa 3 cm Abstand verziehen und im Laufe des Sommers jede 2. Zwiebel für die Küche herausnehmen. Bis zum Sommer hin ist dann der endgültig benötigte Abstand erreicht. In gleicher Weise können wir Frühlingszwiebeln im August/September aussäen.

Steckzwiebeln, wie sie im Liebhabergarten meist verwendet werden, stecken wir im April in Reihen von 20 cm Abstand. In der Reihe kommen die Zwiebeln etwa 5 cm weit auseinander. Den Frühsommer über kann dann jede 2. Zwiebel in der Küche verwertet werden, so daß der endgültige Abstand in der Reihe 10 cm beträgt. Je kleiner die Steckzwiebeln sind, desto geringer ist die Gefahr des Schossens. Günstige Größe: ca. 0,5–1,5 cm. Je m² werden bei dieser Anbaumethode 60–80 g Steckzwiebeln benötigt.

Steckzwiebeln werden im Juli/August, Säzwiebeln in August/September, Frühlingszwiebeln im Mai/Juni geerntet.

Sorten: Als Säzwiebeln eignet sich 'Piroska', intensiv rot. Zu Riesenzwiebeln wachsen heran: 'Ailsa Craig' und 'The Kelsae'. Sehr früh in der Wohnung, Kleingewächshaus u. ä. aussäen und Anfang Mai ins Freie pflanzen! Als Steckzwiebeln kommen nur 'Stuttgarter Riesen' in Frage, als Frühlingszwiebel für die Herbstaussaat vor allem 'Weiße Frühlingszwiebel'.

Porree Porree als Salat zubereitet ist eine ausgesprochene Delikatesse. Ebenso begehrt ist er als Suppen- und Soßenwürze und als Gemüse.

Porree in Rillen pflanzen und anhäufeln. Dadurch bilden sich lange weiße Stangen.

Dauerkulturen

Rhabarber Wir haben es hier mit einer winterharten Staude zu tun, die leichten Schatten gut verträgt. Das erfrischende Kompott, das aus den roten oder grünen Stielen bereitet wird, ist jedem bekannt. Die klumpenförmigen Teilstücke werden im Herbst oder Frühjahr gepflanzt, je m² 1 Pflanze. Für den Eigenbedarf genügen 2–4 Stück. Der Boden ist vorher gut zu lockern und mit Humus zu verbessern. Die Knospen sollen nach der Pflanzung 2 bis 5 cm hoch mit Erde bedeckt sein. Im 1. Jahr wird noch nicht geerntet, weil die Blätter zur Kräftigung des Wurzelstockes benötigt werden. Sobald der Ertrag absinkt, etwa nach dem 8. Jahr, wird der Stock geteilt und die einzelnen Stücke neu aufgepflanzt.

Damit sich die Pflanzen für das kommende Jahr wieder kräftig entwickeln können, wird die Ernte gegen Ende Juni beendet. Die Stiele werden nicht geschnitten, sondern durch leichtes Drehen herausgezogen; je Pflanze auf einmal nicht mehr als 4 Stiele, damit sie Zeit hat, sich zu erholen.

Die dicken Blütenköpfe sind bereits beim Entstehen auszubrechen. Die Blätter sind nicht genießbar (Oxalsäure). Nachdem wir sie bei der Ernte von den Stielen entfernt haben, werden sie als Verdunstungsschutz unter die Pflanzen gelegt. Rhabarber braucht zu üppigem Gedeihen viel Wasser und Nährstoffe. Zu empfehlen sind die rotstieligen Sorten 'Holsteiner Blut' und 'Elmsfeuer'.

Grünspargel Diese ursprüngliche Form des Spargelanbaues ist schon seit dem 17. Jahrhundert bekannt, während der Bleichspargel erst im 19. Jahrhundert in Gebrauch kam. Jetzt ist der Grünspargel aus Amerika wieder zu uns zurückgekommen und erfreut sich wachsender Beliebtheit. Er schmeckt herzhafter als der Bleichspargel und enthält mehr Mineralstoffe und Vitamine. Und vor allem: Er ist leichter zu kultivieren.

Bleichspargelkultur ist an leichte Böden gebunden und kann deshalb nur in recht begrenzten Gebieten durchgeführt werden. Grünspargel wächst dagegen auf jedem guten Gartenboden – sehr gut auch auf Lehmboden – und ziert den Garten im Sommer durch sein feines Grün. Die Lage soll warm und sonnig sein.

Wir kaufen einjährige Pflanzen der Sorten 'Spaganiva' (hellgrüne Farbe, ertrag-

In rauhen Gebieten wird Porree als Hauptkultur, sonst nur als Nachkultur angebaut.

Als Hauptkultur muß bereits Mitte März in den Frühbeetkästen gesät werden, sonst von Mitte April bis Mitte Mai auf ein Freilandsaatbeet. Bei Hauptkultur wird ab Anfang Mai auf 30 × 20 cm ausgepflanzt, also 4 Reihen auf das Beet. Vor dem Pflanzen werden die langen Blätter und Wurzeln eingekürzt.

Im Gegensatz zu Kopfsalat und Sellerie pflanzen wir den Porree möglichst tief in Rillen und häufeln ihn während der Kultur mehrmals an. Dadurch wird ein langer, gebleichter Schaft erzielt. Die Ansprüche an Wasser, Dünger und Bodenlockerung sind hoch. Die weißen Wurzelbärte durchziehen den Boden und saugen ihn aus. Er wird dabei gut gelockert, so daß sich der Boden nach einer Lauchkultur in vorzüglichem Garezustand befindet.

Da Porree winterhart ist, kann er bis Anfang April im Freien bleiben und stets nach Bedarf geerntet werden. In rauhen Gebieten ist es in den meisten Fällen besser, die Lauchstangen vor stärkerem Frost zu ernten und an geschützter Stelle dicht an dicht einzuschlagen.

Wenn wir mit Stroh abdecken, können wir die Stangen auch bei Frostwetter aus der Erde holen.

Damit wir bereits den ganzen Sommer über Porree zum Würzen haben, wird in der Kräuterecke eine 1–2 m lange Reihe Porree gesät, aus der dann die Pflänzchen nach Bedarf entnommen werden.

Schon die großen Blätter zeigen an, daß Rhabarber viel »Durst und Hunger« hat, also bei Bedarf gießen und düngen.

Grünspargel während der Erntezeit (links) und im Sommer, wenn sich das zarte, duftige Laub entwickelt hat.

reich), 'Lukullus' oder 'Schwetzinger Meisterschuß' (beide von etwas violetter bzw. bläulicher Färbung, sehr ertragreich). Versandadresse für Grünspargelpflanzen: Helmut Steiner, Römerstr. 817, 4130 Moers. Kulturanleitung liegt der Sendung bei.

Auf ein Beet kommt eine Pflanzreihe, Abstand in der Reihe 40 cm. In der Beetmitte wird ein breiter, aber flacher Graben (15 cm tief) ausgehoben und so gepflanzt, daß die fleischigen Wurzeln strahlenförmig verteilt sind. Dann werden die Wurzeln 5 cm hoch mit Erde bedeckt. Erst nach dem Austrieb wird die Mulde mit Erde aufgefüllt und mit Kompost oder gut verrottetem Stallmist abgedeckt.

Wer besonders günstige Wachstumsbedingungen schaffen möchte, hebt den Pflanzgraben spatentief aus, lagert diese humusreiche, belebte Schicht neben dem Beet und gräbt die Sohle der ausgehobenen Fläche mit der Grabgabel um. Dann in den gelockerten Unterboden verrotteten Kompost oder Stallmist bzw. einen anderen organischen Dünger einarbeiten und ebenso in den seitlich gelagerten Mutterboden. Anschließend die obere Bodenschicht bis auf den bereits erwähnten 15 cm tiefen Pflanzgraben einfüllen und pflanzen.

Die Grünspargelernte ist einfach: Sobald die Spargelpfeife 15–20 cm über den Erdboden heraussieht, wird sie mit dem Messer dicht unter der Beetoberfläche abgeschnitten. Es muß geerntet werden, bevor sich die Blätter der Spargelköpfe öffnen. Wie beim Bleichspargel darf erst ab 3. Jahr bis Johanni (24.6.) geerntet werden.

Gedüngt wird gleich nach der Ernte, damit sich der unterirdische Wurzelstock kräftigen und im nächsten Jahr wieder zahlreiche Pfeifen hervorbringen kann. Die auf den Düngemittelpackungen angegebene Menge wird am besten auf zweimal im Abstand von 4 Wochen verteilt. Außerdem sollten im Sommer die Spargelreihen mit grobem Kompost, verrottetem Stallmist oder Torfersatzstoffen abgedeckt werden.

Bleichspargel Der Spargel, einst ein »königliches Gemüse«, ist inzwischen weit verbreitet und kann durchaus selbst gezogen werden. Die Schale enthält die meisten Mineralstoffe und Vitamine. Von diesem Gesichtspunkt her wäre es deshalb am besten, ihn ungeschält zu kochen.

Bleichspargel wächst in einem Erdwall. Dadurch bleiben die Stangen weiß.

Spargel zählt zu den winterharten Stauden, deren oberirdische Teile im Herbst absterben, während aus dem Wurzelstock im nächsten Frühjahr neue Triebe entstehen. Man kann von einer Pflanzung gut 12 Jahre lang ernten.

Gepflanzt wird im Frühjahr. Dazu werden, am besten in Nord-Süd-Richtung, etwa 40 cm breite und 35 cm tiefe Gräben ausgehoben, die Grabensohle etwas gelockert sowie eine Schicht Kompost und je lfd. m Pflanzreihe 1 Handvoll eines Blau-Volldüngers bzw. die entsprechende Menge eines organisch-mineralischen Volldüngers darübergegeben. Dann wird mit 50 cm Abstand gepflanzt, wobei man die Wurzeln der Pflanzen gleichmäßig nach allen Seiten ausbreitet. Anschließend werden diese mit Erde bedeckt, gut angedrückt und angegossen. Der Graben bleibt im 1. Jahr offen.

Im 1. Jahr beschränken sich die Pflegearbeiten auf Unkrautzupfen, Bodenlockern u. ä. Etwa 6 Wochen nach der Pflanzung gibt man 20 g/m² Kalkammonsalpeter. Im Herbst wird das abgestorbene Laub handbreit über dem Boden abgeschnitten und wegen möglicherweise vorhandener Krankheiten und Schädlinge aus dem Garten entfernt. Im Frühling des 2. Jahres werden die trockenen Stengelreste abgedreht und entfernt. Gleichzeitig lockert man den Boden. In den Monaten April bis Mai bekommt die Pflanzung je m² 1–2 Handvoll eines Blau-Volldüngers auf 2–3 Gaben verteilt. bzw. es wird die entsprechende Menge eines organisch-mineralischen Volldüngers, auf

einmal ausgebracht. Im übrigen Angaben auf den Düngemittelpackungen (Menge) beachten. Noch besser: Bodenuntersuchung mit Düngeberatung!

Die von den Gräben ausgehobene Erde wird im Laufe des Jahres eingefüllt, so daß das Land zum Herbst wieder eben daliegt. Wie im Vorjahr wird das vertrocknete Laub im Herbst abgeschnitten.

Außer diesen Pflegearbeiten wird im 3. Jahr in der 1. Aprilhälfte über jeder Spargelreihe ein 15–20 cm hoher Erdwall – sandige, leichte Erde eignet sich am besten – aufgeworfen, indem man von beiden Seiten der Spargelreihen die Erde hochzieht und mit der Schaufel festklopft. Die Stangen wachsen nun durch diesen Wall und bleiben dabei gebleicht. Sobald sich am Wall Risse zeigen oder die Erde etwas angehoben wird, können an diesen Stellen die Spargelstangen mit dem Spargelmesser herausgestochen werden. Dabei ist darauf zu achten, daß die nachwachsenden Stangen unbeschädigt bleiben. Im gleichen Arbeitsgang wird der Wall wieder geglättet.

Damit der Spargel für das kommende Jahr genügend Reservestoffe bilden kann, dehnt man die 1. Ernte nur bis zum 10. Juni hin aus. In all den folgenden Jahren kann dagegen bis Johanni, also bis zum 24. Juni, gestochen werden. Nach der Ernte wird der Wall eingeebnet, damit die Pflanzen austreiben können! Außerdem düngt man zweimal im Abstand von 4 Wochen. Mindestens jedes 2. Jahr sollte der Boden mit Stallmist, Kompost oder Torfersatzstoffen verbessert werden. Das Abschneiden des Spargellaubes im Herbst erfolgt jedes Jahr.

Meerrettich Als naher Verwandter des Schwarzen Rettichs enthält Meerrettich Senf-Öle und Schwefelverbindungen, die den scharfen, beißenden Geschmack bewirken.

Für den Eigenbedarf genügt es, wenn wir im Herbst oder Frühjahr einige »Fechser« in eine abgelegene Gartenecke pflanzen, wo sie jahrelang bleiben können und sich selbst weitervermehren. Um Fechser zu bekommen, brauchen wir nur im Herbst ein paar Meerrettichstangen kaufen, davon einige Nebenwurzeln abschneiden und pflanzen.

Meerrettich liebt Humus und Feuchtigkeit. Im Garten verbessern wir deshalb die 30 cm tiefe Pflanzgrube mit viel Kompost, legen die Fechser 15 cm tief ein und decken sie mit dem lockeren Erdgemisch

Meerrettich aus dem eigenen Garten. Die Wurzeln sind zwar krumm, doch dies ist kein Nachteil für die innere Qualität.

ab. Je kräftiger sich das derbe Laub entwickelt, desto stärker wird auch das Wurzelwerk ausgebildet.

Im Herbst stirbt das Laub ab und treibt im Frühjahr wieder aus. Ab Spätherbst des 2. Jahres kann geerntet werden. Man gräbt auf, nimmt die starken Wurzeln heraus und läßt die schwächeren im Boden. Qualität, Inhaltsstoffe und Geschmack dieser meist krummen Wurzelstücke sind dieselben wie bei den geraden, langen Stangen, deren erwerbsmäßiger Anbau viel Arbeit macht.

Gemüsearten, die nicht jeder kennt

Bleichsellerie (Stangen-, Staudensellerie) Der Bleichsellerie ist vor allem in den englischsprachigen und zum Teil in den romanischen Ländern eine beliebte Gemüseart. Man nimmt die sehr kräftigen, fleischigen Blattstiele von 25–35 cm Länge zur Zubereitung von Salaten, Gemüsegerichten und Rohkost.

Die Kultur ist einfach. Da in Gärtnereien kaum Pflanzen erhältlich sind, säen wir ab Anfang Mai in einen Blumentopf, der ans warme Zimmerfenster gestellt wird. Der feine Samen wird dabei lediglich etwas angedrückt, nicht mit Erde abgedeckt. Sobald die Sämlinge zu fassen sind, pikieren wir in ein Kistchen, das am besten unter einen Folientunnel oder ins Frühbeet gestellt wird. 3 Wochen später kann im Abstand von 35 × 30 cm ins Freie ausgepflanzt werden. In bezug auf Pflege und Düngung gilt das gleiche wie bei Knollensellerie.

Unterschiede gibt es erst wieder bei der Ernte, die ab Ende August, unter einem Folientunnel bereits ab Ende Juli möglich ist. Je nach Bedarf werden die Pflanzen 2–3 Wochen vorher wie Endivie zusammengebunden und vom Boden bis zum Laubansatz mit schwarzer Folie oder Wellpappe umwickelt. Die Blattstiele sollten zu diesem Zeitpunkt etwa 2 cm breit sein. In leichten, sandigen Böden braucht man lediglich anzuhäufeln. Auch bei den hier genannten selbstbleichenden Sorten werden die Blattstiele ganz besonders zart, wenn wir sie noch zusätzlich bleichen.

Fenchel Fenchel ist nicht nur ein italienisches Leib- und Magengericht, inzwischen wurde auch bei uns dieses bekömmliche, leicht verdauliche Gemüse für die Herbst- und Wintermonate »entdeckt«. Bei Magenkranken ist Knollenfenchel als Diätgemüse beliebt. Der milde Geschmack beruht auf dem Gehalt an Anethol, einem ätherischen Öl. Als Gemüse gedünstet oder gebacken, geht dieser charakteristische Geschmack weitgehend verloren.

Der Anbau ist einfach. Fenchel kommt als Nachkultur auf das Beet, wenn Kopfsalat, Rettiche, Kohlrabi, Blumenkohl u.a. Gemüsearten abgeerntet sind. Gesät wird zwischen 20. Juni und Mitte Juli an Ort und Stelle, 3 Reihen auf ein Beet. Nach dem Aufgehen werden die jungen Pflänzchen auf 25 cm Abstand verzogen. Auf Schnecken achten, sie werden von Fenchel geradezu magisch angelockt!

Fenchel braucht reichlich Dünger, ganz besonders Stickstoff. Lockerer Boden und genügend Wasser wirken sich günstig auf die Knollenbildung aus. Im September werden die Knollen nach und nach mit Erde angehäufelt; dadurch bleiben sie hell und zart. Fertig wiegt jede Knolle 200–300 g.

Fenchel verträgt Nachtfröste bis −3 °C, ja sogar noch darunter. Sollte es im Oktober noch kälter werden, so umgibt man die Knollen bis zu den Herzblättern mit trockenem Laub. Ende Oktober/Anfang November wird geerntet. Dabei kürzt man die Wurzeln als auch die Außenblätter um die Hälfte.

Empfehlenswerte Sorten: 'Zefa Tardo', 'Sirio' und 'Perfektion'; für frühe Ernte 'Zefa Fino', schoßfest, kann ab April gesät bzw. gepflanzt werden. Für eine besonders frühe Ernte können wir das Beet mit einem Folientunnel überbauen bzw. bis Mitte Mai mit »wachsender« Folie oder Vlies abdecken.

Links: Bleichsellerie. Sobald die Blattstiele 2 cm stark sind, werden sie zusammengebunden und gebleicht.

Rechts: Knollenfenchel. Das feingefiederte Laub sieht im Garten recht dekorativ aus.

Zuckermais Wer einmal in Salzwasser gekochte und mit Butter bestrichene Maiskolben versucht hat, wird bestimmt ein Freund dieser nordamerikanischen Spezialität werden und einen kleinen Anbauversuch im eigenen Garten machen wollen.

Gesät wird in der 1. Maihälfte in einem Reihenabstand von 80 cm. In der Reihe legen wir alle 25 cm 3 Korn flach aus und lassen nach dem Aufgehen nur die kräftigste Pflanze stehen. Das Wachstum kann durch eine Folienauflage bis Anfang Juni gefördert werden. An Dünger wird vor der Saat 1 Handvoll Volldünger je m² gegeben und die halbe Menge nochmals Anfang Juni sowie 3 Wochen später.

Um die Ernte zu verfrühen, können wir im April in Torftöpfchen aussäen. Ausgepflanzt wird dann Mitte Mai. Diese Methode verdient in rauheren Gebieten den Vorzug. Empfehlenswert sind frühe Sorten wie 'Goldprinz', 'Aztek' u. a.

Geerntet wird im August, sobald die aus den Kolben heraushängenden Fäden braun geworden sind. Die Oberfläche der Körner soll leicht nachgeben, wenn wir mit dem Finger darauf drücken. Die Pflanzen müssen oft durchgeerntet werden.

Topinambur Die Pflanze gehört zur Gattung der Sonnenblumen und heißt mit botanischem Namen *Helinathus tuberosus* =knollige Sonnenblume. Topinambur erreicht eine Höhe bis zu 3 m und ähnelt einer stark belaubten Sonnenblumenpflanze mit zahlreichen kleinen gelben Blüten an den Enden der Laubtriebe. Wie die Kartoffel bildet die Topinamburpflanze unter der Erde 2–3 Dutzend Knollen von recht unterschiedlichen, häufig recht bizarren Formen aus. Deshalb auch die Bezeichnung Erdbirne, Erdkartoffel u. a. Im Gegensatz zur Kartoffel ist Topinambur jedoch anspruchslos in bezug auf Boden und Klima.

Beginn der Ernte ab November. Noch besser: man beläßt die frostharten Knollen im Boden, bis man sie benötigt, da sie nach dem Herausnehmen rasch eintrocknen. Je länger die Knollen im Boden verbleiben, desto besser wird ihr Geschmack.

Die Pflanzung der Wurzelknollen erfolgt im zeitigen Frühjahr in 10 cm Tiefe. Von Pflanze zu Pflanze sollte ein Abstand von 60 cm, zwischen mehreren Reihen ein Abstand von 1 m eingehalten werden. Außer Unkrautbekämpfung gibt es bei dieser anspruchslosen Kultur den Som-

Die Kultur von Topinambur ist denkbar einfach. Inzwischen sind verschiedene Sorten im Handel.

mer über nichts zu tun. Der Ertrag ist beachtlich. Im Umkreis einer einzigen Pflanze lassen sich bis zu 5 kg Knollen ernten. Inzwischen sind auch gezüchtete Sorten im Handel wie 'Bianka', 'Waldspindel', 'Topinaka' und andere.

Einmal im Garten, braucht man sich über die weitere Vermehrung nicht mehr zu kümmern, denn vergessene kleine Knollen und im Boden verbliebene Wurzelstücke treiben willig aus. Man muß im Gegenteil darauf achten, daß die Pflanzen nicht durch Wuchern lästig werden.

Für die Zubereitung gibt es vielerlei Rezepte, die je nach Gegend verschieden sind. Man kann die Knollen wie Kartoffeln in der Schale kochen oder sie wie Kartoffelsalat zubereiten. Eine andere Möglichkeit: Knollen in Scheiben schneiden, mit Eiern und Mehl panieren und in Fett herausbacken. Weitere Rezepte finden sich in Kochbüchern.

Wegen des Gehalts an Inulin, einem stärkeähnlichen Kohlenhydrat, wird die Topinamburknolle als Diätkost für Zuckerkranke verwendet.

Artischocken Artischocken, ein Gemüse für Feinschmecker, sind mehrjährig. Gegessen werden die Blütenköpfe, die noch vor der Blüte geerntet werden. Der wertvollste Teil ist dabei der fleischige Blütenboden. Aber auch die Blütenhüllblätter, die dachziegelartig übereinander liegen und am unteren Ende

fleischige Verdickungen aufweisen, werden in der Küche verwertet.

Die Zubereitung ist nicht schwierig. Nachdem die Stiele und die unteren 3–4 Blätter entfernt sind, wird die Artischocke gut gewaschen. Dann gibt man sie in kochendes Wasser, das mit Salz und etwas Zitronensaft gewürzt ist. Nach etwa 30–45 Minuten ist die Artischocke gar.

Beim Essen werden nun die einzelnen Blätter herausgezogen, das untere fleischige Blattende in warme oder kalte Soße getippt und ausgesogen. Bevor man den Blütenboden ißt, muß man den ungenießbaren Flaum am Blütenboden entfernen.

Da es sich bei Artischocken um Stauden handelt, deren oberirdische Teile im Herbst absterben, kann man sie durch Teilung vermehren. Besser ist es aber, im März/April im Frühbeet oder am Zimmerfenster auszusäen und die Sämlinge in 10-cm-Töpfe einzutopfen. Nach den Eisheiligen wird ausgepflanzt, wobei jede Pflanze 1 m² benötigt. Empfehlenswerte Sorte: 'Große Grüne von Laon'.

Der Boden muß vorher reichlich mit organischen Stoffen verbessert werden, außerdem gibt man Volldünger. 2 weitere Kopfdüngergaben sorgen dafür, daß die Pflanzen den Sommer über kräftig wachsen. Vor Winterbeginn werden die wärmeliebenden Pflanzen mit Stroh,

Zuckermais wird geerntet, sobald die aus den Kolben hängenden Fäden braun geworden sind.

Die Blütenknospen von Artischocken werden geerntet, sobald die äußeren Schuppen leicht abstehen.

Die im Dunkeln austreibenden Löwenzahnblätter sind gebleicht und können geerntet werden.

Laub, verrottetem Stallmist oder Fichtenzweigen abgedeckt.

Geerntet wird erst ab 2. Jahr, und zwar fortlaufend von Sommer bis in den Herbst hinein. Die Blütenknospen werden abgenommen, sobald die äußeren Schuppen leicht abstehen. Keinesfalls darf so lange gewartet werden, bis die Artischocke violett blüht, da sonst der Blütenboden bereits zu hart ist. Je dicker, breiter und fleischiger der Blütenboden, desto wertvoller! Die Pflanzen können 3–4 Jahre am gleichen Platz bleiben, müssen aber dann durch neue ersetzt werden.

Cardy Attraktiv im Aussehen, pikant im Geschmack und leicht zu pflegen ist diese Feingemüseart, die im Aussehen den Artischocken sehr ähnelt. Allerdings werden bei Cardy die Blattstiele verwendet.

Die Kultur ist sehr einfach. Die Samen werden entweder, wie bei Gurken, im April in kleine Töpfchen gelegt und nach kurzer Vorkultur im Mai ausgepflanzt,

oder aber – in warmen Gebieten – wird gleich an Ort und Stelle gesät. Jede Pflanze braucht einen Standraum von mindestens 1 m². Damit die Pflanzen in ständigem Wachstum bleiben, muß flach gelockert, reichlich Kompost gegeben, gewässert und alle 4 Wochen mit Volldünger (1 Handvoll auf eine Gießkanne) bzw. Stickstoffdünger gegossen werden.

Leicht verständlich, daß Pflanzen, die sich in so kurzer Zeit zu mächtigen Gestalten mit attraktiv geformten Blättern entwickeln sollen, ständig »Hunger« und »Durst« haben.

Bereits ab Ende August kann mit dem Bleichen begonnen werden. Die riesigen Blätter werden dazu zusammengebunden und mit schwarzer Folie, Wellpappe o. ä. umgeben, so daß sie völlig vom Licht abgeschlossen sind. Zusätzlich wird noch Erde angehäufelt.

Eine gut entwickelte Pflanze liefert Gemüse für 8–10 Personen. In etwa 2–3 Wochen ist es dann soweit. Die Blätter mitsamt den Stielen sind blaß geworden. Verwerten kann man jedoch nur die Stiele. Sie werden in etwa 3 cm lange Stückchen geschnitten, in heißem Fett mit einigen Speckwürfeln angebraten, gesalzen und mit wenig Wasser im zugedeckten Kochtopf 20 Minuten lang gedünstet.

Bis in den November hinein kann geerntet werden. Leichte Fröste können den Pflanzen nichts anhaben, zumal sie um diese Zeit mit Wellpappe (bleichen!) umwickelt sind.

Übrigens, Cardy schmeckt nicht nur, er ist den ganzen Sommer hindurch auch eine attraktive Schönheit und – überhaupt nicht empfindlich. Selbst bei regnerischer, kühler Witterung fühlen sich die Pflanzen leidlich wohl und stehen kraftstrotzend im Garten.

Löwenzahn Meist als »Unkraut« angesehen, ist Löwenzahn reich an Vitaminen und Mineralstoffen; besonders hoch ist sein Vitamin-C-Gehalt. Als anspruchslose Pflanze wächst er auf jedem normalen Gartenboden. Die Aussaat erfolgt in der 2. Maihälfte in Reihen von 25 cm Abstand, etwa 2 cm tief und locker. Sobald die kleinen Pflänzchen gut zu fassen sind, werden sie auf 15–20 cm Abstand vereinzelt. Als Grunddüngung wird vor der Saat 1 Handvoll Volldünger gegeben und nach etwa 8 Wochen nochmals gut ½ Handvoll.

Ähnlich wie beim Chicorée beginnt das Treiben ab Herbst. Dazu graben wir die

Wurzeln im November aus und schneiden die Blätter 2 cm über dem Blattansatz weg. Dann gibt man die Wurzeln dicht an dicht in Eimer, Kisten oder ähnliche Gefäße und schlämmt lockere Erde dazwischen ein. Die Gefäße werden dunkel gelagert; dadurch werden die austreibenden Blätter gebleicht. Die Temperatur sollte um die 15°C liegen.

Ein Teil der Pflanzen kann auch auf dem Beet verbleiben. Zum Winterausgang brauchen wir dann nur größere Blumentöpfe, Plastikeimer u. ä. darüberzustülpen bzw. eine schwarze Folie auf das Beet zu legen, um ebenfalls gebleichten Löwenzahn ernten zu können.

Im Gegensatz zu Artischocken werden beim ähnlich aussehenden Cardy die Blattstiele gegessen. Vorher bleichen!

Würzkräuterecke

Der besseren Übersicht halber wollen wir die Würzkräuter in einjährige Arten wie Dill, Kerbel, Borretsch, Basilikum usw. sowie in die ausdauernden Arten (Stauden) unterteilen, zu denen Schnittlauch, Estragon, Zitronenmelisse und andere zählen. Die für die Küche besonders wichtige Petersilie wird unter den einjährigen Kräutern aufgeführt, obwohl sie eigentlich zweijährig ist: Die Pflanzen überwintern, und man kann dann im nächsten Frühjahr die Blätter ernten, bis sich Blütenstände bilden und die inzwischen wieder herangewachsene junge Petersilie geschnitten werden kann.

Wir wollen uns hier nur auf solche Kräuter beschränken, deren Blätter zum Würzen der Speisen dienen. Für den Winter schneiden wir sie, kurz vor der Blüte, gleich nach dem Abtrocknen in den frühen Morgenstunden. Dann werden sie luftig und schattig getrocknet, denn in der prallen Sonne würde ein Teil der wirksamen ätherischen Öle verlorengehen. Für die Kultur genügt jeder humusreiche Gartenboden in sonniger Lage.

Einjährige Würzkräuter

Petersilie Für Petersilie ist selbst im kleinsten Garten, ja noch auf dem Balkon Platz. Die glattblättrigen Sorten sind in ihrem Aroma besonders kräftig, die krausblättrigen machen sich dagegen hübsch zum Garnieren. Am besten baut man beide an.

Gesät wird, sobald im Frühjahr der Boden leicht abgetrocknet ist, also Ende März bis Mitte April. Bei Blattpetersilie ist dies bis in den Juni hinein möglich. Wer besonders früh Petersilie haben möchte, sät in ein Kistchen und pflanzt anschießend ins Freie. Gesät wird in Reihen mit 20 cm Abstand, 3 cm tief; bei Wurzelpetersilie wird später in der Reihe auf rund 5 cm verzogen. Petersilie benötigt bis zum Aufgehen 3–4 Wochen. Auf schwerem Lehmboden und bei Trockenheit gedeiht Petersilie schlecht, leichter Schatten wird dagegen vertragen. Auf keinen Fall Stallmist geben, dagegen Kompost oder anderen Humus! Vor der Saat bringen wir je m² 1 Handvoll eines Volldüngers bzw. Stickstoffdüngers aus und später noch einmal ½ Handvoll, vor allem, wenn die Petersilie zuwenig wächst.

Am besten wächst Dill, wenn man den Samen über den ganzen Gemüsegarten ausstreut.

Mit Würzkräutern lassen sich viele Speisen verfeinern. Wer nur einen Balkon oder eine Terrasse hat, kann sie in Töpfen oder Kistchen ziehen.

Um auch den Winter über frische Petersilie zu haben, wird neben Blatt- auch etwas Wurzelpetersilie gesät. Man gräbt die Wurzeln im Herbst aus, schneidet die Blätter bis auf daumenstarke Reste zurück und pflanzt jeweils mehrere zusammen in große Töpfe. Sobald es kälter wird, senkt man die Töpfe spatentief ein und deckt die Stelle mit Laub ab. Während des Winters kann dann Topf um Topf herausgeholt und am Küchenfenster zum Treiben aufgestellt werden.

Häufig will Petersilie nicht so recht gedeihen, die Blätter kränkeln, werden gelb und sterben sogar ab. Wichtigste Vorbeugungsmaßnahme: Anbaufläche jährlich wechseln!

Dill Diese aus Persien stammende uralte Würz- und Heilpflanze enthält in allen Teilen ätherische Öle. Mit Dill lassen sich Salate, Soßen, Fleisch-, Kartoffel- und Pilzgerichte verfeinern. Geradezu unentbehrlich ist er, wenn wir Salz- und Essiggurken einlegen wollen.

Um den ganzen Sommer über frisches, zartes Dillkraut zur Hand zu haben, sollte – wie bei Kerbel – ab Anfang April jeden Monat gesät werden. Am besten wächst Dill, wenn man den Samen locker über den ganzen Gemüsegarten verstreut, so daß die Pflanzen einzeln und mit weitem Abstand stehen. Wo die Pflänzchen zu dicht stehen, wird ausgedünnt. Im Gegensatz zu den meisten anderen Küchen-

kräutern sollte bei Dill Volldünger gegeben werden, da er bei Nährstoffmangel recht kümmerlich wächst. Wenn Dill zwischen anderen Kulturen steht, bekommt er genügend Nährstoffe, die er im Gegensatz zu anderen Gewürzkräutern braucht.

Um auch im Winter Dill zu haben, können wir im Herbst in mit Erde gefüllte Töpfe oder Quarkschälchen aussäen und diese ans Fensterbrett stellen. Auch hier muß mehrmals flüssig mit einem der üblichen Blumendünger gedüngt werden.

Kerbel Man sät ihn, möglichst an schattigem Ort, jeden Monat neu, denn Kerbel schmeckt nur jung sehr aromatisch. Frisch wird er, zusammen mit anderen Kräutern, zum Würzen von Gemüsen, Salaten und Rohkostspeisen verwendet oder auf eine Fleischbrühe gestreut.

In Bayern ist Kerbel unter dem Namen »Kräutel« bekannt. Wer zur Osterzeit aus dem frischen Kraut eine schmackhafte Suppe kochen will, sollte Kerbel bereits Anfang September in ein leeres Frühbeet oder in einen Folienkasten säen, der den Winter über leicht abgedeckt wird. Zum Trocknen eignet sich Kerbel nicht besonders, weil die Aromastoffe zum Teil verlorengehen. Sehr gut kann Kerbel auch auf dem Balkon gezogen werden.

Für den Winter läßt sich Kerbel ohne viel Mühe in einem Blumentopf oder flachen Kistchen aussäen. Der Erde werden Torfersatzstoffe zugesetzt, damit sie während der Kultur leicht feucht zu halten ist. Nach der Aussaat dauert es rund 1 Monat, dann kann geerntet werden.

Gartenkresse Sie bereichert vor allem in den Wintermonaten den Küchenzettel. Durch den kräftig würzigen Geschmack der jungen Pflänzchen ist die Kresse sehr gut als Salat oder zum Würzen der verschiedensten Gerichte geeignet. Ein Butterbrot mit frischer Kresse schmeckt besonders gut.

Aussaat mit 10 cm Reihenabstand. Sobald die Blättchen zu sehen sind, wird geerntet, indem man die Kressereihen über dem Boden abschneidet. Folgesaaten vornehmen!

Im Winter können wir Kresse im warmen Zimmer am Fensterbrett heranziehen. Im Fachhandel und in Kaufhäusern gibt es Fertigpackungen mit Frischkeimkresse zu kaufen. Wir säen im Zimmer nach Gebrauchsanweisung – ohne Erde – aus und können in einer Woche bereits ernten.

Borretsch Auch als »Gurkenkraut« ist diese Pflanze mit den kleinen, leuchtend blauen Sternblüten und den borstigen Stengeln, Blättern und Blütenkelchen wohlbekannt. Borretsch wächst so leicht,

Gartenkresse wächst rasch. Meist können wir bereits 10 Tage nach der Aussaat ernten.

Borretsch einmal im Garten, immer im Garten! Er sät sich von selbst aus.

daß er sich – einmal im Garten – immer wieder von selbst aussät. Pflanzen, die nicht stören, läßt man ganz einfach stehen: im Gemüsegarten oder auch zwischen Blumen.

Zarte, junge Borretschblätter nimmt man gut zerkleinert zu Suppen, zu Soßen und zu Salaten mit wenig Eigengeschmack.

Wer Borretsch noch nicht im Garten hat, sät im April auf das Kräuterbeet einige Samen aus. 3–4 Pflanzen genügen. Damit man immer junge Blätter zur Verfügung hat, sollte man mehrmals aussäen oder aber ältere Pflanzen um gut die Hälfte zurückschneiden, damit neuer Austrieb entsteht.

Bohnenkraut Ein aromatisches Gewürzkraut, das vor allem zu Bohnengerichten mitgekocht wird, aber auch den Geschmack von Soßen, Salz- und Essiggurken verfeinert.

Bohnenkraut braucht ein sonniges Plätzchen, damit die Aromastoffe kräftig ausgebildet werden. Anfang Mai wird aufs Beet gesät und später auf rund 20 cm Entfernung verzogen. 5–10 Pflanzen genügen.

Bohnenkraut läßt sich leicht trocknen. Dazu werden die blühenden Pflanzen abgeschnitten, gebündelt und an luftiger Stelle aufgehängt. Einmal im Garten, sät sich Bohnenkraut selbst aus.

Majoran Majoran ist sehr frostempfindlich und liebt viel Wärme. Die Aussaat im März muß unter Glas erfolgen. Es ist deshalb besser, die wenigen benötigten Pflanzen (5–8) beim Gärtner zu kaufen und sie nach den Eisheiligen mit 25 cm Abstand auf das Kräuterbeet zu setzen.

Im Laufe des Sommers schneidet man die Triebe vor der Blütenbildung mehrmals ab und hängt sie zum Trocknen auf. Dabei darf man nicht zu tief schneiden, damit die Pflanzen wieder neu austreiben können. Danach werden die dürren Blätter von den Stengeln gestreift und können in einer gut schließenden Büchse jahrelang aufbewahrt werden. Man braucht deshalb nicht jedes Jahr Majoran anzubauen. Die aromatischen

Blättchen nimmt man zum Würzen von Braten (Gänse), Leber- und Kartoffelgerichten.

Basilikum Dieses einjährige Gewürzkraut enthält ätherische Öle und duftet besonders aromatisch. Man braucht von ihm nur ganz wenig, um Suppen, Salate, Tomaten, Fleisch- und Fischgerichte, aber auch Einlegegurken zu würzen. Wenn man Lauch- oder Kartoffelsuppe mit einem frischen Basilikumzweig durch den Mixer läßt, nimmt sie sofort eine zartgrüne Färbung an. Und der Duft! Diese Gewürzpflanze verlangt mehr Sonne als andere und viel Wasser. Da Basilikum frostempfindlich ist, wird es im April ins Frühbeet oder am Zimmerfenster ausgesät und nach dem Aufgang in kleine Töpfe pikiert. Ende April kann auch unter Folie gesät werden. Nach den Eisheiligen setzen wir dann 3–5 Pflanzen mit 25 cm Abstand aufs Kräuterbeet, von denen den ganzen Sommer über junge Triebe abgenommen werden können. Einige Basilikumpflanzen kann man sogar in Töpfen auf dem Balkon ziehen, auch im Gewächshaus, da wärmeliebend.

Knoblauch Knoblauch enthält antibakterielle Wirkstoffe und ist geradezu als biologisches Penicilin anzusprechen. Die schwefelhaltigen Verbindungen sind es auch, aus denen beim Zerkleinern der typische Knoblauchgeruch entsteht. Dieser ist für viele unangenehm, doch manch einer wird ihn in Kauf nehmen, weil er es schätzt, wenn mit einer Knoblauchzehe die Salatschüssel ausgerie-

Basilikum, ein aromatisch duftendes Küchengewürz. Es liebt Sonne und Wasser.

ben wird oder Balkangerichte, Hammelbraten und andere Speisen durch Knoblauch erst den richtigen »Pfiff« bekommen.

Wer es nicht vorzieht, Knoblauch mit seinen »Zehen« oder »Klauen«, wie die vielen kleinen Nebenzwiebeln genannt werden, am Markt zu kaufen, kann sie selbstverständlich im eigenen Garten ziehen. Dazu nimmt man in wärmeren Gegenden bereits im Herbst (Oktober/November) von schönen Knoblauchzwiebeln die kleineren äußeren »Zehen« ab und legt sie bei einem Abstand von 15 × 15 cm in der Reihe 5 cm tief aus. In rauhen, feuchten Gegenden geschieht dies erst im März/April.

Knoblauch liebt viel Sonne und einen leichten Boden. Stallmist nur zur Vorkultur geben! Wie bei allen Zwiebelarten wird der Boden nur flach gelockert.

Im Juli stirbt das Grün ab. Sobald das Kraut richtig trocken geworden ist, werden die Zwiebeln an einem sonnigen Tag geerntet und bleiben, wie bei Speisezwiebeln auch, noch 1–2 Tage im Freien liegen. Zu Zöpfen geflochten hängt man sie dann an einem trockenen Platz auf.

Ausdauernde Würzkräuter

Schnittlauch Wir verwenden Schnittlauch zum Würzen von Speisen und streuen die kleingeschnittenen grünen Röhren aufs Butterbrot. Er sollte möglichst frisch verwendet werden, da bei längerer Lagerung seine Inhaltsstoffe rasch abgebaut werden. Wir können Schnittlauch entweder als Pflanzen kaufen oder ihn von April bis Juni im Freien oder in einem Kistchen aussäen. 10 g Samen reichen für die Fläche einer Tomatensteige. Der Samen muß frisch sein, da die Keimfähigkeit bereits nach 1 Jahr zu wünschen übrigläßt.

Nach 5–8 Wochen setzen wir die Pflanzen, wobei immer 15–20 Stück zu einem Büschel zusammengenommen werden, an den Rand unseres Gartens oder auf das Kräuterbeet mit 25 × 30 cm Abstand. Zum Herbst hin kann von solchen selbstgezogenen Stöcken bereits geerntet werden. Im nächsten Jahr wird ein Teil der Schnittlauchstöcke für die Wintertreiberei reserviert, d. h., von diesen Stöcken schneiden wir im Sommer möglichst nichts ab.

Schnittlauch wird im Winter zum Treiben am Küchenfenster eingetopft.

Damit wir ab Januar frischen Schnittlauch haben, werden die reservierten Pflanzen ab Mitte November ausgegraben und recht stiefmütterlich im Freien auf einen Haufen geworfen. Je nach Bedarf kann man dann während des Winters die gefrorenen Klumpen zum Auftauen in den Keller holen. Danach wird der Ballen für einen 12-cm-Topf zurechtgemacht, indem man zu üppiges Wurzelwerk einkürzt bzw. zu große Pflanzen mit dem Messer halbiert und mit ganz wenig Erde eintopft. Am Küchenfenster aufgestellt und genügend feucht gehalten, läßt die Ernte nicht lange auf sich warten.

Haben wir Schnittlauch einmal im Garten, ist die Vermehrung sehr einfach: Wir graben ältere Pflanzen im Frühjahr aus, teilen die Wurzelballen mit einem scharfen Messer oder von Hand in mehrere Klumpen und pflanzen diese erneut auf.

Salbei Der echte Salbei *(Salvia officinalis)* ist ausdauernd, er verholzt. Damit die Pflanze schön buschig bleibt, schneidet man die holzigen Triebe jeweils im Frühjahr bis auf Handbreite über dem Boden herunter. Mit seinen violetten Lippenblüten hat der Salbei im Garten gleichzeitig einen Zierwert.

Man braucht nur 1 Pflanze, die man in der Staudengärtnerei oder auf dem Markt kauft. Frische Blätter können das ganze Jahr über weggenommen werden, selbst im Winter. Verwendet wird er zum Würzen von Fleischgerichten und Spaghetti-Sugo.

Estragon Estragon wird bis zu 1 m hoch. 1 Pflanze genügt. Im Spätherbst wird das Laub bis zum Boden heruntergeschnitten und die Pflanze mit Fichtenzweigen abgedeckt. Im Salat ist Estragon, kleingehackt, ein feines Gewürz, ebenso in Kräutersoßen und Remouladen.

Vorwiegend wird er zum Einlegen von Gurken und zum Einbeizen von Fisch und Fleisch verwendet. Estragon im Essig gibt diesem zusätzliches Aroma.

Thymian Eine Würzpflanze, die nährstoffarmen, leichten Boden liebt. Sie kann als Einfassung oder im Staudenbeet verwendet werden. Durch Teilung läßt sich Thymian recht einfach vermehren. Er behält auch getrocknet sein Aroma bei. Wir kaufen ein paar Pflänzchen beim Gärtner oder am Markt.

Thymian wird zur Wurstbereitung und

Schnittlauch gleicht zur Blütezeit einer attraktiven Zierpflanze. Blüten mitsamt Blättern abschneiden, es folgt dann rasch neuer Austrieb.

zum Würzen von Gemüse-, Fisch- und Fleischgerichten verwendet. Ein Hasenbraten, innen und außen mit Thymian gewürzt, ist ein besonderer Leckerbissen.

Liebstöckel Dieses kräftigwachsende Doldengewächs wird wegen seines Geruchs auch Maggikraut genannt. 1 Pflanze reicht völlig aus, die man leicht bekommen kann, wenn ein Bekannter einen älteren Stock teilt. Sonst kauft man sie eben beim Gärtner. Wegen seiner Größe braucht der Liebstöckel reichlich Wasser und Dünger.

In der Küche nimmt man sowohl die frischen als auch die getrockneten Blätter zum Würzen von Suppen, Soßen und Fleischspeisen.

Zitronenmelisse Die Blätter dieser ausdauernden Pflanze schmecken sehr aromatisch nach Zitrone. Wir würzen mit ihnen Salate, Braten, Pilz-, Wild- und Fischgerichte.

Die Blätter der Zitronenmelisse werden den fertigen Speisen erst vor dem Servieren beigegeben, da sonst das Aroma leiden würde. Auch hier genügt 1 Pflanze, die man beim Gärtner oder am Wochenmarkt kauft.

Gemüselagerung in der Erdmiete

Wohin mit dem Spätgemüse? Für viele Gartenfreunde, die sich auch den Winter über mit Gemüse aus dem eigenen Garten versorgen wollen, ein Problem, ist doch der Keller in den meisten Häusern wegen der Zentralheizung zu trocken und zu warm. Ideal wäre der Keller eines Gartenhauses oder einer Gerätehütte – soweit vorhanden. Meist müssen wir uns aber anderweitig behelfen, und da erscheint die gute alte Erdmiete als die billigste und beste Lösung.

Wir heben dazu gegen Ende Oktober auf einem abgeernteten Beet den Boden etwa 80–100 cm breit und gut einen Spatenstich tief aus. Die Länge richtet sich ganz nach dem Bedarf bzw. der Erntemenge, die eingelagert werden soll. Für einen durchschnittlichen Haushalt genügt meist eine Länge von 2–3 m. Das unbeschädigte, gesunde Wintergemüse wird dann lagenweise in diese Grube gelegt, nachdem bei Möhren, Rettichen, Roten Rüben u. a. vorher das Laub abgeschnitten bzw. von Hand abgedreht wurde und bei Kohlarten die äußeren Blätter entfernt sind. Bei den Roten Rüben sollte noch ein wenig von den Blattstielen verbleiben, damit die Rübe beim Kochen nicht auslaugt.

Vor dem Einlagern kann man auf den Boden etwas Sand, Stroh oder Reisig aufbringen. Ist Mäusefraß zu befürchten, so wird die Grube mit einem engmaschigen Drahtgeflecht ausgelegt.

Am besten bringen wir die Gemüsearten lagenweise in die Miete, also zu unterst z. B. die verschiedenen Kohlarten (Weiß-, Rotkohl, Wirsing), dann eine Schicht Möhren, Sellerie, Rettiche usw. Anschließend wird mit kurzgeschnittenem Stroh abgedeckt, das man sich zu Ballen gepreßt bei einem Bauern besorgen kann. Wenn nicht möglich, verwenden wir hierzu trockenes Laub oder trockene Stengel und Blätter von Bohnen, Erbsen u. ä.

Sobald der Winter mit Kälte einsetzt, wird der seitlich gelagerte Erdaushub etwa handhoch auf das Stroh aufgebracht. Bei Barfrost, also anhaltender schneeloser Kälte, sollte man die Abdeckung mit Stroh oder Erde verstärken.

Auf diese simple Weise eingewintert, bleibt das Gemüse bis in den April hinein frisch. Erstaunlich, in welch tadellosem Zustand es nach mehreren Monaten

Mietenlagerung: Das Gemüse in eine ausreichend große Erdgrube einlagern . . . mit Stroh abdecken . . . bei Winterbeginn zusätzlich Erde aufbringen.

In einer Erdmiete eingelagertes Wintergemüse bleibt bis in den April hinein erstaunlich frisch.

Auch ein tief ausgehobener Frühbeetkasten eignet sich zum Einlagern von Spätgemüse. Nachdem die Erde weitgehend ausgeschaufelt ist, wird das Gemüse in der restlichen Erde eingeschlagen. Anschließend rollen wir über die Fenster eine Strohmatte und decken zusätzlich mit Brettern oder Noppenfolie ab. Sollte es sehr kalt werden, kommt auf diese Abdeckung noch Stroh oder eine Laubschüttung, womit auch die Kastenwände ummantelt werden.

Als Schutz vor Regen wird eine Folie darübergebreitet und gegen Wind gesichert. Ebenso wie aus der Miete kann der Gemüsebedarf für jeweils einige Wochen bei frostfreier Witterung entnommen werden.

Wenn im Frühbeetkasten lediglich Endivie und Zuckerhut bis zum Jahresende eingeschlagen werden sollen, wird der Boden nicht ausgehoben. Diese Salatarten würden in einem zu tiefen Kasten leicht faulen. Sobald ab Oktober mit stärkeren Frösten zu rechnen ist, wird die fertig entwickelte Endivie und später auch der Zuckerhut mit möglichst unbeschädigtem Wurzelballen im Gemüsegarten ausgegraben und in das Frühbeet gepflanzt. Vorher gießen, damit nicht allzuviel Erde von den Wurzeln fällt.

Sehr wichtig: Bei Bedarf nur zwischen den Pflanzen gießen, so daß die Blätter nicht naß werden und – an frostfreien Tagen reichlich lüften! Letzteres gilt für alle Gemüsearten, die im Frühbeetkasten eingelagert werden.

Schichtenweises Einlagern hat den Vorteil, daß wir bei jedem Öffnen der Miete von allen Gemüsearten den Bedarf für die nächsten Wochen entnehmen können.

noch anzutreffen ist. Zum Entnehmen während der Wintermonate warten wir frostfreie Tage ab, wie es sie auch während eines strengen Winters immer wieder einmal gibt. Wir öffnen dann die Miete und nehmen den Bedarf für die nächsten Wochen heraus. Nachdem das Gemüse schichtenweise eingelagert wurde, können wir von jeder Gemüseart etwas herausnehmen.

Den Bedarf für die nächsten Wochen stellen wir in einer Kiste oder einem Korb in den Keller oder einen anderen kühlen Raum. So haben wir den Winter über frisches Gemüse. Selbstverständlich wird die Miete nach jeder Entnahme wieder geschlossen und spätestens im April ganz geräumt; zu diesem Zeitpunkt beginnt das eingelagerte Gemüse allmählich auszutreiben.

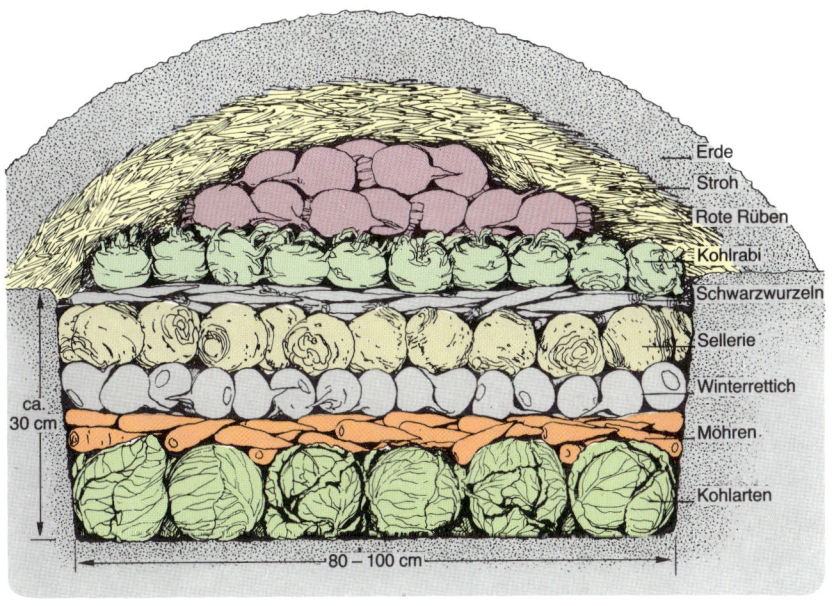

Erde
Stroh
Rote Rüben
Kohlrabi
Schwarzwurzeln
Sellerie
Winterrettich
Möhren
Kohlarten

ca. 30 cm

80 – 100 cm

Wurmige Äpfel –
faule Tomaten

Leider machen uns Jahr für Jahr Krankheiten und Schädlinge in unserem grünen Paradies allerlei Sorgen. Wir müssen uns gegen sie wehren, wenn wir gute Qualitäten erzielen wollen.

Mancher Gartenfreund meint: Warum denn? Früher war das doch auch nicht nötig. Nun, Schädlinge und Krankheiten hat es auch bei Pflanzen schon seit eh und je gegeben. Wir brauchen nur an die »sieben mageren Jahre« der Bibel zu denken. Über Heuschreckenplagen wird aus dem alten Ägypten berichtet, und Mäuse-Invasionen sind seit langer Zeit bekannt.

Wenn uns viele Pilzkrankheiten neu erscheinen, so hängt das zweifellos mit der noch ziemlich jungen Erfindung des Mikroskops zusammen und der Forschung, die den Krankheiten auf den Grund geht. Die Obst- und Gemüsearten wurden durch Züchtung so verfeinert und im Ertrag gesteigert, daß auch die Anfälligkeit gegen Krankheiten und Schädlinge gestiegen ist. Jeder Gartenfreund, der Qualitätsobst und -gemüse ernten will und es unschön findet, wenn seine Rosen bereits im Sommer ohne Laub und Blüten dastehen, kommt um einige Pflanzenschutzmaßnahmen nicht herum.

Vorbeugen ist besser als heilen

Selbstverständlich wollen wir im Garten sowenig wie nur irgendwie möglich mit chemischen Mitteln arbeiten. Wir werden uns deshalb überlegen, was wir vorbeugend tun können, um den Befall von Krankheiten und Schädlingen gering zu halten.

Vor allem wollen wir den Boden durch jährliche Kompostgaben gesund erhalten und die Pflanzen harmonisch ernähren. Gerade deshalb kommt dem Thema »Bodenuntersuchung«, »Düngung« (ab S. 70) besondere Bedeutung zu. Vielfach sind nämlich die Gartenböden mit Phosphat überversorgt, so daß es falsch wäre, weiterhin mit »normalen« Blau-Volldüngern oder organisch-mineralischen Düngern zu arbeiten. In all diesen Fällen sollte nur ein phosphatarmer Volldünger, ganz gleich ob organisch oder mineralisch, ausgebracht werden.

Und sollte eine Bodenuntersuchung ergeben, daß der Gartenboden auch reichlich Kali enthält, verwenden wir bis zu einem eventuell anderen Ergebnis ausschließlich organische oder mineralische Stickstoffdünger, d. h. wir lassen Volldünger (Mehrnährstoffdünger) ganz weg. Doch auf keinen Fall zuviel davon geben in der Meinung »viel hilft viel«! Durch Stickstoffüberdüngung, ganz gleich, ob wir diesen Nährstoff in mineralischer oder organischer Form ausbringen, wachsen die Pflanzen zwar üppig, aber sie werden auch weich und damit besonders anfällig gegen Krankheiten und Schädlinge.

Auch durch richtige Sortenwahl kann der Anfälligkeit gegen Krankheiten und Schädlinge vorgebeugt werden. So sind beispielsweise die bekannten Apfelsorten 'Golden Delicious' oder 'Cox' in höchstem Maße schorfanfällig, während 'Prinz Albrecht von Preußen', 'Kaiser Wilhelm' u. a. auch ohne jegliche Spritzung sauber bleiben bzw. nur sehr geringen Befall zeigen.

Des weiteren lassen sich im Haus- und Kleingarten eine Reihe von Krankheiten und Schädlingen vorbeugend bekämpfen, wie beispielsweise die Kraut- und Braunfäule bei Tomaten, indem wir sie an eine regengeschützte Stelle pflanzen oder mit Folie »überdachen«, um den Regen abzuhalten. Sie finden solche Tips, die sich in langjähriger eigener Gartenpraxis bewährt haben, bei den einzelnen Kulturen in den Pflanzenschutztabellen ab Seite 229.

Eine besonders wichtige vorbeugende Pflanzenschutzmaßnahme: Ausreichende Pflanzabstände einhalten! Dies gilt ebenso für Obstbäume und Beerensträucher wie für Rosen und Gemüse. Nur wenn die Pflanzen genügend Luft und Licht bekommen und nach Regenfällen rasch abtrocknen, bleiben sie von Pilzkrankheiten weitgehend verschont, es sei denn, es handelt sich um besonders anfällige Sorten.

Und ebenso wichtig: Obstbäume und Beerensträucher durch richtigen Schnitt licht halten! Wir ernten dann zahlenmäßig zwar weniger Früchte, aber diese sind um so größer und weitgehend gesund. Jeder kann beobachten, daß freistehende Obstbäume mit lichter Krone weit weniger vom Schorf befallen werden als ungeschnittene Bäume der gleichen Sorte. Die mikroskopisch kleinen Pilze brauchen – ebenso wie ihre größeren Verwandten im Wald – zu ihrem Gedeihen Feuchtigkeit und Wärme. Wird ihnen diese Lebensgrundlage entzogen – licht gehaltene Pflanzen können nach Regen rasch abtrocknen – so bleibt der Befall in Grenzen.

Ähnlich verhält es sich mit Spalierbäumen, die regengeschützt an eine Hauswand gepflanzt wurden. Vor allem, wenn sie dort zusätzlichen Schutz durch ein vorspringendes Dach haben, zeigen sie kaum Schorfbefall.

Im eigenen Garten konnte ich dies über zwei Jahrzehnte hinweg beobachten: Die köstliche aber äußerst schorfempfindliche Birne 'Gute Luise' bedeckt dort als Spalier eine regengeschützte Südwand mit Vordach. Während die Früchte eines im Freien stehenden 'Gute Luise'-Baumes in vielen Jahren dicht mit Schorfflecken und Rissen bedeckt waren, als Folge davon sehr klein blieben und praktisch ungenießbar waren, konnten vom geschützt stehenden Spalierbaum beinahe jedes Jahr einige hundert Birnen in vorzüglicher Qualität geerntet werden und dies – ohne jegliche Spritzung!

Das gleiche konnte ich an Blättern und Früchten der gegen alle möglichen Pilzkrankheiten höchst empfindlichen Apfelsorte 'Weißer Winterkalvill' beobachten, die als Spalierbaum an der ebenfalls durch ein vorspringendes Dach geschützten Ostseite des Hauses steht.

Dies ist der Grund, warum mir der Spalieranbau so sehr am Herzen liegt. Deshalb: Überlegen Sie sich, ob nicht auch an Ihrem Haus ein Platz für Spalierobst

vorhanden ist. Das Haus bekäme dadurch eine persönliche, geradezu romantische Note, und – Sie könnten köstliche Früchte ohne jegliche Schorfspritzung ernten.

Helfer im Kampf gegen Schädlinge

Vögel vernichten zwar nur einen Teil der Schädlinge, im Liebhabergarten verhindern sie aber doch so manche größere Schädlingkalamität. Besonders während der Brutzeit sind sie eifrig damit beschäftigt, ihre Jungen mit allerlei Insekten aus dem Garten zu füttern, aber selbst an milden Wintertagen ist den quicklebendigen Meisen gut zuzuschauen, wie sie flink von Baum zu Baum, von Ast zu Ast fliegen und hüpfen und dabei Futter suchen, darunter zweifellos viele überwinterte Schädlinge.

Nach Untersuchungen besteht die Nahrung von Kohlmeise, Blaumeise und Kleiber zu 60% aus Schädlingen, die von

'Gute Luise', alle Früchte ungespritzt. Linke Frucht von regengeschütztem Spalier an Hauswand, die übrigen von freistehendem Baum. Starker Schorfbefall!

Feldlerche, Fitislaubsänger und Gartengrasmücke zu beinahe 90%. Vogelschutz ist deshalb eine nützliche Sache. Also: Nistkästen aufhängen, Vogeltränken aufstellen und an die Winterfütterung denken!

Ein sehr nützliches Tier ist der Igel. Er frißt Engerlinge, Erdraupen, Drahtwürmer und Schnecken. Schade, daß er sich auch über Regenwürmer hermacht, die sehr wichtig für die Humusbildung sind.

Zu den Nützlingen und dadurch zu den natürlichen Feinden der Schädlinge zählen die Marienkäfer und deren Larven, die im Sommer eifrig Blattläuse, aber auch Schild- und Wolläuse vernichten. Die Florfliege hat einen hellgrünen Körper, durchsichtige, grünlich schimmernde Flügel und lange Fühler. Ihre Lieblingsspeise, und die ihrer Larven, sind ebenfalls Blattläuse. Im Herbst zieht sie sich in unsere Wohnungen zurück, wo wir ihr des öfteren begegnen können.

Sehr nützlich sind auch Schwebfliegen, deren Larven ebenfalls in Blattlauskolonien anzutreffen sind. Eine ausgewachsene Larve kann täglich bis zu 40 Blattläusen den Garaus machen. Weitere Nützlinge sind verschiedene Arten von Raubwanzen, Laufkäfern, Raubmilben, Schlupfwespen und Raupenfliegen.

Grundsätzlich sollten wir nicht aufs Geratewohl drauflosspritzen, sondern immer erst beobachten, ob sich Blattläuse und andere Schädlinge stärker vermehren oder ob sie nicht bereits durch Marienkäferchen und andere natürliche Feinde dezimiert werden.

Im Handel erhältliche Nützlinge

Verschiedene Gegenspieler von Schadinsekten werden inzwischen in Zuchtstationen vermehrt und können von dort bezogen werden. Hier die wichtigsten:

Raubmilben (*Phytoseiulus persimilis*) gegen **Spinnmilben** (Rote Spinne): Die Raubmilben sind etwa 0,5 mm groß (Lupe), und von tropfenförmigem Aussehen. Färbung der Jungtiere rötlich, erwachsen leuchtend rot. Die Spinnmilbe hat gleiche Größe (0,5 mm); sie ist meist gelbgrün, hat zwei dunkle Flecken auf

Links: Der Igel frißt Engerlinge, Erdraupen und Schnecken. Oben: Marienkäferlarven vernichten Blattläuse. Rechts: Florfliegenlarve und gestielte Eier in Blattlauskolonie, daneben: erwachsene Florfliege.

dem Rücken und bewegt sich unauffälliger als die Raubmilbe, die sich ausschließlich von Spinnmilben und deren Eiern ernährt. Eine einzige Raubmilbe saugt täglich 5 ausgewachsene Spinnmilben oder 20 Eier, bzw. Jungtiere aus und tötet sie ab. Jedes Raubmilbenweibchen legt 40–60 Eier ab, aus denen nach 2–3 Tagen junge Milben schlüpfen.
Rasche Vermehrung und Wirkung, da der Lebenszyklus der Raubmilben mit 7 Tagen nur halb so lang ist wie der der Spinnmilben. Eine hohe Luftfeuchtigkeit (ca. 70%) sowie Temperaturen von über 18°C (Gewächshaus) fördern die Entwicklung der Raubmilben.

Schlupfwespen (Encarsia formosa) gegen **Weiße Fliegen**: Die ausgewachsenen Schlupfwespen, auch Erzwespen genannt, sind 0,6 mm lang und deshalb mit bloßem Auge kaum zu erkennen (Lupe!).

Raubmilbe saugt Spinnmilbenei aus.

Kopf und Brust sind dunkelbraun bis schwarz gefärbt, die Flügel sind durchsichtig. Sie leben nur etwa 2 Wochen und legen in dieser Zeit mit Hilfe einer Legeröhre an die 50 Eier in die Larven der Weißen Fliege. Die Schlupfwespenlarve entwickelt sich innerhalb der Weißen Fliegen-Larve und bringt diese zum Absterben. Diese färbt sich dabei schwarz, das Kennzeichen für eine erfolgreiche Parasitierung. Wichtig für den erfolgreichen Einsatz des aus den Tropen kommenden Nützlings sind Temperaturen von mindestens 18°C (Glashaus!) und eine relative Luftfeuchtigkeit von 60–70%, außerdem müssen die Nützlinge bereits beim ersten Auftreten von Weißer Fliege eingesetzt werden.
Weißer Fliege-Befall ist gut zu erkennen, denn die ca. 2 mm langen, geflügelten und mit weißem Wachsstaub bepuderten Insekten fliegen sofort auf, wenn man an den Pflanzen etwas rüttelt. Ein Weibchen kann bis zu 350 Eier ablegen, so daß es nicht selten zu einer explosionsartigen Vermehrung kommt. Ähnlich wie Blattläuse schädigen Weiße Fliegen die Pflanzen durch Saugen des Zellsaftes und Ausscheiden von klebrigem »Honigtau«, was eine Ansiedlung von Rußtaupilzen und verminderter Assimilation der Blätter zur Folge hat.

Florfliegen (Chrysopa carnea) gegen **Blattläuse**: Die ca. 10–15 mm großen Florfliegen, auch unter dem Namen »Blattlauslöwe« oder »Goldauge« bekannt, fallen durch ihre hellgrünen, netzartigen Flügel auf. Sie sind häufig im Garten in der Nähe von Blattlauskolonien oder an blühenden Pflanzen anzutreffen. Im Winter suchen sie Unterschlupf im Haus vor allem auf Dachböden und in Kellerräumen oder in der Gartenlaube.
Die Eier der Florfliege sind erst hellgrün, später bräunlich und nach dem Ausschlüpfen der Larven weiß; sie werden auf ca. 5 mm langen Stielchen abgelegt. Die Larven wachsen je nach Temperatur in 2–3 Wochen zu einer Körpergröße von ca. 10 mm heran. Die Larven der Florfliege leben bevorzugt von Blattläusen, fressen aber auch andere kleine Insekten. Die Nützlinge sollen eingesetzt werden, bevor es zu einem stärkeren Blattlausbefall mit den bekannten Schäden (S. 227) kommt. Deshalb Obstbäume u. a. Kulturen allwöchentlich auf Blattlausbefall kontrollieren!

Räuberische Gallmücken (Aphidoletes aphidimyza) gegen **Blattläuse**: Die ca. 2 mm großen Gallmücken-Weibchen legen ihre Eier – etwa 100 pro Weibchen – gezielt in die Nähe von Blattlauskolonien ab. Nach ca. 2 Tagen schlüpfen daraus kleine orange-rote Larven, die sich ausschließlich von Blattläusen ernähren. Innerhalb von 5–10 Tagen können von einer einzigen Larve bis zu 50 Blattläuse abgetötet werden. Danach verpuppen sich nun die ca. 3–5 mm großen Larven

Gallmückenlarve.

Australischer Marienkäfer (*Cryptolaemus montrouzieri*) gegen **Woll- und Schmierläuse**: Der etwa 4 mm lange aus Australien stammende Marienkäfer hat einen orangefarbenen Kopf und schwarze Flügel. Er ernährt sich von Woll- und Schmierläusen, teilweise auch von Blattläusen und Larven anderer Insekten. Das Weibchen legt seine Eier – bis zu 500 – einzeln zwischen die Eigelege der Woll- und Schmierläuse. Daraus schlüpfen innerhalb von etwa 8 Tagen die Larven, die bis zu 13 mm lang werden können. Die älteren Larven sind ebenso wie die Woll- und Schmierläuse von wachsartigen Ausscheidungen bedeckt und deshalb von diesen nur schwer zu unterscheiden. Sie saugen die Eier und junge Woll- und Schmierläuse aus, während die ausgewachsenen Marienkäfer sich über ältere Stadien hermachen. Im Laufe seiner Entwicklung kann ein Ma-

Parasitäre Nematoden

rienkäfer mehr als 250 Woll- und Schmierläuse vernichten. Der Australische Marienkäfer will es warm haben (18–26°C). Bei Temperaturen unter 10°C stellt er seine Nahrungsaufnahme ein, bei Temperaturen unter 0°C sterben alle Stadien ab.

Woll- und Schmierläuse schädigen die Pflanzen durch ihre Saugtätigkeit auf ähnliche Weise wie Blattläuse, Schildläuse oder Weiße Fliegen. Da ein Weibchen unter günstigen Bedingungen 300–600 Eier ablegen kann, kommt es leicht zu stärkerem Befall. Man findet den Schädling am Wurzelhals, an den Stengeln, in Blattachseln und auf den Blattunterseiten befallener Pflanzen.

Parasitäre Nematoden (*Heterorhabditis sp.*) gegen **Dickmaulrüßler**: Nematoden (Fadenwürmer) dieser Gattung le-

ben ausschließlich parasitisch von bestimmten Insekten, d. h. sie sind unschädlich für andere Tiere und für Pflanzen. Im Boden suchen sie Dickmaulrüßler-Larven und -Puppen auf und dringen in diese ein, im Innern der Larven infizieren sie diese mit einem Bakterium, welches sich stark vermehrt und in wenigen Tagen zum Tod des Schädlings führt. Die Larven und Puppen des Dickmaulrüßlers verfärben sich dabei bräunlich. Die Nematoden vermehren sich, verlassen den toten Schädling und können neue Dickmaulrüßler-Larven mit Bakterien infizieren, so daß sich keine Käfer mehr entwickeln können.

Dickmaulrüßler können an Wein, Zierpflanzen, in Baumschulen und bei Erdbeeren große Schäden anrichten. Anfällige Arten sind Eibe, Thuje, Efeu u. a. Besonders aber sind es Rhododendren, die gerne vom Dickmaulrüßler befallen werden, dessen Bekämpfung bisher im Haus- und Dachgarten problematisch war. Vor allem deshalb, weil sich die ca. 10 mm langen, grau-schwarzen Käfer untertags im Boden verborgen halten und erst in der Nacht aktiv werden. Sie fressen große, meist U-förmige Kerben vom Blattrand her in die Blätter und schädigen auch Knospen. Aber nicht nur die Käfer sind schädlich, sondern auch die weißlichen Larven, die an den Pflanzenwurzeln fressen. Bei starkem Befall stockt das Wachstum und oft sterben die geschädigten Pflanzen ab.

im Boden oder in den Töpfen. Nach etwa 2 Wochen kommt es zu erneutem Schlüpfen von Gallmücken und der Kreislauf beginnt von vorn. Kühlere Temperaturen werden von den heimischen Gallmücken zwar gut vertragen, doch erst bei Temperaturen ab 18°C zeigt sich ein guter Bekämpfungserfolg.

Wie bereits erwähnt, Pflanzen wöchentlich auf Blattlausbefall kontrollieren und Gallmücken rechtzeitig einsetzen. Schade, daß die Gallmücken wegen der für einen Bekämpfungserfolg nötigen Temperatur nicht auch im Freien eingesetzt werden können. Manches Problem, wie die Bekämpfung der hartnäckigen Kohlblattlaus, der schwarzen Bohnenlaus u. a. ließe sich dann leicht lösen.

Gegen Dickmaulrüßler helfen Nematoden.

Um Erfolg mit dem Einsatz von Nützlingen zu haben, sollten folgende Punkte beachtet werden:
- Kenntnisse der Biologie von Nützling und Schädling aneignen.
- Regelmäßige Kontrolle der Kulturen auf beginnenden Befall.
- Nützlinge gleich am Ankunftstag ausbringen, am besten in den frühen Abendstunden.
- Die Durchschnittstemperatur sollte über 16°C liegen (z. B. 22°C untertags, 12°C nachts), die relative Luftfeuchtigkeit beim Einsatz von Raubmilben und Gallmücken über 60%.
- Vor und während des Nützlingseinsatzes keine Pflanzenschutzmittel verwenden. Sollte dies unbedingt nötig sein, dann nur nützlingsschonende Präparate verwenden.

Biologischer Pflanzenschutz mit Nützlingen

Nützlinge	bekämpfbare Schädlinge	Versandeinheit	Anwendung im		
			Gewächs-haus	Folien-tunnel	Freiland
Raubmilben *Phytoseiulus persimilis*	Spinnmilben (Rote Spinne)	100 Milben	●	●	–
Schlupfwespen *Encarsia formosa*	Weiße Fliegen	100 Puparien	●	–	–
Florfliegen *Chrysopa carnea*	Blattläuse, Thripse (Gladio-lenblasenfuß) und andere weichhäutige Insekten	100 Eier	●	●	–
Räuberische Gallmücken *Aphidoletes aphidimyza*	Blattläuse	80 Puppen	●	●	–
Australischer Marienkäfer *Cryptolaemus montrouzieri*	Woll- und Schmierläuse	25 Käfer	●	–	–
Parasitäre Nematoden *Heterorhabditis spec.*	Dickmaulrüßler	3 Mio. Nematoden	●	●	●
Parasitäre Nematoden *Steinernema bibionis*	Trauermücken	3 Mio. Nematoden	●	●	●

Die genannten Nützlinge sind natürliche Gegenspieler von Schädlingen. Sie wurden bereits mehrere Jahre hindurch in Forschung und Praxis getestet. Es handelt sich dabei um einheimische Arten, die inzwischen gezüchtet werden. Die Anwendung ist unkompliziert und damit jedem Hobbygärtner möglich. Im Garten eingesetzt, sind sie nach den vorliegenden Beobachtungen vollkommen ungefährlich für Mensch, Tier und Umwelt. Anforderungskarten für die genannten Nutzinsekten gibt es in Garten-Centern. (Preis je Versandeinheit ca. 15–20 DM.) Mit diesen Karten können die Nützlinge bei der Zuchtstation angefordert werden, die diese dann zum gewünschten Termin direkt zusendet. Oder: Wir bestellen direkt beim Nützlingszuchtbetrieb W. Neudorff GmbH KG, Abt. Nutzorganismen, Postfach 1209, 3254 Emmerthal 1, Tel. (05155) 62460

Vorsichtsmaß-nahmen für den Umgang mit Pflanzen-schutzmitteln

- Präparate nicht in bewohnten Räumen aufbewahren. Flüssige Spritzmittel jedoch den Winter über frostfrei lagern.
- Niemals aus Originalpackungen in andere Behälter (Tüten, Flaschen, Dosen u. ä.) umfüllen.
- Mittel unbedingt in einem verschlossenen, Kindern nicht zugänglichen Behälter aufbewahren.
- Spritzbrühen nicht in bewohnten Räumen vorbereiten, und für diesen Zweck eigene Behälter verwenden.
- Angesetzte Spritzbrühe auf keinen Fall unbeaufsichtigt stehen lassen (Kinder!).
- Beim Spritzen Schutzkleidung (alte Kleidungsstücke, Gummistiefel, Handschuhe) tragen. Auf keinen Fall nur mit Badehose bekleidet spritzen.

- Nicht gegen den Wind arbeiten. Bei stärkerem Wind überhaupt nicht spritzen, da sonst das Mittel auf erntereife Kulturen in der Umgebung oder in den Nachbargarten geweht werden könnte.
- Nicht während des Bienenflugs spritzen. Am besten abends.
- Während der Arbeit nicht rauchen, essen oder trinken. Alkoholgenuß vor, während oder nach der Arbeit kann gefährlich werden.
- Nie verstopfte Spritzdüsen mit dem Mund ausblasen.
- Nach der Arbeit gründlich waschen.

Dieser wasserabweisende Spritzanzug ist federleicht. Man kann rasch in Alltagskleidung in ihn hineinschlüpfen und mit der Arbeit beginnen.

Wartezeiten beachten!

Unter Wartezeit versteht man den Zeitraum, der zwischen der letzten Behandlung einer Kultur mit einem Pflanzenschutzmittel und der Ernte der betreffenden Kultur verstreichen muß. Statt »Wartezeit« wird oft auch das Wort »Karenzzeit« gebraucht.

Beseitigung von Spritzbrühresten, Packungen, Restbeständen alter Pflanzenschutzmittel

Spritzbrühebedarf möglichst genau berechnen, so daß keine Reste übrigbleiben. Das zum Reinigen der Spritze verwendete Wasser unter die behandelten Pflanzen spritzen. Es darf auf keinen Fall in offene Gewässer oder ins Grundwasser gelangen. Alle Städte und Landkreise führen Sammlungen von Problemstoffen durch. Reste von Pflanzenschutzmitteln und leere Behälter können dort kostenlos abgegeben werden.

Schutz der Bienen

Wir wollen alles tun, um die Honigbienen zu schützen. Besondere Gefahr besteht für sie zur Blütezeit. Deshalb ist es nach der »Verordnung über bienenschädliche Pflanzenschutzmittel« verboten, blühende Pflanzenbestände mit bienenschädlichen Mitteln zu behandeln. Auch blühende Unter- und Nachbarkulturen sowie blühende Unkräuter dürfen von solchen Mitteln nicht betroffen werden. Ein Pflanzenbestand blüht, wenn die ersten Blüten offen sind. Auf den Packungen bienengefährlicher Pflanzenschutzmittel steht: »Achtung! Bienengefährlich!«

Spritzen nur wenn's »brennt«!

Vor allem aus Umweltgründen wollen wir versuchen, Krankheiten und Schädlinge vorbeugend auf biologischem Wege (Nützlinge) zu vermeiden bzw. zumindest gering zu halten, so wie dies auf den vorhergehenden Seiten und in den Tabellen ab S. 229 empfohlen wird.
Trotzdem kann es zu stärkerem Auftreten von Krankheiten und Schädlingen kommen. Jeder muß dann selbst entscheiden, ob er den Befall hinnehmen und auf eine Ernte verzichten oder in speziellen Fällen ausnahmsweise ein zugelassenes Pflanzenschutzmittel einsetzen will. Wirksame Präparate im Fachhandel erfragen!
Im eigenen Garten habe ich in all den zurückliegenden Jahren lediglich bei Obst-Spindelbüschen drei Spritzungen gegen Schorf mit einem organischen Fungizid durchgeführt: Einmal meist zu Ende der Blüte mit zweimaliger Wiederholung nach jeweils 2–3 Wochen. Das Obst blieb dadurch weitgehend frei von Schorfbefall und ließ sich gut lagern.
Gegen Blattläuse waren an den Apfel- und Birnbäumen kaum Spritzungen nötig. Lediglich an den Sauerkirschen-Spalieren an der Hauswand trat in manchen Jahren die Schwarze Kirschblattlaus derart massiv auf, daß eine Bekämpfung zweckmäßig erschien. Diese erfolgte immer gleich zu Beginn des Befalls, wobei lediglich die befallenen Triebspitzen mit einer 1 Liter-Blumenspritze punktuell behandelt wurden. Dadurch unterblieb eine weitere Vermehrung. Als Präparat habe ich in den letzten Jahren das nützlingsschonende Pirimor verwendet. Gegen Grauschimmel an Erdbeeren wurde während der Blüte meist zweimal mit Euparen gespritzt. Ansonsten war es nicht nötig – außer gegen Schnecken an gefährdeten Aussaaten bzw. Jungpflanzen – Pflanzenschutzmittel zu verwenden. So wurde z. B. der Befall an Apfelwickler hingenommen, weil der Anteil an »wurmigen« Äpfeln in den meisten zurückliegenden Jahren kaum höher als 20–30% lag und diese durch Ausschneiden der befallenen Stellen im eigenen Haushalt verwendet werden konnten.

Kohlweißlingsraupen können wir von Hand ablesen.

Kniffe und Pfiffe für den Umgang mit Pflanzenschutzmitteln

- Für die Bekämpfung von Pilzkrankheiten (Schorf u. a.) während der Vegetation eine möglichst feine Düse verwenden (üblicherweise liefern die Firmen Düsen mit verschiedenen Lochgrößen mit). Je feiner die Spritztröpfchen sind, desto gleichmäßiger wird die Oberfläche von Blättern und Früchten bedeckt und desto besser ist der Schutz.
- Flüssige Spritzmittel (Emulsionen) in einem Meßbecher mit cm³-Einteilung genau abmessen. Viele Firmen liefern solche Becher, bzw. die cm³-Einteilung ist auf der Verschlußkappe des Mittels angebracht. Keinesfalls Überdosierung, da sonst u. U. Schäden auftreten können. Wird dagegen gespart, so ist keine oder nur eine geringe Wirkung vorhanden.
- Für pulverförmige Spritzmittel verwende man einen Plastikbecher und wiege darin die benötigte Mittelmenge für 5 oder 10 l Wasser auf einer Briefwaage genau ab. Inzwischen werden verschiedene Präparate bereits abgepackt für 5 oder 10 l Spritzbrühe angeboten. Ähnliches gilt für flüssige Spritzmittel.
- Es ist zweckmäßig, bei Spritzpulvern sogar unerläßlich, das Mittel in einem Eimer zunächst mit wenig Wasser anzurühren. Erst dann wird im Eimer oder gleich in der Spritze auf die gewünschte Konzentration verdünnt. Auf jeden Fall ist für eine gute Durchmischung zu sorgen, denn sonst kann es vorkommen, daß man am Anfang nur Wasser und zum Schluß die konzentrierte Brühe spritzt.
- Ein Netzmittel muß zugesetzt werden, wenn Pflanzen mit wachsartig überzogenen Blättern gespritzt werden sollen (Zwiebeln, Kohlarten). Andernfalls läuft die Spritzbrühe wirkungslos ab. Dazu kann Pril oder Rei (10 g auf 10 l Spritzbrühe) verwendet werden.

Schneckeneier und eine soeben geschlüpfte Schnecke. Über Nacht können solch kleine, kaum sichtbare Schnecken aufgehende Saaten abfressen.

Wichtige Allerweltsschädlinge und -krankheiten

Blattläuse Verkrüppelte, zusammengerollte Blätter und gestauchte bzw. korkenzieherartig gedrehte Triebe.

Schildläuse Geschwächtes Wachstum, Kruste aus unzähligen Schildchen am Holz, schwarzer Belag auf Blättern und Rinde (Rußtau). Bei Befall durch San-José-Schildlaus (grauer Belag auf der Rinde, Rotfleckung der Früchte bei Äpfeln und Birnen) Pflanzenschutzamt verständigen!

Spinnmilben Auf den Blättern kleine, weißliche Flecken, Blätter sehen bleigrau bis bronzefarben aus, sehr kleine, rötlich gefärbte Tiere meist auf Blattunterseite, Befall an Obstgehölzen, Gurken, Bohnen, Erdbeeren, Rosen u. a.

Schnecken Unregelmäßig geformte Löcher in der Blattfläche, Schleimspuren; Pflanzen sind besonders bei feuchter Witterung gefährdet. Bekämpfung: Schnecken frühmorgens oder abends absammeln (Spaghettizange!), in Eimer geben und mit kochend heißem Wasser überbrühen; in Gartenwege alte Bretter u. ä. legen, Schnecken sammeln sich untertags darunter und können abgelesen werden; Bierfallen aufstellen; Schneckenkorn bei Aussaaten und gefährdeten pikierten Pflanzen.

Raupen Treten an Obstgehölzen, Gemüse und Zierpflanzen auf. Bekämpfung: Einzelne Raupennester abschneiden bzw. Raupen absammeln. Auf eine Spritzung kann im Garten meist verzichtet werden.

Oben: Blattlauskolonie; rechte obere Bildecke: Eine Blattlaus wird lebend geboren.
Unten: Schildläuse saugen und schädigen dadurch die Pflanzen.

Bodenschädlinge (Drahtwürmer, Erdraupen, Engerlinge) Wurzeln und Herzblätter der verschiedensten Pflanzen werden abgefressen. Bekämpfung: Schädlinge bei der Bodenbearbeitung auflesen und vernichten. Welkende Pflanzen aus dem Boden nehmen und die meist in unmittelbarer Nähe befindliche »Raupe« zertreten. Bei starkem Befall (neuer Garten!) vor der Saat oder dem Auspflanzen zugelassenes Streumittel (im Fachgeschäft erfragen) ausbringen und nur oberflächlich einarbeiten.

Wühlmaus Pflanzen werden unterirdisch angefressen. Die Erdhaufen sind flach, unregelmäßig und mit Gras- und Wurzelresten durchsetzt. Sie unterscheiden sich deutlich von den hohen runden Maulwurfshaufen. Bekämpfung: Gang

227

öffnen; ist er noch bewohnt, so wird er oft schon nach 10 Minuten von innen mit Erde verstopft. Nach wie vor bewährt ist der Fang mit der Falle. Darüber hinaus wird im Fachhandel ein sog. Fraß- und Berührungsköder aus Johannisbrot-Wirkstoff angeboten, den man nach Gebrauchsanweisung in die Gänge einlegt.

Vögel (Amseln, Stare) Der beste Schutz gegen Vogelfraß sind Kunststoffnetze.

Hasen Junge Obstbäume den Winter über mit Drahthosen oder Wildschutzspiralen aus Kunststoff schützen!

Monilia-Fruchtfäule Der Moniliapilz befällt Früchte aller Kern- und Steinobstarten. Sie weisen anfangs kleine Faulstellen auf, die sich rasch vergrößern. Um diese entstehen ringförmig angeordnete, graubraun gefärbte Fruchtkörper des Pilzes (Polsterschimmel). Die Krankheit wird während der Fruchtreife besonders von Wespen verbreitet. Bekämpfung: Abnehmen und vernichten der befallenen Früchte. Die den Winter über an den Bäumen hängenden kranken Früchte ebenfalls entfernen, da von diesen Fruchtmumien aus im nächsten Jahr wieder gesunde Früchte angesteckt werden. Dies geschieht am besten gleich beim winterlichen Obstbaumschnitt.

Zweigmonilia oder Spitzendürre Diese Krankheit tritt bei Sauerkirschen auf. Während der Blüte, vor allem bei Regenwetter, welken plötzlich die Blüten und vertrocknen. Im weiteren Verlauf sterben die Triebe und Blätter ab, deshalb auch die Bezeichnung »Spitzendürre«. Wenn bei Birnen und Äpfeln ('James Grieve', 'Alkmene' u. a.) im Mai/Juni plötzlich Blüten und Jungtriebe welken, besteht Verdacht auf Feuerbrand. Beim Pflanzenschutzamt melden!

Obstbaumkrebs Eine Pilzkrankheit, die vor allem beim Apfel auftritt und mit dem Krebs beim Menschen nichts zu tun hat. Die Sporen dringen durch Wunden ein: nach Hagel oder Frost, an Schnittstellen u. ä., aber auch durch die vielen im Herbst entstehenden Blattnarben. Staunässe, hoher Grundwasserstand, zuviel Stickstoff im Boden (einseitige Düngung mit Jauche in Bauerngärten) fördern den Befall. Apfelbäume deshalb nur an zusagendem Standort pflanzen, denn kalte Lagen sowie feuchter schwerer Boden begünstigen das Auftreten. Bekämpfung: Größere Wunden beim Obstbaumschnitt mit Wundpflegemittel verstreichen. Vorhandene Krebsstellen bis ins gesunde Holz ausschneiden und mit Wundpflegemitteln (Spisin, LacBalsam u. a.) behandeln.

Oben: Kohlweißlingsraupen.

Unten: Obstbaumkrebs. Befallenen Ast entfernen, Wunde bis auf das gesunde Holz ausschneiden und mit Wundverschlußmittel verstreichen.

Links: Monilia-Fruchtfäule.

Unten: Wühlmausschaden. Ein derart geschädigter Jungbaum läßt sich im Frühjahr mühelos aus dem Boden ziehen.

Krankheiten und Schädlinge an Obstbäumen

Obstart	Schadbild	Schädling oder Krankheit	Bekämpfungszeitpunkt	Vorbeugende bzw. mechanisch-biologische Bekämpfung
Apfel und Birne	Auf den Blättern und Früchten bilden sich dunkle Flecken.	Schorf	Vor- und Nachblütenspritzungen mit organischen Pilzbekämpfungsmitteln u. a. Zugelassene Mittel im Fachgeschäft (Garten-Center) erfragen.	
Apfel und Birne	Die Blätter, bei Birnen besonders die jungen Triebe, sind von klebrigen Ausscheidungen bedeckt. Kleine Larven, als Folge vielfach Rußtau.	Blattsaugerarten	Nur bei stärkerem Auftreten	Zugelassene Mittel im Fachgeschäft (Garten-Center) erfragen.
Apfel	»Wurmige« Früchte	Apfelwickler (Obstmade)	Ab August	Handhoch über dem Boden am Stamm Wellkarton-Fanggürtel anbringen, später abnehmen und verbrennen.
Apfel	Weißer, mehliger Belag auf jungen Trieben, Blättern, Blütenknospen und Blüten.	Apfel-Mehltau	Bei Auftreten	Befallene Triebe abschneiden und entfernen.
Apfel	Am Stamm oder den Ästen krebsartige Wucherungen, die sich ausdehnen; über den Krebsstellen stirbt der Ast häufig ab.	Obstbaumkrebs	Bei Auftreten	Krebsstellen am Stamm gründlich bis ins gesunde Holz ausschneiden und mit Wundpflegemittel (Spisin, LacBalsam u. a.) behandeln.
Birne	Auf den Blättern im Sommer leuchtend orangerote, runde Flecken, auf der Blattunterseite gelbliche Anschwellungen.	Birnengitterrost	Vorbeugend	Sadebaum (Juniperus sabina) aus dem Garten entfernen. Spritzungen gegen Birnenschorf mindern den Befall.
Sauerkirschen	Während der Blütezeit, vor allem bei Regenwetter, welken plötzlich die Blüten und vertrocknen, Triebe und Blätter sterben ab (Spitzendürre).	Zweigmonilia oder Spitzendürre	Bei Auftreten Vorbeugend	Abgestorbene Triebe sofort bis ins gesunde Holz zurückschneiden. Bei starkem Auftreten Spritzen in die Blüte (nur spätabends) mit bienenungefährlichem Mittel.
Zwetschen und andere Steinobstarten	Kleine, rötliche Flecken auf den Blättern, die später herausfallen.	Schrotschußkrankheit	Bei Austrieb	Bei stärkerem Auftreten zugelassene Mittel im Fachgeschäft erfragen. Grundsätzlich: Kronen licht halten!
Pflaumen Zwetschen	Dunkelbraune Pusteln auf den Blattunterseiten, Bäume oft im August kahl.	Zwetschenrost	Nach der Blüte 2 Spritzungen im Abstand von 3–4 Wochen	Wie oben (Schrotschußkrankheit)!
Pflaumen Zwetschen	Die die jungen Früchte fallen bald nach der Blüte ab.	Pflaumensägewespe	Sofort nach Abfallen der Blütenblätter	Nur wenn im letzten Jahr starker Befall. Mittel im Fachgeschäft erfragen.
Zwetschen (speziell 'Hauszwetsche')	Junge Früchte sind flachgedrückt, sehr groß, anfangs grün, dann braun mit mehligem Überzug.	Narren- oder Taschenkrankheit	Bei Auftreten	Befallene Früchte auspflücken und vernichten, Triebe bis auf gesunde Teile zurückschneiden. Evtl. Spritzmittel im Fachgeschäft erfragen.
Pfirsich	Die Blätter zeigen blasige Auftreibungen von weißgrüner bis roter Farbe.	Kräuselkrankheit	Beim Knospenschwellen, unmittelbar vor der Blüte.	Spritzung nur wirksam vor Aufbruch der Knospen. Zugelassene Mittel im Fachgeschäft erfragen.

Birnengitterrost

Apfelmehltau

Narren- oder Taschenkrankheit

Johannisbeergallmilbe (Rundknospen).

Grauschimmel (Botrytis) an Erdbeeren.

Bohnenfliege.

Krankheiten und Schädlinge bei Beerenobst

Obstart	Schadbild	Schädling oder Krankheit	Bekämpfungszeitpunkt	Vorbeugende bzw. mechanisch-biologische Bekämpfung
Stachel- und Johannisbeeren	Die Blätter zeigen dunkle Flecken, werden gelblich und fallen ab.	Blattfallkrankheit	Beginnend nach der Blüte bis nach der Ernte 2–3 Spritzungen	Sehr wichtig: Sträucher gut auslichten. Wenn Spritzgut nötig, dann Mittel im Fachgeschäft erfragen.
Johannisbeeren	Rotbrauner Belag auf den Blattunterseiten.	Säulenrost	Wie oben	Zugelassene Mittel im Fachgeschäft (Garten-Center) erfragen.
Schwarze Johannisbeeren	Kugelig angeschwollene Knospen (Rundknospen), die im Frühjahr nicht mehr austreiben.	Johannisbeergallmilbe	Vorbeugend	Im Spätwinter stark mit Rundknospen besetzte Triebe herunterschneiden bzw. Rundknospen abzupfen.
Stachelbeere	Triebspitzen, Blätter und Früchte werden von einem mehligfilzigen Belag überzogen.	Amerikanischer Stachelbeermehltau	Winter	Befallene Triebspitzen zurückschneiden. Sträucher kräftig auslichten. Allgemein: Widerstandsfähige Sorten bevorzugen.
Himbeere	Im Frühsommer zeigen sich an den jungen Trieben violette bis graue Flecken.	Himbeerrutenkrankheit	Vorbeugend / Nach der Ernte	Boden mit kurzem Rasenschnitt, Stroh o. ä. mulchen. Abgetragene Ruten sofort nach der Ernte dicht über dem Boden abschneiden.
Erdbeere	Grauer Schimmel an den Früchten.	Grauschimmel	Vorbeugend / Zur Blütezeit	Ausreichende Pflanzabstände, mulchen (Stroh unterlegen). Widerstandsfähige Sorten wählen. Anfällige Sorten spritzen. Mittel im Fachgeschäft erfragen.
Erdbeere	Herzblätter stark gekräuselt und verkrüppelt.	Erdbeermilbe	Nach der Ernte	Befallene Pflanzen entfernen.

Krankheiten und Schädlinge bei Gemüse

Gemüse	Schadbild	Schädling oder Krankheit	Bekämpfungszeitpunkt	Vorbeugende bzw. mechanisch-biologische Bekämpfung
Verschiedene Gemüsearten	Wurzelfraß	Bodenschädlinge wie Engerlinge, Drahtwürmer, Erdraupen	Welkende Pflanzen / Bei starkem flächigem Auftreten	Pflanzen samt Schädling (Erdraupe u. a.) aus dem Boden nehmen, Schädling zertreten. Mittel im Fachgeschäft erfragen.
Verschiedene Gemüsearten	Fraßschäden an Blättern und Früchten (Erdbeeren u. a.)	Schnecken	Vor allem bei feuchtem Wetter sowie frühmorgens und abends	Schnecken absammeln, Bierfallen (siehe S. 227), bei gefährdeten Aussaaten Schneckenkorn streuen.
Bohnen	Schwarze Läuse zu Beginn des Sommers oft in ganzen Kolonien an Busch-, Stangen- und Dicken Bohnen. Befallene Triebe gestaucht, Blätter eingerollt, Blüten und junge Hülsen verkümmert.	Schwarze Bohnenlaus	Bei Auftreten	Zugelassene Mittel im Fachgeschäft (Garten-Center) erfragen.

Krankheiten und Schädlinge bei Gemüse

Kohlfliege.

Gemüse	Schadbild	Schädling oder Krankheit	Bekämpfungszeitpunkt	Vorbeugende bzw. mechanisch-biologische Bekämpfung
Bohnen	Fraßschäden am jungen Keimling (braune Fraßgänge an den Keimlappen).	Bohnenfliege	Beim Auslegen	Sehr wichtig: Saatgut erst ausbringen, wenn Boden genügend warm und trocken ist, damit das Auflaufen schnell erfolgt. Mit Gemüsefliegennetz schützen.
Kohlarten	Pflanze stockt im Wachstum, Blätter bekommen fahles, bleifarbenes Aussehen, Wurzeln sind abgefressen. Pflanzen lassen sich leicht aus dem Boden ziehen.	Kohlfliege	Beim Auspflanzen	Erst nach Kastanienblüte pflanzen (Flug der 1. Generation ist vorbei). Nicht auf frisch mit Mist gedüngtes Beet und tief pflanzen; später etwas abhäufeln. Kohlkragen (Pappe) um die Stengel anlegen und nach Eiablage entfernen.
Kohlarten	Anfangs hellgrüne, später schwarz-gelb gestreifte Raupen, bis 4 cm lang	Kohlweißling	Eiablage Raupen	Blätter kontrollieren und Eier zerdrücken. Bei beginnendem Fraß die Pflanzen mehrmals kontrollieren, Raupen ablesen und zertreten.
Kohlarten	Verdrehungen und Anschwellungen der Blätter infolge Saugtätigkeit von Maden. Die Eier werden in das »Herz« der jungen Kohlpflanzen abgelegt.	Drehherzmücke	Ab Mitte Mai, Bekämpfung nach 10 bis 14 Tagen wiederholen, bis zur beginnenden Kopfbildung wiederholt gründlich spritzen.	Zugelassenes Mittel im Fachgeschäft (Garten-Center) erfragen.
Kohlarten	Kropfartige Verdickungen an der Wurzel. Es werden keine oder nur mangelhafte Köpfe gebildet.	Kohlhernie	Allgemein / Beim Auspflanzen	Fruchtwechsel! Keine befallenen Strünke auf den Komposthaufen bringen! 3 Wochen vor dem Pflanzen Kalkstickstoff (ca. 50 g/m^2) einarbeiten. Befallene Pflanzen beim Kauf zurückweisen!
Kohlarten u. a.	Keimpflanzen fallen um und sterben ab. Schwärzliche Verfärbung am Stengelgrund, dieser oft auch eingeschnürt.	Umfallkrankheiten	Bei Aussaat	Spezielle Aussaaterde (Euflor, Compo) verwenden. Nur in den Vormittagsstunden gießen.
Kohlarten	Siebartiger Fensterfraß an den Blättern, starkes Auftreten bei Trockenheit. Auch bei Radieschen und Rettichen	Erdflöhe	Allgemein / Bei stärkerem Befall	Beete feucht halten! Zugelassene Mittel im Fachgeschäft (Garten-Center) erfragen.
Kopfsalat	Äußere Blätter welken und faulen, schließlich fault der ganze Kopf von unten her ab. An den Befallstellen mausgrauer, leicht stäubender Schimmelbelag.	Salatfäule	Vorbeugend / Bei Auftreten	Pflanzen trocken halten, vor allem gegen Abend nicht mehr mit Wasser überbrausen; Salat nicht zu eng und zu tief setzen; nicht mit Stickstoff überdüngen. Befallene Pflanzen sofort entfernen.
Möhren	In den Möhren befinden sich mit Kot gefüllte Fraßgänge.	Möhrenfliege	Bei Aussaat	Mit Gemüsefliegennetz schützen.

Umfallkrankheiten.

Salatfäule.

Gemüsefliegennetz (Möhren, Rettiche).

Krankheiten und Schädlinge bei Gemüse

Gemüse	Schadbild	Schädling oder Krankheit	Bekämpfungszeitpunkt	Vorbeugende bzw. mechanisch-biologische Bekämpfung
Rettiche	»Madigwerden« der Rettiche (wurmige Rettiche), Fraßgänge.	Rettichfliege	Nach der Saat oder nach dem Auspflanzen	Mit Gemüsefliegennetz schützen.
Sellerie	Gelb-braune Flecken auf Blättern und Stielen, allmähliches Absterben der Blätter.	Sellerieblattfleckenkrankheit (Rost)	Bei Aussaat Nach der Pflanzung	Möglichst widerstandsfähige Sorten anbauen. Mulchen, dann braucht nur selten gegossen zu werden.
Tomaten	Graugrüne Flecken an Blättern, Absterben derselben, Fruchtfäule!	Kraut- und Braunfäule	Beim Auspflanzen Bei beginnendem Befall (meist ab A. Sept.)	Pflanzen vor Regen schützen (Vordach!), evtl. Folie. Untere 3–4 Blätter und Blätter mit vielen Flecken entfernen.
Zwiebeln	Herzblatt vergilbt, läßt sich herausziehen (Larvenfraß im »Herz«).	Zwiebelfliege	Bei der Saat	Zwiebeln nicht auf frisch mit Mist gedüngtes Beet pflanzen oder säen. Gemüsefliegennetz!

Krankheiten und Schädlinge an Zierpflanzen

Pflanzen	Schadbild	Schädling oder Krankheit	Bekämpfungszeitpunkt	Vorbeugende bzw. mechanisch-biologische Bekämpfung
Astern	Pflanzen welken	Asternwelke	Vorbeugend	Welkeresistente Sorten pflanzen, kranke Pflanzen nicht auf den Kompost!
Astern, Rosen u. v. a.	Blätter gekräuselt, Triebspitzen verkümmern.	Blattläuse	Sobald sich die ersten Befallszeichen zeigen.	Zugelassene Mittel im Fachgeschäft (Garten-Center) erfragen.
Gladiolen	Auf Blättern treten weißlich-graue Flecken auf, gebleichte Stellen an den Blüten.	Gladiolenblasenfuß	Nach Herausnehmen der Knollen im Herbst.	Laub sofort entfernen und vernichten. Knollen mit Insektenstäubemittel einpudern.
Tulpen	Blätter verkrüppelt, graubraun-fleckig; Blüten bekommen helle oder bräunliche Flecken und verkrüppeln.	Grauschimmel (Tulpenfeuer)	Beim Kauf Beim Legen im Herbst Bei Befall	Zwiebeln mit braunen Flecken zurückweisen! Standort wechseln! Befallene Pflanzen entfernen und vernichten.
Rosen	Blätter zeigen kleine schwarze Flecken, werden gelb und fallen ab.	Sternrußtau	Bei den ersten Anzeichen des Befalls, besser: vorbeugend ab Mai. Mehrmals in Abständen von 10–20 Tagen.	Zugelassene Mittel im Fachgeschäft (Garten-Center) erfragen.
Rosen	Mehlartiger Belag auf den Blättern.	Mehltau	Wie oben	Wie oben
Rosen	Blätter erscheinen weiß gesprenkelt.	Rosenzikade	Bei den ersten Anzeichen	Wie oben
Blau-, Omorika- und Sitkafichte	Nadeln verfärben sich braun und fallen ab. Ältere Zweigpartien verkahlen. Schädigung durch Saugen.	Sitkafichtenlaus	Ab Ende Februar während milder Witterungsperioden Fichten regelmäßig überprüfen; ebenso nach Austrieb.	Innere Zweige kontrollieren: Über heller Unterlage abklopfen. Vorhandene Läuse fallen ab und werden sichtbar. Bei Befall sofort spritzen. Mittel: Wie oben.

Gesellschaften und Beratungsstellen für den Gartenfreund

Deutsche Gartenbau-Gesellschaft, Webersteig 3, Haus der Handwerkskammer, 7750 Konstanz, Tel.: 07531/15288.

Österreichische Gartenbau-Gesellschaft, Parkring 12, A-Wien I.

Deutsche Dendrologische Gesellschaft e. V., Hawstraße 28, 5500 Trier, Tel.: 0651/3061.

Deutsche Dahlien-, Fuchsien- und Gladiolen-Gesellschaft e. V., Drachenfels-Str. 9a, 5300 Bonn 2, Tel.: 0228/355835.

Deutsche Rhododendron-Gesellschaft e. V., Marcusallee 60, 2800 Bremen 33, Tel.: 0421/4963025.

Verein Deutscher Rosenfreunde e. V. Waldseestraße 14, 7570 Baden-Baden, Tel.: 07221/31302.

Gesellschaft Schweizerischer Rosenfreunde, Bahnhofstr. 11, Ch-8640 Rapperswil.

Deutsche Bromelien-Gesellschaft, Palmengarten, Siesmayerstraße 61, 6000 Frankfurt/M. 1, Tel.: 069/2125140.

Gesellschaft für Heidefreunde e. V., Tangstedter Landstr. 276, 2000 Hamburg 62, Tel.: 040/5202871.

Deutsche Kakteen-Gesellschaft e. V., Klosterkamp 30, 2860 Osterholz-Scharmbeck, Tel.: 04791/2715.

Deutsche Orchideen-Gesellschaft e. V., Arndtstraße 8, 2724 Sottrum, Tel.: 04264/9017.

Gesellschaft der Staudenfreunde e. V., Dörrenklingenweg 35, 7114 Pfedelbach-Untersteinbach, Tel.: 07949/692.

Bodenuntersuchungsstellen

Baden-Württemberg: Landesanstalt für landw. Chemie (710) der Universität Hohenheim, 7000 Stuttgart 70, Emil-Wolff-Str. 14, Postfach 700562.

Baden-Württemberg: Staatl. Landw. Untersuchungs- und Forschungsanstalt Augustenberg, 7500 Karlsruhe 41 (Durlach), Neßlerstraße 23, Postfach 430230.

Bayern: Bayer. Hauptversuchsanstalt für Landwirtschaft der TU München, 8050 Freising (Weihenstephan).

Bayer. Landesanstalt für Bodenkultur und Pflanzenbau, 8050 Freising, Vöttinger Str. 38, 8000 München 19 und 8707 Veitshöchheim, Herrnstr. 8.

Hamburg: Institut für Angewandte Botanik der Universität, 2000 Hamburg 36, Marseiller Str. 7, Postfach 302762.

Hessen: Hess. Landw. Versuchsanstalt, 3500 Kassel, Am Versuchsfeld 13 und 6100 Darmstadt, Rheinstr. 91.

Niedersachsen: Landw. Untersuchungs- und Forschungsanstalt, 3250 Hameln 1, Finkenborner Weg 1 A, Postfach 100655.

Niedersachsen: Landw. Untersuchungs- und Forschungsanstalt, 2900 Oldenburg, Jägerstr. 23–27, Postfach 2549.

Nordrhein-Westfalen: Landw. Untersuchungs-
und Forschunganstalt, 5300 Bonn 3, Siebenge-
birgsstr. 200, Postfach 300709.
Nordrhein-Westfalen: Landw. Untersuchungs-
und Forschungsanstalt, 4400 Münster
(Westf.), Nevinghoff 40, Postfach 5925.
Rheinland-Pfalz: Landw. Untersuchungs- und
Forschungsanstalt, 6720 Speyer, Obere Lang-
gasse 40, Postfach 1629.
Schleswig-Holstein: Landw. Untersuchungs- und
Forschungsanstalt, 2300 Kiel 1, Gutenbergstr.
75–77, Postfach 3067.

Pflanzenschutzämter

Baden-Württemberg: Landesanstalt für Pflan-
zenschutz, Reinsburgstraße 107, 7000 Stutt-
gart 1.
Bayern: Bayerische Landesanstalt für Bodenkul-
tur, Pflanzenbau und Pflanzenschutz – Gruppe
Pflanzenschutz –, Menzinger Straße 54, 8000
München 19.
Bremen: Pflanzenschutzamt Bremen, Slevogt-
straße 48, 2800 Bremen 1.
Hamburg: Staatsinstitut für Angewandte Botanik
– Pflanzenschutzamt Hamburg, Marseiller
Straße 7, 2000 Hamburg 36.
Hessen: Hessisches Landesamt für Ernährung,
Landwirtschaft und Landesentwicklung –
Pflanzenschutzdienst, Friedrich-Wilhelm-v.-
Steuben-Straße 2, 6000 Frankfurt/Main 93.
Niedersachsen: Pflanzenschutzamt der Land-
wirtschaftskammer Hannover, Wundstorfer
Landstraße 9, 3000 Hannover 91.
Nordrhein-Westfalen: Landwirtschaftskammer
Rheinland, Pflanzenschutzamt, Ludwig-Er-
hard-Straße 99, 5300 Bonn 2.
Rheinland-Pfalz: Landespflanzenschutzamt
Rheinland-Pfalz, Essenheimer Straße 144,
6500 Mainz-Bretzenheim.
Saarland: Pflanzenschutzamt Saarbrücken, Les-
singstraße 12, 6600 Saarbrücken 3.
Schleswig-Holstein: Pflanzenschutzamt des Lan-
des Schleswig-Holstein, Westring 383, 2300
Kiel.
Berlin (West): Pflanzenschutzamt Berlin, Altkir-
cher Straße 1, 1000 Berlin-Dahlem.

Bezugsquellen

Im Normalfall wird der Gartenfreund seinen Bedarf an Pflanzen, Sämereien und Gartenzubehör
beim örtlichen Fachhandel beziehen. Es kommt
aber immer wieder vor, daß eine bestimmte
Obstsorte, nicht alltägliche Staudenarten und
-sorten, Samen von ausgefallenen Sommerblumen und anderes dort nicht erhältlich sind. In
diesem Fall wird man sich an eine überregionale
Bezugsquelle wenden.
Um die gewünschte Adresse zu erfahren, kann
sich der Gartenfreund an den Zentralverband
Gartenbau (ZVG), Kölner Straße 142–148, 5300
Bonn, wenden. Ebenso kann man sich an die
Deutsche Gartenbau-Gesellschaft bzw. die ent-
sprechende Liebhaberorganisation wenden. Die
Anschriften sind auf S. 233 aufgeführt.

Stauden:
Sondergruppe Stauden im Zentralverband Gar-
tenbau, Gießener Straße 47, 6310 Grünberg
Odenwälder Pflanzenkulturen Kayser & Seibert,
Postfach 1162, 6101 Roßdorf bei Darmstadt

Rosen, alte und neue Sorten
W. Kordes' Söhne, 2206 Klein-Offenseth-
Sparrieshoop
Ingwer J. Jensen GmbH, Historische und engli-
sche Rosen, Am Schloßpark 2 b, 2391 Glücksburg
Baumschulen Kontor Nord Strobel GmbH
Postfach 2049, 2080 Pinneberg
Richard Huber AG, Rosenkulturen,
CH-5605 Dottikon/Schweiz

Iris- und Hemerocallis:
Staudengärtnerei Gräfin von Zeppelin,
7811 Sulzburg-Laufen/Baden

Blumenzwiebeln (je Sorte 100 Stück und mehr),
Küpper Mitteldeutsche Samen GmbH, Hessen-
ring 22, Postfach 468, 3440 Eschwege

Wildkräuter, Wiesenblumen, Alpine u. a.
Wildpflanzen:
Dieter Köhler, Rainerstr. 4, 8201 Tuntenhausen
Nungesser KG, Postfach 110846,
6100 Darmstadt

Samen von Wildpflanzen:
Conrad Appel GmbH, Bismarckstr. 59,
6100 Darmstadt

Alpenpflanzen (Alpinum, Trockenmauer):
Botanischer Alpengarten F. Sündermann,
Aeschacher Ufer 48, 8990 Lindau/B.
Alpengarten Pforzheim, Joachim Carl,
Auf dem Berg, 7530 Pforzheim-Würm

Wasserpflanzen, Wasserbecken, Gartenteiche,
Teichfolien und Zubehör:
Plastik-Kauf, Hauptstr. 114/116, 7600 Offenburg
Oldehoff, Wasserpflanzen, Sieglmühle 2,
8395 Hauzenberg-Krinning
Karl Wachter, Rollbarg 17,
2081 Appen-Etz b. Pinneberg

Rhododendren, Azaleen, Moorbeetpflanzen:
Böhlje Pflanzenhandel GmbH,
Oldenburger Straße 9, 2910 Westerstede

Rhododendron-Kulturen Dietrich Hobbie,
2911 Linswege i. O.

Gartenbambus:
Bambuszentrum Niederbayern, Spanberg 60,
8333 Hebertsfelden
Fred Vaupel, Beim Gesundbrunnen 3,
2000 Hamburg 26
Willumeit OHG, Heidelberger Landstr. 179,
6100 Darmstadt-Eberstadt

Freilandorchideen u. a. Seltenheiten:
Gerd Kohls, Gärtnermeister, Sylter Bogen 23,
2300 Kiel 1

Pflanzenspezialisten aus aller Welt
(Blumenzwiebeln usw.), Albrecht Hoch,
Potsdamer Straße 40, 1000 Berlin 37

Exotische Sämereien,
Postfach 1348, 7400 Tübingen 1

Obst- und Ziergehölze:
Bund deutscher Baumschulen (BdB),
Bismarckstraße 49, 2080 Pinneberg

Walnußbäume (veredelte) u. a. Obstgehölze
Geisenheimer Baumschule Hans Bartsch,
Postfach 1250, 6222 Geisenheim am Rhein
Kaiserstühler Walnuß-Veredlungsbetrieb
Anton Schott, Steuernbergstr. 2,
7831 Sasbach-Leiselheim
Alte Obstsorten: Siehe S. 157

Heil- und Gewürzkräuter:
Bornträger GmbH, 6521 Offstein, Postfach 30

Gartenbedarf allgemein:
Verband Deutscher Gartencenter, Feldstraße 60,
3380 Goslar

Gartenplatten, Gartensteine:
Betonwerke Munderkingen Reinschütz GmbH,
Riedstr. 17–23, 7932 Munderkingen

Kleingewächshäuser:
Beckmann KG (Foliengewächshäuser u. a.),
Simoniusstr. 10, 7988 Wangen/Allgäu
Krieger Kleingewächshäuser,
Gahlenfeldstraße 5, 5804 Herdecke/Ruhr
Wilhelm Terlinden GmbH, 4232 Xanten 1

Frühbeetfenster selbstlüftend:
K. Richter, Großhaderner Str. 24,
8000 München 70

Kunststoffe (Hygropor u. a.), Düngemittel,
Bezugsquellennachweis durch: Compo GmbH,
Gildenstr. 38, 4400 Münster

Gartenleitern:
Leitern-Krämer, Siemensstraße,
7254 Münchingen b. Stuttgart

Gießkannen (für Freiland und Gewächshaus,
feuerverzinkt, 7 Größen):
G. Schneider, Metallwerk und Verzinkerei GmbH
& Co., Postfach 301080, 7000 Stuttgart 30

Obst-Stellagen
Franz Bittner, Keller-Einrichtungen,
Hochwaldhausen, 6424 Grebenhain 2

Obstpressen:
Maschinenbau Wilhelm Wahler,
Auf der Höhe 2, 7053 Kernen

Biologische Pflanzenpflegemittel:
Neudorff GmbH, 3254 Emmerthal

Düngelanzen, Pflanzenschutzgeräte:
Zuwa-Zumpe GmbH, Postfach 1152,
8229 Laufen/Salzach (Obb.)

Arbeitskalender

Januar

Ziergarten Wertvolle Gehölze nach starken Schneefällen abschütteln, da sonst Äste abbrechen können. – Ziersträucher auslichten; dabei ältere, zu dicht stehende Triebe über dem Boden abschneiden oder aber auf Jungtriebe zurücksetzen. – Laubgehölzhecken, die zu hoch bzw. zu breit geworden sind, ins alte Holz hinein zurückschneiden (verjüngen). – Morsche, brüchige Äste von älteren Bäumen absägen. – Ältere Bäume und Sträucher können mit Frostballen verpflanzt werden. – Hecken entlang den Verkehrsstraßen durch Vorstellen von Strohmatten oder ähnlichem Material vor Salzschäden schützen.

Gemüsegarten Anbauplan anfertigen; dabei die Erfahrungen des zurückliegenden Jahres berücksichtigen, d. h. von Gemüsearten, die überreichlich vorhanden waren, weniger einplanen und umgekehrt. – Werkzeuge bei Bedarf reparieren bzw. durch neue Geräte ersetzen. – Gartengeräte säubern und mit öligem Lappen einreiben. – Eingetopfte Schnittlauchstöcke bzw. Petersilienwurzeln am Zimmerfenster zum Treiben aufstellen; dabei reichlich gießen. – Gartenkresse in Saatkistchen aussäen bzw. Schnellkeimpackungen verwenden. – An einem warmen Tag die Miete bzw. das Frühbeet öffnen und eingelagertes Gemüse für die nächsten Wochen entnehmen.

Obstgarten Auslichten älterer Bäume fortsetzen; dabei vorrangig kranke, dürre oder zu dicht stehende Äste entfernen. – Bei Bäumen, die umveredelt werden sollen, die Krone um zwei Drittel zurücknehmen. – Edelreiser schneiden und im kühlen Keller bzw. an der Nordseite des Hauses einschlagen. – Obstlager durchsehen und faule Früchte entfernen.

Februar

Ziergarten Ziersträucher auslichten, Hecken verjüngen und andere im Januar nicht erledigte Arbeiten fortsetzen. – Im Herbst gepflanzte Stauden bei wärmerem, sonnigem Wetter nachsehen und hochgefrorene Pflanzen andrücken, damit sie nicht vertrocknen. – An einem sonnigen, warmen Tag Zäune, Pergolen oder Rankgerüste mit Holzschutzmittel streichen; bis die in der Nähe stehenden Pflanzen austreiben, besteht kaum mehr Verbrennungsgefahr. – Sobald der Boden frostfrei ist, Laubgehölze und Rosen pflanzen. Größere Bäume und Sträucher am besten mit Frostballen verpflanzen.

Gemüsegarten Anbauplan erstellen; bei jedem »Papierbeet« die Vor-, Haupt- und Nachkultur eintragen. – Durch Keimproben feststellen, ob vorhandener Samen noch genügend keimfähig ist. – Gemüsesämereien bestellen. – Frühbeet packen und dort gegen Monatsende die ersten Aussaaten vornehmen bzw. Salat, Kohlrabi und andere Arten auspflanzen. – Frühgemüsearten am Zimmerfenster aussäen und im März unter Folie oder Glas pikieren.

Obstgarten Höchste Zeit für den Schnitt von Strauchbeerenobst (früher Austrieb!). – Auslichten älterer Obstbäume fortsetzen und beenden. – Sägewunden, die die Größe eines Zweimarkstükkes überschreiten, mit Wundwachs verstreichen. – Schnitt jüngerer Obstbäume. – An die Südseiten der Bäume ein Brett stellen bzw. die Stämme mit Kalk bestreichen (Frostschutz!). – Düngung ausbringen. – Kompost oder Stallmist geben, da jede mineralische Düngergabe wirkungslos bleibt, wenn die Kleinlebewesen im Boden fehlen. – Organische Stoffe in Stammnähe beseitigen (Mäusefraß).

März

Ziergarten Winterschutz auf Stauden, Rosen und Rhododendron noch belassen. – Sobald die Rosen zu treiben beginnen, Winterschutz wegnehmen, Pflanzen abhäufeln, düngen und schneiden. – Zu Monatsbeginn Zwiebelpflanzen (Tulpen, Narzissen) düngen; darauf achten, daß der Dünger nicht in die Blattscheiden fällt (Verbrennungen!). – Zwischen Stauden organischen oder mineralischen Dünger ausbringen, Boden lockern und obenauf organische Stoffe (verrotteten Stallmist, Kompost, Torfersatzstoffe) geben. – Gehölze pflanzen.

Gemüsegarten Jungpflanzenanzucht im Frühbeet, Kleingewächshaus oder Folienhaus; wenn Heizung nicht möglich, dann besser am Zimmerfenster aussäen und später die jungen Pflänzchen unter Glas oder Folie pikieren. – Gegen Monatsmitte unter einem Folientunnel bzw. im Folienhaus Kopfsalat, Kohlrabi und Rettiche pflanzen bzw. Radieschen und Gartenkresse säen. – Zu Monatsende Freilandaussaaten von Zwiebeln, Petersilie, Schwarzwurzeln, Radieschen, Möhren. – Frühe Freilandsaaten mit Lochfolie bzw. Schlitzfolie oder Vlies bedecken. – Vor den Aussaaten Grunddüngung einbringen.

Obstgarten Obstbaumschnitt fortsetzen, vor allem Schnitt der im Herbst bzw. jetzt gepflanzten Bäume. – Neupflanzungen vornehmen; Äpfel und Birnen vor allem in Spindelbuschform pflanzen. – Günstige Pflanzzeit für Aprikosen, Pfirsiche und Walnußbäume; für Südseiten von Gebäuden ist neben Birne und Pfirsich auch die Weinrebe geeignet. – Pflanzzeit für Himbeeren, Brombeeren, Stachel- und Johannisbeeren. – Kalkanstrich an Baumstämmen erneuern bzw. ein Brett vor die Südseite stellen (Frostschutz).

April

Ziergarten Winterschutz entfernen, damit der Austrieb nicht behindert wird. – Günstige Pflanzzeit für Koniferen und immergrüne Laubgehölze; vorher die Ballen in Wasser stellen. – Rosen vor dem Pflanzen ebenfalls wässern, nach dem Pflanzen anhäufeln. – Einjahrsblumen wie Astern, Tagetes, Zinnien, Mignon-Dahlien u.a. ins Frühbeet bzw. unter Folie aussäen, unempfindlichere Arten wie Goldmohn, Schleifenblume, Godetien, Feldblumenmischung u.a. gleich an Ort und Stelle säen. – Rasen düngen und mit dem Schneiden beginnen. – Stauden pflanzen. – Boden oberflächlich lockern und Unkraut entfernen.

Gemüsegarten Zu Monatsbeginn Kopfsalat und Kohlrabi ins Freie pflanzen, gegen Monatsmitte folgen dann die verschiedenen Frühkohlarten. – Unter Glas oder Folie Sellerie, Kopfsalat u.a. pikieren. – Vorkultur von Gurken, Buschbohnen, Zuckermais, Zucchini und anderen wärmeliebenden Arten. – Eingetopfte Tomaten- und Paprikapflanzen im Frühbeet oder im Folienhaus etwas weiter auseinanderrücken, damit sich die Pflanzen kräftig entwickeln können. – Im Freien Radieschen, Frühsommerrettiche, Rote Rüben, Markerbsen, Zuckererbsen und Mairüben aussäen.

Obstgarten Sobald sich die Rinde löst, kann veredelt werden; vorher die Pfropfköpfe um Handlänge zurückschneiden. – Schnitt der Pfirsichbäume, bei denen sich jetzt die verschiedenen Knospenarten gut unterscheiden lassen. – Baumwunden (Wildfraß) an den Rändern nachschneiden, mit Lehmbrei verstreichen (in den ein Drittel strohiger Kuhmist gemengt ist) und Wunde mit Sackleinen umwickeln. – Vorblütespritzung gegen Schorf (Warndienst beachten!) mit organischem Pilzbekämpfungsmittel.

Mai

Ziergarten Günstige Pflanzzeit für Nadelgehölze, Rhododendren und Freilandazaleen. – Rhododendren und Freilandazaleen nach der Blüte düngen, verblühte Teile entfernen. – Frisch gepflanzte Rosen abhäufeln. – Wildtriebe an Rosen dicht an den Entstehungsstellen abschneiden bzw. abreißen. – Abgeblühte Teile bei Tulpen und Narzissen entfernen (Samenansatz = Kraftentzug), auch bei Flieder und anderen Pflanzen. – Dahlien und Gladiolen in den Boden bringen. – Rasen regelmäßig schneiden, düngen und bei Trockenheit wässern. – Rasen ansäen. – Nach den Eisheiligen Einjahrsblumen auspflanzen.

Gemüsegarten In der ersten Maihälfte Freilandgurken aussäen, um die Monatsmitte herum Busch- und Stangenbohnen. – Im letzten Maidrittel Freilandtomaten auspflanzen, ebenso Paprika, Gurken, Zucchini, Zuckermelonen, Auberginen, Zuckermais, Artischocken, Cardy und Neuseeländer Spinat; verschiedene dieser Feingemüse sollten unter Folie oder Glas gehalten werden. – Zu dicht stehende Saatgemüsearten wie Möhren, Petersilie und Schwarzwurzeln, Zwiebeln, Radieschen, Rote Rüben nach dem Aufgang ausdünnen. – Porree, Bleich- und Knollensellerie pflanzen. – Folgesätze von Kopf- oder Eissalat auspflanzen.

Obstgarten Bei reichem Fruchtansatz nochmals düngen. – Offenen Boden unter Obstbäumen und Beerensträuchern mulchen (Stroh, Rasenschnitt). – Bei Trockenheit wässern. – In die Erdbeerreihen Stroh legen. – Besttragende Erdbeerpflanzen kennzeichnen und nur von diesen Jungpflanzen gewinnen. – Nachblütespritzungen gegen Pilzkrankheiten; Insektenmittel nur zusetzen, wenn tierische Schädlinge sehr stark auftreten.

Juni

Ziergarten Boden lockern und Unkraut entfernen. – Bei Trockenheit vor allem die neugepflanzten Gehölze, Rosen und Stauden wässern. – Einjahrsblumen können noch an Ort und Stelle gesät bzw. ausgepflanzt werden. – Rhododendren und Rosen nach der Blüte düngen. – Gehölze mulchen. – Kletterpflanzen anbinden und in die gewünschte Richtung leiten. – Höher werdende Stauden stäben. – Rosen gegen Pilzkrankheiten spritzen. – Laubgehölzhecken wie Hainbuche, Liguster u.a. schneiden. – Rasen regelmäßig schneiden, wässern und düngen. – Zu Monatsende Zweijahrsblumen aussäen, also Stiefmütterchen, Vergißmeinnicht, Bellis, Bartnelken, Marienglockenblumen u.a.

Gemüsegarten Besonders nach stärkeren Regenfällen den Boden oberflächlich lockern. – Saatgemüse wie Möhren, Zwiebeln, Rote Rüben, Radieschen u.a. auf die richtigen Abstände vereinzeln. – Kulturen, die länger auf den Beeten stehen, durch eine Kopfdüngung fördern. – Spargel- und Rhabarberernte gegen Johanni (24. Juni) beenden. – An Tomaten Geiztriebe regelmäßig ausbrechen. – Bei Artischocken schwächere Blütenknospen entfernen. – Abgeerntete Gemüsebeete neu bestellen. – Auf Krankheiten und Schädlinge achten.

Obstgarten Apfelspindelbüsche setzen oft überreich Früchte an; in diesem Fall die Fruchtbüschel ausdünnen und nur die größeren Äpfelchen belassen. – Bei der Erdbeerernte auch die von Grauschimmel befallenen Früchte abnehmen und entfernen, damit sie nicht die gesunden anstecken. – Erdbeeren während der Erntezeit wässern. – Rasenschnitt zum Mulchen unter Obstbäumchen und Beerensträuchern verwenden.

Juli

Ziergarten In der ersten Julihälfte ist es noch Zeit für die Aussaat von Zweijahrsblumen wie Stiefmütterchen, Tausendschön, Vergißmeinnicht, Goldlack, Marienglockenblumen, Bartnelken, Malven, Fingerhüte u. a. – Bei Rosen, Stauden und großblütigen Sommerblumen alles Verblühte laufend wegschneiden, denn Samenansatz geht auf Kosten der weiteren Blüte. – Kopfdüngung bei Sommerblumen. – Auf Krankheiten bei Rosen achten (Sternrußtau, Mehltau) und bereits bei den ersten Anzeichen bekämpfen), tierische Schädlinge (Blattläuse u. a.) nur bei stärkerem Auftreten.

Gemüsegarten Spätestens Anfang Juli die wertvolle Salatart 'Zuckerhut' an Ort und Stelle aussäen und später verziehen. – Freiwerdende Beete mit Nachkulturen bestellen; gesät werden Buschbohnen, Radieschen, Rettiche, Möhren (Frühsorten) und gegen Monatsende Frühlingszwiebeln und Chinakohl; gepflanzt werden Winterendivie, Kopfsalat, Blumenkohl, Kohlrabi, Rote Rüben, Knollenfenchel. – Kopfdüngung für Kulturen, die über einen längeren Zeitraum auf den Beeten verbleiben (Tomaten, Gurken, Sellerie, Kohlarten u. a.). – Porree anhäufeln. – Seitentriebe bei Tomaten entgeizen, ebenso die unteren 2–3 Blätter entfernen, übrige Blätter jedoch schonen, es sei denn, sie sind von Krautfäule befallen.

Obstgarten Sauerkirschen zum sofortigen Verbrauch ohne Stiel zupfen, sonst mit einer Schere die Stiele durchschneiden. – Sommerschnitt vor allem bei kleinbleibenden Obstbäumchen (Spindelbüsche) und an Jungbäumen. – Bodenpflege und Unkrautbekämpfung nach der Erdbeerernte. – Jungpflanzengewinnung bei Erdbeeren. – Erdbeeren düngen, wenn sie bleiben sollen.

August

Ziergarten Günstiger Zeitpunkt für den Schnitt von Nadelholzhecken (Thujen, Fichten). – Laubholzhecken, die Anfang Juni bereits geschnitten wurden, jetzt ein zweites Mal schneiden. – Zweijahrsblumen auf Freilandanzuchtbeet pikieren, um im September/Oktober kräftige Pflanzen zu bekommen. – Madonnenlilien, Kaiserkronen und Steppenlilie pflanzen. – Ab Monatsmitte Pflanzung von Nadelgehölzen. – Nach Abklingen der sommerlichen Hitzeperiode Neusaat von Rasen. – Gepflegte Rasenflächen auch jetzt düngen.

Gemüsegarten Zu Monatsbeginn Weiße Frühlingszwiebeln aussäen bzw. die bereits im Juli gesäten pflanzen. – Winterrettiche, Feldsalat und Spinat säen. – Winterendivie kann noch gepflanzt werden, ebenso Kopfsalat und Kohlrabi. – Auf Kohlweißlingsraupen und andere Raupenarten achten; bei geringem Befall absammeln. – Im Juli an Ort und Stelle gesäte Möhren, Fenchel, Rote Rüben und Chinakohl auf ausreichende Abstände vereinzeln. – Vor der Urlaubsreise den Garten von Unkräutern säubern, damit sie nicht bei Rückkehr blühen oder gar bereits Samen angesetzt haben.

Obstgarten Frühe Apfel- und Birnensorten ernten. – Sauerkirschen gleich nach der Ernte schneiden; besonders bei Schattenmorellen ist dies sehr wichtig, da diese Sorte überwiegend am einjährigen Holz trägt. – Günstiger Zeitpunkt für den Schnitt von Johannis- und Stachelbeeren. – Bei Himbeeren alte, abgetragene Ruten entfernen und Jungtriebe auslichten. – Jungtriebe von Brombeeren an die Spalierdrähte anheften und Geiztriebe einkürzen. – Möglichst zu Monatsbeginn Erdbeerpflanzen mit kräftigen Wurzelballen auf neue Beete bringen. Auf diese Weise gibt es bereits im nächsten Jahr eine reiche Ernte.

September

Ziergarten Sobald der erste Nachtfrost den Sommerflor vernichtet hat, Zweijahrsblumen wie Stiefmütterchen, Vergißmeinnicht, Tausendschön, Bartnelken u. a. an diese Stellen pflanzen. – Stauden pflanzen; vorher den Boden gründlich vorbereiten, d. h. Dauerunkräuter wie Quecke, Giersch u. a. entfernen und den Boden mit Komposterde und Torfersatzstoffen verbessern. – Nach Rückkehr vom Urlaub Unkräuter entfernen, damit diese nicht zum Blühen kommen. – Günstiger Zeitpunkt für die Pflanzung von Nadelgehölzen und immergrünen Laubgehölzen. – Blumenzwiebeln in den Boden bringen. – Neuansaat von Rasen.

Gemüsegarten Zu Monatsbeginn letzter Saattermin für Feldsalat. – Gegen Mitte September Spinat für die Frühjahrsernte säen. – Von Rosenkohl, der noch keine Röschen angesetzt hat, Mitte des Monats die Endknospen ausbrechen. – Zu Ende des Monats Winterkopfsalat pflanzen. – Gurken, Tomaten, Paprika, Kürbisse, Zucchini vor dem ersten Nachtfrost ernten und ins Haus bringen. – Noch grüne Tomaten bei Zimmertemperatur in einer Flachsteige nachreifen lassen; Licht wird hierzu nicht benötigt. – Ernte von Endivie u. a. Gemüsearten.

Obstgarten Bei Kernobst-Spätsorten evtl. eine letzte Spritzung gegen Lagerkrankheiten mit einem organischen Pilzbekämpfungsmittel. – Sorgfältige Ernte, denn nur gesunde Früchte lassen sich lagern. – Obstlagerraum vorbereiten. – Letzte Düngung der Erdbeeren. – Obstbäume für Herbstpflanzung bestellen. – Bei Äpfeln reifen 'James Grieve', 'Oldenburg', teilweise auch 'Cox Orangenrenette', bei Birnen 'Williams Christ', 'Gute Luise', bei Zwetschen 'Große grüne Reneklode' und 'Hauszwetsche'.

Oktober

Ziergarten Sommerblumenbeete, nach dem ersten Frost abräumen und das Material auf den Kompost bringen. – Verblühte Stauden über dem Boden abschneiden, Boden mit Grabgabel lockern und Unkraut entfernen. – Laub unter Gehölzpflanzungen liegenlassen, es verrottet dort und schafft eine natürliche Bodenbedeckung. – Blumenzwiebeln in den Boden bringen, sofern dies nicht bereits geschehen ist. – Nadelgehölze können noch gepflanzt werden. – Nach dem Laubfall Pflanzzeit für Laubgehölze. – Rasen kurz schneiden und samt Laub sauber abrechen. – Dahlien und Gladiolen aus dem Boden nehmen und ins Winterquartier einräumen.

Gemüsegarten Spinat, Feldsalat, Winterkopfsalat und Frühlingszwiebeln nochmals von Unkraut säubern und den Boden leicht lockern. – Ausdauernde Gewürzkräuter und ältere Rhabarberstöcke teilen und neu pflanzen. – Für die Lagerung bestimmte Gemüsearten wie Möhren, Rettiche, Knollensellerie, Rote Rüben, Kohlarten nicht vor Ende Oktober ernten und einwintern; leichte Fröste werden gut überstanden. – Spätgemüse an einem trockenen Tag ernten und einwintern.

Obstgarten Spätsorten nicht zu früh ernten, denn jeder sonnige Tag, an dem sie noch am Baum hängen, kommt ihnen zugute; geerntet wird, wenn sich die Früchte samt Stiel leicht vom Fruchtholz lösen bzw. stärkerer Fruchtfall einsetzt. Frostnächte werden ohne Schaden überstanden, Früchte nur nicht im gefrorenen Zustand anfassen. – Späte Birnensorten wie 'Gräfin von Paris' und 'Madame Verte' bis Monatsende am Baum hängen lassen. – Ab Mitte Oktober Obstbäume und Beerensträucher pflanzen.

November

Ziergarten Kübelpflanzen wie Oleander, Kassie u. a. ins kühle, aber frostfreie Winterquartier bringen. – Laubgehölze pflanzen. – Rosen mit Erde anhäufeln bzw. die einzelnen Stöcke etwa handhoch mit Komposterde bedecken und Fichtenreisig darüberlegen. – Rhododendren locker mit Fichtenzweigen gegen winterliche Sonne und austrocknende Winde schützen. Rasen ein letztesmal kurz schneiden. – Nadelgehölze, Rhododendren u. a. Immergrüne wässern, wenn der Boden trocken ist.

Gemüsegarten Spätgemüsearten ernten und einwintern. – Rosenkohl und Grünkohl können im Garten verbleiben, jedoch sollte der empfindlichere Rosenkohl zusammen mit Porree an der Hauswand eingeschlagen werden. – Gemüseland grobschollig umgraben und dabei, wenn möglich, auf der halben Fläche (alljährlich) Stallmist mit einbringen. – Gartenboden in guter Kultur nicht umgraben, sondern mit der Grabgabel nur lockern; die mit Bodenleben besonders reich versorgten oberen Schichten bleiben dadurch oben. – Vom Gemüseland, evtl. auch vom Obst-

garten Bodenprobe entnehmen und an Untersuchungsanstalt einsenden. An Hand des Ergebnisses gezielte Düngung im nächsten Jahr.

Obstgarten Lagerräume möglichst feucht und kühl halten. – Brombeeren mit Fichtenreisig oder Rohrmatten gegen die Wintersonne schützen. – Obstbäume und Beerensträucher pflanzen, solange der Boden frostfrei ist. – Obstbaumschnitt bei älterem Kernobst und bei Beerenobst beginnen; vor allem für Auslichtungsarbeiten und Verjüngen ist jetzt die beste Zeit. – Zäune kontrollieren bzw. Drahthosen gegen Hasenfraß an den Obstgehölzen anbringen. Mulch in Nähe der Baumstämme wegnehmen (Wühlmausgefahr).

Dezember

Ziergarten Winterschutz bei Rosen; Kletterrosen locker mit Fichtenreisig schützen. – Zu hohe Rosen bis auf Kniehöhe herunterschneiden, um ein besseres winterliches Gartenbild zu erzielen; den endgültigen Rückschnitt jedoch erst im Frühjahr vornehmen. – Alte, in den unteren Teilen kahl bzw. zu umfangreich gewordene Hecken (nur Laubgehölze) verjüngen. – Ältere Ziersträucher auslichten, dabei darauf achten, daß die natürliche Wuchsform erhalten bleibt. – Barbarazweige schneiden und in die Vase stellen. Dies muß aber nicht unbedingt am 4. Dezember geschehen, sondern ist bis März möglich.

Gemüsegarten Auf Feldsalat, Frühbeetfenster aufbringen bzw. einen Folientunnel darüberbauen, damit auch bei Schnee geerntet werden kann. – Artischocken mit Laub bzw. Stallmist umgeben. – Winterkopfsalat mit Fichtenzweigen locker abdecken, wenn mit schneeloser Kälte zu rechnen ist. – Grünkohl schmeckt erst, wenn er Frost bekommen hat. – Von Rosenkohl die Röschen abernten und in die Gefriertruhe geben oder aber Rosenkohl in Hausnähe geschützt einschlagen; dabei die überhängenden Blätter nicht entfernen. – Schnittlauchstöcke ausgraben, im Freien bei Frost einige Tage liegen lassen, eintopfen und ans Zimmerfenster stellen. – Kresse im Zimmer in flache Kistchen aussäen. Noch einfacher: Fertigpackungen mit Frischkeimkresse kaufen und im Zimmer ohne Erde aussäen. Ernte in 8–10 Tagen. Geräteraum aufräumen; am besten alle Geräte und sonstiges Zubehör ins Freie stellen, säubern und neu einordnen. Beschädigte Geräte reparieren.

Obstgarten Ältere Obstbäume auslichten, dabei Wunden verstreichen; bei Temperaturen unter –5°C nicht schneiden. – Obstbäume, deren Sorten nicht befriedigen, zum Umveredeln im Frühjahr vorbereiten. – Edelreiser schneiden. – Boden um die Obstgehölze mit Stallmist oder Kompost abdecken; um die Stämme herum den Boden in Handbreite von Deckmaterial freihalten (Mäusefraß!). – Wildschutz überprüfen, bei Jungbäumen Drahthosen o. ä. anlegen.

Register

Die Deutsche Bibliothek –
CIP-Einheitsaufnahme

Martin Stangl's großer Gartenratgeber:
Planung, Anlage, Geräte, Blumen, Gehölze,
Obst, Gemüse, Düngung, Pflanzenschutz. –
Neubearb. und erw. Ausg. von »Mein Hobby
– der Garten« –
München: BLV, 1993
ISBN 3-405-14316-0
NE: Stangl, Martin; Großer Gartenratgeber;
Stangl's großer Gartenratgeber

Bildnachweis:
Alle Fotos vom Autor, außer:
Apel 91 M., 91 u., 110 o. M., 116 o., 156 M.,
203 u.; BASF 230 u.; Daudt 231 u.; Eisen-
beiss 1, 113 r., 122 o., 122 u.; Felbinger 24, 32,
172/173; E. Henseler 224; Jesse 12, 76, 110 o.,
182 l., 203 o., 205 u., 209 o., 210 o. r., 215 u.;
Niller 197 o., 204 u., 206 u., 208 o. l., 208 u.,
213 o.; Pfletschinger/Angermeyer 220/221,
226, 227 o., 227 M., 227 u.; Reinhard 80/81,
91 o., 99 l., 99 r., 144/145, 146/147, 175 u., 184/
185; Reithmeier 232 o., 232 o. M.; Ruckszio 38,
217 o.; Schenk 156 l.; Schlüter 223 u.; Seidl
113 l., 126 o.; Stehling 19 l., 27, 32/33, 37,
43 o., 43 u., 45; Stein 15, 22, 40/41, 193 u. r.;
Wothe 195 o., 196 M., 213 u.; Votteler 224 o. l.,
224 u. l., 224 r.

BLV Verlagsgesellschaft mbH
München Wien Zürich

8000 München 40

© 1993 BLV Verlagsgesellschaft mbH,
München

Titelfotos:
vorne: Reinhard-Tierfotos
hinten: Stangl, Hagemann (unten)

Grafiken: Anina Westphalen, München

Umschlaggestaltung: Studio Schübel, München

Layout: Anton Walter, Gundelfingen
Lektorat: Barbara Kiesewetter
Herstellung: Ernst Großkopf

Satz: Filmsatz Schröter, München
Druck und Bindung: Neue Stalling, Oldenburg
ISBN 3-405-14316-0 · Printed in Germany

Verwirklichen Sie Ihren Wunschgarten